听胡适

讲国学
讲哲学
讲人生

胡 适 著

北京联合出版公司
Beijing United Publishing Co.,Ltd.

图书在版编目（CIP）数据

听胡适讲国学 讲哲学 讲人生 / 胡适著 .—北京：北京
联合出版公司，2015.9（2024.4 重印）
ISBN 978-7-5502-5456-5

Ⅰ.①听… Ⅱ.①胡… Ⅲ.①国学—通俗读物
②人生哲学—通俗读物 Ⅳ.Z126-49 ② B821-49

中国版本图书馆 CIP 数据核字（2015）第 117345 号

听胡适讲国学　　讲哲学　　讲人生

著　　者：胡　适
责任编辑：刘　凯
封面设计：韩立强
图文制作：北京东方视点数据技术有限公司

北京联合出版公司出版
（北京市西城区德外大街 83 号楼 9 层　　100088）
河北松源印刷有限公司印刷　新华书店经销
字数 470 千字　720 毫米 × 1020 毫米　1/16　28 印张
2015 年 9 月第 1 版　2024 年 4 月第 4 次印刷
ISBN 978-7-5502-5456-5
定价：68.00 元

胡适（1891～1962），现代著名学者、诗人、历史学家、文学家、哲学家，因提倡文学改良而成为新文化运动的领袖之一。胡适是第一位提倡白话文、新诗的学者，致力于推翻二千多年的文言文，与陈独秀同为五四运动的核心人物，对中国近代史产生了较为深远的影响。胡适著有《中国古代哲学史》、《白话文学史》、《胡适文存》、《尝试集》、《中国哲学史大纲》等书，在文学、哲学、史学、考据学、教育学、伦理学、红学等诸多领域都有深入的研究，1939 年还获得诺贝尔文学奖的提名。

胡适对国学的研究从根本上说是一次对旧有标准的反叛和革命。1919 年 12 月，胡适在文学革命的领军刊物《新青年》上发表《新思潮的意义》，提出"研究问题、输入学理、整理国故、再造文明"的口号，正式呼吁从理性出发，对当时的制度风俗、圣贤遗训和社会公认的行为及信仰这三方面进行重新评估。胡适将自己怀疑的精神和吸收的外国新思想融入其深厚的国学基础之中，正如他自己所说的"旧瓶装新酒"一般给予国学新的生命和活力。今天的人们或许对这些佶屈聱牙的考据感到厌烦，也对许多国学经典知之甚少，但是在这些看似干枯的文章里流淌着实证主义的思想、"格物"的精神等历久弥新的血液，我们要学习的，或许并非只是比别人多懂一点儿的国学"死"的知识，而是怎样看待古人给我们遗留下来的宝贵财富，取其精华，去其糟粕。本书"胡适讲国学"部分辑录了胡适大量"整理国故"的研究文章，其内容涉及中国古代诸子百家的学说以及文学、政治、历史等方面的研究，目的就在于让读者了解胡适"整理国故"的成果，在增加对国学的学习兴味和研究热情的同时，也培养独立的判断和敏锐思考的能力。所选文章，有些结论虽然仍然有待商榷，但是在当时各种思想禁锢尚未完全破除的时代，能够有此种大胆对传统进行反叛的"于不疑处存疑的实证精神"，仍然是可敬的。

胡适的哲学理论作为新旧文化碰撞交替的时代下的产物，便同样具有了"中西合璧"的开放视角和思想维度。胡适晚年自述道："中国古代哲学的基本著作，及比较近代的宋明诸儒的论述，我在幼年时，差不多都已读过。"这一点可以在《四十自述》中所述的九年家乡教育中得到印证。可见，胡适对于哲学的了解与研究，始于幼年所读的"文史不分"的典籍之中。而当他作为庚子赔款背景下留美的学生，在 1910 年入学康奈尔大学时，曾由农学转入文理学院，主修哲学，吸收了许多外国哲学新思潮和方法论的新鲜养料，并由此反观中国古代的哲学问题，写出了《中国哲学史大纲》等一些不俗的作品。胡适对于哲学的研究并未形成一个相对完善的可以自圆其说的独立系统，这也使得他的哲学研究始终保留着西方哲学的思想和研究方法的规范，由此生发出的哲学观点便以不同的背景和证据呈现出某种游移的倾向，但也因为这种"游移"，没有牢不可破的固定观点，使得他的哲学研究如"源头活水"而呈现出开放的观点和怀疑的精神，这种为学的思维方式和包容的胸怀是我们需要借鉴的。本书"胡适讲哲学"部分辑录了胡适《中国哲学史大纲》和有关哲学论述的文章中较有代表性的篇目，希望能引起读者对胡适哲学研究的兴趣，进而对自己的思维方法有所反思和提升。这些文章既可以当作哲学入门的阅读材料，也可以作为了解胡适如何研究中国古代哲学和如何接受外国哲学思想影响的资料。

胡适的一生，正如他自己所说的，正是"一个像样子的梦"。他的一生受他的母亲影响最大，母亲用她包容的爱和做人的刚气给他的个性留下了不可磨灭的影响。家学和旧私塾的扎实功底，新学堂和留学生活的新鲜空气都让胡适对事物多了一丝怀疑和考察证实的"考据"精神，多了一丝包容而不至偏激。如果按照一些人的说法，只有偏执狂才能成功，胡适显然是个例外。他写自己人生经历的文字通俗易懂、明白晓畅，或许带了一丝笨拙，却朴实真挚。他讲述自己家的往事，爱憎分明，不加雕琢，全然没有护短之嫌和粉饰之意。他讲述人生的选择和感悟，经常是讲给学生或是青年人，没有说教的刻板和做作，那一番热情的话语让人鼓起奋斗的勇气又不失深度的思考。他的人生观可以说是较为纯粹的"个人主义"，这几乎是统领他大多数有关人生文章的中心。他注重自身的价值和自我实现，但并非偏狭的自私，而是相信只有将自己铸造成器，维护好自己的尊严和权益，才能更好地给社会以推动力。胡适的一生正如梦一般的跌宕起伏，颇富有戏剧性和争议性，他自己也在努力做出一个像样子的梦，他做到了。本书"胡适讲人生"部分辑录了胡适带有自传性质的《四十自述》和一些其他有关人生的感悟和选择方面的文章，希望尽可能多地展现胡适的人生和胡适眼中的人生。一些对胡适知之甚少的人会因他身上所着的政治色彩对之大加贬斥。然而，当你耐心品味他字里行间流露的真情实感时，你就会发现和你印象中不太一样的胡适，由此，你或许会对人生多了一丝感悟，或许会在他的人生经历和对人生的感悟中印证和反省自身的存在，或许会引发了内心的火焰而成就一番事业。

目录

上 篇

胡适讲国学

中 篇
胡适讲哲学

下　篇

胡适讲人生

上 篇

胡适讲国学

第一章
浅谈诸子百家

说儒

一

二十多年前，章太炎先生作《国故论衡》，有《原儒》一篇，说"儒"有广狭不同的三种说法：

儒有三科，关"达"、"类"、"私"之名：（《墨子·经上篇》说名有三种：达，类，私。如"物"是达名，"马"是类名，"舜"是私名。）……

达名为儒。儒者，术士也（《说文》）。太史公《儒林列传》曰，"秦之季世坑术士"，而世谓之坑儒。司马相如言"列仙之儒居山泽间，形容甚臞"（《汉书·司马相如传》语。《史记》儒作传，误）。……王充《儒增》、《道虚》、《谈天》、《说日》、《是应》，举"儒书"，所称者有鲁般刻鸢；由基中杨；李广射寝石，矢没羽……黄帝骑龙；淮南王犬吠天上，鸡鸣云中，日中有三足乌；月中有兔蟾蜍。是诸名籍道、墨、刑法、阴阳、神仙之伦，旁有杂家所记，列传所录，一谓之儒，明其皆公族。"儒"之名盖出于"需"，需者云上于天，而儒亦知天文，识旱潦。何以明之？鸟知天将雨者曰鹬（《说文》），舞旱暵者以为衣冠。鹬冠者，亦曰术氏冠（《汉·五行志》注引《礼图》），又曰圜冠。庄周言儒者冠圜冠者知天时，履句屦者知地形，缓佩玦者事至而断。（《田子方》篇文。《五行志》注引《逸周书》文同《庄子》。圜字作鹬。《续汉书·舆服志》云："戴冠前圜。"）明灵星舞子吁嗟以求雨者谓之儒。……古之儒知天文占候，谓其多技，故号遍施于九能，诸有术者，悉晐之矣。

类名为儒。儒者知礼乐射御书数。《天官》曰："儒以道得民。"说曰，"儒，诸侯保氏有六艺以教民者。"《地官》曰："联师儒。"说曰："师儒，乡里教以道艺者。"此则躬备德行为师，效其材艺为儒。……

私名为儒。《七略》曰，"儒家者流，盖出于司徒之官，助人君顺阴阳明教化者也。游文于六经之中，留意于仁义之际，祖述尧、舜，宪章文、武，宗师仲尼，以重其言，于道为最高。"周之衰，保氏失其守，史籀之书，商高之算，蜂门之射，范氏之御，皆不自儒者传。故孔子……自诡鄙事，言君子不多能，为当世名士显人隐讳。及《儒行》称十五儒，《七略》疏《晏子》以下五十二家，皆粗明德行政教之趣而已，未及六艺也。其科于《周官》为师，儒绝而师假摄其名。……

今独以传经为儒，以私名则异，以达名类名则偏。要之题号由古今异，儒犹道矣。儒之名于古通为术士，于今专为师氏之守。道之名于古通为德行道艺，于今专为老聃之徒。……

太炎先生这篇文章在当时真有开山之功，因为他是第一个人提出"题号由古今异"的一个历史见解，使我们明白古人用这个名词有广狭不同的三种说法。

太炎先生的大贡献在于使我们知道"儒"字的意义经过了一种历史的变化，从一个广义的，包括一切方术之士的"儒"，后来竟缩小到了"祖述尧、舜，宪章文、武，宗师仲尼"的狭义的"儒"。这虽是太炎先生的创说，在大体上是完全可以成立的。《论语》记孔子对他的弟子说：

女为君子儒，毋为小人儒。

这可见当孔子的时候，"儒"的流品是很杂的，有君子的儒，也有小人的儒。向来的人多蔽于成见，不能推想这句话的含义。若依章太炎的说法，当孔子以前已有那些广义的儒，这句话就很明白了。

但太炎先生的说法，现在看来，也还有可以修正补充之处。他的最大弱点在于那"类名"的儒（其实那术士通称的"儒"才是类名）。他在那最广义的儒之下，另立一类"六艺之人"的儒。此说的根据只有《周礼》的两条郑玄注。无论《周礼》是否可信，《周礼》本文只是一句"儒以道得民"和一句"联师儒"，这里并没有儒字的定义。郑玄注里说儒是"有六艺以教民者"，这只是一个东汉晚年的学者的说法，我们不能因此就相信古代（周初）真有那专习六艺的儒。何况

《周礼》本身就很可疑呢?

太炎先生说"儒之名于古通为术士",此说目无可疑。但他所引证都是秦、汉的材料,还不曾说明这个广义的儒究竟起于什么时代,他们的来历是什么,他们的生活是怎样的,他们同那狭义的孔门的儒有何历史的关系,他们同春秋战国之间的许多思想潮流又有何历史的关系。在这些问题上,我们不免都感觉不满足。

若如太炎先生的说法,广义的儒变到狭义的儒,只是因为"周之衰,保氏失其守",故书算射御都不从儒者传授出来,而孔子也只好"自诡鄙事,言君子不多能,为当世名士显人隐讳"。这种说法,很难使我们满意。如果《周礼》本不可信,如果"保氏"之官本来就是一种乌托邦的制度,这种历史的解释就完全站不住了。

太炎先生又有《原道》三篇,其上篇之末有注语云:

儒家、法家皆出于道,道则非出于儒也。

若依此说,儒家不过是道家的一个分派,那么,"儒"还够不上一个"类名",更够不上"达名"了。若说这里的"儒"只是那狭义的私名的儒,那么,那个做儒、法的共同源头的"道"和那最广义的"儒"可有什么历史关系没有呢?太炎先生说,"儒、法者流,削小老氏以为省",《原道上》,他的证据只有一句话:

孔父受业于征藏史,韩非传其书。(《原道上》)

姑且假定这个渊源可信,我们也还要问:那位征藏史(老聃)同那广义的"儒"又有什么历史关系没有呢?

为要补充引申章先生的说法,我现今提出这篇尝试的研究。

二

"儒"的名称,最初见于《论语》孔子说的:

女为君子儒,毋为小人儒。

我在上文已说过,这句话使我们明白当孔子时已有很多的儒,有君子,有小人,流品已很杂了。我们要研究这些儒是什么样的人。

我们先看看"儒"字的古义。《说文》:

儒，柔也，术士之称。从人，需声。

术士是有方术的人；但为什么"儒"字有"柔"的意义呢？"需"字古与"耎"相通；《广雅·释诂》："耎，弱也。"耎即是今"輭"字，也写作"软"字。"需"字也有柔软之意；《考工记》："革，欲其荼白而疾澣之，则坚；欲其柔滑而腛脂之，则需。"郑注云："故书，需作刯。郑司农云，刯读为柔需之需，谓厚脂之韦革柔需。"《考工记》又云："厚其帤则木坚，薄其帤则需。"此两处，"需"皆与"坚"对举，需即是柔耎之耎。柔软之需，引伸又有迟缓濡滞之意。……"儒"字从需而训柔，似非无故。《墨子·公孟篇》说：

公孟子戴章甫，搢忽，儒服而以见于墨子。

又说：

公孟子曰，君子必古言服，然后仁。

又《非儒篇》说：

儒者曰，君子必古言服，然后仁。

又《荀子·儒效篇》说：

逢衣浅带（《韩诗外传》作"博带"），解果其冠，……是俗儒者也。

大概最古的儒，有特别的衣冠，其制度出于古代（说详下），而其形式——逢衣，博带，高冠，搢笏——表出一种文弱迂缓的神气，故有"儒"之名。

所以"儒"的第一义是一种穿戴古衣冠，外貌表示文弱迂缓的人。

从古书所记的儒的衣冠上，我们又可以推测到儒的历史的来历。《墨子》书中说当时的"儒"自称他们的衣冠为"古服"。周时所谓"古"，当然是指那被征服的殷朝了。试以"章甫之冠"证之。《士冠礼记》云：

章甫，殷道也。

《礼记·儒行篇》记孔子对鲁哀公说：

丘少居鲁，衣逢掖之衣；长居宋，冠章甫之冠。丘闻之也：君子之学也博，其服也乡。丘不知儒服。

孔子的祖先是宋人，是殷王室的后裔，所以他临死时还自称为"殷人"（见

《檀弓》)。他生在鲁国，生于殷人的家庭，长大时还回到他的故国去住过一个时期（《史记·孔子世家》不记他早年居宋的事。但《儒行篇》所说无作伪之动机，似可信。）他是有历史眼光的人，他懂得当时所谓"儒服"其实不过是他的民族和他的故国的服制。儒服只是殷服，所以他只承认那是他的"乡"服，而不是什么特别的儒服。

从儒服是殷服的线索上，我们可以大胆的推想：最初的儒都是殷人，都是殷的遗民，他们穿戴殷的古衣冠，习行殷的古礼。这是儒的第二个古义。

……

从周初到春秋时代，都是殷文化与周文化对峙而没有完全同化的时代。……

……

所以在周初几百年之间，东部中国的社会形势是一个周民族成了统治阶级，镇压着一个下层被征服被统治的殷民族。傅斯年先生说"鲁之统治者是周人，而鲁之国民是殷人"。（引见下文）这个论断可以适用于东土全部。以文化论，那新起的周民族自然比不上那东方文化久远的殷民族，所以周室的领袖在那开国的时候也不能不尊重那殷商文化。

……

但统治者终是统治者，他们自有他们的文化习惯，不屑模仿那被征服的民族的文化。况且新兴的民族看见那老民族的灭亡往往由于文化上有某种不适于生存的坏习惯，所以他们往往看不起征服民族的风俗。

……

这就是说：我们不要学那亡国民族的坏榜样！但是可注意的是《酒诰》的末段对于周的官吏，有犯酒禁的，须用严刑……在这处罚的歧异里，我们可以窥见那统治民族一面轻视又一面放任那被征服民族的心理。

但殷民族在东土有了好几百年的历史，人数是很多的；虽没有政治势力，他们的文化的潜势力是不可侮视的。孔子说过：

周因于殷礼，所损益可知也。

这是几百年后一个有历史眼光的人的估计，可见周朝的统治者虽有"所损益"，大体上也还是因袭了殷商的制度文物。这就是说，"殪戎殷"之后，几百年之中，殷商民族文化终久逐渐征服了那人数较少的西土民族。

殷、周两民族的逐渐同化，其中自然有自觉的方式，也有不自觉的方式。不自觉的同化是两种民族文化长期接触的自然结果，一切民族都难逃免，我们不用说他。那自觉的同化，依我们看来，与"儒"的一个阶级或职业很有重大的关系。

在那个天翻地覆的亡国大变之后，昔日的统治阶级沦落做了俘虏，做了奴隶，做了受治的平民。

……

但我们知道，希腊的知识分子做了罗马战胜者的奴隶，往往从奴隶里爬出来做他们的主人的书记或家庭教师。北欧的野蛮民族打倒了罗马帝国之后，终于被罗马天主教的长袍教士征服了，倒过来做了他们的徒弟。殷商的知识分子——王朝的贞人、太祝、太史以及贵族的多士，在那新得政的西周民族之下，过的生活虽然是惨痛的奴虏生活，然而有一件事是殷民族的团结力的中心，也就是他们后来终于征服了战胜者的武器——殷人的宗教。

我们看殷墟（安阳）出土的遗物与文字，可以明白殷人的文化是一种宗教的文化。这个宗教根本上是一种祖先教。祖先的祭祀在他们的宗教里占一个很重要的地位。丧礼也是一个重要部分。此外，他们似乎极端相信占卜：大事小事都用卜来决定。如果《鸿范》是一部可信的书，那么，占卜之法到了殷商的末期已起了大改变，用龟卜和用兽骨卜之法之外，还有用蓍草的筮法，与卜并用。

这种宗教需用一批有特别训练的人。卜筮需用"卜筮人"；祭祀需用祝官；丧礼需用相礼的专家。在殷商盛时，祝宗卜史自有专家。亡国之后，这些有专门知识的人往往沦为奴虏，或散在民间。因为他们是有专门的知识技能的，故往往能靠他们的专长换得衣食之资。他们在殷人社会里，仍旧受人民的崇敬；而统治的阶级，为了要安定民众，也许还为了他们自己也需要这种有知识技能的人，所以只须那些"多士攸服奔走臣我多逊"，也就不去过分摧残他们。这一些人和他们的子孙，就在那几百年之中，自成了一个特殊阶级。他们不是那新朝的"士"；"士"是一种能执干戈以卫社稷的武士阶级，是新朝统治阶级的下层。他们只是"儒"。他们负背着保存故国文化的遗风，故在那几百年社会骤变，民族混合同化的形势之中，他们独能继续保存殷商的古衣冠——也许还继续保存了殷商的古文字言语（上文引的《墨子·公孟篇》与《非儒篇》，都有"古言服"的话。我们现在还不明白殷、周民族在语言文字上有多大的区别）。在他们自己民族的眼里，他们是"殷礼"（殷的宗教文化）的保存者与宣教师。在西周民族的眼里，他们是社会上多才艺的人，是贵族阶级的有用的清客顾问，是多数民众的安慰者。他们虽然不是新朝的"士"，但在那周、宋、卫、齐、鲁、诸国的绝大多数的民众之中，他们要算是最高等的一个阶级了。所以他们和"士"阶级最接近，西周统治阶级也就往往用"士"的名称来泛称他们。

......

大概周士是统治阶级的最下层，而殷士是受治遗民的最上层。一般普通殷民，自然仍旧过他们的农工商的生活，如《多方》说的"宅尔宅，畋尔田"。《左传》昭十六年郑国子产说，"昔我先君桓公与商人皆出自周，庸次比偶，以艾杀此地，斩之蓬蒿藜藋，而共处之。世有盟誓，以相信也，曰：'尔无我叛，我无强贾，毋或匄夺；尔有利市宝贿，我勿与知。'恃此质誓，故能相保，以至于今。"

徐中舒先生曾根据此段文字，说："此'商人'即殷人之后而为商贾者。"又说，"商贾之名，疑即由殷人而起"。（《国学论丛》一卷一号，页一一一。）此说似甚有理。"商"之名起于殷贾，正如"儒"之名起于殷士。此种遗民的士，古服古言，自成一个特殊阶级；他们那种长袍大帽的酸样子，又都是彬彬知礼的亡国遗民，习惯了"犯而不校"的不抵抗主义，所以得着了"儒"的浑名。......

柔逊为殷人在亡国状态下养成一种遗风，与基督教不抵抗的训条出于亡国的犹太民族的哲人耶稣，似有同样的历史原因。《左传》昭公七年所记孔子的远祖正考父的鼎铭，虽然是宋国的三朝佐命大臣的话，已是很可惊异的柔道的人生观了。正考父曾"佐戴、武、宣"三朝；据《史记·十二诸侯年表》，宋戴公元年当周宣王二十九年（前799年），武公元年当平王六年（前765年），宣公元年当平王二十四年（前747年）。他是西历前八世纪前半的人，离周初已有三百多年了。他的鼎铭说：

一命而偻，再命而伛，三命而俯，循墙而走，亦莫余敢侮。饘于是，鬻于是，以糊余口。

这是殷民族的一个伟大领袖的教训。儒之古训为柔，岂是偶然的吗？

不但柔道的人生观是殷的遗风，儒的宗教也全是"殷礼"。

......

三

我们现在要看看"儒"的生活是怎样的。

孔子以前，儒的生活是怎样的，我们无从知道了。但我疑心《周易》的"需"卦，似乎可以给我们一点线索。儒字从需，我疑心最初只有一个"需"字，后来始有从人的"儒"字。需卦之象为云上于大，为密云不雨之象，故有"需待"之意。（《彖传》：需，须也。）《象传》说此卦象为"君子以饮食宴乐"。《序卦传》说："需者，饮食之道也。"《彖传》说：

需，须也，险在前也。刚健而不陷，其义不困穷矣。

程颐《易传》说此节云：

以险在于前，未可遽进，故需待而行也。以乾之刚健，而能需待不轻动，故不陷于险，其义不至于困穷也。

这个卦好像是说一个受压迫的人，不能前进，只能待时而动，以免陷于危险；当他需待之时，别的事不能做，最好是自糊其口，故需为饮食之道。这就很像殷商民族亡国后的"儒"了。

……

这里的"需"，都可作一种人解；此种人的地位是很困难的，是有"险在前"的，是必须"刚健而不陷"的。儒在郊，完全是在野的失势之人，必须忍耐自守，可以无咎。儒在沙，是自己站不稳的，所以说"衍（愆）在中也"。儒在泥，是陷在危险困难里了，有了外侮，只有敬慎，可以不败。儒在血，是冲突之象，他无力和人争，只好柔顺的出穴让人，故《象传》说为"顺以听也。"儒在酒食，是有饭吃了，是他最适宜的地位。他回到穴里去，也还有麻烦，他还得用敬慎的态度去应付。——"需"是"须待"之象，他必须能忍耐待时；时候到了，人家"须待"他了，彼此相"需"了，他就有饭吃了。

……

所谓"周易"，原来是殷民族的卜筮书的一种。经过了一个不短的时期，方才成为一部比较最通用的筮书。《易》的六十四卦，每卦取自然界或人事界的一个现象为题，其中无甚深奥的哲理，而有一些生活常识的观察。"需"卦所说似是指一个受压迫的知识阶级，处在忧患险难的环境，待时而动，谋一个饮食之道。这就是"儒"。（"蒙"卦的初爻说："发蒙，利用刑人，用说（脱）桎梏以往，否。"这里说的也很像希腊的俘虏在罗马贵族家里替他的主人教儿子的情形。)

孔子的时候，有"君子儒"，也有"小人儒"。我们先说"小人儒"的生活是怎样的。

《墨子·非儒篇》有一段描写当时的儒：

> 夫（夫即彼）繁饰礼乐以淫人，久丧伪哀以谩亲；立命缓贫而高浩居（毕沅据《孔子世家》。解浩居为傲倨），倍本弃事而安怠傲。贪于饮食，惰于作务，陷于饥寒，危于冻馁，无以违（避）之……君子笑之，怒曰，"散人焉知良儒！"……

这虽然是一个反儒的宗派说的话，却也有儒家自己的旁证。《荀子·儒效》篇说：

> 逢衣浅（《韩诗外传》作博）带，蟹螺其冠（杨倞注引《说苑》淳于髡述"邻圃之祠田，祝曰，蟹螺者宜禾，汙邪者百车。""蟹螺盖高地也，今冠盖亦比之。"），略法先王而足乱世术；缪学杂举，不知法后王而壹制度，不知隆礼义而杀诗书。……呼先王以欺愚者，而求衣食焉。得委积足以掩其口，则扬扬如也。随其长子，事其便辟，举（王念孙云：举读为相与之与）其上客，偠然若终身之虏而不敢有他志。——是俗儒者也。

用战国晚期荀卿的话来比较墨子的话，我们可以相信，在春秋时期与战国时期之间，已有这种俗儒，大概就是孔子说的"小人儒"。

从这种描写上，我们可以看出他们的生活有几个要点：

第一，他们是很贫穷的，往往"陷于饥寒，危于冻馁"；这是因为他们不务农，不作务，是一种不耕而食的寄生阶级。

第二，他们颇受人轻视与嘲笑，因为他们的衣食须靠别人供给；然而他们自己倒还有一种倨傲的遗风，"立命，缓贫，而高浩居"，虽然贫穷，还不肯抛弃他们的寄食——甚至于乞食——的生活。

第三，他们也有他们的职业，那是一种宗教的职业：他们熟悉礼乐，人家有丧祭大事，都得请教他们。因为人们必须请他们治丧相礼，所以他们虽然贫穷，却有相当崇高的社会地位。骂他们的可以说他们"因人之野以为尊"；他们自己却可以说是靠他们的知识做"衣食之端"。

第四，他们自己是实行"久丧"之制的，而他们最重要的谋生技能是替人家

"治丧"。他们正是那殷民族的祖先教的教士，这是儒的本业。

从这种"小人儒"的生活里，我们更可以明白"儒"的古义：儒是殷民族的教士，靠他们的宗教知识为衣食之端。

其实一切儒，无论君子儒与小人儒，品格尽管有高低，生活的路子是一样的。他们都靠他们的礼教的知识为"衣食之端"，他们都是殷民族的祖先教的教士，行的是殷礼，穿的是殷衣冠。在那殷、周民族杂居已六七百年，文化的隔离已渐渐泯灭的时期，他们不仅仅是殷民族的教士，竟渐渐成了殷、周民族共同需要的教师了。

《左传》昭公七年记孟僖子自恨不能相礼，"乃讲学之。苟能礼者，从之"。《左传》又说，孟僖子将死时，遗命要他的两个儿子何忌与说去跟着孔子"学礼焉以定其位"。孔子的职业是一个教师，他说：

自行束脩以上，吾未尝无诲焉。

束脩是十脡脯，是一种最薄的礼物。《檀弓》有"古之大夫，束脩之问不出竟"的话，可证束脩是赠礼。孔子有"博学"、"知礼"的名誉，又有"学而不厌，诲人不倦"的精神，故相传他的弟子有三千之多。这就是他的职业了。

孔子也很注重丧祭之礼，他作中都宰时，曾定制用四寸之棺，五寸之椁（见《檀弓》有若的话）。他承认三年之丧为"天下之通丧"，又建立三年之丧的理论，说这是因为"子生三年然后免于父母之怀"（《论语》十七）。这都可表示他是殷民族的宗教的辩护者，正是"儒"的本色。

他和他的大弟子的生活，都是靠授徒与相礼两种职业。大概当时的礼俗，凡有丧事，必须请相礼的专家。

……

最可玩味的是《檀弓》记的这一件故事：

孔子在卫（也是一个殷文化的中心），有送葬者，而夫子观之，曰："善哉！足以为法矣。……其往也如慕，其反也如疑。"子贡曰："岂若速反而虞乎？"（既葬，"迎精而反，日中祭之于殡宫，以安之"为虞祭。）子曰，"小子识之，我未之能行也。"

孔子叹赏那人的态度，而他的弟子只能计较仪节的形式。所以他那些大弟子，都是"习于礼者"，只能在那些达官富人的丧事里，指手画脚地评量礼节，较量袭裘与裼裘的得失，辩论小敛之奠应在东方或在西方。《檀弓》所记，已够使人厌倦，使人失望，使人感觉孔子的门风真是及身而绝了！

我们读了这种记载，可以想象那些儒者的背景。孔子和这班大弟子本来都是殷儒商祝，孔子只是那个职业里出来的一个有远见的领袖，而他的弟子仍多是那个治丧相礼的职业中人，他们是不能完全跳出那种"因人之野以为尊"的风气之外的。孔子尽管教训他们："女为君子儒，毋为小人儒。"但"君子"、"小人"的界限是很难划分的。他们既须靠治丧相礼为"衣食之端"，就往往不能讲气节了。

······

季孙为当时鲁国的最有权力的人，他的母丧真可说是"大丧"了。这两位大儒巴巴的赶来，不料因国君在内，阍人不让他们进去，他们就进季孙的马厩里去修容；子贡修饰好了，还瞒不过阍人，不得进去；曾子装饰得更好，阍人不敢拦他，居然混进去了。里面的国君与大夫，看见此时有吊客进来，料想必是尊客，都起来致敬，国君还降一等揖客。谁想这不过是两位改装的儒者赶来帮主人治丧相礼的呵！我们看了这种圣门的记载，再回想《墨子·非儒》篇描写的"五谷既收，大丧是随，子姓皆从，得厌饮食"，"富人有丧，乃大说喜"的情形，我们真不能不感觉到"君子儒"与"小人儒"的区别是很微细的了！······

以上记"儒"的生活，我们只用那些我们认为最可信的史料。有意毁谤儒者，而描写不近情理的材料，《庄子》记"大儒以诗礼发冢"的文字，我们不愿意引用。如果还有人觉得我在上文描写"儒"的生活有点近于有心毁谤孔门圣贤，那么，我只好请他平心静气想想孔子自己说他的生活：

出则事公卿，入则事父兄；丧事不敢不勉，不为酒困，何有于我哉？（《论语》九）

在这里，我们可以看见一个"儒"的生活的概略。纵酒是殷民族的恶习惯。《论语》里写孔子"不为酒困"、"唯酒无量，不及乱"，还可见酗酒在当时还是一个社会问题。"丧事不敢不勉"，是"儒"的职业生活。"出则事公卿"，也是那个不学稼圃的寄生阶级的一方面。

四

在前三章里，我们说明了"儒"的来历。儒是殷民族的礼教的教士，他们在很困难的政治状态之下，继续保存着殷人的宗教典礼，继续穿戴着殷人的衣冠。

他们是殷人的教士，在六七百年中渐渐变成了绝大多数人民的教师。他们的职业还是治丧、相礼、教学；但他们的礼教已渐渐行到统治阶级里了，他们的来学弟子，已有周、鲁公族的子弟了（如孟孙、何忌、南宫适）；向他们问礼的，不但有各国的权臣，还有齐、鲁、卫的国君了。

这才是那个广义的"儒"。儒是一个古宗教的教师，治丧相礼之外，他们还要做其他的宗教职务。

……

儒的职业需要博学多能，故广义的"儒"为术士的通称。但这个广义的，来源甚古的"儒"，怎样变成了孔门学者的私名呢？这固然是孔子个人的伟大成绩，其中也有很重要的历史的原因。孔子是儒的中兴领袖，而不是儒教的创始者。儒教的伸展是殷亡以后五六百年的一个伟大的历史趋势；孔子只是这个历史趋势的最伟大的代表者，他的成绩也只是这个五六百年的历史运动的一个庄严灿烂的成功。

这个历史运动是殷遗民的民族运动。殷商亡国之后，在那几百年中，人数是众多的，潜势力是很广大的，文化是继续存在的。但政治的势力全都在战胜的民族的手里，殷民族的政治中心只有一个包围在"诸姬"的重围里的宋国。宋国的处境是很困难的；我们看那前八世纪宋国一位三朝佐命的正考父的鼎铭："一命而偻，再命而伛，三命而俯，循墙而走"，这是何等的柔逊谦卑！宋国所以能久存，也许是靠这种相传的柔道。

周室东迁以后，东方多事，宋国渐渐抬头。到了前七世纪的中叶，齐桓公死后，齐国大乱，宋襄公邀诸侯的兵伐齐，纳齐孝公。这一件事成功（前642年）之后，宋襄公就有了政治的大欲望，他想继承齐桓公之后做中国的盟主。……三百年后，宋君偃自立为宋王，东败齐，南败楚，西败魏，也是这点亡国遗憾的死灰复燃，也是一个民族复兴的运动。但不久也失败了。殷商民族的政治的复兴，终于无望了。

但在那殷商民族亡国后的几百年中，他们好像始终保存着民族复兴的梦想，渐渐养成了一个"救世圣人"的预言，这种预言是亡国民族里常有的，最有名的一个例子就是希伯来（犹太）民族的"弥赛亚"（Messiah）降生救世的悬记，后来引起了耶稣领导的大运动。这种悬记（佛书中所谓"悬记"，即预言）本来只是悬想一个未来的民族英雄起来领导那久受亡国苦痛的民众，做到那复兴民族的大事业。但年代久了，政治复兴的梦想终没有影子，于是这种预言渐渐变换了内容，政治复兴的色彩渐渐变淡了，宗教或文化复兴的意味渐渐加浓了。

犹太民族的"弥赛亚"原来是一个复兴英雄，后来却变成了一个救世的教主，这是一变；一个狭义的，民族的中兴领袖，后来却变成了一个救度全人类的大圣人，这一变更远大了。我们现在观察殷民族亡国后的历史，似乎他们也曾有过一个民族英雄复兴殷商的悬记，也曾有过一个圣人复起的预言。

……

孔子生于鲁襄公二十二年（前 551 年），上距殷武庚的灭亡，已有五百多年。大概这个"五百年必有王者兴"的预言由来已久，所以宋襄公（泓之战在前 638 年）正当殷亡后的第五世纪，他那复兴殷商的野心也正是那个预言之下的产儿。到了孔子出世的时代，那预言的五百年之期已过了几十年，殷民族的渴望正在最高度。这时期，忽然殷宋公孙的一个嫡系里出来了一个聪明睿智的少年，起于贫贱的环境里，而贫贱压不住他；生于"野合"的父母，甚至于他少年时还不知道其父的坟墓，然而他的多才多艺，使他居然战胜了一个当然很不好受的少年处境，使人们居然忘了他的出身，使他的乡人异口同声的赞叹他：

大哉孔子！博学而无所成名！

这样一个人，正因为他的出身特别微贱，所以人们特别惊异他的天才与学力之高，特别追想到他的先世遗泽的长久而伟大。所以当他少年时代，他已是民间人望所归了；民间已隐隐的，纷纷的传说："五百年必有圣者兴，今其将在孔丘乎！"甚至于鲁国的贵族权臣也在背后议论道："圣人之后，必有达者，今其将在孔丘乎！"

我们可以说，孔子壮年时，已被一般人认作那个应运而生的圣人了。这个假设可以解决《论语》里许多费解的谈话。如云：

子曰：天生德于予，桓魋其如予何？

如云：

子畏于匡，曰：文王既没，文不在兹乎？天之将丧斯文也，后死者不得与于斯文也。天之未丧斯文也，匡人其如予何？

如云：

子曰：凤鸟不至，河不出图，吾已矣夫！

这三段说话，我们平时都感觉难懂。但若如上文所说，孔子壮年以后在一般民众心目中已成了一个五百年应运而兴的圣人，这些话就都不难懂了。因为古来久有那个五百年必有圣者兴的悬记，因为孔子生当殷亡之后五百余年，因为他出于一个殷宋正考父的嫡系，因为他那出类拔萃的天才与学力早年就得民众的崇敬，就被人期许为那将兴的达者——因为这些缘故，孔子自己也就不能避免一种自许自任的心理。

……

《论语》里记着两件事，曾引起最多的误解。一件是公山弗扰召孔子的事：

公山弗扰以费叛，召，子欲往。子路不说，曰："末之也已，何必公山氏之之也？"子曰："夫召我者，而岂徒哉？如有用我者，吾其为东周乎！"

一件是佛肸召孔子的事：

佛肸召，子欲往。子路曰："昔者由也闻诸夫子曰：'亲于其身为不善者，君子不入也。'佛肸以中牟畔（佛肸是晋国赵简子的中牟邑宰，据中牟以叛），子之往也，如之何？"子曰："然，有是言也。不曰坚乎，磨而不磷？不曰白乎，涅而不缁？吾岂匏瓜也哉？焉能系而不食？"

后世儒者用后世的眼光来评量这两件事，总觉得孔子决不会这样看重两个反叛的家臣，决不会这样热衷。……其实孔子的动机不过是赞成一个也许可以尝试有为的机会。从事业上看，"吾其为东周乎？"这就是说，也许我可以造成一个"东方的周帝国"哩。从个人的感慨上说，"吾岂匏瓜也哉？焉能系而不食？"这就是说，我是想做事的，我不能像那串葫芦，挂在那儿摆样子，可是不中吃的。这都是很近情理的感想，用不着什么解释的。……

他到了晚年，也有时感慨他的壮志的消磨。最动人的是他的自述：

甚矣吾衰也！久矣吾不复梦见周公！

这寥寥两句话里，我们可以听见一个"烈士暮年，壮心未已"的长叹。周公是周帝国的一个最伟大的创始者，东方的征服可说全是周公的大功。孔子想造成的"东周"，不是那平王以后的"东周"（这个"东周"乃是史家所用名称，当时无用此名的），乃是周公平定四国后造成的东方周帝国。但这个伟大的梦终没有实现的机会，孔子临死时还说：

> 夫明王不兴，而天下其孰能宗予，予殆将死也？

不做周公而仅仅做一个"素王"，是孔子自己不能认为满意的，但"五百年必有王者兴"的悬记终于这样不满意的应在他的身上了。

犹太民族亡国后的预言，也曾期望一个民族英雄出来，"做万民的君王和司令"（《以赛亚书》五五章，四节），"使雅各众复兴，使以色列之中得保全的人民能归回"……但到了后来，大卫的子孙里出了一个耶稣，他的聪明仁爱得到了民众的推戴，民众认他是古代先知预言的"弥赛亚"，称他为"犹太人的王"。

后来他被拘捕了，罗马帝国的兵"给他脱了衣服，穿上一件朱红色袍子，用荆棘编作冠冕，戴在地头上，拿一根苇子放在他右手里；他们跪在他面前，戏弄他说："恭喜犹太人的王啊！"戏弄过了，他们带他出去，把他钉死在十字架上，犹太人的王"使雅各众复兴，使以色列归回"的梦想，就这样吹散了。但那个钉死在十字架上的殉道者，死了又"复活"了，"好像一粒芥菜子，这原是种子里最小的，等到长起来，却比各样菜都大，且成了一株树，天上的飞鸟来宿在他的枝上"，他真成了"外邦人的光，直到地的尽头"。

孔子的故事也很像这样的。……后来这个希望渐渐形成了一个"五百年必有王者兴"的悬记，引起了宋襄公复兴殷商的野心。这一次民族复兴的运动失败之后，那个伟大的民族仍旧把他们的希望继续寄托在一个将兴的圣王身上。

果然，亡国后的第六世纪里，起来了一个伟大的"学而不厌，诲人不倦"的圣人。这一个伟大的人不久就得着了许多人的崇敬，他们认他是他们所期待的圣人；就是和他不同族的鲁国统治阶级里，也有人承认那个圣人将兴的预言要应在这个人身上。和他接近的人，仰望他如同仰望日月一样；相信他若得着机会，他一定能"立之斯立，道之斯行，绥之斯来，动之斯和"。他自己也明白人们对他的期望，也以泰山梁木自待，自信"天生德于予"，自许要作文王周公的功业。到他临死时，他还做梦"坐奠于两楹之间"。他抱着"天下其孰能宗予"的遗憾死了，但他死了也"复活"了："人能弘道，非道弘人"，他打破了殷周文化的藩篱，……重新建立在六百年殷周民族共同生活的新基础之上：他做了那中兴的"儒"的不祧的宗主；他也成了"外邦人的光"，"声名洋溢乎中国，施及蛮貊，舟车所至，人力所通……凡有血气者莫不尊亲"。

五

孔子所以能中兴那五六百年来受人轻视的"儒"，是因为他认清了那六百年殷周民族杂居，文化逐渐混合的趋势，也知道那个富有部落性的殷遗民的"儒"是无法能拒绝那六百年来统治中国的周文化的了，所以他大胆的冲破那民族的界限，大胆的宣言："吾从周!"他说：

夏礼，吾能言之，杞不足征也。殷礼，吾能言之，宋不足征也。文献不足故也。足，则吾能征之矣。

这就是说，夏殷两个故国的文化虽然都还有部分的保存，——例如《全丧礼》里的夏祝商祝，——然而民族杂居太长久了，后起的统治势力的文化渐渐湮没了亡国民族的老文化，甚至于连那两个老文化的政治中心，杞与宋，都不能继续保存他们的文献了。杞国的史料现在已无可考。就拿宋国来看，宋国在那姬周诸国包围之中，早就显出被周文化同化的倾向来了。

……

这都是最自然的现象。我们今日看北方的出殡，其中有披麻戴孝的孝子，有和尚，有道士，有喇嘛，有军乐队，有纸扎的汽车马车，和《檀弓》记的同时有四种葬法，是一样的文化混合。孔子是个有历史眼光的人，他认清了那个所谓"周礼"并不是西周人带来的，乃是几千年的古文化逐渐积聚演变的总成绩，这里面含有绝大的因袭夏殷古文化的成分。他说：

殷因于夏礼，所损益，可知也。周因于殷礼，所损益，可知也。

这是很透辟的"历史的看法"。有了这种历史见解，孔子自然能看破，并且敢放弃那传统的"儒"的保守主义。所以他大胆的说：

周监于二代，郁郁乎文哉! 吾从周。

在这句"吾从周"的口号之下，孔子扩大了旧"儒"的范围，把那个做殷民族的祝人的"儒"变做全国人的师儒了。"儒"的中兴，其实是"儒"的放大。

孔子所谓"从周"，我在上文说过，其实是接受那个因袭夏殷文化而演变出来的现代文化。所以孔子的"从周"不是绝对的，只是选择的，只是"择其善者而从之，其不善者而改之"。……《檀弓》又记：

孔子之丧，公西赤为志焉：饰榇墙，置翣，设披，周也。设崇，殷也。绸练设旐，夏也。

子张之丧，公明仪为志焉；褚幕丹质，蚁结于四隅，殷士也。

这两家的送葬的礼式不同，更可以使我们明了孔子和殷儒的关系。子张是"殷士"，所以他的送葬完全沿用殷礼。孔子虽然也是殷人，但他的教养早已超过那保守的殷儒的遗风了，早已明白宣示他的"从周"的态度了，早已表示他的选择三代礼文的立场了，所以他的送葬也含有这个调和三代文化的象征意义。

孔子的伟大贡献正在这种博大的"择善"的新精神。他是没有那狭义的畛域观念的。他说：

君子周而不比。

又说：

君子群而不党。

他的眼光注射在那整个的人群，所以他说：

君子之于天下也，无适也，无莫也，义之与比。

他认定了教育可以打破一切阶级与界限，所以曾有这样最大胆的宣言：

有教无类。

这四个字在今日好像很平常。但在二千五百年前，这样平等的教育观必定是很震动社会的一个革命学说。因为"有教无类"，所以孔子说"自行束脩以上，吾未尝无诲焉"；所以他的门下有鲁国的公孙，有货殖的商人，有极贫的原宪，有在缧绁之中的公冶长。因为孔子深信教育可以推破一切阶级的畛域，所以他终身"为之不厌，诲人不倦"。

孔子时时提出一个"仁"字的理想境界。"仁者人也"，这是最妥帖的古训。……仁就是做人。用那理想境界的人做人生的目标，这就是孔子的最博大又最平实的教义。我们看他的大弟子曾参说的话：

士不可以不弘毅：任重而道远。仁以为己任，不亦重乎？死而后已，不亦远乎？

"仁以为己任"，就是把整个人类看作自己的责任。耶稣在山上，看见民众纷纷到来，他很感动，说道："收成是好的，可惜做工的人太少了。"曾子说的"任重而道远"，正是同样的感慨。

从一个亡国民族的教士阶级，变到调和三代文化的师儒；用"吾从周"的博大精神，担起了"仁以为己任"的绝大使命——这是孔子的新儒教。

"儒"本来是亡国遗民的宗教，所以富有亡国遗民柔顺以取容的人生观，所以"儒"的古训为柔懦。到了孔子，他对自己有绝大信心，对他领导的文化教育运动也有绝大信心，他又认清了那六百年殷周民族同化的历史实在是东部古文化同化了西周新民族的历史——西周民族的新建设也都建立在那"周围于殷礼"的基础之上——所以他自己没有那种亡国遗民的柔逊取容的心理。"士不可以不弘毅：任重而道远"，这是这个新运动的新精神，不是那个"一命而偻，再命而伛，三命而俯"的柔道所能包涵的了。

……

"成人"就是"成仁"，就是"仁"。综合当时社会上的理想人物的各种美德，合成一个理想的人格，这就是"君子儒"，这就是"仁"。但他又让一步，说"今之成人者"的最低标准。这个最低标准正是当时的"武士道"的信条。

……

大概这种谦卑的态度，虚心的气象，柔逊的处世方法，本来是几百年来的儒者遗风，孔子本来不曾抹煞这一套，他不过不承认这一套是最后的境界，也不觉得这是唯一的境界罢了。（曾子的这一段话的下面，即是"可以托六尺之孤"一段；再下面，就是"士不可以不弘毅"一段。这三段话，写出三种境界，最可供我们作比较。）在那个标举"成人"、"成仁"为理想境界的新学风里，柔逊谦卑不过是其一端而已。

……

这里说的话，无论是不是孔子的话，至少可以表示孔门学者认清了当时有两种不同的人生观，又可以表示他们并不菲薄那"宽柔以教，不报无道"（即是"犯而不校"）的柔道。他们看准了这种柔道也正是一种"强"道。当时所谓"南人"，与后世所谓"南人"不同。春秋时代的楚与吴，虽然更南了，但他们在北方人的眼里还都是"南蛮"，够不上那柔道的文化。古代人所谓"南人"似乎都是指大河以南的来国鲁国，其人多是殷商遗民，传染了儒柔的风气，文化高了，世故也深了，所以有这种宽柔的"不报无道"的教义。

　　这种柔道本来也是一种"强"，正如《周易·象传》说的"谦尊而光，卑而不可逾"。一个人自信甚坚强，自然可以不计较外来的侮辱；或者他有很强的宗教信心，深信"鬼神害盈而福谦"，他也可以不计较偶然的横暴。谦卑柔逊之中含有一种坚忍的信心，所以可说是一种君子之强。但他也有流弊。过度的柔逊恭顺，就成了懦弱者的百依百顺，没有独立的是非好恶之心了。……但此外十几节，如云：

> 爱其死以有待也，养其身以有为也。
>
> 非时不见，非义不合。
>
> 见利不亏其义，见死不更其守。其特立有如此者。
>
> 儒有可亲而不可劫也，可近而不可迫也，可杀而不可辱也。其过失可微辨而不可面数也。其刚毅有如此者。
>
> 身可危也，而志不可夺也。虽危，起居竟信（伸）其志，犹将不忘百姓之病也。其忧思有如此者。
>
> 患难相死也，久相待也，远相致也。
>
> 儒有澡身而浴德，陈言而伏。……世治不轻，世乱不沮。同弗与，异弗非也。其特立独行有如此者。
>
> 儒有上不臣天子，下不事诸侯，慎静而尚宽，强毅以与人，……砥厉廉隅。虽分国，如锱铢。……其规为有如此者。

　　这就都是超过那柔顺的儒风，建立那刚毅威严，特立独行的新儒行了。

　　以上述孔子改造的新儒行：他把那有部落性的殷儒扩大到那"仁以为己任"的新儒；他把那亡国遗民的柔顺取容的殷儒抬高到那弘毅进取的新儒。这真是"振衰而起儒"的大事业。

关于孔子

一、孔子略传

　　孔丘，字仲尼，鲁国人，生于周灵王二十一年（西历纪元前 551 年），死于周敬王四十一年（西历纪元前 479 年）。他一生的行事，大概中国人也都知道，不消一一的叙述了。他曾见过老子，大概此事在孔子 34 岁之后。

　　孔子本是一个实行的政治家。他曾做过鲁国的司空，又做过司寇。鲁定公十年，孔子以司寇的资格做定公的傧相，和齐侯会于夹谷，很替鲁国争了些面子。后来因为他的政策不行，所以把官丢了，去周游列国。他在国外游了 13 年，也不曾遇有行道的机会。到了 68 岁回到鲁国，专做著述的事业。把古代的官书，删成《尚书》；把古今的诗歌，删存三百多篇；还订定了礼书、乐书。孔子晚年最喜《周易》，那时的《周易》不过是六十四条卦辞和三百八十四条爻辞。孔子把他的心得做成了六十四条卦象传，三百八十四条爻象传，六十四条象辞。后人又把他的杂说篡辑成书，便是《系辞传》、《文言》。这两种之中，已有许多话是后人胡乱加入的。如《文言》中论四德的一段。此外还有《杂卦》、《序卦》、《说卦》，更靠不住了。除了删《诗》、《书》，定《礼》、《乐》之外，孔子还作了一部《春秋》。孔子自己说他是"述而不作"的。所以《诗》、《书》、《礼》、《乐》都是他删定的，不是自己著作的。就是《易经》的诸传，也是根据原有的《周易》作的，就是《春秋》也是根据鲁国的史记作的。

此外还有许多书，名为是孔子作的，其实都是后人依托的，例如一部《孝经》，称孔子为"仲尼"，称曾参为"曾子"，又夹许多"诗云"、"子曰"，可见决不是孔子作的。《孝经·钩命诀》说的"吾志在《春秋》，行在《孝经》"的话也是汉人假造的诳语，决不可信。

一部《论语》虽不是孔子作的，却极可靠，极有用。这书大概是孔门弟子的弟子们所记孔子及孔门诸子的谈话议论。研究孔子学说的人须用这书和《易传》、《春秋》两书参考互证，此外便不可全信了。

孔子本有志于政治改良，所以他说：

苟有用我者，期月而已可也。三年有成。

又说：

如有用我者，吾其为东周乎。

后来他见时势不合，没有政治改良的机会，所以专心教育，要想从教育上收效。他深信教育功效最大，所以说"有教无类"，又说"性相近也，习相远也"。《史记》说他的弟子有三千之多。这话虽不知真假，但是他教学几十年，周游几十国，他的弟子必定不少。

孔子的性情德行，是不用细述的了。我且引他自己说自己的话：

饭疏食，饮水，曲肱而枕之，乐亦在其中矣。不义而富且贵，于我如浮云。

这话虽不大像"食不厌精，脍不厌细"、"席不正不坐"、"割不正不食"的人的口气，却很像孔子的为人。他又说他自己道：

> 其为人也，发愤忘食，乐以忘忧，不知老之将至云尔。

这是何等精神！《论语》说：

> 子路宿于石门，晨门曰："奚自？"子路曰："自孔氏。"曰："是知其不可而为之者欤？"

"知其不可而为之"七个字写出一个孳孳恳恳终身不倦的志士。

二、孔子的时代

孟子说孔子的时代，是：

> 邪说暴行有作：臣弑其君者有之，子弑其父者有之。

这个时代，既叫作邪说暴行的时代，且看是些什么样的邪说暴行。

第一，"暴行"就是孟子所说的"臣弑其君，子弑其父"了。《春秋》二百四十年中，共有弑君三十六次。内中有许多是子弑父的，如楚太子商臣之类。此外还有贵族世卿专权祸国，如齐之田氏，晋之六卿，鲁之三家。还有种种丑行，如鲁之文姜，陈之夏姬，卫之南子、弥子瑕，怪不得那时的隐君子要说：

> 滔滔者，天下皆是也，而谁与易之？

第二，"邪说"一层，孟子却不曾细述。我如今且把那时代的"邪说"略举几条。

（一）老子。老子的学说，在当时真可以算得"大逆不道"的"邪说"了。你看他说"民之饥，以其上食税之多"，又说"圣人不仁"，又说"民不畏死，奈何以死畏之？"又说"绝仁弃义，民复孝慈；绝圣去知，民利百倍"。这都是最激烈的破坏派的理想（详见上篇）。

（二）少正卯。孔子做司寇，七日便杀了一个"乱政大夫少正卯"。有人问他为什么把少正卯杀了。孔子数了他的三大罪：

（1）其居处足以撮徒成党。

（2）其谈说足以饰邪荧众。

（3）其强御足以反是独立。

这三件罪名，译成今文，便是"聚众结社，鼓吹邪说，淆乱是非"。

（三）邓析。孔子同时思想界的革命家，除了老子，便该算邓析。邓析是郑国人，和子产、孔子同时。《左传》鲁定公九年（西历前 501 年），"郑驷颛杀邓析而用其竹刑"。那时子产已死了二十一年（子产死于昭公二十年，西历前 522 年），《吕氏春秋》和《列子》都说邓析是子产杀的，这话恐怕不正确。第一因为子产是极不愿意压制言论自由的。《左传》说：

郑人游于乡校以论执政。然明谓子产曰："毁乡校，如何？"子产曰："何为？夫人朝夕退而游焉，以议执政之善否。其所善者，吾则行之。其所恶者，吾则改之。是吾师也。若之何毁之？"

可见子产决不是杀邓析的人。第二子产铸刑书，在西历前 536 年。驷颛用竹刑，在西历前 501 年。两件事相差三十余年。可见子产铸用的是"金刑"，驷颛用的是"竹刑"，决不是一件事（金刑还是极笨的刑鼎，竹刑是可以传写流通的刑书）。

邓析的书都散失了，如今所传的《邓析子》乃是后人假造的。我看一部《邓析子》，只有开端几句或是邓析的话。那几句是：

天于人无厚也，君于民无厚也。……何以言之？天不能屏悖厉之气，全夭折之人，使为善之民必寿，此于民无厚也。凡民有穿窬为盗者，有诈伪相迷者，此皆生于不足，起于贫穷，而君必欲执法诛之，此于民无厚也。

这话和老子"天地不仁"的话相同，也含有激烈的政治思想。

《列子》书说："邓析操两可之说，设无穷之辞。"《吕氏春秋》说：

邓析……与民之有狱者约，大狱一衣，小狱襦袴。民之献衣襦袴而学讼者，不可胜数。以非为是，以是为非，是非无度，而可与不可日变。所欲胜因胜，所欲罪因罪。

又说：

郑国多相悬以书者（这就是出报纸的起点）。子产令无悬书，邓析致之。子产令无致书，邓析倚之（悬书是把议论张挂在一处叫人观看，致书是送上门去看，倚书是混在他物里夹带去看）。令无穷而邓析应之亦无穷矣。

又说：

> 洧水甚大，郑之富人有溺者。人得其死者，富人请赎之。其人求金甚多，以告邓析。邓析曰："安之，人必莫之卖矣。"得死者患之，以告邓析。邓析又答之曰："安之，此必无所更买矣。"

这种人物简直同希腊古代的"哲人"（Sophists）一般。希腊的"哲人"所说的都有老子那样激烈，所行的也往往有少正卯、邓析那种遭忌的行为。希腊的守旧派，如苏格拉底、柏拉图之流，对于那些"哲人"非常痛恨。中国古代的守旧派，如孔子之流，对于这种"邪说"自然也非常痛恨。所以孔子做司寇便杀少正卯。孔子说：

> 放郑声，远佞人。郑声淫，佞人殆。

又说：

> 恶紫之夺朱也，恶郑声之乱雅乐也，恶利口之覆邦家者。

他又说：

> 天下有道，则庶人不议。

要懂得孔子的学说，必须先懂得孔子的时代，是一个"邪说横行，处士横议"的时代。这个时代的情形既是如此"无道"，自然总有许多"有心人"对于这种时势生出种种的反动。如今看来，那时代的反动大约有三种：

第一，极端的破坏派。老子的学说，便是这一派，邓析的反对政府，也属于这一派。

第二，极端的厌世派。还有些人看见时势那样腐败，便灰心绝望，隐世埋名，宁愿过极下等的生活，不肯干预世事。这一派人，在孔子的时代，也就不少。所以孔子说：

> 贤者辟世，其次辟地，其次辟色，其次辟言。……作者七人矣。

那《论语》上所记"晨门"、"荷蒉"、"丈人"、"长沮"、"桀溺"都是这一派。接舆说：

> 凤兮！凤兮！何德之衰！已而！已而！今之从政者殆而！

桀溺对子路说：

滔滔者，天下皆是也，而谁以易之？且而与其从辟人之士也，岂若从辟世之士哉？

第三，积极的救世派。孔子对于以上两派，都不赞成。他对于那几个辟世的隐者，虽很原谅他们的志趣，终不赞成他们的行为。所以他批评伯夷、叔齐……柳下惠、少连诸人的行为，道：

我则异于是，无可无不可。

又他听了长沮、桀溺的话，便觉得大失所望，因说道：

鸟兽不可与同群。吾非斯人之徒与，而谁与？天下有道，丘不与易也。

正为"天下无道"，所以他才去栖栖皇皇地奔走，要想把无道变成有道。懂得这一层，方才可懂得孔子的学说。

关于荀子

一、荀子略传

荀子名况，字卿，赵人。曾游学于齐国，后来又游秦（《强国篇》应侯问入秦何见。按应侯作相当赵孝成王初年），又游赵（《议兵篇》孙卿议兵于赵孝成王前。[赵孝成王当西历前265～前245年]），末后到楚。那时春申君当国，使荀卿作兰陵令（此事据《史记·年表》在楚考烈王八年（前255年）。春申君死后（前238年），荀卿遂在兰陵住家，后来遂死在兰陵。

荀卿生死的年代，最难确定。请看王先谦《荀子集解》所录诸家的争论，便可见了。最可笑的是刘向的《孙卿书序》。刘向说荀卿曾与孙膑议兵。孙膑破魏在前341年。到春申君死时，荀卿至少是一百三四十岁了。又刘向与诸家都说荀卿当齐襄王时最为老师。襄王即位在前283年，距春申君死时，还有四十五年。荀卿死在春申君之后，大约在前230年左右。即使他活了八十岁，也不能在齐襄王时便"最为老师"了。我看这种种错误纷争，都由于《史记》的《孟子荀卿列传》。如今且把这一段《史记》抄在下面：

荀卿，赵人。年五十，始来游学于齐。邹衍（之术，迂大而阔辩。奭也文具难施。淳于髡久与处，时有得善言。故齐人颂曰："谈天衍，雕龙奭，炙毂过髡。"）田骈之属皆已死齐襄王时，而荀卿最为老师。齐尚修列大夫之缺，而荀卿三为祭酒焉。

这段文字有两个易于误人之处：

（一）荀卿"来游学于齐"以下，忽然夹入邹衍、邹奭、淳于髡三个人的事实，以致刘向误会了，以为荀卿五十岁游齐，正在稷下诸先生正盛之时（刘向序上称"方齐宣王威王之时"，下称"是时荀卿年五十始来游学"）。不知这一段不相干的事实，乃是上文论"齐有三邹子"一节的错简。本文当作"邹衍田骈之属……"那些荒谬的古文家，不知这一篇《孟子荀卿列传》最多后人添插的材料（如末段记墨翟的二十四字文理不通，或是后人加入的），却极力夸许这篇文字，文字变化不测，突兀神奇还把他选来当古文读，说这是太史公的笔法，岂不可笑！

（二）本文的"齐襄王时"四个字，当连上文，读"邹衍田骈之属，皆已死齐襄王时"。那些荒谬的人，不通文法，把这四个字连下文，读成"齐襄王时，而荀卿最为老师"。不知这四字在文法上是一个"状时的读"；状时的读，与所状的本句，决不可用"而"字隔开，隔开便不通了。古人也知道这一段可疑，于是把"年五十"改为"年十五"（谢墉校，依《风俗通》改如此）。不知本文说的"年五十始来游学"。这个"始"字含有来迟了的意思。若是"年十五"，决不必用"始"字了。

所以依我看来，荀卿游齐，大概在齐襄王之后，所以说他"年五十始来游学于齐，邹衍田骈之属皆已死齐襄王时，而荀卿最为老师"。这文理很明显，并且与荀卿一生事迹都相合。如今且作一年表如下：

西历前（265～260年）荀卿年五十游齐。

同前（260～255年）入秦，见秦昭王及应侯。

同前（260～250年）游赵，见孝成王。

同前（250～238年）游楚，为兰陵令。

同前（230年左右）死于兰陵。

至于《盐铁论》所说，荀卿至李斯做丞相时才死，那更不值得驳了（李斯做丞相在前213年。当齐襄王死后五十二年了）。

我这一段考据，似乎太繁了。我的本意只因为古人对于这个问题，不大讲究，所以不嫌说得详细些，要望学者读古书总须存个怀疑的念头，不要作古人的奴隶。

二、《荀子》

《汉书·艺文志》：《孙卿子》三十二篇，又有赋十篇。今年《荀子》三十二篇，连赋五篇、诗两篇在内。大概今本乃系后人杂凑成的。其中有许多篇，如《大略》、《宥坐》、《子道》、《法行》等全是东拉西扯拿来凑数的。还有许多篇的分段全无道理：如《非相篇》的后两章，全与"非相"无干；又如《天论篇》的末段，也和"天论"无干。又有许多篇，如今都在大戴小戴的书中（如《礼论》、《乐论》、《劝学》诸篇），或在《韩诗外传》之中，究竟不知是谁抄谁。大概《天论》、《解蔽》、《正名》、《性恶》四篇全是荀卿的精华所在。其余的二十余篇，即使真不是他的，也无关紧要了。

三、荀子与诸子的关系

研究荀子学说的人，须要注意荀子和同时的各家学说都有关系。他的书中，有许多批评各家的话，都很有价值。如《天论篇》说：

慎子有见于后，无见于先。老子有见于诎，无见于信（同伸）。墨子有见于齐，无见于畸。宋子有见于少，无见于多（宋子即宋钘。他说："人之情欲寡，而皆以己之情为欲多。"荀卿似是说他只有见于少数人的情性，却不知多数人的情性。杨倞注似有误解之处）。有后而无先，则群众无门。有诎而无信，则贵贱不分。有齐而无畸，则政令不施。有少而无多，则群众不化。

又如《解蔽》篇说：

墨子蔽于用而不知文。宋子蔽于欲而不知得。慎子蔽于法而不知贤。申子蔽于势而不知知。惠子蔽于辞而不知实。庄子蔽于天而不知人。故由用谓之，道尽利矣。由俗（杨云：俗当为欲）谓之，道尽嗛矣（杨云，嗛与慊同，快也）。由法谓之，道尽数矣。由势谓之，道尽便矣。由辞谓之，道尽论矣。由天谓之，道尽因矣。

又《非十二》篇论它嚣、魏牟"纵情性，安恣睢，禽兽之行，不足以合文通治"。陈仲、史䲡"忍情性，綦溪利跂，苟以分异人为高，不足以合大众，明大分"。墨翟、宋钘"不知壹天下建国家之权称，上功用，大俭约，而慢差等，曾不足以容辩异，县君臣"。慎到、田骈"尚法而无法，下修而好作（"下修"王念孙校当作"不循"似是）……不足以经国定分"。惠施、邓析"好治怪说，玩琦辞，甚察而不惠（王校惠当作急）；辩而无用，多事而寡功，不可以为治纲纪"。子思、孟子"略法先王而不知其统，……案往旧造说，谓之五行；甚僻远而无类，幽隐而无说，闭约而无解"（《韩诗外传》无子思、孟子二人）。

此外尚有《富国》篇和《乐论》篇驳墨子的节用论和非乐论；又有《正论》篇驳宋子的学说；又有《性恶》篇驳孟子的性善论；又在《正名》篇中驳"杀盗非杀人也"诸说。

这可见荀子学问很博，曾研究同时诸家的学说。因为他这样博学，所以他的学说能在儒家中别开生面，独创一种很激烈的学派。

关于老子

一、老子略传

老子的事迹，已不可考。据《史记》所说，老子是楚国人（《礼记·曾子问》正义引《史记》作陈国人），名耳，字聃，姓李氏（今本《史记》作"姓李氏，名耳。字伯阳，谥曰聃"，乃是后人据《列仙传》妄改的。《索隐》云："许慎云，聃，耳曼也。故名耳，字聃。有本字伯阳，非正也。老子号伯阳父，此传不称也。"王念孙《读书杂志》三之四，引《索隐》此节，又《经典释文·序录》、《文选注》、《后汉书·桓帝纪》注，并引《史记》云老子字聃。可证今本《史记》所说是后人伪造的。

后人所以要说老子字伯阳父者，因为周幽王时有个太史伯阳，后人要合两人为一人，说老子曾做幽王的官，当孔子生时，他已活了二百五十岁了。……遂推算昭公二十四年，夏五月，乙未朔，巳时，日食，恰入食限。阎氏因断定孔子适周见老子在昭公二十四年，当孔子三十四岁（《四书释地续》）。这话很像可信，但还有可疑之处：

一则《曾子问》是否可信；二则南宫敬叔死了父亲，不到三个月，是否可同孔子适周；三则《曾子问》所说日食，即便可信，难保不是昭公三十一年的日食。但无论如何，孔子适周，终在他三十四岁以后，当西历纪元前518年以后。大概孔子见老子在三十四岁（西历前518年，日食）与四十一岁（定五年，西历前 511 年，日食）之间。老子比孔子至多不过大二十岁，老子当生于周灵王初年，当西历前 570 年左右。老子死时，不知在于何时。《庄子·养生主》篇明记老聃之死。《庄子》这一段文字决非后人所能假造的，可见古人并无老子"入关仙去"、"莫知所终"的神话，《史记》中老子活了"百有六十余岁"、"二百余岁"的话，大概也是后人加入的。老子即享高寿，至多不过活了 90 多岁罢了。

上文说老子"名耳，字聃，姓李氏"，何以又称老子呢？

依我看来，那些"生而皓首，故称老子"的话，固不足信（此出《神仙传》，谢无量《中国哲学史》用之）；"以其年老，故号其书为《老子》"（《高士传》）也不足信。我以为"老子"之称，大概不出两种解说：

（一）"老"或是字。《春秋》时人往往把"字"用在"名"的前面，例如叔梁（字）纥（名），孔父（字）嘉（名），正（字）考父（名），孟明（字）视（名），孟施（字）舍（名），皆是。《左传》文十一年、襄十年，《正义》都说："古人连言名字者，皆先字后名。"或者老子本名聃，字耳，一字老（老训寿考，古多用为名字者，如《檀弓》晋有张老，《楚语》楚有史老）。

古人名字同举，先说字而后说名，故战国时的书皆称老聃（王念孙《春秋名字解诂》及《读书杂志》俱依《索隐》说，据《说文》："聃，耳曼也。"《释名》耳字聃之意。今按朱骏声《说文通训定声》聃字下引汉《老子铭》云："聃然，老旄之貌也。"又《礼记·曾子问》注："老聃古寿考者之号也。"是聃亦有寿考之意，故名聃，字老。非必因其寿考而后称之也）。此与人称叔梁纥、正考父，都不举其姓氏，正同一例。又古人的"字"下可加"子"字、"父"字等字，例如孔子弟子冉求字有，可称"有子"（哀十一年《左传》），故后人又称"老子"。这是一种说法。

（二）"老"或是姓。古代有氏姓的区别。寻常的小百姓，各依所从来为姓，故称"百姓"、"万姓"。贵族于姓之外，还有氏，如以国为氏、以官为氏之类。老子虽不曾做大官，或者源出于大族，故姓老而氏李，后人不懂古代氏族制度，把氏姓两事混作一事，故说"姓某氏"，其实这三字是错的。老子姓老，故人称老聃，也称老子。这也可备一说。这两种解说都可通，但我们现今没有凭据，不能肯定哪一说是的。

二、老子考

今所传老子的书分上下两篇，共八十一章。这书原本是一种杂记体的书，没有结构组织。今本所分篇章，决非原本所有。其中有许多极无道理的分断（如二十章首句"绝学无忧"当属十九章之末，与"见素抱朴，少私寡欲"两句为同等的排句）。读者当删去某章某章等字，合成不分章的书，然后自己去寻一个段落分断出来（元人吴澄作《道德真经注》，合八十一章为六十八章。中如合十七、十八、十九为一章，三十、三十一为一章，六十三、六十四为一章，六十七、六十八、六十九为一章，皆极有理，远胜河上公本）。又此书中有许多重复的话和许多无理插入的话，大概不免有后人妄加妄改的所在。

今日最通行的刻本，有世德堂的河上公章句本，华亭张氏的王弼注本，读者须参看王念孙、俞樾、孙诒让诸家校语（章太炎极推崇《韩非子·解老》、《喻老》两篇。其实这两篇所说，虽偶有好的，大半多浅陋之言。如解"攘臂而仍之"，"生之徒十有三"，"带利剑"等句，皆极无道理。但这两篇所据《老子》像是古本，可供我们校勘参考）。

三、革命家之老子

……（老子）的思想，完全是那个时代的产儿，完全是那个时代的反动。看他对于当时政治的评判道：

民之饥，以其上食税之多，是以饥。民之难治，以其上之有为，是以难治。民之轻死，以其求生之厚，是以轻死。

民不畏死，奈何以死惧之？若使民常畏死，而为奇者吾得执而杀之，孰敢？

天下多忌讳，而民弥贫；民多利器，国家滋昏；人多伎巧，奇物滋起；法令滋彰，盗贼多有。

天之道损有余而补不足。人之道则不然：损不足以奉有余。

这四段都是很激烈的议论。读者试把《伐檀》、《硕鼠》两篇诗记在心里，便知老子所说"人之道损不足以奉有余"和"民之饥以其上食税之多，是以饥"的话，乃是当时社会的实在情形。更回想《苕之华》诗"知我如此，不如无生"的话，便知老子所说"民不畏死"，"民之轻死，以其求生之厚，是以轻死"的话，也是当时的实在情形。人谁不求生？到了"知我如此，不如无生"的时候，束手安分也是死，造反作乱也是死，自然轻死，自然不畏死了。

还有老子反对有为的政治，主张无为无事的政治，也是当时政治的反动。凡是主张无为的政治哲学，都是干涉政策的反动。因为政府用干涉政策，却又没干涉的本领，越干涉越弄糟了，故挑起一种反动，主张放任无为。欧洲十八世纪的经济学者政治学者，多主张放任主义，正为当时的政府实在太腐败无能，不配干涉人民的活动。

老子的无为主义，依我看来，也是因为当时的政府不配有为，偏要有为；不配干涉，偏要干涉，所以弄得"天下多忌讳，而民弥贫；民多利器，国家滋昏；法令滋彰，盗贼多有"。《瞻卬》诗说的："人有土田，女反有之；人有民人，女覆夺之；此宜无罪，女反收之；彼宜有罪，女覆说之。"那种虐政的效果，可使百姓人人有"匪鹑匪鸢，翰飞戾天；匪鳣匪鲔，潜逃于渊"的断想（老子尤恨当时的兵祸连年，故书中屡攻击武力政策。如"师之所处荆棘生焉，大军之后必有凶年"，"兵者不祥之器"，"天下无道，戎马生于郊"皆是）。故老子说："民之难治，以其上之有为，是以难治。"老子对于那种时势，发生激烈的反响，创为一种革命的政治哲学。他说：

大道废，有仁义；智慧出，有大伪；六亲不和，有孝慈；国家昏乱，有忠臣。

所以他主张：

绝圣弃智，民利百倍；绝仁弃义，民复孝慈；绝巧弃利，盗贼无有！

这是极端的破坏主义。他对于国家政治，便主张极端的放任。他说：

治大国若烹小鲜（河上公注：烹小鱼不去肠，不去鳞，不敢挠，恐其糜也）。

又说：

我无为而民自化，我好静而民自正，我无事而民自富，我无欲而民自朴。其政闷闷，其民醇醇；其政察察，其民缺缺。

又说：

太上，下知有之。其次，亲而誉之，其次，畏之。其次，侮之。信不足，焉有不信（焉，乃也）。犹兮其贵言（贵言，不轻易其言也。所谓"行不言之教"是也），功成事遂，百姓皆谓我自然。

老子理想中的政治，是极端的放任无为，要使功成事遂，百姓还以为全是自然应该如此，不说是君主之功。故"太上，下知有之"，是说政府完全放任无为，百姓的心里只觉得有个政府的存在罢了；实际上是"天高皇帝远"，有政府和无政府一样。"下知有之"，《永乐大典》本及吴澄本，皆作"不知有之"；日本本作"下不知有之"，说此意更进一层，更明显了。

我述老子的哲学，先说他的政治学说。我的意思要人知道哲学思想不是悬空发生的。有些人说，哲学起于人类惊疑之念，以为人类目睹宇宙间万物的变化生灭，惊叹疑怪，要想寻出一个满意的解释，故产生哲学。这话未必尽然。人类的惊疑心可以产生迷信与宗教，但未必能产生哲学。人类见日月运行，雷电风雨，自然生惊疑心。但他一转念，便说日有日神，月有月神，雷有雷公，电有电母，天有天帝，病有病魔；于是他的惊疑心，便有了满意的解释，用不着哲学思想了。

即如希腊古代的宇宙论，又何尝不是惊疑的结果？那时代欧亚非三洲古国，如埃及、巴比伦、犹太等国的宗教观念和科学思想，与希腊古代的神话宗教相接触，自然起一番冲突，故发生"宇宙万物的本源究竟是什么"的问题。并不是泰尔史（Thales）的惊奇心忽然劈空提出这个哲学问题的。

在中国的一方面，最初的哲学思想，全是当时社会政治的现状所唤起的反动。社会的阶级秩序已破坏混乱了，政治的组织不但不能救补维持，并且呈现同样的腐败纷乱。当时的有心人，目睹这种现状，要想寻一个补救的方法，于是有老子的政治思想。但是老子若单有一种革命的政治学说，也还算不得根本上的解决，也还算不得哲学。老子观察政治社会的状态，从根本上着想，要求一个根本的解决，遂为中国哲学的始祖。他的政治上的主张，也只是他的根本观念的应用。如今说他的根本观念是什么。

四、老子论天道

老子哲学的根本观念是他的天道观念。老子以前的天道观念，都把天看作一个有意志，有知识，能喜能怒，能作威作福的主宰。

试看《诗经》中说"有命自天，命此文王"（《大明》）；又屡说"帝谓文王"（《皇矣》），是天有意志。"天监在下"，"上帝临汝"（《大明》）；"皇矣上帝，临下有赫，临观四方，求民之莫"（《皇矣》），是天有知识。"有皇上帝，伊谁云憎？"（《正月》）"敬天之怒，无敢戏豫；敬天之渝，无敢驰驱"（《板》），是天能喜怒。"昊天不傭，降此鞠凶；昊天不惠，降此大戾"（《节南山》），"天降丧乱，降此蟊贼"（《桑柔》）；"天降丧乱，饥馑荐臻"（《云汉》），是天能作威作福。

老子生在那种纷争大乱的时代，眼见杀人、破家、灭国等等惨祸，以为若有一个有意志知觉的天帝，决不致有这种惨祸。万物相争相杀，人类相争相杀，便是天道无知的证据。故老子说：

天地不仁，以万物为刍狗。

这仁字有两种说法：第一，仁是慈爱的意思。这是最明白的解说。王弼说：

"地不为兽生刍而兽食刍，不为人生狗而人食狗。无为于万物，而万物各适其所用。"

这是把不仁作无有恩意解。

第二，仁即是"人"的意思。《中庸》说："仁者，人也。"《孟子》说："仁也者，人也。"刘熙《释名》说："人，仁也；仁，生物也。"不仁便是说不是人，不和人同类。古代把天看作有意志，有知识，能喜怒的主宰，是把天看作人同类，这叫作天人同类说（Anthropomorphism）。

老子的"天地不仁"说，似乎也含有天地不与人同性的意思。人性之中，以慈爱为最普通，故说天地不与人同类，即是说天地无有恩意。老子这一个观念，打破古代天人同类的谬说，立下后来自然哲学的基础。

打破古代的天人同类说，是老子的天道观念的消极一方面。再看他的积极的天道论：

有物混成，先天地生，寂兮寥兮，独立而不改，周行而不殆，可以为天下母。

吾不知其名，字之曰道，强为之名曰大。

老子的最大功劳，在于超出天地万物之外，假设一个"道"。这个道的性质，是无声、无形；有单独不变的存在，又周行天地万物之中；生于天地万物之先，又却是天地万物的本源。这个道的作用，是：

大道氾兮，其可左右。万物恃之而生而不辞，功成不名有，衣养万物而不为主。

道的作用，并不是有意志的作用，只是一个"自然"。自是自己，然是如此，"自然"只是自己如此（谢著《中国哲学史》云，"自然者，究极之谓也"不成话）。老子说：

道常无为而无不为。

道的作用，只是万物自己的作用，故说"道常无为"。但万物所以能成万物，又只是一个道，故说"而无不为"。

五、论无

老子是最先发现"道"的人。这个"道"本是一个抽象的观念，太微妙了，不容易说得明白。老子又从具体的方面着想，于是想到一个"无"字，觉得这个"无"的性质、作用，处处和这个"道"最相像。老子说：

三十辐，共一毂，当其无，有车之用。埏埴以为器，当其无，有器之用。凿户牖以为室，当其无，有室之用。故有之以为利，无之以为用。

无即是虚空。上文所举的三个例，一是那车轮中央的空洞，二是器皿的空处，三是窗洞门洞和房屋里的空处。车轮若无中间的圆洞，便不能转动；器皿若无空处，便不能装物事；门户若没有空洞，便不能出入；房屋里若没有空处，便不能容人。这个大虚空，无形、无声；整个的不可分断，却又无所不在；一切万有若没有它，便没有用处。

这几项性质，正合上文所说"寂兮寥兮，独立而不改，周行而不殆，可以为天下母"的形容。所以老子所说的"无"与"道"简直是一样的。所以他既说：

道生一，一生二，二生三，三生万物。

一方面又说：

天地万物生于有，有生于无。

道与无同是万物的母，可见道即是无，无即是道。大概哲学观念初起的时代，名词不完备，故说理不能周密。试看老子说"吾无以名之"，"强名之"，可见他用名词的困难。他提出了一个"道"的观念，当此名词不完备的时代，形容不出这个"道"究竟是怎样一个物事，故用那空空洞洞的虚空，来说那无为而无不为的道。却不知道"无"是对于有的名词，所指的是那无形体的空洞。如何可以代表那无为而无不为的"道"？只因为老子把道与无看作一物，故他的哲学都受这种观念的影响（庄子便不如此。老庄的根本区别在此）。

老子说："天地万物生于有，有生于无。"且看他怎样说这无中生有的道理。老子说：

视之不见名曰夷，听之不闻名曰希，搏之不得名曰微。此三者不可致诘，故混而为一。其上不皦，其下不昧。绳绳不可名，复归于无物。是谓无状之状，无物之象，是谓惚恍。

又说：

道之为物，惟恍惟惚。惚兮恍兮，其中有象。恍兮惚兮，其中有物。

这也可见老子寻相当名词的困难。老子既说道是"无"，这里又说道不是"无"，乃是"有"与"无"之间的一种情境，虽然看不见，听不着，摸不到，但不是完全没有形状的。不过我们不能形容它，又叫不出它的名称，只得说它是"无物"；只好称它做"无状之状，无物之象"；只好称它做"恍惚"。这个"恍惚"，先是"无状之状，无物之象"，故说"惚兮恍兮，其中有象"。后来忽然从无物之象变为有物，故说"恍兮惚兮，其中有物"。这便是"天地万物生于有，有生于无"的历史。

六、名与无名

中国古代哲学的一个重要问题，就是名实之争。老子是最初提出这个问题的人。他说：

惚兮恍兮，其中有象。恍兮惚兮，其中有物。窈兮冥兮，其中有精。其精甚真，其中有信。自古及今，其名不去，以阅（王弼本原作说。今刊本作阅，乃后人所改）众甫。吾何以知众甫之然（王本今作状，原本似作然）哉？以此。

这一段论名的原起与名的功用。既有了法象，然后有物。有物之后，于是发生知识的问题。人所以能知物，只为每物有一些精纯的物德，最足代表那物的本性（《说文》："精，择也。"择其特异之物德，故谓之精。真字古训诚，训天，训身，能代表此物的特性，故谓之真)，即所谓"其中有精，其精甚真，其中有信"。这些物德，如雪的寒与白，如人的形体官能，都是极可靠的知识上的信物。故说"其中有信"（《说文》"信，诚也。"又古谓符节为信）。这些信物都包括在那物的"名"里面。如说"人"，便可代表人的一切表德；说"雪"，便可代表雪的一切德性。个体的事物尽管生死存灭，那事物的类名，却永远存在。人生人死，而"人"名常在；雪落雪消，而"雪"名永存。故说"自古及今，其名不去，以阅众甫"。众甫即是万物。又说："吾何以知众甫之然哉？以此。"此字指

"名"。我们所以能知万物,多靠名的作用。

老子虽深知名的用处,但他又极力崇拜"无名"。名是知识的利器,老子是主张绝圣弃智的,故主张废名。他说:

> 道可道,非常道(俞樾说常通尚;尚,上也)。名可名,非常名。无名,天地之始。有名,万物之母。故常无,欲以观其妙;常有,欲以观其徼。(常无常有,作一顿。旧读两欲字为顿,乃是错的。)

老子以为万有生于无,故把无看得比有重。上文所说万物未生时,是一种"绳绳不可名"的混沌状态。故说"无名,天地之始"。后来有象有信,然后可立名字,故说"有名,万物之母"。因为无名先于有名,故说可道的道,不是上道;可名的名,不是上名。老子又常说"无名之朴"的好处。无名之朴,即是那个绳绳不可名的混沌状态。

……

后来制有名字(王弼训始制为"朴散始为官长之时",似乎太深了一层),知识遂渐渐发达,民智日多,作伪作恶的本领也更大了。大乱的根源,即在于此。老子说:

> 古之为治者,非以明民,将以愚之。民之难治,以其智多。故以智治国,国之贼。不以智治国,国之福。

"民之难治,以其智多",即是上文"夫亦将知之,知之所以不治"的注脚。

老子何以如此反对智识呢?大概他推想当时社会国家种种罪恶的根源,都由于多欲。文明程度越高,知识越复杂,情欲也越发展。他说:

> 五色令人目盲,五音令人耳聋,五味令人口爽,驰骋田猎令人心发狂,难得之货令人行妨。

这是攻击我们现在所谓文明文化。他又说:

> 天下皆知美之为美,斯恶已。皆知善之为善,斯不善已。故有无相生,难易相成;长短相较,高下相倾;音声相和,前后相随。是以圣人处无为之事,行不言之教。……不尚贤,使民不争。不贵难得之货,使民不为盗。不见(读现)可欲,使民心不乱。是以圣人之治,虚其心,实其腹;弱其志,强其骨;常使民无知无欲。

这一段是老子政治哲学的根据。老子以为一切善恶、美丑、贤不肖，都是对待的名词。正如长短、高下、前后等。无长便无短，无前便无后，无美便无丑，无善便无恶，无贤便无不肖。故人知美是美的，便有丑的了；知善是善的，便有恶的了；知贤是贤的，便有不肖的了。

平常那些赏善罚恶，尊贤去不肖，都不是根本的解决。根本的救济方法，须把善恶、美丑、贤不肖一切对待的名词都消灭了，复归于无名之朴的混沌时代，须要常使民无知无欲。无知，自然无欲了。无欲，自然没有一切罪恶了。前面所引的"大道废，有仁义；智慧出，有大伪；六亲不和，有孝慈；国家昏乱，有忠臣"和"绝圣弃智，绝仁弃义，绝巧弃利"，也都是这个道理。他又说：

道常无为而无不为。侯王若能守之，万物将自化。化而欲作（欲是名词，谓情欲也），吾将镇之以无名之朴。无名之朴，夫亦将无欲。不欲以静，天下将自定。

老子所处的时势，正是"化而欲作"之时。故他要用无名之朴来镇压。所以他理想中的至治之国，是一种：

小国寡民，使有什伯人之器而不用（什是十倍，伯是百倍。文明进步，用机械之力代人工。一车可载千斤，一船可装几千人。这多是什伯人之器。下文所说"虽有舟舆，无所乘之；虽有甲兵，无所陈之"已释这一句）。使民重死而不远徙。虽有舟舆，无所乘之。虽有甲兵，无所陈之。使民复结绳而用之。甘其食，美其服，安其居，乐其欲。邻国相望，鸡狗之声相闻，民至老死不相往来。

这是"无名"一个观念的实际应用。这种学说，要想把一切交通的利器，守卫的甲兵，代人工的机械，行远传久的文字……等制度文物，全行毁除，要使人类依旧回到那无知无欲老死不相往来的乌托邦。

七、无为

老子把天道看作"无为而无不为"，以为天地万物，都有一个独立而不变，周行而不殆的道理，用不着有什么神道作主宰，更用不着人力去造作安排。

老子的"天道"，就是西洋哲学的自然法（Law of Nature 或译"性法"，非）。日月星的运行，动植物的生老死，都有自然法的支配适合。凡深信自然法绝对有效的人，往往容易走到极端的放任主义。如十八世纪的英法经济学者，又如斯宾塞（Herbert Spencer）的政治学说，都以为既有了"无为而无不为"的天道，何必要政府来干涉人民的举动？老子也是如此。他说：

> 天之道，不争而善胜，不言而善应，不召而自来，繟然而善谋。天网恢恢，疏而不失。

这是说"自然法"的森严。又说：

> 常有司杀者杀。夫代司杀者杀，是谓代大匠斫。夫代大匠斫者，希有不伤其手者矣。

这个"司杀者"，便是天，便是天道。违背了天道，扰乱了自然的秩序，自有"天然法"来处置他，不用社会和政府的干涉。若用人力去赏善罚恶，便是替天行道，便是"代司杀者杀"。这种代刽子手杀人的事，正如替大匠斫木头，不但无益于事，并且往往闹出乱子来。所以说："民之难治，以其上之有为，是以难治。"所以又说："天下多忌讳，而民弥贫……法令滋彰，盗贼多有。"所以他主张一切放任，一切无为。"损之又损，以至于无为，无为而无不为。"

八、人生哲学

老子的人生哲学（旧称伦理学，殊未当）和他的政治哲学相同，也只是要人无知无欲。详细的节目是"见素抱朴，少私寡欲，绝学无忧"。他说：

> 众人熙熙，如享太牢，如登春台。我独泊兮其未兆，如婴儿之未孩。儽儽兮若无所归。众人皆有余，而我独若遗。我愚人之心也哉！沌沌兮，俗人昭昭，我独昏昏；俗人察察，我独闷闷。澹兮其若海，飂兮若无止。众人皆有以，而我独顽似鄙。我独异于人而贵食母。

别人都想要昭昭察察的知识，他却要那昏昏闷闷的愚人之心。此段所说的"贵食母"，即是前所引的"虚其心，实其腹"。老子别处又说"圣人为腹不为目"也是此意。老子只要人肚子吃得饱饱的，做一个无思无虑的愚人；不愿人做有学问知识的文明人。这种观念，也是时势的反动。《隰有苌楚》的诗人说：

> 隰有苌楚，猗傩其枝。天之沃沃，乐子之无知！

老子的意思，正与此相同。知识愈高，欲望愈难满足，又眼见许多不合意的事，心生无限烦恼，倒不如无知的草木，无思虑的初民，反可以混混沌沌，自寻乐趣。老子常劝人知足。他说：

知足不辱，知止不殆，可以长久。……罪莫大于可欲（孙诒让按，《韩诗外传》引可欲作多欲），祸莫大于不知足，咎莫大于欲得。故知足之足常足矣。

但是知足不是容易做到的。知识越开，越不能知足。故若要知足，除非毁除一切知识。

老子的人生哲学，还有一个重要观念叫作"不争主义"。他说：

江海所以能为百谷王者，以善下之，故能为百谷王。……以其不争，故天下莫能与之争。

曲则全，枉则直，洼则盈。……夫唯不争，故天下莫与之争。

上善若水，水利万物而不争。处众人之所恶，故几于道。

天下柔弱莫过于水，而攻坚强者莫之能胜。其无以易之。弱之胜强，柔之胜刚，天下莫不知，莫能行。

这种学说，也是时势的反动。那个时代是一个兵祸连年的时代。小国不能自保，大国又争霸权，不肯相下。老子生于这个时代，深知武力的竞争，以暴御暴，只有更烈，决没有止境。只有消极的软工夫，可以抵抗强暴。狂风吹不断柳丝，齿落而舌长存，又如，最柔弱的水可以冲开山石，凿成江河。人类交际，也是如此。汤之于葛，太王之于狄人，都是用柔道取胜。楚庄王不能奈何那肉袒出迎的郑伯，也是这个道理。老子时的小国，如宋，如郑，处列强之间，全靠柔道取胜。故老子提出这个不争主义，要人知道柔弱能胜刚强；要人知道"夫唯不争，故天下莫与之争"。他教人莫要"为天下先"，又教人"报怨以德"。他要小国下大国，大国下小国。他说暂时吃亏忍辱，并不害事。要知"物或损之而益，或益之而损。……强梁者不得其死"。这句话含有他的天道观念。他深信"自然法"的"天网恢恢，疏而不失"，故一切听其自然。物或损之而益，或益之而损，都是天道之自然。宇宙之间，自有"司杀者杀"，故强梁的总不得好死。我们尽可逆来顺受，且看天道的自然因果罢。

第二章
中国文化与思想论

中国文化中的自由传统

各位朋友，同乡朋友：

今天我看见这么多朋友来听我说话，觉得非常感动，无论什么人，见到这样多人的欢迎，都一定会非常感动的。我应该向诸位抱歉。我本来早一个月来，因为有点小病，到今天才能来，并且很抱歉这次不能去台南、台东看看五十年前我住过的地方，只有希望等下次来时再去。万先生、游先生事先要我确定一个题目"中国文化里的自由传统"。这个题目也可改做"中国文化传统的自由主义"。"自由"这个意义，这个理想，"自由"这个名词，并不是外面来的，不是洋货，是中国古代就有的。

"自由"可说是一个倒转语法：可把它倒转回来为"由自"，就是"由于自己"，就是"由自己作主"，不受外来压迫的意思。宋朝王安石有首白话诗：

风吹屋顶瓦，正打破我头。

我终不恨瓦，此瓦不自由。

这可表示古代人对于自由的意义，就是"自己作主"的意思。

二千多年有记载的历史，与三千多年所记载的历史，对于自由这种权力，自由这种意义，也可说明中国人对于自由的崇拜，与这种意义的推动。世界的自由主义运动也是爱自由，争取自由，崇拜自由。世界的历史中，对这一运动的努力与贡献，有早有晚，有多有少，但对此运动都有所贡献。中国对于言论自由、宗教自由、批评政府的自由，在历史上都有记载。

中国从古代以来都有信仰、思想、宗教等自由，但是坐监牢而牺牲生命以争取这些自由的人，也不知有多少。在中国古代有一种很奇怪的制度，就是谏官制度，相当于现在的监察院。这种谏官制度，成立在中国政治思想、哲学思想之前。这种谏官为的是要监督政府，批评政府，都是冒了很大的危险，甚至坐监，牺牲生命。

古时还有人借宗教来批评君主。在《孝经》中就有一章"谏诤章"，要人为"争臣"、"争子"。《孝经》本是教人以服从孝顺，但是君王父亲有错时，作臣子的不得不力争。古代这种谏官制度，可以说是自由主义的一种传统，就是批评政治的自由。此外，在中国古代还有一种史官，就是记载君王的行动，记载君王所行所为以留给千千万万年后的人知道。古代齐国有一个史官，为了记载事实写下"崔杼弑其君"，连父母均被君主所杀，但到了晋国，事实真相依然为史官写出，留传后世。所以古代的史官，正如现在的记者，批评政治，使为政者有所畏惧，这却充分表示言论的自由。

以上所说的一种谏官御史与史官制度，都可以说明在中国政治思想与哲学思想尚未成立时，就非常尊重批评自由与思想自由。

中国思想的先锋老子与孔子，也可以说是自由主义者。老子说："民不畏死，奈何以死惧之?"孔子说："三军可夺帅也，匹夫不可夺志也。"老子所代表的"无为政治"，有人说这就是无政府主义，反对政府干涉人民，让人民自然发展，这与孔子所代表的思想都是自由主义者。

孔子所说的中庸之道，实在是一个中间偏左的态度，这可从孔子批评当时为政的人的态度而知道。孔子当时提出："有教无类"，可解释为"有了教育就没有阶级，没有界限"。这与后来的科举制度，都能说明"教育的平等"。这种意见，都可以说是一种自由主义者的思想。

孟子说："民为贵，君为轻。"在二三千年前，这种思想能被提出，实在是一个重要的自由主义者的传统。孟子说："富贵不能淫，贫贱不能移，威武不能屈。"这是孟子给读书人一种宝贵的自由主义的精神。

在春秋时代，因为国家多，"自由"的思想与精神比较发达。秦朝统一以后，思想一尊，因为自由受到限制，追求自由的人，处于这"无所逃于天地之间"的环境中，要想自由实在困难，而依然有人在万难中不断追求。

······

在东汉时，王充著过一部《论衡》，共八十篇，主要的用意可以一句说明"疾虚妄"。全书都以说老实话的态度，对当时儒教"灾异"迷信，予以严格的批评，对孔子与孟子都有所批评，可说是从帝国时代中开辟了自由批评的传统。

再举一个例：在东汉到南北朝佛教极盛的时候，其中的一位君王梁武帝也迷信佛教。当时有个范缜，他著述几篇重要文章，其中一篇《神灭论》，就是驳斥当时盛行的灵魂不灭，认为"身体"与"灵魂"，有如"刀"之与"利"。假如刀不存在，则无所谓利不利。当时君王命七十位大学士反驳，君王自己也有反驳，他都不屈服，可说是一种思想自由的一个表现。再如唐朝的韩愈，他反抗当时疯狂的迷信，写了一篇《谏迎佛骨表》，痛骂当时举国为佛骨而疯狂的事，而被充军到东南边区。后又作《原道》，依然是反对佛教。在当时佛教如此极盛，他依然敢反对，这正是自由主义的精神。再以后如王阳明的批评朱熹，批评政治，而受到很多苦痛。清朝有"颜李学派"，反对当时皇帝提倡的"朱子学派"，都可以说明在一种极不自由的时代，而争取思想自由的例子。

在中国这二千多年的政治思想史、哲学思想史、宗教思想史中，都可以说明中国自由思想的传统。

今天已经到了一个危险的时代，已经到了"自由"与"不自由"的斗争。"容忍"与"不容忍"的斗争。今天我就中国三千多年的历史，我们老祖宗为了争政治自由、思想自由、宗教自由、批评自由的传统，介绍给各位。

今后我们应该如何的为这自由传统而努力。现在竟还有人说风凉话，说"自由"是有产阶级的奢侈品，人民并不需要自由。假如有一天我们都失去了"自由"，到那时候每个人才真正会觉得自由不是奢侈品，而是必需品。

谈谈中国思想史

在三千年中间的中国思想史，我想可以寻出一点线索来，不管它是向左，向右，或是向前，向后。中国思想史如此多的材料，如没有线索，必定要散漫。我的见解也许有成见，可是研究了三十多年，也许可给诸位作一参考。

简单说来，思想是生活种种的反响，社会上的病态需要医治，社会上的困难需要解决，思想却是对于一时代的问题有所解决。经济对思想的影响最大，尤其是在近两三百年来，经济极为重要。生活的方式，生产的方式，往往影响于思想。下面分三个时代来讲：

第一个时代——从商末到周初。

在这个时期里经济并不占重要地位，几百几千年的生活方式和生产状态，并没有多大变迁，更无所谓产业革命。古代思想最重要的是政治和宗教。《史记》作者司马迁分古思想家为六派：即阴阳、道德、儒、墨、法、名等。但是这六派都是"皆务为治"，亦即怎样治理国家社会。廿九年来从发掘安阳商代文化，发现许多材料，可使我们了解古代政治和宗教的生活。

那时的政治和宗教合在一起，且互为影响。他们的主要生活是祭祖，按照祖宗的生日排成祭日表，一年三百六十五天都在祭祀，那时的宗教以祖为本，而且是很浪费，很残忍，很不人道的宗教。

人死之后，拿来殉葬的是宝贵的饰物和铜器等，牺牲品往往用到几十只甚至几百只牛羊，这是多么浪费！用"人"来祭祀，一为"殉"，即把死人所爱的人和死人埋葬在一起。一为"祭"，即以人作牺牲品来祭神，但多用俘虏。这又是多么残忍！由于这"宗教"的浪费和残忍，至少可以有一种反抗的批判的思想出来。由此，我们可以看出四种思想的产生：

第一种，人本主义。在纪元前三世纪至六世纪，思想很发达，无论哪一派哪一家，其共同的一点是注意到"人"的社会，并且首创"不能治人，怎样祀神"的论调，讲所谓"治人之道"。

第二种，自然主义。针对前时代反应而出的这种主义，是很重要的一点。"自"是"自己"，"然"是"如此"，所谓"自己如此"，亦即自己变成了自己。如乌龟变成乌龟，桃子变成桃子等。两千多年这"自己变成自己"的形质，形成中国思想上很大的潮流。如老庄的思想，即是含有这种思想。

第三种，理智主义。那个时代如孔子所谓："终日不食，终夜不寝，以思。"便是说明个人须作学问，并且提倡教育的路，无论那时学派思想如何复杂，也都是重知识，所以说已走上了知识主义、理智主义的大路。

第四种，自由思想。在若干国家对立时代，往往有思想的自由。那时有极端的个人主义者，如《吕氏春秋》；亦有提倡民主革命的，如《孟子》。

第二个时代——从汉到宋。

这一时代发生了极新的问题，一是国家的统一，一是新宗教佛教的传入，而普遍全国。于是由此引起了两种思想，即：（一）在武力统一政治下，如何建立一文治政府，减低人民压迫；（二）如何挽救全国人民的宗教热。前者如何建设文治政府，遂产生了四种工具：

第一种工具：建立文官考试制度，自汉武帝时开始，这制度一直发展到科举制度。

第二种工具：汉武帝时设立太学，造就文官，至东汉时已有一万多太学生。

第三种工具：建树成文法律，提倡法治。

第四种工具：建设前一时代有同等权威而加强政治力量的经典，由此而断大案。

至于后者如何挽救宗教热，则有两点：

第一点，提倡自然主义，如王充以自然思想解释自然现象。

第二点，提倡人本主义，如范缜以人和物体相等视，有物体才有精神，韩愈的倡"原道"，乃要人恢复到"古代之社会"。

第三个时代——从宋代以后。

在这时代产生了理学，亦即要恢复到古代好的制度和好的思想，拿本位文化来抵制非本位文化。理学亦即为道学，相信自然界有一法则存在，并且有两条路：一是"敬"，一是"致知"。

第一条路主敬，我们可以看出经过了一千多年，仍不免要受到宗教的影响。第二条路是致知，亦即扩展个人知识。天地之大，草木之微，其中皆存有一"理"在。在这七八百年当中，理学始终是走这两条路，并且也成了号称"中国的本位文化"。而"致知"更为"科学"的路，科学的"目标"。

总括地说，在从前的时代，工具不够用，材料不够多。现在则以全世界为我们的材料，以全世界为我们的工具，以全世界为我们的参考，那么我相信有比较新的中国思想可以产生！

推论与思想

思想

何谓思想（Thinking）？中国人用"思想"两字，有种种意义。"思想"乃是古文"思"字的复音语，我们可先看古人用"思"字作何解说。……"思"字所包极广，如梁简文说"发虑在心谓之思"，因此凡心所想的都可叫作思。如下举各例：

（1）憧憧往来，朋从尔"思"。"思"无邪。

（2）我"思"古人，未之"思"也，夫何远之有？

（3）博学之，审问之，慎"思"之，明辨之，笃行之。

（4）日"思"误书，更是一适。（邢子才语）仲容好学深"思"，以日"思"误书为一适。（俞樾序孙诒让《札移》）。

（5）每得一佳本，晨夕目诵；遇有钩棘难通者，疑牾累积，辄郁辊不怡；或穷"思"博讨，不见端倪，偶涉他编，乃获确证，旷然昭窹，宿疑冰释，则又欣然独笑。（孙诒让《札移》自序）

看以上各例，可得几种解说：

（一）凡心中所起的念头都可叫作"思"。正思邪思，"心血来潮"的思，"兔起鹘落"的思，"胡思乱想"的思，醉人的思，清醒人的思，都是"思"。如上（1）条各句。

（二）思字可作"想到"、"想着"、"想起"解，如上（2）条各例。"我思古人"是"想到"古人；"未之思也"是不曾"想着"他。

今人也说"我想着我的母亲"或"我想起一件事来了"；又如戏台上唱的"思想起来，好不伤心也"，都只是这第二个意义。这一种"思"不过是"想念"或是"回想"，不是"思"的正义。这种"思"或从面前的事物想到不在面前的事物，或从现在想到过去，都带有一点限制，不像第一个意义的漫无限制了。

（三）上文（3）条把"思"字同学、问、辩等字对举。《论语》上所说"学而不思则罔，思而不学则殆"，也是把"思"字同"学"字对举。此例甚多，不必多举。于此可见"思"是与"学"，对立的一种作用：学是领纳仿效外来给我的事物，如读书学画之类；"思"是反省于心，自己寻出所学事物的道理来。程子注《论语》"学而不思"两句道："不求诸心，故昏而无得；不习其事，故危而不安。""思"字只是"求诸心"的一个作用，带有自动地去取选择，不是一味盲从了。但是"求诸心"三个字是很泛的，虽有自动地去取，但所以去取的理由根据仍旧是很含糊的。譬如说"古人以为地是平的，不是圆的，几千年来人都是如此想法"，又如说"我想孔子说的话是不错的"——这种"想"何尝不"求诸心"，但仍旧是含混的思想，不是依据于明了的证据的思想。

（四）上文（4）、（5）两条例说的"思"乃是"思"字最重要的意义。（4）条所引邢、俞两人"日思误书"的"思"与（5）条所引孙氏的话同一作用，但孙氏所说更为详细，故可用来说明"思"的最高意义。孙氏说他自己读古书遇有"钩棘难通者"，便起一种疑难，使他心中闷闷不乐；于是他便去"穷思博讨"，要想寻出解决这种疑难的法子；后来在别处忽然寻得解决的确证，于是"旷然昭寤，宿疑冰释"；到了此时，从前的闷闷不乐又变为"欣然独笑了"。这种思想与上之三种思想的根本□□□□□□（底本模糊，下同），作为领纳信□□□□□□用此事物□□□□。信用后者，这种作用可称为有条理的思想，这便是□□□的最高意义。

思想与推论

上篇说过，"推论"是用已知的事物作根据，由此推知别种事物或真理的作用。把这个界说比较上文"思想"的第四种意义，便知我们所说"有条理的思想"，其实只是"推论的思想"，即是推论。我们恭维人说"某人富于思想"；又说，"某人的思想薄弱"，我们所指并不是"胡思乱想"的思想，也不是证据含混的思想——这两种是人人都有的——我们所指乃是这种有条理，有确证的推论思想。这种思想乃是论理学的研究资料。论理学所研究的方法只是这种思想的方法。

有条理的思想之特性

有条理的思想须具有两个特别条件：

（1）须先有一种疑惑困难的情境；

（2）须有"穷思博讨"的作用，要寻出新事物或新知识用来解决这种疑难。如上文（5）条所引孙氏的话，读书遇着"钩棘难通"的地方，使他疑惑不乐，这便是第一个条件，于是他去"穷思博讨"，寻求确证，这便是第二个条件。

我且举一个具体的例。《墨子·小取篇》有一条界说道："辟也者，举也物而以明之也。"这句中"举也物"三字不可解，便成一桩疑难。毕沅注《墨子》，不肯去仔细研究，竟把"也"字删去，说它是衍文。这种手段是不合校勘学方法的，因为校勘学家的第一条戒律是"不可无故衍字"。王念孙校勘《墨子》便不敢武断，只去"穷思博讨"，于是寻出《墨子》书里的"他"字都写作"也"字；

因此知道此句当作"举他物"，举他物而以明此物，叫作譬。这便是寻出一个满意的解决法了。

这两个条件都极重要。人都知"穷思博讨"的条件是重要的，但人往往把第一个条件看得太轻了，却不知道这个条件正不可少。我们平常的动作，多只是不用意识不用思想的动作，如呼吸走动之类。直到一种疑难发生时，方才有推论的作用，方才真正运用思想的能力。平常没有疑难时固然也会有思想，但是那时的思想大都是想东想西的胡思乱想。这种思想，不但无益，而且有害。到了疑难问题发生时，有了这个疑难便定了思想的范围，此时的思想便都向着"解决这个疑难"一个目的上去，便不是无目的的胡思乱想了。

即如上文所举《小取篇》"举也物"三字的例，读书的人心里存了这个"也"字的疑问，他去"穷思博讨"时便存着解决这疑问的目的，所以他遇着《墨子》中的"也"字便拿来比较参看，由此方才寻出"也字即是他字"的解决方法。即此可见"疑难"一个条件的重要。杜威（Dewey）说："疑难的问题定思想的目的，思想的目的定思想的手续。"

▌书院制史略

我为何讲这个题目？因为古时的书院与现今教育界所倡的"道尔顿制"精神大概相同。一千年以来，书院实在占教育上一个重要位置，国内的最高学府和思想的渊源，唯书院是赖。盖书院为我国古时最高的教育机关。所可惜的，就是光绪变政，把一千年来书院制完全推翻，而以形式一律的学堂代替教育。要知我国书院的程度，足可以比外国的大学研究院；譬如南菁书院，它所出版的书籍，等于外国博士所做的论文。书院之废，实在是吾中国一大不幸事。一千年来学者自动的研究精神，将不复现于今日了。所以我今日要讲这个书院的问题。本题计分两节：第一，书院的历史；第二，书院的精神。兹分别言之：

一、书院的历史

（一）精舍与书院。书院在顶古的时候，无史可考；因古代的学校，都是私家设立，不甚出名。周朝学制，亦无书院的名称。战国时候，讲学风起，私家学校渐为人所器重。汉时私家传授之盛，为古所未有。观汉朝的国子监太学生，多至数万人，即可见学风之盛。六朝时候，除官学外，复有精舍。此精舍系由少数的贵族或士大夫在郊外建屋数椽，以备他们春夏射御，秋冬读书的处所。

唯此精舍，仍由私家学塾蝉蜕而来，其教授方法，与佛家讲经相同。佛家讲经只许和尚沉思默想，倘和尚不明经理而欲请教于大和尚，此时大和尚就以杖叩和尚之头，在问者虽受重击，毫无怨言，仍俯首思索如故。有时思索不得，竟不远千里朝拜名山，俾一旦触机觉悟，此法系启发学者思想。不借外界驱策而能自动学习；所以精舍也采取佛家方法。其后道家讲经，也和佛家相同。到唐明皇的时候，始有书院的名称，书院之有学校的价值，固自唐始，但至宋朝更进步了。

（二）宋代四大书院。书院名称，至宋朝时候才完全成立。当时最负盛名的书院，如石鼓、岳麓、应天、白鹿洞，世人称为四大书院。这些书院，都系私人集资建造，请一个学者来院主教，称他叫山长。书院大半在山水优秀的地方，院内广藏书籍，使学生自修时候，不致无参考书。此藏书之多，正所以引起学生自由研究的兴趣。此四大书院，不独藏书很多，并且请有学者在院内负指导责任。来兹学者，如有困难疑惑之处，即可向指导者请教；犹如今日道尔顿制的研究室，所以宋朝的书院，就是为学者自修的地方。

（三）宋代书院制度。宋代书院制度，很可研究。每一个书院，有山长一人，系学识丰富的人充任。书院里藏书极多，有所谓三舍制，就如湖南潭州书院，分县学、书院、精舍三种。在州府县学里读书，都是普通之子；优者升入书院。当时书院的程度，犹如今日大学本科，倘在书院里考得成绩很好，就升入精舍。此时犹如今日入大学研究院了。又当时又有所谓大学三舍制，就是在宋仁宗的时候，大兴学校，令天下皆设官学，自己复于京师设立大学。考他的组织方法，也有三种阶级，在州县学读书，称曰外舍，等于大学预科；经一种考试升入内舍，等于今日大学本科；再经严格的考试，就升入精舍，等于今日大学研究院。这种制度，已在浙江书院实行了。

（四）宋代讲学之风与书院。宋代讲学之盛，古所未有。当时所谓州学、县学、官学，只有其名，而无其实。此等学校，吾无以名之，只得叫它曰抽象的学校，大概一位老师就是一个学校，老师之责任，就在讲经。

当时入官学者甚少，国子监太学生都可花钱捐得。然而尊崇一派奉为名师，日趋听讲者亦甚多。听讲时大半笔记，不用书籍，如《朱子语录》，即学生所做的笔记。教法亦大半采佛家问答领悟之法，至于讲学之风，迨南宋时可谓登峰造极。当时学生所最崇拜的，只有二人，因此分为两派：一派当推朱子，而另一则为陆象山派。朱陆既殁，其徒散居各处，亦复以讲学为号召，所以私立的书院，就从此增多了。

（五）会讲式的书院。会讲式的书院，起自明朝，如无锡东林书院，每月订有开会时间。开会之先，由书院散发请帖，开会时由山长主讲一段，讲毕，令学生自由讨论，各抒意见，互相切磋，终以茶点散会。

（六）考课式的书院。考课式的书院，亦起自明朝。此式定每月三六九日或朔望两日，由山长出题，凡合于应试资格的人，即可往书院应试。书院并订津贴寒士膏火办法，供寒士生活之用。此等书院，仅在考试时非常忙碌，平时无须开门，考课者亦不必在场内，只要各抒说论而已。

（七）清代的书院。清时学术思想，多不尊重理学一派，只孜孜研究考据实用的学问。学者贵能就性之所近，分门研究，研究所得，以笔记之。有时或做极长的卷折，以示造诣。所有书院，概系公立，山长由州府县官聘请富有学识者充之。山长薪水很大，书院经费，除山长薪水外，又有经临等费。学生除不收学费外，又有膏火津贴奖赏等。所以在学足供自给，安心读书，并可以膏火等费赡养家室，不致有家室之累。每一书院，藏书极多，学生可以自由搜求材料，并有学识丰富之山长，加以指导。其制度完备，为亘古所未有，而今则不复见了！

二、书院的精神

（一）代表时代精神。一时代的精神，只有一时代的祠祀，可以代表。因某时之所尊奉者，列为祠祀，即可觇某时代民意的趋向。古时书院常设神祠祀，带有宗教的色彩，其为一千年来民意之所寄托，所以能代表各时代的精神。如宋朝书院，多崇拜张载、周濂溪、邵康节、程颐、程颢诸人，至南宋时就崇拜朱子，明时学者又改崇王阳明，清时偏重汉学，而书院之祠祀，不外供许慎、郑玄的神像。由此以观，一时代精神，即于一时代书院所崇祀者足以代表了。

（二）讲学与议政。书院既为讲学的地方，但有时亦为议政的机关。因为古时没有正式代表民意的机关；有之，仅有书院可以代行职权了。汉朝的太学生，宋朝朱子一派的学者，其干涉国家政治之气焰，盛极一时；以致在宋朝时候，政府立党籍碑，禁朱子一派者应试，并不准起复为官。明朝太监专政，乃有无锡东林书院学者出而干涉，鼓吹建议，声势极张。此派在京师亦设有书院，如国家政令有不合意者，彼辈虽赴汤蹈火，尚仗义执言，以致为宵小所忌，多方倾害，死者亦多，政府并名之曰东林党。然而前者死后者继，其制造舆论，干涉朝政，固不减于昔日。于此可知书院亦可代表古时候议政的精神，不仅为讲学之地了。

（三）自修与研究。书院之真正的精神唯自修与研究，书院里的学生，无一不有自由研究的态度，虽旧有山长，不过为学问上之顾问；至研究发明，仍视平日自修的程度如何。所以书院与今日教育界所倡道尔顿制的精神相同。在清朝时候，南菁、诂经、钟山、学海四书院的学者，往往不以题目甚小，即淡漠视之。所以限于一小题或一字义，竟终日孜孜，究其所以，参考书籍，不惮烦劳，其自修与研究的精神，实在令人佩服！

三、结论

本题拟举二例，作为结论：

（一）譬如南菁书院，其山长黄梨洲先生，常以八字诰诫学生，即"实事求是，莫作调人"。因为研究学问，遇困难处若以调人自居，则必不肯虚心研究，而近乎自暴自弃了。

（二）又如上海龙门书院，其屏壁即大书"读书先要会疑，学者须于无疑中寻找疑处，方为有得"，即可知古时候学者的精神，唯在刻苦研究与自由思索了。其意以学问有成，在乎自修，不在乎外界压迫。这种精神，我恐今日学校中多轻视之。又当声明者，即书院并不拒绝科学，如清代书院的课程，亦有天文、算学、地理、历史、声、光、化、电等科学。尤以清代学者如戴震、王念孙等都精通算学为证。

惜乎光绪变政，将一千年来的书院制度，完全推翻，而以在德国已行一百余年之学校代替此制，诩为自新。使一千年来学者自动的研究精神，将不复现于今日。吾以今日教育界提倡道尔顿制，注重自动的研究，与书院制不谋而合，不得不讲这书院制度的史略了。

第三章
新思潮与国故研究 ～

▎新思潮的意义

　　研究问题

　　输入学理

　　整理国故

　　再造文明

　　一

　　近来报纸上发表过几篇解释"新思潮"的文章。我读了这几篇文章，觉得他们所举出的新思潮的性质，或太琐碎，或太笼统，不能算作新思潮运动的真确解释，也不能指出新思潮的将来趋势。即如包世杰先生的《新思潮是什么》一篇长文，列举新思潮的内容，何尝不详细？但是他究竟不曾使我们明白那种种新思潮的共同意义是什么。比较最简单的解释要算我的朋友陈独秀先生所举出的《新青年》两大罪案——其实就是新思潮的两大罪案——一是拥护德莫克拉西先生（民治主义），一是拥护赛因斯先生（科学）。陈先生说：

　　要拥护那德先生，便不得不反对孔教、礼法、贞节、旧伦理、旧政治。要拥护那赛先生，便不得不反对旧艺术、旧宗教。要拥护德先生，又要拥护赛先生，便不得不反对国粹和旧文学。（新青年六卷一号页一〇）

　　这话虽然很简明，但是还嫌太笼统了一点。假使有人问："何以要拥护德先生和赛先生便不能不反对国粹和旧文学呢？"答案自然是："因为国粹和旧文学是同德、赛两位先生反对的。"又问："何以凡同德、赛两位先生反对的东西都该反对呢?"这个问题可就不是几句笼统简单的话所能回答的了。

据我个人的观察,新思潮的根本意义只是一种新态度。这种新态度可叫作"评判的态度"。

评判的态度,简单说来,只是凡事要重新分别一个好与不好。仔细说来,评判的态度含有几种特别的要求:

(1) 对于习俗相传下来的制度风俗,要问:"这种制度现在还有存在的价值吗?"

(2) 对于古代遗传下来的圣贤教训,要问:"这句话在今日还是不错吗?"

(3) 对于社会上糊涂公认的行为与信仰,都要问:"大家公认的,就不会错了吗?人家这样做,我也该这样做吗?难道没有别样做法比这个更好,更有理,更有益的吗?"

尼采说现今时代是一个"重新估定一切价值"(Transvaluation of all Values)的时代。"重新估定一切价值"八个字便是评判的态度的最好解释。从前的人说妇女的脚越小越美。现在我们不但不认小脚为"美",简直说这是"惨无人道"了。

十年前,人家和店家都用鸦片烟敬客。现在鸦片烟变成犯禁品了。二十年前,康有为是洪水猛兽一般的维新党。现在康有为变成老古董了。康有为并不曾变换,估价的人变了,故他的价值也跟着变了。这叫作"重新估定一切价值"。

我以为现在所谓"新思潮",无论怎样不一致,根本上同有这公共的一点:评判的态度。孔教的讨论只是要重新估定孔教的价值。文学的评论只是要重新估定旧文学的价值。贞操的讨论只是要重新估定贞操的道德在现代社会的价值。旧戏的评论只是要重新估定旧戏在今日文学上的价值。礼教的讨论只是要重新估定古代的纲常礼教在今日还有什么价值。女子的问题只是要重新估定女子在社会上的价值。政府与无政府的讨论,财产私有与公有的讨论,也只是要重新估定政府与财产等制度在今日社会的价值。……我也不必往下数了,这些例很够证明这种评判的态度是新思潮运动的共同精神。

二

这种评判的态度,在实际上表现时,有两种趋势。一方面是讨论社会上,政治上,宗教上,文学上种种问题。一方面是介绍西洋的新思想,新学术,新文学，新信仰。前者是"研究问题"，后者是"输入学理"。这两项是新思潮的手段。

我们随便翻开这两三年以来的新杂志与报纸，便可以看出这两种的趋势。在研究问题一方面，我们可以指出：

（1）孔教问题；（2）文学改革问题；（3）国语统一问题；（4）女子解放问题；（5）贞操问题；（6）礼教问题；（7）教育改良问题；（8）婚姻问题；（9）父子问题；（10）戏剧改良问题……等等。

在输入学理一方面，我们可以指出《新青年》的"易卜生号"、"马克思号"、《民铎》的"现代思潮号"、《新教育》的"杜威号"、《建设》的"全民政治"的学理和北京《晨报》、《国民公报》、《每周评论》、上海《星期评论》、《时事新报》、《解放与改造》、广州《民风周刊》……等等杂志报纸所介绍的种种西洋新学说。

为什么要研究问题呢？因为我们的社会现在正当根本动摇的时候，有许多风俗制度，向来不发生问题的，现在因为不能适应时势的需要，不能使人满意，都渐渐的变成困难的问题，不能不彻底研究，不能不考问旧日的解决法是否错误；如果错了，错在什么地方；错误寻出了，可有什么更好的解决方法；有什么方法可以适应现时的要求。例如孔教的问题，向来不成什么问题；后来东方文化与西方文化接近，孔教的势力渐渐衰微，于是有一班信仰孔教的人妄想要用政府法令的势力来恢复孔教的尊严，却不知道这种高压的手段恰好挑起一种怀疑的反动。因此，民国四五年的时候，孔教会的活动最大，反对孔教的人也最多。孔教成为问题就在这个时候。现在大多数明白事理的人，已打破了孔教的迷梦，这个问题又渐渐的不成问题了，故安福部的议员通过孔教为修身大本的议案时，国内竟没有人睬他们了！

又如文学革命的问题。向来教育是少数"读书人"的特别权利，于大多数人是无关系的，故文字的艰深不成问题。近来教育成为全国人的公共权利，人人知道普及教育是不可少的，故渐渐的有人知道文言在教育上实在不适用，于是文言白话就成为问题了。后来有人觉得单用白话做教科书是不中用的，因为世间决没有人情愿学一种除了教科书以外便没有用处的文字。这些人主张：古文不但不配做教育的工具，并且不配做文学的利器；若要提倡国语的教育，先须提倡国语的文学。文学革命的问题就是这样发生的。现在全国教育联合会已全体一致通过小学教科书改用国语的议案，况且用国语做文章的人也渐渐的多了，这个问题又渐渐的不成问题了。

为什么要输入学理呢？这个大概有几层解释。一来呢，有些人深信中国不但缺乏炮弹、兵船、电报、铁路，还缺乏新思想与新学术，故他们尽量的输入西洋近世的学说。二来呢，有些人自己深信某种学说，要想他传播发展，故尽力提倡。三来呢，有些人自己不能做具体的研究工夫，觉得翻译现成的学说比较容易些，故乐得做这种稗贩事业。四来呢，研究具体的社会问题或政治问题，一方面做那破坏事业，一方面做对症下药的工夫，不但不容易，并且很遭犯忌讳，很容易惹祸，故不如做介绍学说的事业，借"学理研究"的美名，既可以避"过激派"的罪名，又还可以种下一点革命的种子。五来呢，研究问题的人势不能专就问题本身讨论，不能不从那问题的意义上着想，但是问题引申到意义上去，便不能不靠许多学理做参考比较的材料，故学理的输入往往可以帮助问题的研究。

这五种动机虽然不同，但是多少总含有一种"评判的态度"，总表示对于旧有学术思想的一种不满意，和对于西方的精神文明的一种新觉悟。

但是这两三年新思潮运动的历史应该给我们一种很有益的教训。什么教训呢？就是：这两三年来新思潮运动的最大成绩差不多全是研究问题的结果。新文学的运动便是一个最明白的例。这个道理很容易解释。凡社会上成为问题的问题，一定是与许多人有密切关系的。这许多人虽然不能提出什么新解决，但是他们平时对于这个问题自然不能不注意。若有人能把这个问题的各方面都细细分析出来，加上评判的研究，指出不满意的所在，提出新鲜的救济方法，自然容易引起许多人的注意。

起初自然有许多人反对，但是反对便是注意的证据，便是兴趣的表示。试看近日报纸上登的马克思的《赢余价值论》，可有反对的吗？可有讨论的吗？没有人讨论，没有人反对，便是不能引起人注意的证据。研究问题的文章所以能发生效果，正为所研究的问题一定是社会人生最切要的问题，最能使人注意，也最能使人觉悟。悬空介绍某种专家学说，如《赢余价值论》之类，除了少数专门学者之外，决不会发生什么影响。但是我们可以在研究问题里面做点输入学理的事业，或用学理来解释问题的意义，或从学理上寻求解决问题的方法。用这种方法来输入学理，能使人于不知不觉之中感受学理的影响。不但如此，研究问题最能使读者渐渐的养成一种批评的态度、研究的兴趣、独立思想的习惯。十部《纯粹理性的评判》，不如一点评判的态度，十篇《赢余价值论》，不如一点研究的兴趣；十种《全民政治论》，不如一点独立思想的习惯。

总起来说：研究问题所以能于短时期中发生很大的效力，正因为研究问题有这几种好处：

（1）研究社会人生切要的问题最容易引起大家的注意；

（2）因为问题关切人生，故最容易引起反对，但反对是该欢迎的，因为反对便是兴趣的表示，况且反对的讨论不但给我们许多不要钱的广告，还可使我们得讨论的益处，使真理格外分明；

（3）因为问题是逼人的活问题，故容易使人觉悟，容易得人信从；

（4）因为从研究问题里面输入的学理，最容易消除平常人对于学理的抗拒力，最容易使人于不知不觉之中受学理的影响；

（5）因为研究问题可以不知不觉的养成一班研究的、评判的、独立思想的革新人才。

这是这几年新思潮运动的大教训！我希望新思潮的领袖人物以后能了解这个教训，能把全副精力贯注到研究问题上去；能把一切学理不看作天经地义，但看作研究问题的参考材料；能把一切学理应用到我们自己的种种切要问题上去；能在研究问题上面做输入学理的工夫；能用研究问题的工夫来提倡研究问题的态度，来养成研究问题的人才。

这是我对于新思潮运动的解释。这也是我对于新思潮将来的趋向的希望。

三

以上说新思潮的"评判的精神"在实际上的两种表现。现在要问："新思潮的运动对于中国旧有的学术思想，持什么态度呢？"

我的答案是："也是评判的态度。"

分开来说，我们对于旧有的学术思想有三种态度。第一，反对盲从；第二，反对调和；第三，主张整理国故。

盲从是评判的反面，我们既主张"重新估定一切价值"，自然要反对盲从。这是不消说的了。

为什么要反对调和呢？因为评判的态度只认得一个是与不是，一个好与不好，一个适与不适——不认得什么古今中外的调和。调和是社会的一种天然趋势。人类社会有一种守旧的惰性，少数人只管趋向极端的革新，大多数人至多只能跟你走半程路。这就是调和。调和是人类懒病的天然趋势，用不着我们来提倡。我们走了一百里路，大多数人也许勉强走三四十里。我们若先讲调和，只走五十里，他们就一步都不走了。所以革新家的责任只是认定"是"的一个方向走去，不要回头讲调和。社会上自然有无数懒人懦夫出来调和。

我们对于旧有的学术思想，积极的只有一个主张——就是"整理国故"。整理就是从乱七八糟里面寻出一个条理脉络来；从无头无脑里面寻出一个前因后果来；从胡说谬解里面寻出一个真意义来；从武断迷信里面寻出一个真价值来。为什么要整理呢？因为古代的学术思想向来没有条理，没有头绪，没有系统，故第一步是条理系统的整理。因为前人研究古书，很少有历史进化的眼光的，故从来不讲究一种学术的渊源，一种思想的前因后果，所以第二步是要寻出每种学术思想怎样发生，发生之后有什么影响效果。因为前人读古书，除极少数学者以外，大都是以讹传讹的谬说——如太极图，爻辰，先天图，卦气……之类——故第三步是要用科学的方法，作精确的考证，把古人的意义弄得明白清楚。因为前人对于古代的学术思想，有种种武断的成见，有种种可笑的迷信——如骂杨朱、墨翟为禽兽，却尊孔丘为德配天地，道冠古今！——故第四步是综合前三步的研究，各家都还他一个本来真面目，各家都还他一个真价值。

这叫作"整理国故"。现在有许多人自己不懂得国粹是什么东西，却偏要高谈"保存国粹"。林琴南先生做文章论古文之不当废，他说，"吾知其理而不能言其所以然"！现在许多国粹党，有几个不是这样糊涂懵懂的？这种人如何配谈国粹？

若要知道什么是国粹，什么是国渣，先须要用评判的态度、科学的精神，去做一番整理国故的工夫。

四

新思潮的精神是一种评判的态度。

新思潮的手段是研究问题与输入学理。

新思潮的将来趋势，依我个人的私见看来，应该是注重研究人生社会的切要问题，应该于研究问题之中做介绍学理的事业。

新思潮对于旧文化的态度，在消极一方面是反对盲从，是反对调和；在积极一方面，是用科学的方法来做整理的工夫。

新思潮的唯一目的是什么呢？是再造文明。

文明不是笼统造成的，是一点一滴的造成的。进化不是一晚上笼统进化的，是一点一滴的进化的。现今的人爱谈"解放与改造"，须知解放不是笼统解放，改造也不是笼统改造。解放是这个那个制度的解放，这种那种思想的解放，这个那个人的解放，是一点一滴的解放。改造是这个那个制度的改造，这种那种思想的改造，这个那个人的改造，是一点一滴的改造。

再造文明的下手工夫，是这个那个问题的研究。再造文明的进行，是这个那个问题的解决。

▍论国故学——答毛子水

……张君的大病是不解"国故学"的性质，如他说的：

使国人之治之者尚众，肯推已知而求未知，为之补苴罅漏，张皇幽眇，使之日新月异，以应时势之需，则国故亦方生未艾也。

"补苴罅漏，张皇幽眇"，还可说得过去。"使之……应时势之需"，便是大错，便是完全不懂"国故学"的性质。"国故学"的性质不外乎要懂得国故，这是人类求知的天性所要求的。若说是"应时势之需"，便是古人"通经而致治平"的梦想了。

你驳他论"声韵学"一段，很是。自顾亭林以来至于今日，声韵学的成绩只是一部不曾完全的"古音变迁史"。请问知道"古无轻唇音"一条通例，于"将来之声音究竟如何"一个大问题有何帮助？难道我们就可以推知现在所剩的重唇音将来都会变成轻唇音吗？

但是你的主张，也有一点太偏了的地方。如说：

我们把国故整理起来，世界的学术界亦许得着一点益处，不过一定是没有多大的。……世界所有的学术，比国故更有用的有许多，比国故更要紧的亦有许多。

我以为我们做学问不当先存这个狭义的功利观念。做学问的人当看自己性之所近，选择所要做的学问，选定之后，当存一个"为真理而求真理"的态度。研究学术史的人更当用"为真理而求真理"的标准去批评各家的学术。学问是平等的。发明一个字的古义，与发现一颗恒星，都是一大功绩。

　　况且现在整理国故的必要，实在很多。我们应该尽力指导"国故家"用科学的研究法去做国故的研究，不当先存一个"有用无用"的成见，致生出许多无谓的意见。你以为何如？

　　还有一层意思，你不曾发挥得尽致。清朝的"汉学家"所以能有国故学的大发明者，正因为他们用的方法无形之中都暗合科学的方法。钱大昕的古音之研究，王引之的《经传释词》，俞樾的《古书疑义举例》，都是科学方法的出产品。这还是"不自觉的"（Unconscious）科学方法，已能有这样的成绩了。我们若能用自觉的科学方法加上许多防弊的法子，用来研究国故，将来的成绩一定更大了。这种说法，似乎更动听一点，你以为何如？

　　我前夜把《汉学家的科学方法》一文做完寄出。这文的本意，是要把"汉学家"所用的"不自觉的"方法变为"自觉的"。方法"不自觉"，最容易有弊。如科学方法最浅最要的一部分就是"求否定的例"（Negative instances or exceptions）。顾亭林讲《易》音，把《革》传"炳、蔚、君"三字轻轻放过不题，《未济》传"极、正"二字，亦然。这便不是好汉。钱大昕把这两个例外也寻出"韵"来，方才使顾氏的通例无有否定的例。若我们有自觉的方法，处处存心防弊，岂不更圆满吗？

《国学季刊》发刊宣言

　　近年来，古学的大师渐渐死完了，新起的学者还不曾有什么大成绩表现出来。在这个青黄不接的时期，只有三五个老辈在那里支撑门面。古学界表面上的寂寞，遂使许多人发生无限的悲观。所以有许多老辈遂说："古学要沦亡了！""古书不久要无人能读了！"

　　在这个悲观呼声里，很自然地发出一种没气力的反动的运动来。有些人还以为西洋学术思想的输入是古学沦亡的原因；所以他们至今还在那里抗拒那他们自己也莫名其妙的西洋学术。有些人还以为孔教可以完全代表中国的古文化；所以他们至今还梦想孔教的复兴；甚至于有人竟想抄袭基督教的制度来光复孔教。有些人还以为古文古诗的保存就是古学的保存了；所以他们至今还想压语体文字的提倡与传播。至于那些静坐扶乩、逃向迷信里去自寻安慰的，更不用说了。

　　在我们看起来，这些反动都只是旧式学者破产的铁证；这些行为，不但不能挽救他们所忧虑的国学之沦亡，反可以增加国中少年人对于古学的藐视。如果这些举动可以代表国学，国学还是沦亡了更好！

我们平心静气的观察这三百年的古学发达史，再观察眼前国内和国外的学者研究中国学术的现状，我们不但不抱悲观，并且还抱无穷的乐观。我们深信，国学的将来，定能远胜国学的过去；过去的成绩虽然未可厚非，但将来的成绩一定还要更好无数倍。

自从明末到如今，这三百年，诚然可算是古学昌明时代。总括这三百年的成绩，可分这些方面：

（一）整理古书。在这方面，又可分三门。

第一，本子的校勘；

第二，文字的训诂；

第三，真伪的考订。

考订真伪一层，乾嘉的大师（除了极少数学者如崔述等之外）都不很注意；只有清初与晚清的学者还肯做这种研究，但方法还不很精密，考订的范围也不大。因此，这一方面的整理，成绩比较的就最少了。然而校勘与训诂两方面的成绩实在不少。戴震、段玉裁、王念孙、阮元、王引之们的治"经"；钱大昕、赵翼、王鸣盛、洪亮吉们的治"史"；王念孙、俞樾、孙诒让们的治"子"；戴震、王念孙、段玉裁、邵晋涵、郝懿行、钱绎、王筠、朱骏声们的治古词典：都有相当的成绩。重要的古书，经过这许多大师的整理，比三百年前就容易看的多了。我们试拿明刻本的《墨子》来比孙诒让的《墨子闲诂》，或拿二徐的《说文》来比清儒的各种《说文》注，就可以量度这几百年整理古书的成绩了。

（二）发现古书。清朝一代所以能称为古学复兴时期，不单因为训诂校勘的发达，还因为古书发现和翻刻之多。清代中央政府，各省书局，都提倡刻书。私家刻的书更是重要：丛书与单行本、重刊本、精校本、摹刻本、近来的影印本。我们且举一个最微细的例。近三十年内发现与刻行的宋元词集，给文学史家添了多少材料？清初朱彝尊们固然见着不少的词集；但我们今日购买词集之便易，却是清初词人没有享过的福气了。翻刻古书孤本之外，还有辑佚书一项，如《古经解钩沉》、《小学钩沉》、《玉函山房辑佚书》和《四库全书》里那几百种从《永乐大典》辑出的佚书，都是国学史上极重要的贡献。

（三）发现古物。清朝学者好古的风气不限于古书一项，风气所被，遂使古物的发现、记载、收藏，都成了时髦的嗜好。鼎彝、泉币、碑版、壁画、雕塑、古陶器之类：虽缺乏系统的整理，材料确是不少了。最近三十年来，甲骨文字的发现，竟使殷商一代的历史有了地底下的证据，并且给文字学添了无数的最古材料。最近辽阳、河南等处石器时代的文化的发现，也是一件极重要的事。

但这三百年的古学的研究，在今日估计起来，实在还有许多缺点。三百年的第一流学者的心思精力都用在这一方面，而究竟还只有这一点点结果，也正是因为有这些缺点的缘故。那些缺点，分开来说，也有三层：

（一）研究的范围太狭窄了。这三百年的古学，虽然也有整治史书的，虽然也有研究子书的，但大家的眼光与心力注射的焦点，究竟只在儒家的几部经书。古韵的研究、古词典的研究、古书旧注的研究、子书的研究，都不是为这些材料的本身价值而研究的。一切古学都只是经学的丫头！内中固然也有婢作夫人的；如古韵学之自成一种专门学问，如子书的研究之渐渐脱离经学的羁绊而独立。但学者的聪明才力被几部经书笼罩了三百年，那是不可讳的事实。况且在这个狭小的范围里，还有许多更狭小的门户界限。有汉学和宋学的分家，有今文和古文的分家；甚至于治一部《诗经》还要舍弃东汉的郑笺而专取西汉的毛传。专攻本是学术进步的一个条件；但清儒狭小研究的范围，却不是没有成见的分工。他们脱不了"儒书一尊"的成见，故用全力治经学，而只用余力去治他书。他们又脱不了"汉儒去古未远"的成见，故迷信汉人，而排除晚代的学者。他们不知道材料固是愈古愈可信，而见解则后人往往胜过前人；所以他们力排郑樵、朱熹而迷信毛公、郑玄。

今文家稍稍能有独立的见解了；但他们打倒了东汉，只落得回到西汉的圈子里去。研究的范围的狭小是清代学术所以不能大发展的一个绝大原因。三五部古书，无论怎样绞来挤去，只有那点精华和糟粕。打倒宋朝的"道士《易》"固然是好事；但打倒了"道士《易》"，跳过了魏晋人的"道家《易》"，却回到两汉的"道士《易》"，那就是很不幸的了。《易》的故事如此；《诗》、《书》、《春秋》、《三礼》的故事也是如此。三百年的心思才力，始终不曾跳出这个狭小的圈子外去！

（二）太注重功力而忽略了理解。学问的进步有两个重要方面：

一是材料的积聚与剖解；一是材料的组织与贯通。前者须靠精勤的功力，后者全靠综合的理解。清儒有鉴于宋明学者专靠理解的危险，所以努力做朴实的功力而力避主观的见解。这三百年之中，几乎只有经师，而无思想家；只有校史者，而无史家；只有校注，而无著作。这三句话虽然很重，但我们试除去戴震、章学诚、崔述几个人，就不能不承认这三句话的真实了。章学诚生当乾隆盛时（乾隆，1736～1795 年；章学诚，1738～1800 年），大声疾呼地警告当日的学术界道：

> 今之博雅君子，疲精劳神于经传子史，而终身无得于学者，正坐……误执求知之功力，以为学即在是尔。学与功力实相似而不同。学不可以骤几，人当致攻乎功力，则可耳。指功力以为学，是犹指秫黍以为酒也。（《文史通义·博约篇》）

他又说：

> 近日学者风气，征实太多，发挥太少，有如蚕食叶而不能抽丝。（《章氏遗书·与汪辉祖书》）

古人说："鸳鸯绣取从君看，不把金针度与人。"单把绣成的鸳鸯给人看，而不肯把金针教人，那是不大度的行为。然而天下的人不是人人都能学绣鸳鸯的；多数人只爱看鸳鸯，而不想自己动手去学绣。清朝的学者只是天天一针一针的学绣，始终不肯绣鸳鸯。所以他们尽管辛苦殷勤的做去，而在社会的生活思想上几乎全不发生影响。他们自以为打倒了宋学，然而全国的学校里读的书仍旧是朱熹的《四书集注》、《诗集传》、《易本义》等书。他们自以为打倒了伪《古文尚书》，然而全国村学堂里的学究仍旧继续用蔡沈的《书集传》。三百年第一流的精力，二千四百三十卷的《经解》，仍旧不能替换朱熹一个人的几部启蒙的小书！这也可见单靠功力而不重理解的失败了。

（三）缺乏参考比较的材料。我们试问，这三百年的学者何以这样缺乏理解呢？我们推求这种现象的原因，不能不回到第一层缺点——研究的范围的过于狭小。宋、明的理学家之所以富于理解，全因为六朝唐以后佛家与道士的学说弥漫空气中，宋、明的理学家全都受了他们的影响，用他们的学说作一种参考比较的数据。宋、明的理学家，有了这种比较研究的材料，就像一个近视眼的人戴了近视眼镜一样；从前看不见的，现在都看见了；从前不明白的，现在都明白了。同是一篇《大学》，汉魏的人不很注意他，宋、明的人忽然十分尊崇他，把他从《礼记》里抬出来，尊为《四书》之一，推为"初学入德之门"。《中庸》也是如此的。宋明的人戴了佛书的眼镜，望着《大学》、《中庸》，便觉得"明明德"

"诚""正心诚意""率性之谓道"等话头都有哲学的意义了。

清朝的学者深知戴眼镜的流弊，决意不配眼镜；却不知道近视而不戴眼镜，同瞎子相差有限。说《诗》的回到《诗序》，说《易》的回到"方士《易》"，说《春秋》的回到《公羊》，可谓"陋"之至了；然而我们试想这一班第一流才士，何以陋到这步田地，可不是因为他们没有高明的参考资料吗？他们排斥"异端"；他们得着一部《一切经音义》，只认得他有保存古韵书古词典的用处；他们拿着一部子书，也只认得他有旁证经文古义的功用。他们只向那几部儒书里兜圈子；兜来兜去，始终脱不了一个"陋"字！打破这个"陋"字，没有别的法子，只有旁搜博采，多寻参考比较的材料。

以上指出的这三百年的古学研究的缺点，不过是随便挑出了几桩重要的。我们的意思并不要菲薄这三百年的成绩；我们只想指出他们的成绩所以不过如此的原因。前人上了当，后人应该学点乖。我们借鉴于前辈学者的成功与失败，然后可以决定我们现在和将来研究国学的方针。我们不研究古学则已；如要想提倡古学的研究，应该注意这几点：

（1）扩大研究的范围。

（2）注意系统的整理。

（3）博采参考比较的数据。

（一）怎样扩大研究的范围呢？"国学"在我们的心眼里，只是"国故学"的缩写。中国的一切过去的文化历史，都是我们的"国故"；研究这一切过去的历史文化的学问，就是"国故学"，省称为"国学"。"国故"这个名词，最为妥当；因为它是一个中立的名词，不含褒贬的意义。"国故"包含"国粹"；但它又包含"国渣"。我们若不了解"国渣"，如何懂得"国粹"？所以我们现在要扩充国学的领域，包括上下三四千年的过去文化，打破一切的门户成见；拿历史的眼光来整统一切，认清了"国故学"的使命整理中国一切文化历史，便可以把一切狭陋的门户之见都扫空了。例如治经，郑玄、王肃在历史上固然占一个位置，王弼、何晏也占一个位置，王安石、朱熹也占一个位置，戴震、惠栋也占一个位置，刘逢禄、康有为也占一个位置。段玉裁曾说：

校经之法，必以贾还贾，以孔还孔，以陆还陆，以杜还杜，以郑还郑，各得基底本，而后判其理义之是非。……不先正《注》、《疏》、《释文》之底本，则多诬古人。不断其立说之是非，则多误今人。（《经韵楼集·与诸同志书论校书之难》。)

我们可借他论校书的话来总论国学；我们也可以说：整治国故，必须以汉还汉，以魏晋还魏晋，以唐还唐，以宋还宋，以明还明，以清还清；以古文还古文家，以今文还今文家；以程朱还程朱，以陆王还陆王，……各还他一个本来面目，然后评判各代各家各人的义理的是非。不还他们的本来面目，则多诬古人。不评判他们的是非，则多误今人。但不先弄明白了他们的本来面目，我们决不配评判他们的是非。

这还是专为经学哲学说法。在文学的方面，也有同样的需要。庙堂的文学固可以研究，但草野的文学也应该研究。在历史的眼光里，今日民间小儿女唱的歌谣，和《诗》三百篇有同等的位置；民间流传的小说，和高文典册有同等的位置，吴敬梓、曹霑和关汉卿、马东篱和杜甫、韩愈有同等的位置。故在文学方面，也应该把"三百篇"还给西周东周之间的无名诗人，把《古乐府》还给汉魏六朝的无名诗人，把唐诗还给唐朝，把词还给五代两宋，把小曲杂剧还给元朝，把明清的小说还给明清。每一个时代，还他那个时代的特长的文学，然后评判他们的文学的价值。不认明每一个时代的特殊文学，则多诬古人而多误今人。

近来颇有人注意戏曲和小说了；但他们的注意仍不能脱离古董家的习气。他们只看得起宋人的小说，而不知道在历史的眼光里，一本石印小字的《平妖传》和一部精刻的残本《五代史平话》有同样的价值，正如《道藏》里极荒谬的道教经典和《尚书》、《周易》有同等的研究价值。

总之，我们所谓"用历史的眼光来扩大国学研究的范围"，只是要我们大家认清国学是国故学，而国故学包括一切过去的文化历史。历史是多方面的：单记朝代兴亡，固不是历史；单有一宗一派，也不成历史。过去种种，上自思想学术之大，下至一个字，一只山歌之细，都是历史，都属国学研究的范围。

（二）怎样才是"注意系统的整理"呢？学问的进步不单靠积聚材料，还须有系统的整理。系统的整理可分三部说：

（甲）索引式的整理。不曾整理的材料，没有条理，不容易检寻，最能消磨学者有用的精神才力，最足阻碍学术的进步。若想学问进步增加速度，我们须想出法子来解放学者的精力，使他们的精力用在最经济的方面。例如一部《说文解字》，是最没有条理系统的；向来的学者差不多全靠记忆的苦工夫，方才能用这部书。但这种苦工夫是最不经济的；如果有人能把《说文》重新编制一番（部首依笔画，每部的字也依笔画），再加上一个检字的索引（略如《说文通检》或《说文易检》），那就可省许多无谓的时间与记忆力了。又如一部《二十四史》，有了一部《史姓韵编》，可以省多少精力与时间？清代的学者也有见到这一层的，如章学诚说：

窃以典籍浩繁，闻见有限；在博雅者且不能悉究无遗，况其下乎？校雠之先，宜尽取四库之藏，中外之籍，择其中之人名地名官阶书目，凡一切有名可治有数可稽者，略仿《佩文韵府》之例，悉编为韵；乃于本韵之下，注明原书出处及先后篇第；自一见再见，以至数千百，皆详注之；藏之馆中，以为群书之总类。至校书之时，遇有疑似之处，即名而求其编韵，因韵而检其本书，参互错综，即可得其至是。此则渊博之儒穷毕生年力而不可究殚者，今即中才校勘可坐收于几席之间，非校雠之良法欤？（《校雠通义》）

当日的学者如朱筠、戴震等，都有这个见解，但这件事不容易做到，直到阮元得势力的时候，方才集合许多学者，合力做成一部空前的《经籍纂诂》，"展一韵而众字毕备，检一字而诸训皆存，寻一训而原书可识"（王引之序）；"即字而审其义，依韵而类其字，有本训，有转训，次叙布列，若网在纲"（钱大昕序）。这种书的功用，在于节省学者的功力，使学者不疲于功力之细碎，而省出精力来做更有用的事业。后来这一类的书被科场士子用作夹带的东西，用作抄袭的工具，所以有许多学者竟以用这种书为可耻的事。这是大错的。

这一类"索引"式的整理，乃是系统的整理的最低而最不可少的一步；没有这一步的预备，国学只限于少数有天才而又有闲空工夫的少数人；并且这些少数人也要因功力的拖累而减少他们的成绩。偌大的事业，应该有许多人分担去做的，却落在少数人的肩膀上：这是国学不能发达的一个重要原因。所以我们主张，国学的系统的整理的第一步要提倡这种"索引"式的整理，把一切大部的书或不容易检查的书，一概编成索引，使人人能用古书。人人能用古书，是提倡国学的第一步。

（乙）结账式的整理。商人开店，到了年底，总要把这一年的账结算一次，要晓得前一年的盈亏和年底的存货，然后继续进行，做明年的生意。一种学术到了一个时期，也有总结账的必要。学术上结账的用处有两层：一是把这一种学术里已经不成问题的部分整理出来，交给社会；二是把那不能解决的部分特别提出来，引起学者的注意，使学者知道何处有隙可乘，有功可立，有困难可以征服。结账是（1）结束从前的成绩；（2）预备将来努力的新方向。前者是预备普及的，后者是预备继长增高的。

古代结账的书，如李鼎祚的《周易集解》，如陆德明的《经典释文》，如唐宋的《十三经注疏》，如朱熹的《四书》、《诗集传》、《易本义》等，所以都在后世发生很大的影响，全是这个道理。三百年来，学者都不肯轻易做这种结账的事业。二千四百多卷的《清经解》，除了极少数之外，都只是一堆"流水"烂账，没有条理，没有系统；人人从"粤若稽古"，"关关雎鸠"说起，人人做的都是杂记式的稿本！怪不得学者看了要"望洋兴叹"了，怪不得国学有沦亡之忧了。我们试看科举时代投机的书坊肯费整年的工夫来编一部《皇清经解缩本编目》，便可以明白索引式的整理的需要，我们又看那时代的书坊肯费几年的工夫来编一部《皇清经解分经汇纂》，便可以明白结账式的整理的需要了。现在学问的途径多了，学者的时间与精力更有经济的必要了。例如《诗经》，二千年研究的结果，究竟到了什么田地，很少人说得出的，只因为二千年的《诗经》烂账至今不曾有一次的总结算。宋人驳了汉人，清人推翻了宋人，自以为回到汉人。至今《诗经》的研究，音韵自音韵，训诂自训诂，异文自异文，序说自序说，各不相关连。少年的学者想要研究《诗经》的，伸头望一望，只看见一屋子的烂账簿，吓得吐舌缩不进去，只好叹口气，"算了罢！"《诗经》在今日所以渐渐无人过问，是少年人的罪过呢？还是《诗经》的专家的罪过呢？

我们以为，我们若向少年学者研究《诗经》，我们应该把《诗经》这笔烂账结算一遍，造成一笔总账。《诗经》的总账里应该包括这四大项：

（A）异文的校勘：总结王应麟以来，直到陈乔枞、李富孙等校勘异文的账。

（B）古韵的考究：总结吴棫、朱熹、陈第、顾炎武以来考证古音的账。

（C）训诂：总结毛公、郑玄以来直到胡承珙、马瑞辰、陈奂，二千多年训诂的账。

（D）见解（序说）：总结《诗序》、《诗辨妄》、《诗集传》、《伪诗传》，姚际恒、崔述、龚橙、方玉润……等二千年猜谜的账。

有了这一本总账，然后可以使大多数的学子容易踏进"《诗经》研究"之门：这是普及。入门之后，方才可以希望他们之中有些人出来继续研究那总账里未曾解决的悬账：这是提高。《诗经》如此，一切古书古学都是如此。我们试看前清用全力治经学，而经学的书不能流传于社会，倒是那几部用余力做的《墨子闲诂》、《荀子集解》、《庄子集释》一类结账式的书流传最广。这不可以使我们觉悟结账式的整理的重要吗？

（丙）专史式的整理。索引式的整理是要使古书人人能用；结账式的整理是要使古书人人能读：这两项都只是提倡国学的设备。但我们在上文曾主张，国学的使命是要使大家懂得中国的过去的文化史；国学的方法是要用历史的眼光来整理一切过去文化的历史。国学的目的是要做成中国文化史。国学的系统的研究，要以此为归宿。一切国学的研究，无论时代古今，无论问题大小，都要朝着这一个大方向走。只有这个目的可以整统一切材料；只有这个任务可以容纳一切努力；只有这种眼光可以破除一切门户畛域。

我们理想中的国学研究，至少有这样的一个系统：

中国文化史：

（一）民族史

（二）语言文字史

（三）经济史

（四）政治史

（五）国际交通史

（六）思想学术史

（七）宗教史

（八）文艺史

（九）风俗史

（十）制度史

这是一个总系统。历史不是一件人人能做的事；历史家须要有两种必不可少的能力：一是精密的功力，一是高远的想象。没有精密的功力，不能做搜求和评判史料的工夫；没有高远的想象力，不能构造历史的系统。况且中国这么大，历史这么长，材料这么多，除了分工合作之外，更无他种方法可以达到这个大目的。但我们又觉得，国故的材料太纷繁了，若不先做一番历史的整理工夫，初学的人实在无从下手，无从入门。后来的材料也无所统属；材料无所统属，是国学纷乱烦碎的重要原因。所以我们主张，应该分这几个步骤：

第一，用现在力所能搜集考定的材料，因陋就简地先做成各种专史，如经济史、文学史、哲学史、数学史、宗教史……之类。这是一些大间架，他们的用处只是要使现在和将来的材料有一个附丽的地方。

第二，专史之中，自然还可分子目，如经济史可分时代，又可分区域，如文学史、哲学史可分时代，又可分宗派，又可专治一人；如宗教史可分时代，可专治一教，或一宗派，或一派中的一人。这种子目的研究是学问进步必不可少的条件。治国学的人应该各就"性之所近而力之所能勉者"，用历史的方法与眼光担任一部分的研究。子目的研究是专史修正的唯一源头，也是通史修正的唯一源头。

（三）怎样"博采参考比较的资料"呢？向来的学者误认"国学"的"国"字是国界的表示，所以不承认"比较的研究"的功用。最浅陋的是用"附会"来代替"比较"：他们说基督教是墨教的绪余，墨家的"巨子"即是"矩子"。而"矩子"即是十字架！……附会是我们应该排斥的，但比较的研究是我们应该提倡的。有许多现象，孤立地说来说去，总说不通，总说不明白；一有了比较，竟不须解释，自然明白了。例如一个"之"字，古人说来说去，总不明白；现在我们懂得西洋文法学上的术语，只须说某种"之"字是内动词（由是而之焉），某种是介词（贼夫人之子），某种是指物形容词（之子于归），某种是代名词的第三身用在目的位（爱之能勿劳乎），就都明白分明了。

又如封建制度，向来被那方块头的分封说欺骗了，所以说来说去，总不明白；现在我们用欧洲中古的封建制度和日本的封建制度来比较，就容易明白了。音韵学上，比较的研究最有功效。用广东音可以考侵、覃各韵的古音，可以考古代入声各韵的区别。近时西洋学者如 Karlgren，如 Baron von Stael—Holstein，用梵文原本来对照汉文译音的文字，很可以帮助我们解决古音学上的许多困难问题。不但如此，日本语里，朝鲜语里，安南语里，都保存有中国古音可以供我们的参考比较。西藏文自唐朝以来，音读虽变了，而文字的拼法不曾变，更可以供我们的参考比较，也许可以帮助我们发现中国古音里有许多奇怪的复辅音呢。

制度史上，这种比较的材料也极重要。懂得了西洋的议会制度史，我们更可以了解中国御史制度的性质与价值；懂得了欧美高等教育制度史，我们更能了解中国近一千年来的书院制度的性质与价值。哲学史上，这种比较的材料已发生很大的助力了。《墨子》里的《经上、下》诸篇，若没有印度因明学和欧洲哲学作参考，恐怕至今还是几篇无人能解的奇书。韩非、王莽、王安石、李贽……一班人，若没有西洋思想作比较，恐怕至今还是沉冤莫白。看惯了近世国家注重财政的趋势，自然不觉得李觏、王安石的政治思想的可怪了。懂得了近世社会主义的政策，自然不能不佩服王莽、王安石的见解和魄力了。《易·系辞传》里"易者，象也"的理论，得柏拉图的"法象论"的比较而更明白；荀卿书里"类不悖，虽久同理"的理论，得亚里士多德的"类不变论"的参考而更易懂。这都是明显的例。

至于文学史上，小说戏曲近年忽然受学者的看重，民间俗歌近年渐渐引起学者的注意，都是和西洋文学接触比较的功效更不消说了。此外，如宗教的研究、民俗的研究、美术的研究，也都是不能不利用参考比较的材料的。

以上随便举的例，只是要说明比较参考的重要。我们现在治国学，必须要打破闭关孤立的态度，要存比较研究的虚心。第一，方法上，西洋学者研究古学的方法早已影响日本的学术界了，而我们还在冥行索涂的时期。我们此时应该虚心采用他们的科学的方法，补救我们没有条理系统的习惯。第二，材料上，欧美日本学术界有无数的成绩可以供我们的参考比较，可以给我们开无数新法门，可以给我们添无数借鉴的镜子。学术的大仇敌是孤陋寡闻；孤陋寡闻的唯一良药是博采参考比较的材料。

我们观察这三百年的古学史，研究这三百年的学者的缺陷，知道他们的缺陷都是可以补救的；我们又反观现在古学研究的趋势，明白了世界学者供给我们参考比较的好机会，所以我们对于国学的前途，不但不抱悲观，并且还抱无穷的乐观。我们认清了国学前途的黑暗与光明全靠我们努力的方向对不对。因此，我们提出这三个方向来做我们一班同志互相督责勉励的条件：

第一，用历史的眼光来扩大国学研究的范围。

第二，用系统的整理来部署国学研究的资料。

第三，用比较的研究来帮助国学的材料的整理与解释。

整理国故与"打鬼"——给浩徐先生的信

浩徐先生：

今天看见一〇六期的《现代》，读了你的"主客"，忍不住要写几句话寄给你批评。

你说整理国故的一种恶影响是造成一种"非驴非马"的白话文。此话却不尽然。今日的半文半白的白话文，有三种来源。第一是做惯古文的人，改做白话，往往不能脱胎换骨，所以弄成半古半今的文体。梁任公先生的白话文属于这一类；我的白话文有时候也不能免这种现状。缠小了的脚，骨头断了，不容易改成天足，只好塞点棉花，总算是"提倡"大脚的一番苦心，这是大家应该原谅的。

第二是有意夹点古文调子，添点风趣，加点滑稽意味。吴稚晖先生的文章（有时因为前一种原因）有时是有意开玩笑的。鲁迅先生的文章，有时是故意学日本人做汉文的文体，大概是打趣"《顺天时报》派"的，如他的《小说史》自序。钱玄同先生是这两方面都有一点的：他极赏识吴稚晖的文章，又极赏识鲁迅弟兄，所以他做的文章也往往走上这一条路。

第三是学时髦的不长进的少年。他们本没有什么自觉的主张，又没有文学的感觉，随笔乱写，既可省做文章的工力，又可以借吴老先生作幌子。这种懒鬼，本来不会走上文学的路去，由他们去自生自灭罢。

这三种来源都和"整理国故"无关。你看是吗？

平心说来，我们这一辈人都是从古文里滚出来的，一二十年的死工夫或二三十年的死工夫究竟还留下一点子鬼影，不容易完全脱胎换骨。即如我自己，必须全副精神贯注在修词造句上，方才可以做纯粹的白话文；偶一松懈（例如做"述学"的文字，如《章实斋年谱》之类），便成了"非驴非马"的文章了。

大概我们这一辈"半途出身"的作者都不是做纯粹国语文的人。新文学的创造者应该出在我们的儿女的一辈里。他们是"正途出身"的；国语是他们的第一语言；他们大概可以避免我们这一辈人的缺点了。

但是我总想对国内有志作好文章的少年们说两句忠告的话。第一，做文章是要用力气的。第二，在现时的作品里，应该拣选那些用气力做的文章做样子，不可挑那些一时游戏的作品。

其次，你说国故整理的运动总算有功劳，因为国故学者判断旧文化无用的结论可以使少年人一心一意地去寻求新知识与新道德。你这个结论，我也不敢承认。

国故整理的事业还在刚开始的时候，决不能说已到了"最后一刀"。我们这时候说东方文明是"懒惰不长进的文明"，这种断语未必能服人之心。六十岁上下的老少年如吴稚晖、高梦旦也许能赞成我的话。但是一班黑头老辈如曾慕韩、康洪章等诸位先生一定不肯表同意。

那"最后一刀"究竟还得让国故学者来下手。等他们用点真工夫，充分采用科学方法，把那几千年的烂账算清楚了，报告出来，叫人们知道儒是什么，墨是什么，道家与道教是什么：释迦达摩又是什么，理学是什么，骈文律诗是什么，那时候才是"最后的一刀"收效的日子。

近来想想，还得双管齐下。输入新知识与新思想固是要紧，然而"打鬼"更是要紧。宗杲和尚说的好：

我这里无法与人，只是据款结案。恰如将个琉璃瓶子来，护惜如什么，我一见便为你打破。你又将得摩尼珠来，我又夺了。见你恁地来时，我又和你两手截了。所以临济和尚道，"逢佛杀佛，逢祖杀祖，逢罗汉杀罗汉"。你且道，既称善知识，为什么却要杀人？你且看他是什么道理？

浩徐先生你且道，清醒白醒的胡适之却为什么要钻到烂纸堆里去"白费劲儿"？为什么他到了巴黎不去参观柏斯德研究所，却在那敦煌烂纸堆里混了十六天的工夫！

我披肝沥胆地奉告人们：只为了我十分相信"烂纸堆"里有无数无数的老鬼，能吃人，能迷人，害人的厉害胜过柏斯德（Pasteur）发现的种种病菌。只为了我自己自信，虽然不能杀菌，却颇能"捉妖"、"打鬼"。

这回到巴黎、伦敦跑了一趟，搜得不少"据款结案"的证据，可以把达摩、慧能，以至"西天二十八祖"的原形都给打出来。据款结案，即是"打鬼"。打出原形，即是"捉妖"。

这是整理国故的目的与功用。这是整理国故的好结果。

你说，"我们早知道在那方面做工夫是弄不出好结果来的"。那是你这聪明人的一时懵懂。这里面有绝好的结果。用精密的方法，考出古文化的真相；用明白晓畅的文字报告出来，叫有眼的都可以看见，有脑筋的都可以明白。这是化黑暗为光明，化神奇为臭腐，化玄妙为平常，化神圣为凡庸：这才是"重新估定一切价值"。他的功用可以解放人心，可以保护人们不受鬼怪迷惑。

西滢先生批评我的作品，单取我的《文存》，不取我的《哲学史》。西滢究竟是一个文人；以文章论，《文存》自然远胜《哲学史》。但我自信，中国治哲学史，我是开山的人，这一件事要算是中国一件大幸事。这一部书的功用能使中国哲学史变色。以后无论国内国外研究这一门学问的人都躲不了这一部书的影响。凡不能用这种方法和态度的，我可以断言，休想站得住。

梁漱溟先生在他的书里曾说，依胡先生的说法，中国哲学也不过如此而已。（原文记不起了，大意如此。）老实说来，这正是我的大成绩。我所以要整理国故，只是要人明白这些东西原来"也不过如此"！本来"不过如此"，我所以还他一个"不过如此"。这叫作"化神奇为臭腐，化玄妙为平常"。

禅宗的大师说："某甲只将花插香炉上，是和尚自疑别有什么事。"把戏千万般，说破了"也不过如此"。……

研究国故的方法

研究国故，在现时确有这种需要。但是一般青年，对于中国本来的文化和学术，都缺乏研究的兴趣。讲到研究国故的人，真是很少。这原也怪不得他们，实有以下二种原因：

（一）古今比较起来，旧有的东西就很易现出破绽。在中国，科学一方面，当然是不足道的。就是道德和宗教，也都觉浅薄得很，这样当然不能引起青年们的研究兴趣了。

（二）中国的国故书籍，实在太没有系统了。历史书，一本有系统的也找不到。哲学也是如此。就是文学一方面，《诗经》总算是世界文学上的宝贝，但假使我们去研究《诗经》，竟没有一本书能供给我们做研究的资料的。

原来中国的书籍，都是为学者而设，非为普通人、一般人的研究而做的。所以青年们要研究，也就无从研究起。我很望诸君对于国故，有些研究的兴趣，来下一番真实的功夫，使它成为有系统的。对于国故，亟应起来整理，方能使人有研究的兴趣，并能使有研究兴趣的人容易去研究。

"国故"的名词，比"国粹"好得多。自从章太炎著了一本《国故论衡》之后，这"国故"的名词于是成立。如果讲是"国粹"，就有人讲是"国渣"，"国故"（National Past）这个名词是中立的。我们要明了现社会的情况，就得去研究国故。古人讲，知道过去才能知道现在。国故专讲国家过去的文化，要研究它，就不得不注意以下四种方法：

一、历史的观念。现在一般青年，之所以对于国故没有研究兴趣，就是没有历史的观念。我们看旧书，可当它作历史看。清乾隆时，有个叫章学诚的，著了一本《文史通义》，上边说"六经皆史也"。我现在进一步来说："一切旧书——古书——都是史也。"本了历史的观念，就不由然而然的生出兴趣了。如道家炼丹修命，确是很荒谬的，不值识者一笑。但本了历史的观念，看看它究竟荒谬到了什么田地，亦是很有趣的。把旧书当作历史看，知它好到什么地步，或是坏到什么地步，这是研究国故方法的起点，是"开宗明义"第一章。

二、疑古的态度。疑古的态度，简要言之，就是"宁可疑而错，不可信而错"十个字。譬如《书经》，有今文《尚书》和古文《尚书》之别。有人说，古文《尚书》是假的，今文《尚书》有一部分是真的，余外一部分，到了清时，才有人把它证明是假的。但是现在学校里边，并没有把假的删去，仍旧读它全书，这是我们应该怀疑的。至于《诗经》，本有三千篇，被孔子删剩十分之一，只得了三百篇。《关雎》这一首诗，孔子把它列在第一首，这首诗是很好的。内容是一很好的女子，有一男子要伊做妻子，但这事不易办到，于是男子"寤寐求之"，连睡在床上都要想伊，更要"悠哉悠哉，辗转反侧"呢！这能表现一种很好的爱情，是一首爱情的相思诗。后人误会，生了许多误解，竟牵到旁的问题上去。

所以疑古的态度有两方面好讲：

（一）疑古书的真伪。

（二）疑真书被那山东老学究弄伪的地方。

我们疑古的目的，是在得其"真"，就是疑错了，亦没有什么要紧。我们知道，哪一个科学家是没有错误的。假使信而错，那就上当不浅了！自己固然一味迷信，情愿做古人的奴隶，但是还要引旁人亦入于迷途呢！我们一方面研究，一方面就要怀疑，庶能不上老当呢？如中国的历史，从盘古氏一直相传下来，年代都是有"表"的，"像煞有介事"，看来很是可信。但是我们要怀疑，这怎样来的呢？根据什么呢？我们总要"打破砂锅问到底"，究其来源怎样，要知道这年月的计算，有的是从伪书来的，大部分还是宋朝一个算命先生用算盘打出来的呢。这哪能信呢！我们是不得不去打破它的。

在东周以前的历史，是没有一字可以信的。以后呢？大部分也是不可靠的。如《禹贡》这一章书，一般学者都承认是可靠的。据我用历史的眼光看来，也是不可靠的，我敢断定它是伪的。在夏禹时，中国难道竟有这般大的土地么？四部书里边的经、史、子三种，大多是不可靠的。我们总要有疑古的态度才好！

（三）系统的研究。古时的书籍，没有一部书是"著"的。中国的书籍虽多，但有系统的著作，竟找不到十部。我们研究无论什么书籍，都宜要寻出它的脉络，研究它的系统。所以我们无论研究什么东西，就须从历史方面着手。要研究文学和哲学，就得先研究文学史和哲学史。政治亦然。研究社会制度，亦宜先研究其制度沿革史，寻出因果的关系，前后的关键，要从没有系统的文学、哲学、政治等里边，去寻出系统来。

有人说，中国几千年来没有进步，这话荒谬得很，足妨害我们研究的兴趣。更有一外国人，著了一部世界史，说中国自从唐代以后，就没有进步了，这也不对。我们定要去打破这种思想的。总之，我们是要从从前没有系统的文学、哲学、政治里边，以客观的态度去寻出系统来的。

（四）整理。整理国故，能使后人研究起来不感受痛苦。整理国故的目的，就是要使从前少数人懂得的，现在变为人人能解的。整理的条件，可分形式、内容二方面讲：

（一）形式方面，加上标点和符号，替它分开段落来。

（二）内容方面，加上新的注解，折中旧有的注解。并且加上新的序跋和考证，还要讲明书的历史和价值。

我们研究国故，非但为学识起见，并为诸君起见，更为诸君的兄弟姊妹起见。国故的研究，于教育上实有很大的需要。我们虽不能做创造者，我们亦当作运输人——这是我们的责任，这种人是不可少的。

第四章
对传统典籍的考据～

谈谈《诗经》

这是民国十四年九月在武昌大学讲演的大意，曾经刘大杰君笔记，登在《艺林旬刊》（《晨报副刊》之一）第二十期发表；又收在艺林社《文学论集》。笔记颇有许多大错误。现在我修改了一遍，送给顾颉刚先生发表在《古史辨》里。

《诗经》在中国文学上的位置，谁也知道，它是世界上最古的有价值的文学的一部，这是全世界公认的。

《诗经》有十三国的国风，只没有《楚风》。在表面上看来，湖北这个地方，在《诗经》里，似乎不能占一个位置。但近来一般学者的主张，《诗经》里面是有《楚风》的，不过没有把它叫作《楚风》，叫它作《周南》、《召南》罢了。所以我们可以说：《周南》、《召南》就是《诗经》里面的《楚风》。

我们说《周南》、《召南》就是《楚风》，这有什么证据呢？这是有证据的。我们试看看《周南》、《召南》，就可以找着许多提及江水、汉水、汝水的地方。像"汉之广矣"，"江之永矣"，"遵彼汝坟"这类的句子，想大家都是记得的。汉水、江水、汝水流域不是后来所谓"楚"的疆域吗？所以我们可以说《周南》、《召南》大半是《诗经》里面的《楚风》了。

《诗经》既有《楚风》，我们在这里谈《诗经》，也就是欣赏"本地风光"。

我觉得用新的科学方法来研究古代的东西，确能得着很有趣味的效果。一字的古音，一字的古义，都应该拿正当的方法去研究的。在今日研究古书，方法最要紧；同样的方法可以收同样的效果。我今天讲《诗经》，也是贡献一点我个人研究古书的方法。在我未讲研究《诗经》的方法以前，先讲讲对于《诗经》的几个基本的概念。

（一）《诗经》不是一部经典。从前的人把这部《诗经》都看得非常神圣，说它是一部经典，我们现在要打破这个观念；假如这个观念不能打破，《诗经》简直可以不研究了。因为《诗经》并不是一部圣经，确实是一部古代歌谣的总集，可以做社会史的材料，可以做政治史的材料，可以做文化史的材料。万不可说它是一部神圣经典。

（二）孔子并没有删《诗》，"诗三百篇"本是一个成语。从前的人都说孔子删《诗》、《书》，说孔子把《诗经》删去十分之九，只留下十分之一。照这样看起来，原有的诗应该是三千首。这个话是不对的。唐朝的孔颖达也说孔子的删《诗》是一件不可靠的事体。假如原有三千首诗，真的删去了二千七百首，那在《左传》及其他的古书里面所引的诗应该有许多是三百篇以外的，但是古书里面所引的诗不是三百篇以内的虽说有几首，却少得非常。大概前人说孔子删《诗》的话是不可相信的了。

（三）《诗经》不是一个时代辑成的。《诗经》里面的诗是慢慢地收集起来，成现在这么样的一本集子。最古的是《周颂》，次古的是《大雅》，再迟一点的是《小雅》，最迟的就是《商颂》、《鲁颂》、《国风》了。《大雅》、《小雅》里有一部分是当时的卿大夫作的，有几首并有作者的主名，《大雅》收集在前，《小雅》收集在后。《国风》是各地散传的歌谣，由古人收集起来的。这些歌谣产生的时候大概很古，但收集的时候却很晚了。我们研究《诗经》里面的文法和内容，可以说那《诗经》里面包含的时期约在六七百年的上下。所以我们应该知道，《诗经》不是哪一个人辑的，也不是哪一个人作的。

（四）《诗经》的解释。《诗经》到了汉朝，真变成了一部经典。《诗经》里面描写的那些男女恋爱的事体，在那班道学先生看起来，似乎不大雅观，于是对于这些自然的有生命的文学不得不另加种种附会的解释。所以汉朝的齐、鲁、韩三家对于《诗经》都加上许多的附会，讲得非常的神秘。明是一首男女的恋歌，他们故意说是歌颂谁，讽刺谁的。《诗经》到了这个时代，简直变成了一部神圣的经典了。这种事情，中外大概都是相同的，像那本《旧约全书》的里面，也含有许多的诗歌和男女恋爱的故事，但在欧洲中古时代也曾被教会的学者加上许多迂腐穿凿的解说，使它们不违背中古神学。后起的《毛诗》对于《诗经》的解释又把从前的都推翻了，另找了一些历史上的——《左传》里面的事情——证据，来作一种新的解释。

《毛诗》研究《诗经》的见解比齐、鲁、韩三家确实是要高明一点，所以《毛诗》渐渐打倒了三家诗，成为独霸的权威。我们现在读的还是《毛诗》。到了东汉，郑康成读《诗》的见解比毛公又要高明。所以到了唐朝，大凡研究《诗经》的人都是拿《毛传》、《郑笺》做底子。到了宋朝，出了郑樵和朱子，他们研究《诗经》，又打破毛公的附会，由他们自己作解释。他们这种态度，比唐朝又不同一点，另外成了一种宋代说《诗》的风气。清朝讲学的人都是崇拜汉学，反对宋学的，他们对于考据训诂是有特别的研究，但是没有什么特殊的见解。他们以为宋学是不及汉学的，因为汉在一千七八百年以前，宋只在七八百年以前。殊不知汉人的思想比宋人的确要迂腐得多呢！但在那个时候研究《诗经》的人，确实出了几个比汉、宋都要高明的，如著《诗经通论》的姚际恒，著《读风偶识》的崔述，著《诗经原始》的方玉润，他们都大胆地推翻汉、宋的腐旧的见解，研究《诗经》里面的字句和内容。照这样看起来，两千年来《诗经》的研究实是一代比一代进步的了。

《诗经》的研究，虽说是进步的，但是都不彻底，大半是推翻这部；附会那部；推翻那部，附会这部。我看对于《诗经》的研究想要彻底地改革，恐怕还在我们呢！我们应该拿起我们的新的眼光，好的方法，多的材料，去大胆地细心地研究；我相信我们研究的效果比前人又可圆满一点了。这是我们应取的态度，也是我们应尽的责任。

上面把我对于《诗经》的概念说了一个大概，现在要谈到《诗经》具体的研究了。研究《诗经》大约不外下面这两条路：

第一，训诂。用小心的精密的科学的方法，来做一种新的训诂功夫，对于《诗经》的文字和文法上都重新下注解。

第二，解题。大胆地推翻两千年来积下来的附会的见解；完全用社会学的、历史的、文学的眼光重新给每一首诗下个解释。

所以我们研究《诗经》，关于一句一字，都要用小心的科学的方法去研究；关于一首诗的用意，要大胆地推翻前人的附会，自己有一种新的见解。

现在让我先讲了方法，再来讲到训诂吧。清朝的学者最注意训诂，如戴震、胡承珙、陈奂、马瑞辰，等等，凡他们关于《诗经》的训诂著作，我们都应该看的。戴震有两个高足弟子，一是金坛段玉裁，一是高邮王念孙及其子引之，都有很重要的著作，可为我们参考的。如段注《说文解字》，念孙所作《读书杂志》、《广雅疏证》等；尤其是引之所作的《经义述闻》、《经传释词》，对于《诗经》更有很深的见解，方法亦比较要算周密得多。

前人研究《诗经》都不讲文法，说来说去，终得不着一个切实而明了的解释，并且越讲越把本义搅昏昧了。清代的学者，对于文法就晓得用比较归纳的方法来研究。

如"终风且暴"，前人注是——终风，终日风也。但清代王念孙父子把"终风且暴"来比较"终温且惠"，"终窭且贫"，就可知"终"字应当作"既"字解。有了这一个方法，自然我们无论碰到何种困难地方，只要把它归纳比较起来，就一目了然了。

《诗经》中常用的"言"字是很难解的。汉人解作"我"字，自是不通的。王念孙父子知道"言"字是语词，却也说不出它的文法作用来。我也曾应用这个比较归纳的方法，把《诗经》中含有"言"字的句子抄集起来，便知"言"字究竟是如何的用法了。

我们试看：

彤弓诏兮，受言藏之。

驾言出游。

陟彼南山，言采其蕨。

这些例里，"言"字皆用在两个动词之间。"受而藏之"，"驾而出游"……岂不很明白清楚？（看我的《诗三百篇言字解》，十三版《胡适文存》，页三三五～三四〇）苏东坡有一首《日日出东门》诗，上文说"步寻东城游"，下文又说"驾言写我忧"。他错看了《诗经》"驾言出游，以写我忧"的"驾言"二字，以为"驾言"只是一种语助词。所以章子厚笑他说："前步而后驾，何其上下纷纷也！"

上面是把虚字当作代名词的。再有把地名当作动词的，如"胥"本来是一个地名。古人解为"胥，相也"，这也是错了。我且举几个例来证明。《大雅·笃公刘》一篇有"于胥斯原"一句，《毛传》说："胥，相也。"《郑笺》说："相此原地以居民。"但我们细看此诗共分三大段，写公刘经营的三个地方，三个地方的写法是一致的：

（1）于胥斯原。

（2）于京斯依。

（3）于豳斯馆。

我们比较这三句的文法，就可以明白，"胥"是一个地方的名称，假使有今日的标点符号，只要打一个"——"儿就明白了。《绵》篇中说太王"爰及姜女，聿来胥宇"，也是这个地方。

还有那个"于"字在《诗经》里面，更是一个很发生问题的东西。汉人也把它解错了，他们解为"于，往也"。例如《周南·桃夭》的"之子于归"，他们误解为"之子往归"。这样一解，已经太牵强了，但还勉强解得过去；若把它和别的句子比较起来解释，如《周南·葛覃》的"黄鸟于飞"解为"黄鸟往飞"，《大雅·卷阿》的"凤凰于飞"解为"凤凰往飞"，《邶风·燕燕》的"燕燕于飞"解为"燕燕往飞"，这不是不通吗？那末，究竟要怎样解释才对呢？我可以说，"于"字等于"焉"字，作"于是"解。"焉"字用在内动词的后面，作"于是"解，这是人人可懂的。但在上古文法里，这种文法是倒装的。"归焉"成了"于归"；"飞焉"成了"于飞"。"黄鸟于飞"解为"黄鸟在那儿飞"，"凤凰于飞"解为"凤凰在那儿飞"，"燕燕于飞"解为"燕燕在那儿飞"，这样一解就可通了。

我们谁都认得"以"字。但这"以"字也有问题。如《召南·采蘩》说：

于以采蘩？于沼于沚。于以用之？公侯之事。

于以采蘩？于涧之中。于以用之？公侯之宫。

这些句法明明是上一句问，下一句答。"于以"即是"在那儿？""以"字等于"何"字。（这个"以"字解为"那儿？"我的朋友杨遇夫先生有详说。）

在那儿采蘩呢？在沼在沚。又在那儿用呢？用在公侯之事。

在那儿采蘩呢？在涧之中。又在那儿用呢？用在公侯之宫。

像这样解释的时候，谁也说是通顺的了。又如《邶风·击鼓》"于以求之？于林之下"，解为"在那儿去求呢？在林之下"。所以"于以求之"的下面，只要标一个问号"？"，就一目了然了。

《诗经》中的"维"字，也很费解。这个"维"字，在《诗经》里面约有二百多个。从前的人都把它解错了。我觉得这个"维"字有好几种用法。最普通的一种是应作"呵，呀"的感叹词解。老子《道德经》也说"唯之与阿，相去几何?"可见"唯"、"维"本来与"阿"相近。如《召南·鹊巢》的:"维鹊有巢,维鸠居之。维鹊有巢,维鸠方之。"若拿"呵"字来解释这一个"维"字,那就是"呵,鹊有巢!呵,鸠去住了!"此外的例,如"维此文王"即是"呵,这文王!""维此王季"即是"呵,这王季!"你们记得人家读祭文,开首总是"维,'中华民国'十有四年"。"维"字应顿一顿,解作"呵"字。

我希望大家对于《诗经》的文法细心地做一番精密的研究,要一字一句地把它归纳和比较起来,才能领略《诗经》里面真正的意义。清朝的学者费了不少的时间,终究得不着圆满的结果,也就是因为他们缺少文法上的知识和虚字的研究。

上面已把研究《诗经》训诂的方法约略谈过,现在要谈到《诗经》每首诗的用意如何,应怎样解释才对,便到第二条路所谓解题了。

这一部《诗经》已经被前人闹得乌烟瘴气,莫名其妙了。诗是人的性情的自然表现,心有所感,要怎样写就怎样写,所谓"诗言志"是。《诗经·国风》多是男女感情的描写,一般经学家多把这种普遍真挚的作品勉强拿来安到什么文王、武王的历史上去;一部活泼泼的文学因为他们这种牵强的解释,便把它的真意完全失掉,这是很可痛惜的!譬如《郑风》二十一篇,有四分之三是爱情诗,《毛诗》却认《郑风》与男女问题有关的诗只有五六篇,如《鸡鸣》、《野有蔓草》等。说来倒是我的同乡朱子高明多了,他已认《郑风》多是男女相悦淫奔的诗,但他亦多荒谬。《关雎》明明是男性思恋女性不得的诗,他却在《诗集传》里说什么"文王生有圣德,又得圣女姒氏以为之配",把这首情感真挚的诗解得僵直不成样了。

好多人说《关雎》是新婚诗,亦不对。《关雎》完全是一首求爱诗,他求之不得,便寤寐思服,辗转反侧,这是描写他的相思苦情;他用了种种勾引女子的手段,友以琴瑟,乐以钟鼓,这完全是初民时代的社会风俗,并没有什么希奇。意大利、西班牙有几个地方,至今男子在女子的窗下弹琴唱歌,取欢于女子。至今中国的苗民还保存这种风俗。

《野有死麕》的诗,也同样是男子勾引女子的诗。初民社会的女子多喜欢男子有力能打野兽,故第一章:"野有死麕,白茅包之。"写出男子打死野麕,包以献女子的情形。"有女怀春,吉士诱之。"便写出他的用意了。此种求婚献野兽的风俗,至今有许多地方还保存着。

《嘒彼小星》一诗,好像是写妓女生活的最古记载。我们试看《老残游记》,可见黄河流域的妓女送铺盖上店陪客人的情形。再看原文:

嘒彼小星，三五在东。肃肃宵征，夙夜在公。实命不同。

嘒彼小星，维参与昴。肃肃宵征，抱衾与裯。实命不犹。

我们看她抱衾裯以宵征，就可知道她的职业生活了。

《芣苢》诗没有多深的意思，是一首民歌，我们读了可以想见一群女子，当着光天丽日之下，在旷野中采芣苢，一边采，一边歌。看原文：

采采芣苢，薄言采之。采采芣苢，薄言有之。

采采芣苢，薄言掇之。采采芣苢，薄言捋之。

采采芣苢，薄言袺之。采采芣苢，薄言襭之。

《著》诗，是一个新婚女子出来的时候叫男子暂候，看看她自己装饰好了没有，显出了一种很艳丽细腻的情景。原文：

俟我于著乎而？充耳以素乎而？尚之以琼华乎而？

俟我于堂乎而？充耳以黄乎而？尚之以琼英乎而？

我们试曼声读这些诗，是何等情景？唐代朱庆余《上张水部》有一首诗，妙有这种情致。诗云：

洞房昨夜停红烛，

待晓堂前拜舅姑。

妆罢低声问夫婿，

"画眉深浅入时无？"

你们想想，这两篇诗的情景是不是很相像。

总而言之，你要懂得《诗经》的文字和文法，必须要用归纳比较的方法。你要懂得三百篇中每一首的题旨，必须撇开一切《毛传》、《郑笺》、《朱注》，等等，自己去细细涵咏原文。但你必须多备一些参考比较的材料：你必须多研究民俗学、社会学、文学、史学。你的比较材料越多，你就会觉得《诗经》越有趣味了。

▍读《楚辞》

十年六月，洪熙、思永们的读书会要我讲演，我讲的是我关于《楚辞》的意见。后来记在《日记》里，现在整理出来，作为一篇读书记。我很盼望国中研究

《楚辞》的人平心考察我的意见，修正它或反证它。总期使这部久被埋没、久被"酸化"的古文学名著，能渐渐的从乌烟瘴气里钻出来，在文学界里重新占一个不依傍名教的位置。

一、屈原是谁

屈原是谁？这个问题是没有人发问过的。我现在不但要问屈原是什么人，并且要问屈原这个人究竟有没有。为什么我要疑心呢，因为：

第一，《史记》本来不很可靠，而屈原、贾生列传尤其不可靠。

（子）传末有云："及孝文崩，孝武皇帝立，举贾生之孙二人至郡守，而贾嘉最好学，世其家，与余通书，至孝昭时，列为九卿。"司马迁何能知孝昭的谥法？一可疑。孝文之后为景帝，如何可说"及孝文崩，孝武皇帝立"？二可疑。

（丑）《屈原传》叙事不明。先说："王怒而疏屈平。"次说："屈平既疏，不复在位，使于齐，顾反谏怀王曰：'何不杀张仪？'怀王悔，追张仪不及。"又说："怀王欲行，屈平曰：'秦虎狼之国，不可信，不如毋行。'"又说："顷襄王立，以其弟子兰为令尹。楚人既咎子兰以劝怀王入秦而不反也，屈平既嫉之，虽放流，眷顾楚国，系心怀王，不忘欲反。"又说："令尹子兰闻之大怒，卒使上官大夫短屈原于顷襄王，王怒而迁之。屈原至于江滨，被发行吟泽畔。"既"疏"了，既"不复在位"了，又"使于齐"，又"谏"重大的事，一大可疑。前面并不曾说"放流"，出使于齐的人，又能谏大事的人，自然不曾被"放流"，而下面忽说"虽放流"，忽说"迁之"，二大可疑。"秦虎狼之国，不可信"二句，依《楚世家》，是昭睢谏的话。"何不杀张仪"一段，《张仪传》无此语，亦无"怀王悔，追张仪不及"等事，三大可疑。怀王拿来换张仪的地，此传说是"秦割汉中地"。《张仪传》说是"秦欲得黔中地"，《楚世家》说是"秦分汉中之半"。究竟是汉中还是黔中呢？四大可疑。前称屈平，而后半忽称屈原，五大可疑。

第二，传说的屈原，若真有其人，必不曾生在秦汉以前。

（子）"屈原"明明是一个理想的忠臣，但这种忠臣在汉以前是不会发生的，因为战国时代不会有这种奇怪的君臣观念。我这个见解，虽然很空泛，但我想很可以成立。

（丑）传说的屈原是根据于一种"儒教化"的《楚辞》解释的。但我们知道这种"儒教化"的古书解是汉人的拿手戏，只有那笨陋的汉朝学究能干这件笨事！

依我看来，屈原是一种复合物，是一种"箭垛式"的人物，与黄帝、周公同类，与希腊的荷马同类。怎样叫作"箭垛式"的人物呢？古代有许多东西是一班无名的小百姓发明的，但后人感恩图报，或是为便利起见，往往把许多发明都记到一两个有名的人物的功德簿上去。最古的，都说是黄帝发明的。中古的，都说是周公发明的。怪不得周公要一饭三吐哺，一沐三握发了！那一小部分的南方文学，也就归到屈原、宋玉（宋玉也是一个假名）几个人身上去。譬如诸葛亮借箭时用的草人，可以收到无数箭，故我叫他们作"箭垛"。

我想，屈原也许是二十五篇《楚辞》之中的一部分的作者，后来渐渐被人认作这二十五篇全部的作者。但这时候，屈原还不过是一个文学的箭垛。后来汉朝的老学究把那时代的"君臣大义"读到《楚辞》里去，就把屈原用作忠臣的代表，从此屈原就又成了一个伦理的箭垛了。

大概楚怀王入秦不返，是南方民族的一件伤心的事。故当时有"楚虽三户，亡秦必楚"的歌谣。后来亡秦的义兵终起于南方，而项氏起兵时竟用楚怀王的招牌来号召人心，当时必有楚怀王的故事或神话流传民间，屈原大概也是这种故事的一部分。在那个故事里，楚怀王是正角，屈原大概是配角——郑袖唱花旦，靳尚唱小丑——但秦亡之后，楚怀王的神话渐渐失其作用了，渐渐消灭了，于是那个原来做配角的屈原反变成正角了。后来这一部分的故事流传久了，竟仿佛真有其事，故刘向《说苑》也载此事，而补《史记》的人也七拼八凑地把这个故事塞进《史记》去。补《史记》的人很多，最晚的有王莽时代的人，故《司马相如列传》后能引扬雄的话；《屈原贾生列传》当是宣帝时人补的，那时离秦亡之时已一百五十年了，这个理想的忠臣故事久已成立了。

二、《楚辞》是什么

我们现在可以断定《楚辞》的前二十五篇决不是一个人作的。那二十五篇是：

《离骚》一、《九歌》九、《天问》一、《九章》九、《远游》一、《卜居》一、《渔父》一、《招魂》一、《大招》一。

这二十五篇之中，《天问》文理不通，见解卑陋，全无文学价值，我们可断定此篇为后人杂凑起来的。《卜居》、《渔父》为有主名的著作，见解与技术都可代表一个《楚辞》进步已高的时期。《招魂》用"些"，《大招》用"只"，皆是变体。《大招》似是模仿《招魂》的。《招魂》若是宋玉作的，《大招》决非屈原作的。《九歌》与屈原的传说绝无关系。细看内容，这九篇大概是最古之作，是当时湘江民族的舞歌。剩下的，只有《离骚》、《九章》与《远游》了。依我看来，《远游》是模仿《离骚》作的；《九章》也是模仿《离骚》作的。《九章》中，《怀沙》载在《史记》，《哀郢》之名见于《屈贾传论》，大概汉昭宣帝时尚无《九章》之总名。《九章》中，也许有稍古的，也许有晚出的伪作。我们若不愿完全丢弃屈原的传说，或者可以认《离骚》为屈原作的，《九章》中，至多只能有一部分是屈原作的。《远游》全是晚出的仿作。

我们可以把上述意见，按照时代的先后，列表如下：

(1) 最古的南方民族文学 《九歌》

(2) 稍晚——屈原（?）《离骚》、《九章》的一部分（?）

(3) 屈原同时或稍后 《招魂》

(4) 稍后——楚亡后 《卜居》、《渔父》

(5) 汉人作的 《大招》、《远游》、《九章》的一部分、《天问》

三、《楚辞》的注家

《楚辞》注家分汉、宋两大派。汉儒最迂腐，眼光最低，知识最陋，他们把一部《诗经》都罩上乌烟瘴气了。一首"关关雎鸠"明明是写相思的诗，他们偏要说是刺周康王后的，又说是美后妃之德的！所以他们把一部《楚辞》也"酸化"了。

这一派自王逸直到洪兴祖，都承认那"屈原的传说"，处处把美人香草都解作忠君忧国的话，正如汉人把《诗》三百篇都解作腐儒的美刺一样！宋派自朱熹以后，颇能渐渐推翻那种头巾气的注解。朱子的《楚辞集注》虽不能抛开屈原的传说，但他于《九歌》确能别出新见解。《九歌》中，《湘夫人》、《少司命》、《东君》、《国殇》、《礼魂》各篇的注与序里皆无一字提到屈原的传说；其余四篇，虽偶然提及，但朱注确能打破旧说的大部分，已很不易得了。

我们应该从朱子入手，参看各家的说法，然后比朱子更进一步，打破一切迷信的传说，创造一种新的《楚辞》解。

四、《楚辞》的文学价值

我们须要认明白，屈原的传说不推翻，则《楚辞》只是一部忠臣教科书，但不是文学。如《湘夫人》歌："袅袅兮秋风，洞庭波兮木叶下"，本是白描的好文学，却被旧注家加上"言君政急则众民愁而贤者伤矣"（王逸），"喻小人用事则君子弃逐"（五臣）等荒谬的理学话，便不见它的文学趣味了。又如：

> 捐余袂兮江中，遗余褋兮醴浦，搴汀洲兮杜若，将以遗兮远者。

这四句何等美丽！注家却说：

> 屈原托与湘夫人，共邻而处，舜复迎之而去，穷困无所依，故欲捐弃衣物，裸身而行，将适九夷也。远者谓高贤隐士也。言己虽欲之九夷绝域之外，犹求高贤之士，平洲香草以遗之，与共修道德也。（王逸）

或说：

> 袂褋皆事神所用，今夫人既去，君复背己，无所用也，故弃遗之。……杜若以喻诚信；远者，神及君也。（五臣）

或说：

> 既诒湘夫人以袂褋，又遗远者以杜若，好贤不已也。（洪兴祖）

这样说来说去，还有文学的趣味吗？故我们必须推翻屈原的传说，打破一切村学究的旧注，从《楚辞》本身上去寻出它的文学兴味来，然后《楚辞》的文学价值可以有恢复的希望。

《红楼梦》考证（改定稿）

一

《红楼梦》的考证是不容易做的，一来因为材料太少，二来因为向来研究这部书的人都走错了道路。他们怎样走错了道路呢？他们不去搜求那些可以考定《红楼梦》的著者，时代，版本，等等的材料，却去收罗许多不相干的零碎史事来附会《红楼梦》里的情节。他们并不曾做《红楼梦》的考证，其实只做了许多《红楼梦》的附会！这种附会的"红学"又可分作几派：

第一派说《红楼梦》"全为清世祖与董鄂妃而作，兼及当时的诸名王奇女。"

他们说董鄂妃即是秦淮名妓董小宛，本是当时名士冒辟疆的妾，后来被清兵夺去，送到北京，得了清世祖的宠爱，封为贵妃。后来董妃夭死，清世祖哀痛得很，遂跑到五台山去做和尚去了。依这一派的话，冒辟疆与他的朋友们说的董小宛之死，都是假的；清史上说的清世祖在位十八年而死，也是假的。

这一派说《红楼梦》里的贾宝玉即是清世祖，林黛玉即是董妃。

世祖临宇十八年，宝玉便十九岁出家；世祖自肇祖以来为第七代，宝玉便言"一子成佛，七祖升天"，又恰中第七名举人；世祖谥"章"，宝玉便谥"文妙"，文章两字可暗射。""小宛名白，故黛玉名黛，粉白黛绿之意也。小宛是苏州人，黛玉也是苏州人；小宛在如皋，黛玉亦在扬州。小宛来自盐官，黛玉来自巡盐御史之署。小宛入宫，年已二十有七；黛玉入京，年只十三余，恰得小宛之半。……小宛游金山时，人以为江妃踏波而上，故黛玉号"潇湘妃子"，实从"江妃"二字得来。（以上引的话均见王梦阮先生的《〈红楼梦〉索隐》的提要。）

这一派的代表是王梦阮先生的《〈红楼梦〉索隐》。这一派的根本错误已被孟莼荪先生的《董小宛考》（附在蔡子民先生的《〈石头记〉索隐》之后，页一三一以下）用精密的方法一一证明了。孟先生在这篇《董小宛考》里证明董小宛生于明天启四年甲子，故清世祖生时，小宛已十五岁了；顺治元年，世祖方七岁，小宛已二十一岁了；顺治八年正月二日，小宛死，年二十八岁，而清世祖那时还是一个十四岁的小孩子。小宛比清世祖年长一倍，断无入宫邀宠之理。孟先生引据了许多书，按年分别，证据非常完备，方法也很细密。那种无稽的附会，如何当得起孟先生的摧破呢？例如《〈红楼梦〉索隐》说：

渔洋山人题冒辟疆妾圆玉、女罗画三首之二末句云"洛川森森神人隔，空费陈王八斗才"，亦为小宛而作。圆玉者，琬也；玉旁加以宛转之义，故曰圆玉。女罗，罗敷女也。均有深意。神人之隔，又与死别不同矣。（提要页一二）

……《〈红楼梦〉索隐》一书，有了《董小宛考》的辨正，我本可以不再批评它了。但这书中还有许多绝无道理的附会，孟先生都不及指摘出来。如它说：

曹雪芹为世家子，其成书当在乾嘉时代。书中明言南巡四次，是指高宗时事，在嘉庆时所作可知。……意者此书但经雪芹修改，当初创造另自有人。……揣其成书亦当在康熙中叶。……至乾隆朝，事多忌讳，档案类多修改。《红楼》一书，内廷索阅，将为禁本，雪芹先生势不得已，乃为一再修订，俾愈隐而愈不失其真。"（提要页五～六。）

但他在第十六回凤姐提起南巡接驾一段话的下面，又注道：

此作者自言也。圣祖二次南巡，即驻跸雪芹之父曹寅盐署中，雪芹以童年召对，故有此笔。

下面赵嬷嬷说甄家接驾四次一段的下面，又注道：

圣祖南巡四次，此言接驾四次，特明为乾隆时事。

我们看这三段"索隐"，可以看出许多错误。

（1）第十六回明说二三十年前"太祖皇帝"南巡时的几次接驾，赵嬷嬷年长，故"亲眼看见"，我们如何能指定前者为康熙时的南巡而后者为乾隆时的南巡呢？

（2）康熙帝二次南巡在二十八年（西历 1689 年），到四十三年曹寅才做两淮盐御史。《索隐》说康熙帝二次南巡驻跸曹寅盐院署，是错的。

（3）《索隐》说康熙帝二次南巡时，"曹雪芹以童年召对"，又说雪芹成书在嘉庆时。嘉庆元年（西历 1796 年）上距康熙二十八年，已隔百零七年了。曹雪芹成书时，他可不是一百二三十岁了吗？

（4）《索隐》说《红楼梦》成书在乾嘉时代，又说是在嘉庆时所作，这一说最谬。《红楼梦》在乾隆时已风行，有当时版本可证（详考见后文。）。况且袁枚在《随园诗话》里曾提起曹雪芹的《红楼梦》。袁枚死于嘉庆二年，诗话之作更早的多，如何能提到嘉庆时所作的《红楼梦》呢？

第二派说《红楼梦》是清康熙朝的政治小说。这一派可用蔡子民先生的《〈石头记〉索隐》作代表。蔡先生说：

《石头记》……作者持民族主义甚挚。书中本事在吊明之亡，揭清之失，而尤于汉族名士仕清者寓痛惜之意。当时既虑触文网，又欲别开生面，特于本事之上，加以数层障幂，使读者有"横看成岭侧成峰"之状况。（《〈石头记〉索隐》页一。）书中"红"字多隐"朱"字。朱者，明也，汉也。宝玉有"爱红"之癖，言以满人而爱汉族文化也；好吃人口上胭脂，言拾汉人唾余也。……当时清帝虽躬修文学，且创开博学鸿词科，实专以笼络汉人，初不愿满人渐染汉俗，其后雍、乾诸朝亦时时申诫之。故第十九回袭人劝宝玉道："再不许吃人嘴上擦的胭脂了，与那爱红的毛病儿。"又黛玉见宝玉腮上血渍，询知为淘澄胭脂膏子所溅，谓为"带出幌子，吹到舅舅耳里，又大家不干净惹气"，皆此意。宝玉在大观园中所居曰怡红院，即爱红之义。所谓曹雪芹于悼红轩中增删本书，则吊明之义也。……（页三～四。）

书中女子多指汉人，男子多指满人。不但"女子是水作的骨肉，男人是泥作的骨肉"与"汉"字"满"字有关系也；我国古代哲学以阴阳二字说明一切对待之事物，《易·坤卦象传》曰："地道也，妻道也，臣道也。"是以夫妻君臣分配于阴阳也，《石头记》即用其义。第三十一回……翠缕说："知道了！姑娘（史湘云）是阳，我就是阴。……人家说主子为阳，奴才为阴。我连这个大道理也不懂得！"……清制，对于君主，满人自称奴才，汉人自称臣。臣与奴才，并无二义。以民族之对待言之，征服者为主，被征服者为奴。本书以男女影满、汉，以此。（页九～十）。

这些是蔡先生的根本主张。

……

蔡先生这部书的方法是：每举一人，必先举他的事实，然后引《红楼梦》中情节来配合。我这篇文里，篇幅有限，不能表示他的引书之多和用心之勤，这是我很抱歉的。但我总觉得蔡先生这么多的心力都是白白地浪费了，因为我总觉得他这部书到底还只是一种很牵强的附会。我记得从前有个灯谜，用杜诗"无边落木萧萧下"来打一个"日"字。

这个谜，除了做谜的人自己，是没有人猜得中的。因为做谜的人先想着南北朝的齐和梁两朝都是姓萧的；其次，把"萧萧下"的"萧萧"解作两个姓萧的朝代；其次，二萧的下面是那姓陈的陈朝。想着了"陈"字，然后把偏旁去掉（无边）；再把"东（繁体）"字里的"木"字去掉（落木），剩下的"日"字，才是谜底！你若不能绕这许多弯子，休想猜谜！

假使作《红楼梦》的人当日真个用王熙凤来影余国柱，真个想着"王即柱字偏旁之省，国（繁体）字俗写作国，故熙凤之夫曰琏，言二王字相连也"——假使他真如此思想，他岂不真成了一个大笨伯了吗？他费了那么大气力，到底只做了"国"字和"柱"字的一小部分；还有这两个字的其余部分和那最重要的"余"字，都不曾做到"谜面"里去！这样做的谜可不是笨谜吗？用麒麟来影"其年"的其，"迦陵"的陵；用三姑娘来影"乾学"的乾，假使真有这种影射法，都是同样的笨谜！假使一部《红楼梦》真是一串这样的笨谜，那就真不值得猜了。

我且再举一条例来说明这种"索隐"（猜谜）法的无益。蔡先生引蒯若木先生的话，说刘姥姥即是汤潜庵：

潜庵受业于孙夏峰（孙奇逢，清初的理学家），凡十年。夏峰之学本以象山（陆九渊）、阳明（王守仁）为宗。《石头记》，"刘姥姥之女婿曰王狗儿，狗儿之父曰王成。其祖上曾与凤姐之祖、王夫人之父认识，因贪王家势利，便连了宗"，似指此。

其实《红楼梦》里的王家既不是专指王阳明的学派，此处似不应该忽然用王家代表王学。况且从汤斌想到孙奇逢，从孙奇逢想到王阳明学派，再从王阳明学派想到王夫人一家，又从王家想到王狗儿的祖上，又从王狗儿转到他的丈母刘姥姥，——这个谜可不是比那"无边落木萧萧下"的谜还更难猜吗？

蔡先生又说《石头记》第三十九回刘姥姥说的"抽柴"一段故事是影汤斌毁五通祠的事；刘姥姥的外孙板儿影的是汤斌买的一部《廿一史》；他的外孙女青儿影的是汤斌每天吃的韭菜！这种附会已是很滑稽的了。最妙的是第六回凤姐给刘姥姥二十两银子，蔡先生说这是影汤斌死后徐乾学赙送的二十金；又第四十二回凤姐又送姥姥八两银子，蔡先生说这是影汤斌死后惟遗俸银八两。这八两有了下落了，那二十两也有了下落了；但第四十二回王夫人还送了刘姥姥两包银子，每包五十两，共是一百两，这一百两可就没有下落了！因为汤斌一生的事实没有一件可恰合这一百两银子的，所以这一百两虽然比那二十八两更重要，到底没有"索隐"的价值！这种完全任意地去取，实在没有道理，故我说蔡先生的《〈石头记〉索隐》也还是一种很牵强的附会。

第三派的《红楼梦》附会家，虽然略有小小的不同，大致都主张《红楼梦》记的是纳兰成德的事。成德后改名性德，字容若，是康熙朝宰相明珠的儿子。陈康祺的《郎潜纪闻二笔》（即《燕下乡脞录》）卷五说：

先师徐柳泉先生云："小说《红楼梦》一书即记故相明珠家事；金钗十二，皆纳兰侍卫（成德官侍卫）所奉为上客者也。宝钗影高澹人，妙玉即影西溟（姜宸英）。……"徐先生言之甚详，惜余不尽记忆。

又俞樾的《小浮梅闲话》（《曲园杂纂》卷三十八）说：

《红楼梦》一书，世传为明珠之子而作。……明珠子名成德，字容若。《通志堂经解》每一种有纳兰成德容若序，即其人也。恭读乾隆五十一年二月二十九日上谕："成德于康熙十一年壬子科中式举人，十二年癸丑科中式进士，年甫十六岁。"（适按此谕不见于《东华录》。但载于《通志堂经解》之首。）然则其中举人止十五岁，于书中所述颇合也。

钱静方先生的《红楼梦考》（附在《〈石头记〉索隐》之后，页一二一～一三〇）也颇有赞成这种主张的倾向。钱先生说：

> 是书力写宝、黛痴情。黛玉不知所指何人。宝玉固全书之主人翁，即纳兰侍御也。使侍御而非深于情者，则焉得有此情影？余读《饮水词抄》，不独于宾从间得听合之欢，而尤于闺房内致缠绵之意。即黛玉葬花一段，亦从其词中脱卸而出。是黛玉虽影他人，亦实影侍御之德配也。

这一派的主张，依我看来，也没有可靠的根据，也只是一种很牵强的附会。

（1）纳兰成德生于顺治十一年（西历 1654 年），死于康熙二十四年（1685年），年三十一岁。他死时，他的父亲明珠正在极盛的时代（大学士加太子太傅，不久又晋太子太师。）我们如何可说那眼见贾府兴亡的宝玉是指他呢？

（2）俞樾引乾隆五十一年上谕说成德中举人时止十五岁，其实连那上谕都是错的。成德生于顺治十一年；康熙壬子，他中举人时，年十八；明年癸丑，他中进士，年十九。徐乾学作的《墓志铭》与韩菼作的《神道碑》，都如此说。乾隆帝因为硬要否认《通志堂经解》的许多序是成德作的，故说他中进士时年止十六岁。（也许成德应试时故意减少三岁，而乾隆帝但依据履历上的年岁。）无论如何，我们不可用宝玉中举的年岁来附会成德。若宝玉中举的年岁可以附会成德，我们也可以用成德中进士和殿试的年岁来证明宝玉不是成德了！

（3）至于钱先生说的纳兰成德的夫人即是黛玉，似乎更不能成立。成德原配卢氏，为两广总督兴祖之女，续配官氏，生二子一女。卢氏早死，故《饮水词》中有几首悼亡的词。钱先生引他的悼亡词来附会黛玉，其实这种悼亡的诗词，在中国旧文学里，何止几千首？况且大致都是千篇一律的东西。若几首悼亡词可以附会林黛玉，林黛玉真要成"人尽可夫"了！

（4）至于徐柳泉说大观园里十二金钗都是纳兰成德所奉为上客的一班名士，这种附会法与《〈石头记〉索隐》的方法有同样的危险。即如徐柳泉说妙玉影姜宸英，那么，黛玉何以不可附会姜宸英？晴雯何以不可附会姜宸英？又如他说宝钗影高士奇，那么，袭人也可以影高士奇了，凤姐更可以影高士奇了。我们试读姜宸英祭纳兰成德的文：

兄一见我，怪我落落；转亦以此，赏我标格。……数兄知我，其端非一。我常箕踞，对客欠伸，兄不余傲，知我任真。我时嫚骂，无问高爵，兄不余狂，知余疾恶。激昂论事，眼睁舌挢，兄为抵掌，助之叫号。有时对酒，雪涕悲歌，谓余失志，孤愤则那？彼何人斯，实应且憎，余色拒之，兄门固扃。

妙玉可当得这种交情吗？这可不更像黛玉吗？我们又试读郭琇参劾高士奇的奏疏：

……久之，羽翼既多，遂自立门户。……凡督抚藩臬道府厅县以及在内之大小卿员，皆王鸿绪等为之居停哄骗而夤缘照管者，馈至成千累万；即不属党护者，亦有常例，名之曰平安钱。然而人之肯为贿赂者，盖士奇供奉日久，势焰日张，人皆谓之门路真，而士奇遂自忘乎其为撞骗，亦居之不疑，曰，我之门路真。……以觅馆餬口之穷儒，而今忽为数百万之富翁，试问金从何来？无非取给于各官。然官从何来？非侵国帑，即剥民膏。夫以国帑民膏而填无厌之谿壑，是士奇等真国之蠹而民之贼也……（清史馆本传，《耆献类徵》卷六十。）

宝钗可当得这种罪名吗？这可不更像凤姐吗？我举这些例的用意是要说明这种附会完全是主观的，任意的，最靠不住的，最无益的。钱静方先生说得好：

"要之，《红楼》一书，空中楼阁。作者第由其兴会所至，随手拈来，初无成意。即或有心影射，亦不过若即若离，轻描淡写，如画师所绘之百像图，类似者固多，苟细按之，终觉貌是而神非也。"

二

我现在要忠告诸位爱读《红楼梦》的人：我们若想真正了解《红楼梦》，必须先打破这种种牵强附会的《红楼梦》谜学！

其实做《红楼梦》的考证，尽可以不用那种附会的法子。我们只须根据可靠的版本与可靠的材料，考定这书的著者究竟是谁，著者的事迹家世，著书的时代，这书曾有何种不同的本子，这些本子的来历如何。这些问题乃是《红楼梦》考证的正当范围。

我们先从"著者"一个问题下手。

本书第一回说这书原稿是空空道人从一块石头上抄写下来的，故名《石头记》；后来空空道人改名情僧，遂改《石头记》为《情僧录》；东鲁孔梅溪题为《风月宝鉴》；后因曹雪芹于悼红轩中，披阅十载，增删五次，纂成目录，分出章回，又题曰《金陵十二钗》，并题一绝，即此便是《石头记》的缘起。诗云：

满纸荒唐言，一把辛酸泪。都云作者痴。谁解其中味？

第百二十回又提起曹雪芹传授此书的缘由。大概"石头"与空空道人等名目都是曹雪芹假托的缘起，故当时的人多认这书是曹雪芹作的。袁枚的《随园诗话》卷二中有一条说：

康熙间，曹练亭（练当作楝）为江宁织造，每出拥八骊，必携书一本，观玩不辍。人问："公何好学？"曰："非也。我非地方官而百姓见我必起立，我心不安，故藉此遮目耳。"素与江宁太守陈鹏年不相中，及陈获罪，乃密疏荐陈。人以此重之。

其子雪芹撰《红楼梦》一书，备记风月繁华之盛。中有所谓大观园者，即余之随园也。明我斋读而美之。（坊间刻本无此七字。）当时红楼中有某校书尤艳，我斋题云：（此四字坊间刻本作"雪芹赠云"，今据原刻本改正。）

病容憔悴胜桃花，午汗潮回热转加。

犹恐意中人看出，强言今日较差些。

威仪棣棣若山河，应把风流夺绮罗。

不似小家拘束态，笑时偏少默时多。

我们现在所有的关于《红楼梦》的旁证材料，要算这一条为最早。近人征引此条，每不全录。他们对于此条的重要，也多不曾完全懂得。这一条记载的重要，凡有几点：

(1) 我们因此知道乾隆时的文人承认《红楼梦》是曹雪芹作的。

(2) 此条说曹雪芹是曹楝亭的儿子。（又《随园诗话》卷十六也说"雪芹者，曹练亭织造之嗣君也。"但此说实是错的，说详后。）

(3) 此条说大观园即是后来的随园。

俞樾在《小浮梅闲话》里曾引此条的一小部分，又加一注，说：

纳兰容若《饮水词集》有《满江红》词，为曹子清题其先人所构楝亭，即雪芹也。

俞樾说曹子清即雪芹，是大谬的。曹子清即曹楝亭，即曹寅。

我们先考曹寅是谁。吴修的《昭代名人尺牍小传》卷十二说：

曹寅，字子清，号栋亭，奉天人，官通政司使，江宁织造。校刊古书甚精，有扬州局刻《五韵、栋亭十二种》，盛行于世。著《栋亭诗抄》。

《扬州画舫录》卷二说：

曹寅，字子清，号栋亭，满洲人，官两淮盐院，工诗词，善书，著有《栋亭诗集》。刊秘书十二种，为《梅宛》、《声画集》、《法书考》、《琴史》、《墨经》、《砚笺》，刘后山（当作刘后村）《千家诗》、《禁扁》、《钓矶立谈》、《都城纪胜》、《糖霜谱》、《录鬼簿》。今之仪征余园门榜"江天传舍"四字，是所书也。

这两条可以参看。又韩菼的《有怀堂文稿》里有《栋亭记》一篇，说：

荔轩曹使君性至孝。自其先人董三服官江宁，于署中手植栋树一株，绝爱之，为亭其间，尝憩息于斯。后十余年，使君适自苏移节，如先生之任，则亭颇坏，为新其材，加垩焉，而亭复完。

据此可知曹寅又字荔轩，又可知《饮水词》中的栋亭的历史。

最详细的记载是章学诚的《丙辰札记》：

曹寅为两淮巡盐御史，刻古书凡十五种，世称"曹栋亭本"是也。康熙四十三年、四十五年、四十七年、四十九年，间年一任，与同旗李煦互相番代。李于四十四年、四十六年、四十八年，与曹互代；五十年、五十一年、五十二年、五十五年、五十六年，又连任，较曹用事为久矣。然曹至今为学士大夫所称，而李无闻焉。

不幸章学诚说的那"至今为学士大夫所称"的曹寅，竟不曾留下一篇传记给我们做考证的材料，《耆献类徵》与《碑传集》都没有曹寅的碑传。只有宋和的《陈鹏年传》（《耆献类徵》卷一六四，页一八以下）有一段重要的纪事：

乙酉（康熙四十四年），上南巡。（此康熙帝第五次南巡。）总督集有司议供张，欲于丁粮耗加三分。有司皆慑服，唯唯。独鹏年（江宁知府陈鹏年）不服，否否。总督怏怏，议虽寝，则欲抉去鹏年矣。

无何，车驾由龙潭幸江宁。行宫草创，（按此指龙潭之行宫）欲抉去之者因以是激上怒。时故庶人（按此即康熙帝的太子胤礽，至四十七年被废。）从幸，更怒，欲杀鹏年。车驾至江宁，驻跸织造府。一日，织造幼子嬉而过于庭，上以其无知也，曰："儿知江宁有好官乎？"曰："知有陈鹏年。"时有致政大学士张英来朝，上……使人问鹏年，英称其贤。而英则庶人之所傅，上乃谓庶人曰："尔师傅贤之，如何杀之？"庶人犹欲杀之。

织造曹寅免冠叩头，为鹏年请。当是时，苏州织造李某伏寅后，为寅婭（婭字不见于字书，似有儿女亲家的意思），见寅血被额，恐触上怒，阴曳其衣，警之。寅怒而顾之曰："云何也？"复叩头，阶有声，竟得请。出，巡抚宋荦逆之曰："君不愧朱云折槛矣！"

又我的朋友顾颉刚在《江南通志》里查出江宁织造的职官如下表：

康熙二年至二十三年　　　　曹玺

康熙二十三年至三十一年　　桑格

康熙三十一年至五十二年　　曹寅

康熙五十二年至五十四年　　曹颙

康熙五十四年至雍正六年　　曹頫

雍正六年以后　　　　　　　隋赫德

又苏州织造的职官如下表：

康熙二十九年至三十二年　　　曹寅

康熙三十二年至六十一年　　　李煦

这两表的重要，我们可以分开来说：

（1）曹玺，字完璧，是曹寅的父亲。颉刚引《上元江宁两县志》道：

"织局繁剧，玺至，积弊一清。陛见，陈江南吏治极详，赐蟒服，加一品，御书'敬慎'匾额。卒于位。子寅。"

（2）因此可知曹寅当康熙二十九年至三十二年时，做苏州织造；三十一年至三十二年，他兼任江宁织造；三十二年以后，他专任江宁织造二十年。

（3）康熙帝六次南巡的时代，可与上两表参看：

康熙二三年　　一次南巡　曹玺为苏州织造

二十八年　　　二次南巡

三十八年　　　三次南巡　曹寅为江宁织造

四十二年　　　四次南巡　同上

四十四年　　　五次南巡　同上

四十六年　　六次南巡　同上

（4）颉刚又考得"康熙南巡，除第一次到南京驻跸将军署外，余五次均把织造署当行宫"。这五次之中，曹寅当了四次接驾的差。又《振绮堂丛书》内有《圣驾五幸江南恭录》一卷，记康熙四十四年的第五次南巡，写曹寅既在南京接驾，又以巡盐御史的资格赶到扬州接驾；又记曹寅进贡的礼物及康熙帝回銮时赏他通政使司通政使的事，甚详细，可以参看。

（5）曹颙与曹頫都是曹寅的儿子。曹寅的《楝亭诗抄别集》有"郭振基序"，内说"侍公函丈有年，今公子继任织部，又辱世讲"。是曹颙之为曹寅儿子，已无可疑。曹頫大概是曹颙的兄弟。

又《四库全书提要·谱录类·食谱》之属存目里有一条说：

《居常饮馔录》一卷。（编修程晋芳家藏本。）

国朝曹寅撰。寅字子清，号楝亭，镶蓝旗汉军。康熙中，巡视两淮盐政，加通政司衔。是编以前代所传饮膳之法汇成一编：一曰，宋王的《糖霜谱》；二三曰，宋东谿遯叟《粥品》及《粉面品》；四曰，元倪瓒《泉史》；五曰元海滨逸叟《制脯鲊法》；六曰，明王叔承《酿录》；七曰，明释智舷《茗笺》；八九曰，明灌畦老叟《蔬香谱》及《制蔬品法》。中间《糖霜谱》，寅已刻入所辑《楝亭十种》；其他亦颇散见于《说郛》诸书云。

又《提要》别集类存目里有一条：

《楝亭诗抄》五卷，附《词抄》一卷。（江苏巡抚采进本）

国朝曹寅撰。寅有《居常饮馔录》，已著录，其诗一刻于扬州，计盈千首；再刻于仪征，则寅自汰其旧刻，而吴尚中开雕于東（楝）园者。此本即仪征刻也。其诗出入于白居易、苏轼之间。

《提要》说曹家是镶蓝旗人，这是错的。《八旗氏族通谱》有曹锡远一系，说他家是正白旗人，当据以改正。但我们因《四库提要》提起曹寅的诗集，故后来居然寻着他的全集，计《楝亭诗抄》八卷，《文抄》一卷，《词抄》一卷，《诗别集》四卷，《词别集》一卷（天津公园图书馆藏）。从他的集子里，我们得知他生于顺治十五年戊戌（1658年）九月七日，他死时大概在康熙五十一年（1712年）的下半年，那时他五十五岁。他的诗颇有好的，在八旗的诗人之中，他自然要算一个大家了（他的诗在铁保辑的《八旗人诗抄》——改名《熙朝雅颂集》——

里，占一全卷的地位）。当时的文学大家，如朱彝尊、姜宸英等，都为《楝亭诗抄》作序。

以上关于曹寅的事实，总结起来，可以得几个结论：

（1）曹寅是八旗的世家，几代都在江南做官，他的父亲曹玺做了二十一年的江宁织造；曹寅自己做了四年的苏州织造，做了二十一年的江宁织造，同时又兼做了四次的两淮巡盐御史。他死后，他的儿子曹颙接着做了三年的江宁织造，他的儿子曹𫖯接下去做了十三年的江宁织造。他家祖孙三代四个人总共做了五十八年的江宁织造。这个织造真成了他家的"世职"了。

（2）当康熙帝南巡时，他家曾办过四次以上的接驾的差。

（3）曹寅会写字，会作诗词，有诗词集行世。他在扬州曾管领《全唐诗》的刻印，扬州的诗局归他管理甚久，他自己又刻有二十几种精刻的书。（除上举各书外，尚有《周易本义》、《施愚山集》等；朱彝尊的《曝书亭集》也是曹寅捐资倡刻的，刻未完而死。）他家中藏书极多，精本有三千二百八十七种之多（见他的《楝亭书目》，京师图书馆有抄本）。可见他的家庭富有文学美术的环境。

（4）他生于顺治十五年，死于康熙五十一年（1658～1712 年）。

以上是曹寅的略传与他的家世。曹寅究竟是曹雪芹的什么人呢？袁枚在《随园诗话》里说曹雪芹是曹寅的儿子。这一百多年以来，大家多相信这话，连我在这篇《考证》的初稿里也信了这话。现在我们知道曹雪芹不是曹寅的儿子，乃是他的孙子，最初改正这个大错的是杨钟羲先生。杨先生编有《八旗文经》六十卷，又著有《雪桥诗话》三编，是一个最熟悉八旗文献掌故的人。他在《雪桥诗话》续集卷六，页二三页，说：

敬亭（清宗室敦诚字敬亭）……尝为《琵琶亭传奇》一折，曹雪芹（霑）题句有云："白傅诗灵应喜甚，定教蛮素鬼排场。"雪芹为楝亭通政孙，平生为诗，大概如此，竟坎坷以终。敬亭挽雪芹诗有"牛鬼遗文悲李贺，鹿车荷锸葬刘伶"之句。

这一条使我们知道三个要点：

（一）曹雪芹名霑。

（二）曹雪芹不是曹寅的儿子，是他的孙子。（《中国人名大辞典》页九九○作"名霑，寅子"，似是根据《雪桥诗话》而误改其一部分。）

（三）清宗室敦诚的诗文集内必有关于曹雪芹的材料。

敦诚字敬亭，别号松堂，英王之裔。他的逸事也散见《雪桥诗话》初、二集中。他有《四松堂集》诗二卷，文二卷，《鷦鷯轩笔麈》一卷。他的哥哥名敦敏，字子明，有《懋斋诗抄》。我从此便到处访求这两个人的集子，不料到如今还不曾寻到手。我今年夏间到上海，写信去问杨钟羲先生，他回信说，曾有《四松堂集》，但辛亥乱后遗失了。我虽然很失望，但杨先生既然根据《四松堂集》说曹雪芹是曹寅之孙，这话自然万无可疑。因为敦诚兄弟都是雪芹的好朋友，他们的证见自然是可信的。

我虽然未见敦诚兄弟的全集，但《八旗人诗抄》（《熙朝雅颂集》）里有他们兄弟的诗一卷。这一卷里有关于曹雪芹的诗四首，我因为这种材料颇不易得，故把这四首全抄于下：

赠曹雪芹　敦敏

碧水青山曲径遐，薜萝门巷足烟霞。

寻诗人去留僧壁，卖画钱来付酒家。

燕市狂歌悲遇合，秦淮残梦忆繁华。

新愁旧恨知多少，都付酕醄醉眼斜。

访曹雪芹不值　敦敏

野浦冻云深，柴扉晚烟薄。

山村不见人，夕阳寒欲落。

佩刀质酒歌　敦诚

秋晓遇雪芹于槐园，风雨淋涔，朝寒袭袂。时主人未出，雪芹酒渴如狂，余因解佩刀沽酒而饮之。雪芹欢甚，作长歌以谢余。余亦作此答之。

我闻贺鉴湖，不惜金龟掷酒垆。又闻阮遥集，直卸金貂作鲸吸。嗟余本非二子狂，腰间更无黄金珰。秋气酿寒风雨恶，满园榆柳飞苍黄。主人未出童子睡，罂干甕涩何可当！相逢况是淳于辈，一石差可温枯肠。身外长物亦何有？鸾刀昨夜磨秋霜。且酤满眼作软饱……令此肝肺生角芒。曹子大笑称"快哉"！击石作歌声琅琅。知君诗胆昔如铁，堪与刀颖交寒光。我有古剑尚在匣，一条秋水苍波凉。君才抑塞倘欲拔，不妨斫地歌王郎。

寄怀曹雪芹敦诚

少陵昔赠曹将军，曾曰魏武之子孙。

嗟君或亦将军后，于今环堵蓬蒿屯。

扬州旧梦久已绝，且著临邛犊鼻裈。

爱君诗笔有奇气，直追昌谷披篱樊。

当时虎门数晨夕，西窗剪烛风雨昏。

接䍦倒著容君傲，高谈雄辨虱手扪。

感时思君不相见，蓟门落日松亭尊。

劝君莫弹食客铗，劝君莫叩富儿门。

残杯冷炙有德色，不如著书黄叶村。

我们看这四首诗，可想见他们弟兄与曹雪芹的交情是很深的。他们的证见真是史学家说的"同时人的证见"，有了这种证据，我们不能不认袁枚为误记了。

这四首诗中，有许多可注意的句子。

第一，如"秦淮残梦忆繁华"，如"于今环堵蓬蒿屯，扬州旧梦久已绝，且著临邛犊鼻裈"，如"劝君莫弹食客铗，劝君莫叩富儿门。残杯冷炙有德色，不如著书黄叶村"，都可以证明曹雪芹当时已很贫穷，穷得很不像样了，故敦诚有"残杯冷炙有德色"的劝诫。

第二，如"寻诗人去留僧壁，卖画钱来付酒家"，如"知君诗胆昔如铁"，如"爱君诗笔有奇气，直追昌谷披篱樊"，都可以使我们知道曹雪芹是一个会作诗又会绘画的人。最可惜的是曹雪芹的诗现在只剩得"白傅诗灵应喜甚，定教蛮素鬼排场"两句了。但单看这两句，也就可以想见曹雪芹的诗大概是很聪明的，很深刻的。敦诚弟兄比他作李贺，大概很有点相像。

第三，我们又可以看出曹雪芹在那贫穷潦倒的境遇里，很觉得牢骚抑郁，故不免纵酒狂歌，自寻排遣。上文引的如"雪芹酒渴如狂"，如"相逢况是淳于辈，一石差可温枯肠"，如"新愁旧恨知多少，都付酕醄醉眼斜"，如"鹿车荷锸葬刘伶"，都可以为证。

我们既知道曹雪芹的家世和他自身的境遇了，我们应该研究他的年代。这一层颇有点困难，因为材料太少了。敦诚有挽雪芹的诗，可见雪芹死在敦诚之前。敦诚的年代也不可详考。但《八旗文经》里有几篇他的文字，有年月可考：如《拙鹊亭记》作于辛丑初冬，如《松亭再征记》作于戊寅正月，如《祭周立厓》

文中说:"先生与先公始交时在戊寅己卯间,是时先生……每过静补堂,……诚尝侍几杖侧。……追庚寅先公即世,先生哭之过时而哀……诚追述平生……回念静补堂几杖之侧,已二十余年矣。"今作一表,如下:

乾隆二十三年,戊寅(1758年)。

乾隆二十四年,己卯(1759年)。

乾隆三十五年,庚寅(1770年)。

乾隆四十六年,辛丑(1781年)。自戊寅至此,凡二十三年。

清宗室永忠(臞仙)为敦诚作葛巾居的诗,也在乾隆辛丑。敦诚之父死于庚寅,他自己的死期大约在二十年之后,约当乾隆五十余年。纪昀为他的诗集作序,虽无年月可考,但纪昀死于嘉庆十年(1805年),而序中的语意都可见敦诚死已甚久了。故我们可以猜定敦诚大约生于雍正初年(约1725年),死于乾隆五十余年。(约1785—1790年)

敦诚兄弟与曹雪芹往来,从他们赠答的诗看起来,大概都在他们兄弟中年以前,不像在中年以后。况且《红楼梦》当乾隆五十六七年时已在社会上流通了二十余年了(说详下)。以此看来,我们可以断定曹雪芹死于乾隆三十年左右(约1765年)。至于他的年纪,更不容易考定了。但敦诚兄弟的诗的口气,很不像是对一位老前辈的口气。我们可以猜想雪芹的年纪至多不过比他们大十来岁,大约生于康熙末叶(约1715~1720年);当他死时约五十岁左右。

以上是关于著者曹雪芹的个人和他的家世的材料。我们看了这些材料,大概可以明白《红楼梦》这部书是曹雪芹的自叙传了。这个见解,本来并没有什么新奇,本来是很自然的。不过因为《红楼梦》被一百多年来的红学大家越说越微妙了,故我们现在对于这个极平常的见解反觉得它有证明的必要了。我且举几条重要的证据如下:

第一,我们总该记得《红楼梦》开端时,明明地说着:

作者自云曾历过一番梦幻之后,故将真事隐去,而借"通灵"说此《石头记》一书也。……自己又云:今风尘碌碌,一事无成,忽念及当日所有之女子,一一细考较去,觉其行止见识皆出我之上。我堂堂须眉,诚不若彼裙钗。……当此日,欲将已往所赖天恩祖德,锦衣纨绔之时,饫甘餍肥之日,背父兄教育之恩,负师友规训之德,以致今日一技无成半生潦倒之罪,编述一集,以告天下。

这话说得何等明白！《红楼梦》明明是一部"将真事隐去"的自叙的书。若作者是曹雪芹，那么，曹雪芹即是《红楼梦》开端时那个深自忏悔的"我"！即是书里的甄贾（真假）两个宝玉的底本！懂得这个道理，便知书中的贾府与甄府都只是曹雪芹家的影子。

第二，第一回里那石头说道：

我想历来野史的朝代，无非假借汉唐的名色；莫如我石头所记，不借此套，只按自己的事体情理，反倒新鲜别致。

又说：

更可厌者，"之乎者也"，非理即文，大不近情，自相矛盾，竟不如我这半世亲见亲闻的这几个女子，虽不敢说强似前代书中所有之人，但观其事迹原委，亦可消愁破闷。

他这样明白清楚地说"这书是我自己的事体情理"，"是我半世亲见亲闻的"；而我们偏要硬派这书是说顺治帝的，是说纳兰成德的，这岂不是作茧自缚吗？

第三，《红楼梦》第十六回有谈论南巡接驾的一大段，原文如下：

凤姐道："……可恨我小几岁年纪，若早生二三十年，如今这些老人家也不薄我没见世面了。说起当年太祖皇帝仿舜巡的故事，比一部书还热闹，我偏偏的没赶上。"

赵嬷嬷（贾琏的乳母）道："哎哟，那可是千载难逢的！那时候我才记事儿。咱们贾府正在姑苏扬州一带，监造海船，修理海塘。只预备接驾一次，把银子花得像是淌海水是的。说起来——"

凤姐忙接道："我们王府里也预备过一次，那时我爷爷专管各国进贡朝贺的事，凡有外国人来，都是我们家养活。粤、闽、滇、浙所有的洋沿货物，都是我们家的。"

赵嬷嬷道："那是谁不知道的？……如今还有现在江南的甄家——哎哟，好势派！——独他们家接驾四次。要不是我们亲眼看见，告诉谁也不信的。别讲银子成了粪土，凭是世上有的，没有不是堆山积海的，'罪过可惜'四个字，竟顾不得了。"

凤姐道："我常听见我们大爷说，也是这样的。岂有不信的？只纳罕他家怎么就这样富贵呢？"

赵嬷嬷道："告诉奶奶一句话：也不过拿着皇帝家的银子往皇帝身上使罢了。谁家有那些钱买这个虚热闹去？"

此处说的甄家与贾家都是曹家。曹家几代在江南做官，故《红楼梦》里的贾家虽在"长安"，而甄家始终在江南。上文曾考出康熙帝南巡六次，曹寅当了四次接驾的差，皇帝就住在他的衙门里。《红楼梦》差不多全不提起历史上的事实，但此处却郑重地说起"太祖皇帝仿舜巡的故事"，大概是因为曹家四次接驾乃是很不常见的盛事，故曹雪芹不知不觉地——或是有意地——把他家这桩最阔的大典说了出来。这也是敦敏送他的诗里说的"秦淮旧梦忆繁华"了。但我们却在这里得着一条很重要的证据。因为一家接驾四五次，不是人人可以随便有的机会。大官如督抚，不能久任一处，便不能有这样好的机会。只有曹寅做了二十年江宁织造，恰巧当了四次接驾的差。这不是很可靠的证据吗？

第四，《红楼梦》第二回叙荣国府的世次如下：

自荣国公死后，长子贾代善袭了官，娶的是金陵世家史侯的小姐为妻，生了两个儿子：长名贾赦，次名贾政。如今代善早已去世，太夫人尚在。长子贾赦袭了官，为人平静中和，也不管理家务。次子贾政，自幼酷喜读书，为人端方正直，祖父钟爱，原要他以科甲出身的。不料代善临终时，遗本一上，皇上因恤先臣，即时令长子袭官外，问还有几子，立刻引见；遂又额外赐了这政老爷一个主事之职。令其入部学习，如今已升了员外郎。

我们可用曹家的世系来比较：

曹锡远，正白旗包衣人。世居沈阳地方，来归年月无考。

其子曹振彦，原任浙江盐法道。

孙：曹玺，原任工部尚书；曹尔正，原任佐领。

曾孙：曹寅，原任通政使司通政使；曹宜，原任护军参领兼佐领；曹荃，原任司库。

元孙：曹颙，原任郎中；曹頫，原任员外郎；曹顺，原任二等侍卫，兼佐领；曹天祐，原任州同。（《八旗氏族通谱》卷七十四。）

这个世系颇不分明。……

曹寅的《楝亭诗抄别集》中有"辛卯三月闻珍儿殇，书此忍恸，兼示四侄寄东轩诸友"诗三首，其二云："世出难居长，多才在四三。承家赖犹子，努力作奇男。"四侄即顾，那排行第三的当是那小名珍儿的了。如此看来，颙与頫当是行一与行二。曹寅死后，曹颙袭织造之职。到康熙五十四年，曹颙或是死了，或是因事撤换了，故次子曹頫接下去做。织造是内务府的一个差事，故不算做官，故《氏族通谱》上只称曹寅为通政使，称曹頫为员外郎。但《红楼梦》里的贾政，也是次子，也是先不袭爵，也是员外郎。这三层都与曹頫相合。故我们可以认贾政即是曹頫；因此，贾宝玉即是曹雪芹，即是曹頫之子，这一层更容易明白了。

第五，最重要的证据自然还是曹雪芹自己的历史和他家的历史。《红楼梦》虽没有作完（详说下），但我们看了前八十回，也就可以断定：

（1）贾家必致衰败；

（2）宝玉必致沦落。

《红楼梦》开端便说，"风尘碌碌，一事无成"；又说，"一技无成，半生潦倒"；又说，"当此蓬牖茅椽，绳床瓦灶"。这是明说此书的著者——即是书中的主人翁——当著书时，已在那穷愁不幸的境地。况且第十三回写秦可卿死时在梦中对凤姐说的话，句句明说贾家将来必到"树倒猢狲散"的地步。所以我们即使不信后四十回（详说下）抄家和宝玉出家的话，也可以推想贾家的衰败和宝玉的流落了。我们再回看上文引的敦诚兄弟送曹雪芹的诗，可以列举雪芹一生的历史如下：

（1）他是做过繁华旧梦的人。

（2）他有美术和文学的天才，能做诗，能绘画。

（3）他晚年的境况非常贫穷潦倒。

这不是贾宝玉的历史吗？此外，我们还可以指出三个要点。

第一是曹雪芹家自从曹玺、曹寅以来，积成一个很富丽的文学美术的环境。他家的藏书在当时要算一个大藏书家，他家刻的书至今推为精刻的善本。富贵的家庭并不难得，但富贵的环境与文学美术的环境合在一家，在当日的汉人中是没有的，就在当日的八旗世家中，也很不容易寻找了。

第二，曹寅是刻《居常饮馔录》的人，《居常饮馔录》所收的书，如《糖霜谱》、《制脯鲊法》、《粉面品》之类，都是专讲究饮食糖饼的做法的。曹寅家做的雪花饼，见于朱彝尊的《曝书亭集》（卷二十一，页十二），有"粉量云母细，糁和雪糕匀"的称誉。我们读《红楼梦》的人，看贾母对于吃食的讲究，看贾家上下对于吃食的讲究，便知道《居常饮馔录》的遗风未泯，雪花饼的名不虚传！

第三，关于曹家衰落的情形，我们虽没有什么材料，但我们知道曹寅的亲家李煦在康熙六十一年已因亏空被革职查追了。雍正《朱批谕旨》第四十八册有雍正元年"苏州织造胡凤翚奏折"内称：

今查得李煦任内亏空各年余剩银两，现奉旨交督臣查弼纳查追外，尚有六十一年办六十年分应存剩银六万三百五十五两零，并无存库，亦系李煦亏空。……所有历年动用银两数目，另开细折，并呈御览。

又第十三册有"两淮巡盐御史谢赐履奏折"内称：

窃照两淮应解织造银两，历年遵奉已久。兹于雍正元年三月十六日，奉户部谘行，将江苏织造银两停其支给；两淮应解银两，汇行解部。……前任盐臣魏廷珍于康熙六十一年内未奉部文停止之先，两次解过苏州织造银五万两。……再本年六月内奉有停止江宁织造之文。查前盐臣魏廷珍经解过江宁织造银四万两，臣任内……解过江宁织造银四万五千一百二十两。……臣请将解过苏州织造银两在于审理李煦亏空案内并追；将解过江宁织造银两行令曹頫解还户部。

李煦做了三十年的苏州织造，又兼了八年的两淮盐政，到头来竟因亏空被查追。胡凤翚折内只举出康熙六十一年的亏空，已有六万两之多，加上谢赐履折内举出应退还两淮的十万两，这一年的亏空就是十六万两了！他历年亏空的总数之多，可以想见。这时候，曹頫（曹雪芹之父）虽然还未曾得罪，但谢赐履折内已提及两事：一是停止两淮应解织造银两，一是要曹頫赔出本年已解的八万一千余两。这个江宁织造就不好做了。我们看了李煦的先例，就可以推想曹頫的下场也必是因亏空而查追，因查追而抄没家产。

关于这一层，我们还有一个很好的证据。袁枚在《随园诗话》里说《红楼梦》里的大观园即是他的随园。我们考随园的历史，可以信此话不是假的。袁枚的《随园记》（《小仓山房文集》十二）说随园本名隋园，主人为康熙时织造隋公。此隋公即是隋赫德，即是接曹頫的任的人。袁枚误记为康熙时，实为雍正六年。袁枚作记在乾隆十四年己巳（1749 年），去曹頫卸织造任时甚近，他应该知道这园的历史。我们从此可以推想曹頫当雍正六年去职时，必是因亏空被追赔，故这个园子就到了他的继任人的手里。从此以后，曹家在江南的家产都完了，故不能不搬回北京居住。这大概是曹雪芹所以流落在北京的原因。

我们看了李煦、曹頫两家败落的大概情形，再回头来看《红楼梦》里写的贾家的经济困难情形，便更容易明白了。如第七十二回凤姐夜间梦见人来找他，说娘娘要一百匹锦，凤姐不肯给，他就来夺。来旺家的笑道："这是奶奶日间操心常应候宫里的事。"一语未了，人回夏太监打发了一个小内监来说话。贾琏听了，忙皱眉道："又是什么活！一年他们也够搬了。"凤姐道："你藏起来，等我见他。"好容易凤姐弄了二百两银子把那小内监打发开去，贾琏出来，笑道："这一起外祟，何日是了？"凤姐笑道"刚说着，就来了一股子。"贾琏道："昨儿周太监来，张口就是一千两。我略慢应了些，他不自在。将来得罪人之处不少。这会子再发三二百万的财，就好了！"

又如第五十三回写黑山村庄头乌进孝来贾府纳年例，贾珍与他谈的一段话也很可注意：

贾珍皱眉道："我算定你至少也有五千银子来。这够做什么的！……真真是叫别过年了！"

乌进孝道："爷的地方还算好呢。我兄弟离我那里只有一百多里，竟又大差了。他现管着那府（荣国府）八处庄地，比爷这边多着几倍，今年也是这些东西，不过二三千两银子，也是有饥荒打呢。"

贾珍道："如何呢？我这边到可已，没什么外项大事，不过是一年的费用。……比不得那府里（荣国府），这几年添了许多花钱的事，一定不可免是要化的，却又不添银子产业。这一二年里赔了许多，不和你们要，找谁去？"

乌进孝笑道："那府里如今虽添了事，有去有来。娘娘和万岁爷岂不赏吗？"

贾珍听了，笑向贾蓉等道："你们听听，他说的可笑不可笑？"

贾蓉等忙笑道："你们山坳海沿子上的人，哪里知道这道理？娘娘难道把皇上的库给我们不成？……就是赏，也不过一百两金子，才值一千多两银子，够什么？这二年，哪一年不赔出几千两银子来？头一年省亲，连盖花园子，你算算那一注花了多少，就知道了。再二年，再省一回亲，只怕精穷了！"……

贾蓉又说又笑，向贾珍道："果真那府里穷了。前儿我听见二婶娘（凤姐）和鸳鸯悄悄商议，要偷老太太的东西去当银子呢。"

借当的事又见于第七十二回：

鸳鸯一面说，一面起身要走。贾琏忙也立起身来说道："好姐姐，略坐一坐儿，兄弟还有一事相求。"说着，便骂小丫头："怎么不泡好茶来！快拿干净盖碗，把昨日进上的新茶泡一碗来！"说着，向鸳鸯道："这两日因老太太千秋，所有的几千两都使完了。几处房租地租统在九月才得。这会子竟接不上。明儿又要送南安府里的礼，又要预备娘娘的重阳节，还有几家红白大礼，至少还要二三千两银子用，一时难去支借。俗语说的好，求人不如求己。说不得，姐姐担个不是，暂且把老太太查不着的金银家伙，偷着运出一箱子来，暂押千数两银子，支腾过去。"

因为《红楼梦》是曹雪芹"将真事隐去"的自叙，故他不怕琐碎，再三再四地描写他家由富贵变成贫穷的情形。我们看曹寅一生的历史，决不像一个贪官污吏；他家之所以后来衰败，他的儿子之所以亏空破产，大概都是由于他一家都爱挥霍，爱摆阔架子，讲究吃喝，讲究场面，收藏精本的书，刻行精本的书；交结文人名士，交结贵族大官，招待皇帝，至于四次五次；他们又不会理财，又不肯节省；讲究挥霍惯了，收缩不回来，以至于亏空，以至于破产抄家。《红楼梦》只是老老实实地描写这一个"坐吃山空"、"树倒猢狲散"的自然趋势。因为如此，所以《红楼梦》是一部自然主义的杰作。那班猜谜的红学大家不晓得《红楼梦》的真价值正在这平淡无奇的自然主义的上面，所以他们偏要绞尽心血去猜那想入非非的笨谜，所以他们偏要用尽心思去替《红楼梦》加上一层极不自然的解释。

总结上文关于"著者"的材料，凡得六条结论：

（1）《红楼梦》的著者是曹雪芹。

（2）曹雪芹是汉军正白旗人，曹寅的孙子，曹頫的儿子，生于极富贵之家，身经极繁华绮丽的生活，又带有文学与美术的遗传与环境。他会做诗，也能画，与一班八旗名士往来。但他的生活非常贫苦，他因为不得志，故流为一种纵酒放浪的生活。

（3）曹寅死于康熙五十一年。曹雪芹大概即生于此时，或稍后。

（4）曹家极盛时，曾办过四次以上的接驾的阔差，但后来家渐衰败，大概因亏空得罪被抄没。

（5）《红楼梦》一书是曹雪芹破产倾家之后，在贫困之中作的。作书的年代大概当乾隆初年到乾隆三十年左右，书未完而曹雪芹死了。

（6）《红楼梦》是一部隐去真事的自叙：里面的甄、贾两宝玉，即是曹雪芹自己的化身；甄、贾两府即是当日曹家的影子。（故贾府在"长安"都中，而甄府始终在江南。）

现在我们可以研究《红楼梦》的"本子"问题。现今市上通行的《红楼梦》虽有无数版本，然细细考较去，除了有正书局一本外，都是从一种底本出来的。这种底本是乾隆末年间程伟元的百二十回全本，我们叫它做"程本"。这个程本有两种本子，一种是乾隆五十七年壬子（1792年）的第一次活字排本，可叫作"程甲本"。一种也是乾隆五十七年壬子程家排本，是用"程甲本"来校改修正的，这个本子可叫作"程乙本"。"程甲本"我的朋友马幼渔教授藏有一部，"程乙本"我自己藏有一部。乙本远胜于甲本，但我仔细审察，不能不承认"程甲本"为外间各种《红楼梦》的底本。各本的错误矛盾，都是根据于"程甲本"的，这是《红楼梦》版本史上一件最不幸的事。

此外，上海有正书局石印的一部八十回本的《红楼梦》，前面有一篇德清戚蓼生的序，我们可叫它作"戚本"。有正书局的老板在这部书的封面上题着"国初抄本《红楼梦》"，又在首页题着"原本《红楼梦》"。那"国初抄本"四个字自然是大错的。那"原本"两字也不妥当。这本已有总评，有夹评，有韵文的评赞，又往往有"题"诗，有时又将评语抄入正文（如第二回），可见已是很晚的抄本，决不是"原本"了。但自程氏两种百二十回本出版以后，八十回本已不可多见。戚本大概是乾隆时无数辗转传抄本之中幸而保存的一种，可以用来参校程本，故自有他的相当价值，正不必假托"国初抄本"。

《红楼梦》最初只有八十回，直至乾隆五十六年以后始有百二十回的《红楼梦》。这是无可疑的。程本有程伟元的序，序中说：

《石头记》是此书原名。……好事者每传抄一部置庙市中，昂其值得数十金，可谓不胫而走者矣。然原本目录一百二十卷，今所藏只八十卷，殊非全本。即间有称全部者，及检阅仍只八十卷，读者颇以为憾。不佞以是书既有百二十卷之目，岂无全璧？爰为竭力搜罗，自藏书家甚至故纸堆中，无不留心。数年以来，仅积有二十余卷。一日，偶于鼓担上得十余卷，遂重价购之，欣然翻阅，见其前后起伏尚属接榫（榫音笋，削木入窍名榫，又名榫头。）。然漶漫不可收拾。乃同友人细加厘剔，截长补短，抄成全部，复为镌板，以公同好。《石头记》全书至是始告成矣。……小泉程伟元识。

我自己的程乙本还有高鹗的一篇序，中说：

> 予闻《红楼梦》脍炙人口者，几廿余年，然无全璧，无定本。……今年春，友人程子小泉过予，以其所购全书见示，且曰："此仆数年铢积寸累之苦心，将付剞劂，以公同好。子闲且惫矣，盍分任之？"予以是书虽稗官野史之流，然尚不谬于名教，欣然拜诺，正以波斯奴见宝为幸，遂襄其役。工既竣，并识端末，以告阅者。时乾隆辛亥（1791年），冬至后五日铁岭高鹗叙，并书。

此序所谓"工既竣"，即是程序说的"同友人细加厘剔，截长补短"的整理工夫，并非指刻板的工程。我这部程乙本还有七条"引言"，比两序更重要，今节抄几条于下：

（一）是书前八十回，藏书家抄录传阅，几三十年矣。今得后四十回，合成完璧。缘友人借抄争睹者甚伙，抄录固难，刊板亦需时日，姑集活字刷印。因急欲公诸同好，故初印时不及细校，间有纰缪。今复聚集各原本，详加校阅，改订无讹。惟阅者谅之。

（二）书中前八十回，抄本各家互异，今广集核勘，准情酌理，补遗订讹。其间或有增损数字处，意在便于披阅，非敢争胜前人也。

（三）是书沿传既久，坊间缮本及诸家所藏秘稿，繁简歧出，前后错见。即如六十七回此有彼无，题同文异，燕石莫辨。兹惟择其情理较协者，取为定本。

（四）书中后四十回系就历年所得，集腋成裘，更无他本可考，惟按其前后关照者，略为修辑，使其有应接而无矛盾。至其原文，未敢臆改。俟再得善本，更为厘定，旦不欲尽掩其本来面目也。

引言之末，有"壬子花朝后一日，小泉、兰墅又识"一行。兰墅即高鹗。我们看上文引的两序与引言，有应该注意的几点：

（一）高序说"闻《红楼梦》脍炙人口者，几廿余年"。引言说"前八十回，藏书家抄录传阅，几三十年"。从乾隆壬子上数三十年，为乾隆二十七年壬午（1762年），今知乾隆三十年间此书已流行，可证我上文推测曹雪芹死于乾隆三十年左右之说大概无大差错。

（二）前八十回，各本互有异同。例如引言第三条说"六十七回此有彼无，题同文异"。我们试用戚本六十七回与程本及市上各本的六十七回互校，果有许多异同之处，程本所改的似胜于戚本。大概程本当日确曾经过一番"广集各本核勘，准情酌理，补遗订讹"的工夫，故程本一出即成为定本，其余各抄本多被淘汰了。

（三）程伟元的序里说，《红楼梦》当日虽只有八十回，但原本却有一百二十卷的目录。这话可惜无从考证（戚本目录并无后四十回）。我从前想当时各抄本中大概有些是有后四十回目录的，但我现在对于这一层很有点怀疑了。（说详下）

（四）八十回以后的四十回，据高、程两人的话，是程伟元历年杂凑起来的，——先得二十余卷，又在鼓担上得十余卷，又经高鹗费了几个月整理修辑的工夫，方才有这部百二十回本的《红楼梦》。他们自己说这四十回"更无他本可考"；但他们又说："至其原文，未敢臆改。"

（五）《红楼梦》直到乾隆五十六年（1791年）始有一百二十回的"全本"出世。

（六）这个百二十回的全本最初用活字版排印，是为乾隆五十七年壬子（1792年）的程本。这本又有两种小不同的印本：

（1）初印本（即程甲本）"不及细校，间有纰缪"。此本我近来见过，果然有许多纰缪矛盾的地方。

（2）校正印本，即我上文说的程乙本。

（七）程伟元的一百二十回本的《红楼梦》，即是这一百三十年来的一切印本《红楼梦》的老祖宗。后来的翻本，多经过南方人的批注。书中京话的特别俗语往往稍有改换，但没有一种翻本（除了戚本）不是从程本出来的。

这是我们现有的一百二十回本《红楼梦》的历史。这段历史里有一个大可研究的问题，就是"后四十回的著者究竟是谁？"

俞樾的《小浮梅闲话》里考证《红楼梦》的一条说：

《船山诗草》有"赠高兰墅鹗同年"一首云："艳情人自说《红楼》。"注云："《红楼梦》八十回以后，俱兰墅所补。"然则此书非出一手。按乡会试增五言八韵诗，始乾隆朝。而书中叙科场事已有诗，则其为高君所补，可证矣。

俞氏这一段话极重要。他不但证明了程排本作序的高鹗是实有其人，还使我们知道《红楼梦》后四十回是高鹗补的。船山即是张船山，名问陶，是乾隆、嘉庆时代的一个大诗人。他于乾隆五十三年戊申（1788年）中顺天乡试举人，五十五年庚戌（1790年）成进士，选庶吉士。他称高鹗为同年，他们不是庚戌同年，便是戊申同年。但高鹗若是庚戌的新进士，次年辛亥他作《〈红楼梦〉序》不会有"闲且惫矣"的话，故我推测他们是戊申乡试的同年。后来我又在《郎潜纪闻二笔》卷一里发见一条关于高鹗的事实：

嘉庆辛酉京师大水，科场改九月，诗题"百川赴巨海"……闹中卒得解。前十本将进呈，韩城王文端公以通场无知出处为憾。房考高侍读鹗搜遗卷，得定远陈黻卷，亟呈荐，遂得南元。

辛酉（1801年）为嘉庆六年。据此，我们可知高鹗后来曾中进士，为侍读，且曾做嘉庆六年顺天乡试的同考官。我想高鹗既中进士，就有法子考查他的籍贯和中进士的年份了。果然我的朋友顾颉刚先生替我在《进士题名碑》上查出高鹗是镶黄旗汉军人，乾隆六十年乙卯（1795年）科的进士，殿试第三甲第一名。这一件引起我注意《题名录》一类的工具，我就发愤搜求这一类的书。果然我又在清代《御史题名录》里，嘉庆十四年（1809年）下，寻得一条：

高鹗，镶黄旗汉军人，乾隆乙卯进士，由内阁侍读考选江南道御史，刑科给事中。

又《八旗文经》二十三有高鹗的《操缦堂诗稿跋》一篇，未署乾隆四十七年壬寅（1782年）小阳月。我们可以总合上文所得关于高鹗的材料，作一个简单的《高鹗年谱》，如下：

乾隆四十七年（1782年），高鹗作《操缦堂诗稿跋》。

乾隆五十三年（1788年），中举人。

乾隆五十六至五十七年（1791～1792年），补作《红楼梦》后四十回，并作序例。《红楼梦》百廿回全本排印成。

乾隆六十年（1795年），中进士，殿试三甲一名。

嘉庆六年（1801年），高鹗以内阁侍读为顺天乡试的同考官，闹中与张问陶相遇，张作诗送他，有"艳情人自说《红楼》"之句；又有诗注，使后世知《红楼梦》八十回以后是他补的。

嘉庆十四年（1809年），考选江南道御史，刑科给事中。——自乾隆四十七年至此，凡二十七年。大概他此时已近六十岁了。

后四十回是高鹗补的，这话自无可疑。我们可约举几层证据，如下：

第一，张问陶的诗及注，此为最明白的证据。

第二，俞樾举的"乡会试增五言八韵诗始乾隆朝，而书中叙科场事已有诗"一项，这一项不十分可靠，因为乡会试用律诗，起于乾隆二十一二年，也许那时《红楼梦》前八十回还没有作成呢。

第三，程序说先得二十余卷，后又在鼓担上得十余卷。此话便是作伪的铁证，因为世间没有这样奇巧的事！

第四，高鹗自己的序，说得很含糊，字里行间都使人生疑。大概他不愿完全埋没他补作的苦心，故引言第六条说："是书开卷略志数语，非云弁首，实因残缺有年，一旦颠末毕具，大快人心，欣然题名，聊以记成书之幸。"因为高鹗不讳他补作的事，故张船山赠诗直说他补作后四十回的事。

但这些证据固然重要，总不如内容的研究更可以证明后四十回与前八十回决不是一个人作的。我的朋友俞平伯先生曾举出三个理由来证明后四十回的回目也是高鹗补作的。

他的 3 个理由是：

（1）和第一回自叙的话都不合。

（2）史湘云的丢开。

（3）不合作文时的程序。

这三层之中，第三层姑且不论。第一层是很明显的：《红楼梦》的开端明说"一技无成，半生潦倒"；明说"蓬牖茅椽，绳床瓦灶"，岂有到了末尾说宝玉出家成仙之理？第二层也很可注意。第三十一回的回目"因麒麟伏白首双星"，确是可怪！依此句看来，史湘云后来似乎应该与宝玉做夫妇，不应该此话全无照应。以此看来，我们可以推想后四十回不是曹雪芹作的了。

其实何止史湘云一个人？即如小红，曹雪芹在前八十回里极力描写这个攀高好胜的丫头；好容易他得着了凤姐的赏识，把他提拔上去了，但这样一个重要人才，岂可没有下场？况且小红同贾芸的感情，前面既经曹雪芹那样郑重描写，岂有完全没有结果之理？又如香菱的结果也决不是曹雪芹的本意，第五回的"十二钗副册"上写香菱结局道：

根并荷花一茎香，平生遭际实堪伤。自从两地生孤木，致使芳魂返故乡。

两地生孤木，合成"桂"字。此明说香菱死于夏金桂之手，故第八十回说香菱"血分中有病，加以气怨伤肝，内外挫折不堪，竟酿成干血之症，日渐羸瘦，饮食懒进，请医服药无效"。可见八十回的作者明明地要香菱被金桂磨折死。后四十回里却是金桂死了，香菱扶正：这岂是作者的本意吗？此外，又如第五回"十二钗册"上说凤姐的结局道："一从二令三人木，哭向金陵事更哀"。这个谜竟无人猜得出，许多批《红楼梦》的人也都不敢下注解。所以后四十回里写凤姐的下场竟完全与这"二令三人木"无关，这个谜只好等上海灵学会把曹雪芹先生请来降坛时再来解决了！此外，又如写和尚送玉一段，文字的笨拙，令人读了作呕。又如写贾宝玉忽然肯作八股文，忽然肯去考举人，也没有道理。高鹗补《红楼梦》时，正当他中举人之后，还没有中进士。如果他补《红楼梦》在乾隆六十年之后，贾宝玉大概非中进士不可了！

以上所说，只是要证明《红楼梦》的后四十回确然不是曹雪芹作的。但我们平心而论，高鹗补的四十回，虽然比不上前八十回，也确然有不可埋没的好处。他写司棋之死，写鸳鸯之死，写妙玉的遭劫，写凤姐的死，写袭人的嫁，都是很有精彩的小品文字。最可注意的是这些人都写作悲剧的下场。

还有那最重要的"木石前盟"一件公案，高鹗居然忍心害理地教黛玉病死，教宝玉出家，作一个大悲剧的结束，打破中国小说的团圆迷信。这一点悲剧的眼光，不能不令人佩服。我们试看高鹗以后，那许多续《红楼梦》和补《红楼梦》的人，哪一人不是想把黛玉、晴雯都从棺材里扶出来，重新配给宝玉？哪一个不是想作一部"团圆"的《红楼梦》的？我们这样退一步想，就不能不佩服高鹗的补本了。我们不但佩服，还应该感谢他，因为他这部悲剧的补本，靠着那个"鼓担"的神话，居然打倒了后来无数的团圆《红楼梦》，居然替中国文字保存了一部有悲剧下场的小说！

以上是我对于《红楼梦》的"著者"和"本子"两个问题的答案。我觉得我们做《红楼梦》的考证，只能在这两个问题上着手；只能运用我们力所能搜集的材料，参考互证，然后抽出一些比较的最近情理的结论。这是考证学的方法。我在这篇文章里，处处想撇开一切先人的成见，处处存一个搜求证据的目的，处处尊重证据，让证据做向导，引我到相当的结论上去。我的许多结论也许有错误的——自从我第一次发表这篇《考证》以来，我已经改正了无数大错误了——也许有将来发见新证据后即须改正的。但我自信：这种考证的方法，除了《董小宛考》之外，是向来研究《红楼梦》的人不曾用过的。我希望我这一点小贡献，能引起大家研究《红楼梦》的兴趣，能把将来的《红楼梦》研究引上正当的轨道去：打破从前种种穿凿附会的"红学"，创造科学方法的《红楼梦》研究！

▌百二十回本《忠义水浒传》序

一、《水浒》版本出现的小史

这三百年来，大家都读惯了金圣叹的七十一回本《水浒传》，很少人知道《水浒传》的许多古本了。《水浒传》古本的研究只是这十年内的事。十年之中，居然有许多古本出现，这是最可喜的事。

十年前（民国九年七月）我开始做《水浒传考证》的时候，我只有金圣叹的七十一回本和坊间通行而学者轻视的《征四寇》。那时候我虽然参考了不少的旁证，我的许多结论都只可算是一些很大胆的假设，因为当时的证据实在太少了。（《胡适文存》初排本卷三，页八一～一四六）

但我的《水浒传考证》引起了一些学者的注意，遂开了搜求《水浒传》版本的风气。我的《考证》出版后十个月之内，我便收到了这些版本：

1. 李卓吾批点《忠义水浒传》百回本的第一回到第十回，日本冈岛璞翻明刻本（1728年刻）。

2. 《忠义水浒传》百回本的日文译本，冈岛璞译（1907年排印）。

3. 《忠义水浒传》百十五回本，与《三国志演义》合刻，名为《英雄谱》，坊间名为《汉宋奇书》（有熊飞的序，似初刻在崇祯末年）。

4. 百二十四回本《水浒传》（光绪己卯，即1879年，大道堂藏版，有乾隆丙午年的序）。

此外，我还知道两种版本：

5. 百十回本《忠义水浒传》，也是与《三国志》合刻的《英雄谱》本（日本铃木虎雄先生藏）。

6. 百二十回本《忠义水浒传》，明刻本（日本京都府立图书馆藏，有杨定见序）。

这两种我当时虽未见，却蒙日本学者青木正儿先生把他们的回目和序例都抄录了寄给我。

我有了这六种版本作根据，遂又作了一篇《水浒传后考》。（《胡适文存》初排本卷三，页一四七～一八四）这是民国十年六月的事。

民国十二年左右，我知道有三四部百二十回本《忠义水浒全书》出现，涵芬楼得了一部，我自己得了一部，还有别人收着这本子的。后来北京孔德学校收着一部精刻本，图画精致可爱。

民国十三年，李玄伯先生的侄儿兴秋在北京冷摊上得着一部百回本《忠义水浒传》。据玄伯说（《重刊忠义水浒传序》）：

观其墨色纸色，的是明本。且第一册图上每有新安刻工姓名，尤足证明即郭英。（适按，当作郭勋。）在嘉靖年间刻于新安者。明代《水浒》面目，遂得重睹。

我不曾见着兴秋先生的原本，但此书既名《忠义水浒传》，似非郭武定的旧本，因为我们从百二十回本的发凡上知道"忠义"二字是李卓吾加上去的。新安刻工姓名，算不得证据，因为近几百年的刻图工人，要算徽州工人为最精，至今还有刻墨印的专业。故我们只能认李先生的百回本是李卓吾的《忠义水浒传》的一种本子。（玄伯的本子没有"引首"一段，只从张天师祈禳起，与日本翻刻的李卓吾本稍不同，不知是否偶阙这几页。）

玄伯先生于民国十四年把这部百回本标点排印出来，于是国中遂有百回本的重印本。（北京锡拉胡同一号李宅发行，装五册，价二元七角。）

前年商务印书馆把涵芬楼所藏的百二十回本《水浒传》也排印出来，因为我的序迟迟不能交卷，遂延到今年方才出版。

总计近年所出的《水浒传》版本，共有下列各种：

1. 七十一回本（金圣叹本）；

2.《征四寇》本（亚东图书馆《水浒续集》本）；

3. 百十五回本（《英雄谱》本）；

4. 百十回本（《英雄谱》本，铃木虎雄藏）；

5. 百二十四回本（胡适藏）；

6. 李卓吾《忠义水浒传》百回本：

(1) 李玄伯排印本；

(2) 日本冈岛璞翻刻前二十回本；

(3) 日本冈岛璞译本。

7.《忠义水浒全书》百二十回本。

二、十年来关于《水浒传》演变的考证

十年前我研究《水浒传》演变的历史，得着一些假设的结论，大致如下：

1. 南宋到元朝之间，民间有种种的宋江三十六人的故事。有《宣和遗事》和龚圣与的三十六人赞可证。

2. 元朝有许多"水浒"故事，但没有《水浒传》。有许多元人杂剧可证。

3. 明初有一部《水浒传》出现，这部书还是很幼稚的。我们叫它作"原百回本《水浒传》"。这部书也许是罗贯中作的。

4. 明朝中叶，约当弘治正德时期，另有一种七十回本《水浒传》出现。我假定这部书是用"原百回本"来重新改造过的，大致与现行的金圣叹本相同。这部书也许是"施耐庵"作的，但"施耐庵"似是改作《水浒传》者的托名。

5. 到了明嘉靖朝，武定侯郭勋家里传出一部定本《水浒传》来，有新安刻本，共一百回，我们叫它作"百回郭本"。我假定这部书的前七十回全采"七十回本"；后三十回是删改"原百回本"的后半部的。"原百回本"后半有"征田虎"和"征王庆"的两大部分，郭本都删去了，却加入"征辽国"一大段。据说旧本有"致语"，郭本也删去了。据说郭本还把阎婆事"移置"一番。这几点都是"百二十回本"的发凡里指出的郭本与旧本的不同之点。（郭本已不可得，我们只知道李卓吾的百回本。）

6. 明朝晚年有杨定见、袁无涯编刻的百二十回本《忠义水浒全书》出现。此本全采李卓吾百回本，而加入"征田虎"、"征王庆"两大段，但这两段都是改作之文，事实与回目皆与别本（《征四寇》，百十五回本，百十回本，百二十四回本）绝不相同；王庆的故事改变更大。

7. 到金圣叹才有七十一回本出现，没有招安和以后的事，却多卢俊义的一场梦，其他各本都没有这场梦。

8. 七十一回本通行之后，百回本与其他各本都渐渐稀少，于是书坊中人把旧本《水浒传》后半部印出单行，名为《征四寇》。我认《征四寇》是"原百回本"的后半，至少其中征田虎、王庆的两部分是"原百回本"留剩下来的。

这是我九年十年前的见解的大致。当时《水浒》版本的研究还在草创的时期，最重要的百回本和百二十回本，我都不曾见着，故我的结论不免有错误。最大的错误是我假定明朝中叶有一部七十回本的《水浒传》。（《胡适文存》初排本卷三，页一七一～一七六）但我举出的理由终不能叫大家心服；而我这一种假设

却影响到其余的结论，使我对于《水浒传》演变的历史不能有彻底的了解。

六七年来，修正我的主张的，有鲁迅先生、李玄伯先生、俞平伯先生。

鲁迅先生的主张是：

原本《水浒传》今不可得。……现存之《水浒传》，则所知者有六本，而最要者四。

一曰一百十五回本《忠义水浒传》，前署"东原罗贯中编辑"，明崇祯末与《三国演义》合刻为《英雄谱》，单行本未见。……文词蹇拙，体制纷纭，中间诗歌亦多鄙俗，甚似草创初就，未加润色者。虽非原本，盖近之矣。……又有一百十回之《忠义水浒传》，亦《英雄谱》本。……别有一百二十四回之《水浒传》，文词脱略，往往难读，亦此类。

二曰一百回本《忠义水浒传》，……武定侯郭勋家所传之本，……今未见。别有本，亦一百回，有李贽序及批点，殆即出郭氏本，而改题为"施耐庵集撰，罗贯中纂修"。……文辞乃大有增删，几乎改观，除去恶诗，增益骈语，描写亦愈入细微。如述林冲雪中行沽一节，即多于百十五回本者至一倍余。

三曰百二十回本《忠义水浒全书》，亦题"施耐庵集撰，罗贯中纂修"。……全书自首至受招安，事略全同百十五回本；破辽小异，且少诗词，平田虎、王庆，则并事略亦异。而收方腊又悉同。文词与百回本几无别，特于字句稍有更定。……诗词又较多，则为刊时增入。……

发凡云："古本有罗氏致语，相传灯花婆婆等事，既不可复见，乃后人有因'四大寇'之拘而酌损之者，有嫌一百廿回之繁而淘汰之者，皆失。郭武定本即旧本移置阎婆事，甚善。其于寇中去王、田而加辽国，犹是小家照应之法，不知大手笔者正不尔尔。"是知《水浒》有古本百回，当时"既不可复见"；又有旧本，似百二十回，中有"四大寇"，盖谓王、田、方及宋江，即柴进见于白屏风上御书者。郭氏本始破其拘，削王、田而加辽国，成百回；《水浒全书》又增王、田，仍存辽国，复为百二十回。……

总上五本观之，知现存之《水浒传》实有两种：其一简略，其一繁缛。胡应麟（《笔丛》卷四十一）云：

"余二十年前所见《水浒传》本，尚极足寻味。十数载来，为闽中坊贾刊落，止录事实，中间游词余韵神情寄寓处一概删之，遂不堪覆瓿。复数十年，无原本印证，此书将永废。"

应麟所见本，今莫知如何。若百十五回简本，则成就殆当先于繁本，以其用字造句，与繁本每有差违，倘是删存，无烦改作也。……

四曰七十回本《水浒传》。……为金人瑞字圣叹所传，自云得古本，止七十回，于宋江受天书之后，即以卢俊义梦全伙被缚于嵇叔夜终。……其书与百二十回本之前七十回无甚异，惟刊去骈语特多；百廿回本发凡有"旧本去诗词之繁累"语，颇似圣叹真得古本。然文中有因删去诗词而语气遂稍参差者，则所据殆仍是百回本耳。……（《中国小说史略》，页一四一～一四八）

鲁迅先生之说，很细密周到，我很佩服，故值得详细征引。他的主张，简单说来，约有几点：

1. 《水浒》古本有两种，其原百回本在晚明已不可复见，但还有一种百二十回的旧本，中有"四大寇"，谓王、田、方及宋江。

2. 也许还有一种古本，招安之后即接叙征方腊。

3. 这些古本的真相已不可考，但百十五回本的文字"虽非原本，盖近之矣"。

4. 一百回的郭刻本与李卓吾本，删田虎、王庆两大段，而加辽国。文字大有增删，几乎改观，描写也更细密。

5. 一百二十回本的文字，与百回本几乎无分别，加入改作的田虎、王庆两大段，仍保存征辽一大段。

6. 总而言之，《水浒传》有繁本与简本两大类：百十五回本，百十回本，与百二十四回本，属于简本；百回本与百二十回本，属于繁本。明人胡应麟（生1551年，死在1600年以后）以为简本是后起的，是闽中坊贾刊落繁本的结果。鲁迅先生则以为简本近于古本，繁本是后人修改扩大的。

7. 七十回本是金圣叹依据百回本而截去后三十回的，为《水浒传》最晚出的本子。

俞平伯先生的《论〈水浒传〉七十回古本的有无》（《小说月报》十九卷四号，页五〇五～五〇八），即采用鲁迅先生的主张，不承认有七十回古本。鲁迅先生曾说：

又简本撰人止题罗贯中比郭氏本出，始著耐庵，因疑施乃演为繁本者之托名，当是后起，非古本所有。

平伯承认此说，列为下表：

简本百回　罗贯中

繁本百回　施耐庵　罗贯中

金本七十一回　施耐庵

平伯又指出圣叹七十一回本的特点，除掉伪作施耐庵序之外，只多了第七十一回的卢俊义的一场噩梦。平伯以为这一梦是圣叹添入的。他说：

依适之《后考》的说法，……是各本均无此梦也。适之以为圣叹曾有的古本，岂不成为孤本乎？

李玄伯先生（宗侗）重印百回本《水浒传》时，作了一篇很有价值的《读水浒记》，其中第一节是"《水浒》故事的演变"，很有独到的见解。玄伯先生说，《水浒》故事的演变，可分四个时期：

第一个时期，先有口传的故事，不久即变成笔记的《水浒》故事。这时期约当北宋末年以至南宋末年。玄伯说：

这种传说当然是没有系统的，在京东的注意梁山泺，在京西的注意太行山，在两浙的注意平方腊，并且各地还有他所喜爱的中心英雄。

这还是《水浒》故事口传的时期。这时期的经过不甚久，因为南宋时已经有了笔记的《水浒》故事了。

玄伯引龚圣与的《宋江三十六人赞序》和《宣和遗事》为证。他说：

但是那时的记载，……只是短篇的。这种本子现时固然逸失了，我却有几个间接的证据。

（一）现在《水浒传》内，常在一段大节目之后加一句"这个唤作……"，如……"这个唤作《智取生辰纲》"。大约以前有段短篇作品，唤作"智取生辰纲"，所以结成长篇以后，还留了这么一句。

（二）宋江等在梁山，忽然叙写他们去打华州，似乎非常的无道理，但是我们要明白了初一步的《水浒》是短篇的，是无系统的，就可明白了这无道理的理由。上边我说过，梁山左近有梁山的《水浒》故事，京西有京西的《水浒》故事。龚圣与的赞有四处"太行"字样，足可证说宋江等起于京西的，在当时颇盛行。华州事即京西故事之一。后人想综合京东京西各种为一长篇，想将宋江从京东搬到京西，只好牵出史进被陷……以作线索了。

玄伯又说：

这些短篇《水浒》故事，是与元代的杂剧同时或稍前的。元曲的《水浒》剧即取材于这些篇。因为他们的传说、作者、产地的不同，所以内容常异，杂剧内人物的性格也因取材的不同而不一致。

第二个时期，约在元明之间，"许多的短篇笔记，连贯成了长篇，截成一回一回的，变作章回体的长篇《水浒》故事"。玄伯很大胆地假定当时至少有所谓"水浒四传"：

第一传的事迹，约等于百回本的第一回至第八十回所包含的，就是从误走妖魔起，至招安止。

第二传是百回本的第八十回至第九十回，平辽一段。

第三传是百回本所无，征田虎、王庆一段。

第四传是百回本第九十回至一百回，平方腊一段。

为什么说"水浒四传"，而不说一传呢？

重要的理由是四传内的事迹互相冲突。在短篇的时候，各种故事的产生，地点不同，流传不同，互相冲突的地方在所不免。如果当时就直接的成为一传……自应删去冲突字句，前后照应。现在所以不如此者，恰因是经过四传分立的阶级，在合成一传则冲突者，在四传各身固不必皆冲突也。

玄伯举了几条证据：第一条即是我十年前指出王进即是王庆的化身。（《水浒传考证》页一二五，《后考》页一五九～一六一）玄伯不信我的主张，他的解释是"两卷或者同一蓝本"。第二条是我九年前指出智真和尚两次送给鲁智深的四句终身偈语，前后不同，我疑心前四句是七十回本所独有。（《后考》页一七三～一七四）玄伯说："以前大约相传有智真长老赠四句言语的这回事，两传皆窃仿罢了。"第三条证据是前传的蓼儿洼是梁山泊的一部分，而方腊传里却把蓼儿洼认为楚州南门外的一块地方。

玄伯又说：

即以文体而论，四传亦不甚相同，且所用地名，亦多古今的分别，皆足证明各传非一人一时之所集，更足证各传集成时的先后。前传及征方腊传，征二寇传

较老，征辽传次之。征方腊传所用宋代的地名最多。……前传经后人修改处似
较多。

第三时期，约在明代，"即将《水浒》长篇故事，或二传，或三传，或四传，
合成更长篇的《水浒传》。百回本即合三传（前传，征辽，征方腊）而成，百二
十回本即合四传而成者。……因为他们是分开的，自成一段，所以合二传，三
传，四传，皆无不成"。

第四时期，即清初以后，"田、王，征辽，方腊三传皆被删去，前传亦被删
去七十一回以后的事迹，加了卢俊义的一梦，变作现行的七十回本。这种变化，
完全是独出心裁。他虽假托古本，这个古本却似并未存在过"。

李玄伯先生之说，有很大胆的假设，有很细密的推论，我也很佩服，所以也
详细摘抄在这里。

三、我的意见

玄伯先生的四期说，我最赞成他的第一时期。他指出最初的《水浒》故事是
短篇的，没有系统的，不一致的，并且各地有各地最喜欢的英雄。玄伯是第一个
人发现这种"地方性"，可以解决许多困难。元人杂剧里的《水浒》故事，便是
从这种有地方性的短篇来的。

但玄伯说的第二时期，我却不敢完全赞同。他假定最早的长篇《水浒》故事
曾经过所谓"四传"的过渡时期。他说：

如果当时就直接的成为一传……自应删去冲突字句，前后照应。

这个理由，我认为不充分。百回本是结合成一传的了，前后并不冲突，冲突
的字句都删去了。百十五回本和百二十四回本也是结成一传的，其中便有前后冲
突的地方，如既有王进被高俅陷害，又有王庆被高俅陷害；既有高俅投奔柳世
权，又有高俅投奔柳世雄。可见冲突字句的有无，全靠改编的人的本事高低，并
不关曾否经过四传的阶级。

况且四传之说，本身就很难成立。第一传从开篇说到招安，还可成一传。第
二传单说征辽，第三传单记征田虎、王庆，第四传单记征方腊，似乎都不能单独
存在罢？如果真有这三传，它们也不过是三种短篇，与《智取生辰纲》、《大闹江
州》，有什么分别？既是独立的短篇，便应该属于玄伯所谓第一时期，不应该别
立所谓第二时期了。故"四传"之说，我认为大可不必有，还不如鲁迅先生的

"话本不同"说，可以免除更多的困难。

鲁迅先生与玄伯都主张一种"多元的"说法。鲁迅说：

后之小说，既以取舍不同而分歧，所取者，又以话本不同而违异。

这是说《水浒传》原本有各种"话本不同"，他假定有百回古本，有述"四大寇"的百二十回本，又有招安之后直接平方腊之别本，又有破辽的故事，其来源也许在明以前。——这便是四种或三种长篇古本了。这种多元的长篇全传说，似乎比玄伯的"四传"说满意得多。

大概最早的长篇，颇近于鲁迅先生假定的招安以后直接平方腊的本子，既无辽国，也无王庆、田虎。这个本子可叫作"X"本。

玄伯先生也认前传与征方腊传用的地名最为近古。不但如此，征辽与征田虎、王庆三次战事都没有损失一个水浒英雄，只有征方腊一役损失过三分之二。这可见征方腊一段成立在先，后人插入的部分若有阵亡的英雄，便须大大的改动原本了。为免除麻烦起见，插入的三大段只好保全一百零八人，一个不叫阵亡。这是一种证据。征田虎、王庆时收的降将，如马灵、乔道清之流，在征方腊一役都用不着了。这也可见征方腊一段是最早的，本来没有这些人，故不能把他们安插进去。这又是一种证据。

这个"X"本，也许就是罗贯中的原本。

后来便有人误读《宣和遗事》里的"三路之寇"一句话，硬加入田虎、王庆两大段，便成了一种更长的本子，也许真有百二十回之多。这个本子可叫作"Y"本。

后来又有一种本子出来，没有王庆、田虎两大段，却插入了征辽国的一大段。这个本子可叫作"Z"本。鲁迅先生疑心征辽的故事起于明以前，也许在南宋时。玄伯先生则以为征辽的一传晚出。我想玄伯先生的话，似乎最近事实。

这三种古本的回数，现在已不可考了。大概"X"本不足百回，"Y"本大概在百回以外，"Z"本大概不过百回。

到了明朝嘉靖时代，武定侯郭勋家里传出一部《水浒传》，有新安刻本，有汪太函（道昆）的序，托名"天都外臣"。（此据《野获编》）汪道昆，字伯玉，嘉靖二十六年（1547年）进士，与王世贞齐名，是当时的一个大文学家。他是徽州人，此本又刻在徽州，也许汪道昆即是这个本子的编著者。当时武定侯郭勋喜欢刻书，故此本假托为郭家所传。郭勋死在嘉靖二十八年（1549 年），也许此本刻出时，他已死了，故更容易假托。其时士大夫还不敢公然出名著作白话小说，故此本假托于"施耐庵"。这个本子，因为号称郭勋所传，故我们也称为"郭本"。

近见邓之诚先生的《骨董琐记》卷三有云：

闻缪艺风丈云：光绪初叶，曾以白金八两得郭本于厂肆，书本阔大，至一尺五六寸，内赤发鬼尚作尺八腿，双枪将作一直撞云。（页二二）

缪先生死后，他的藏书多流传在外，但这部郭本《水浒传》至今无人提及，不知流落在何方了。百二十回本的发凡说：

郭武定本，即旧本，移置阎婆事甚善，其于寇中去王、田而加辽国，犹是小家照应之法，不知大手笔者正不尔尔。如本内王进开章而不复收缴，此所以异于诸小说，而为小说之圣也欤！

又说：

旧本去诗词之烦芜……颇直截清明。

又说：

订文音字，旧本亦具有功力，然淆讹舛驳处尚多。

总以上所说，郭本可知之点如下：

1. 王进开章，与今所见各本同。

2. 移置阎婆事，不知如何移置法。

3. 去王庆、田虎二段。

4. 加辽国一段。

5. 删去诗词。

6. 有订文音字之功。

7. 据缪荃孙所见，书本阔大，其中双枪将作一直撞，还保存《宣和遗事》的旧样子；赤发鬼作尺八腿，则和龚圣与《宋江三十六人赞》相同。

我们关于郭本，所知不过如此。胡应麟说：

余二十年前所见《水浒传》本，尚极足寻味。十数载来，为闽中坊贾刊落，止录事实，中间游词余韵神情寄寓处，一概删之，遂不堪覆瓿。后数十年，无原本印证，此书将永废。

　　胡应麟生于 1551 年（据王世贞《石羊生传》），当嘉靖三十年。他的死年不可考，他的文集（《少室山房类稿》，有《四库全书》本，有《续金华丛书》本）里无万历庚子（1600 年）以后的文字，他死时大概年约五十岁。他说的"二十年前所见《水浒传》本"，当是他少年时，约当隆庆、万历之间，当西历 1572 年左右。他所见的本子，正是新安刻的所谓郭本。他说那种本子"尚极足寻味"，中间多有"游词余韵神情寄寓处"，更证以上文所引"王进开章"的话，我们可以断定郭本的文字必定和李贽批点的《忠义水浒传》百回本相差不远。

　　李贽（卓吾）死在万历三十年（1602 年），年七十六。今世所传《忠义水浒传》，大概出于李贽死后，因为他爱批点杂书，故坊贾翻刻《水浒传》，也就借重这一位身死牢狱而名誉更大的名人。日本冈岛璞翻刻的《忠义水浒传》，有李贽的《读〈忠义水浒传〉序》一篇。此序虽收在《焚书》及《李氏文集》，但《焚书》与《文集》皆是李贽死后的辑本，不足为据。比如《三国演义》之有金圣叹的"外书"，似是书坊选家的假托。若李氏批点本《水浒传》出在 1600 年以前，胡应麟藏书最多，又很推崇《水浒传》，不应该不见此本。故我疑心李氏批点本是 1600 年以后刻印的，大概去李氏之死不很久，约当 1605 年左右。大概郭本流传不多，而闽中坊贾删节的本子却很盛行，当时文学家如胡应麟之流，都曾感觉惋惜，于是坊贾有翻刻郭本的必要，遂假托于李贽批点之本。试看冈岛璞翻刻本所保存的李贽批语，与百二十回本的批语，差不多没有一个字相同的。如第二回，两本各有十几条眉批，但只有一条相同。两本同是所谓李贽批点本，而有这样的大不同，故我们可以断定两本同是假托于李贽的。

　　这种李氏百回本，大概是根据于郭本的，故我们可以从这种本子上推论郭本的性质。

　　郭本似是用已有的"X"、"Y"、"Z"等本子来重新改造过的。"X"本的事迹大略，似乎全采用了。"Y"本的田虎、王庆两大段，太幼稚了，太荒唐了，实在没有采用的价值。但郭本的改作者却看中了王庆被高俅陷害的一小段，所以他把这一段提出来，把王庆改作了王进，柳世雄改作了柳世权，把称王割据的王庆改作了一个神龙见首不见尾的孝子，把一段无意识的故事改作了一段最悲哀动人又最深刻的《水浒》开篇。此外，王庆和田虎的两大段便全删去了。

　　郭本虽根据"X"、"Y"等本子，但其中创作的成分必然很多。这位改作者（施耐庵或汪道昆）起首确想用全副精力作一部伟大的小说，很想放手做去，不受旧材料的拘束，故起首的四十回（从王进写到大闹江州），真是绝妙的文字。这四十回可以完全算是创作的文字，是《水浒传》最精彩的部分。但作者到了四十回以后，气力渐渐不佳了，渐渐地回到旧材料里去，草草地把一百零八人都挤进来，草草地招安他们，草草地送他们出去征方腊。这些部分都远不如前四十回的精彩了。七十回以下更潦草得厉害，把元曲里许多幼稚的《水浒》故事，如李逵乔坐衙、李逵负荆、燕青射雁等等，都穿插进去。拼来凑去，还凑不满一百回。王庆、田虎两段既全删了，只好把"Z"本中篇幅较短的征辽国一段故事加进去。

故郭本和所谓李卓吾批点的百回本《水浒传》，是用"X"本事迹的全部而大加改造，加上"Z"本的征辽故事，又加上从"Y"本借来重新改造过的王进与高俅的故事作为开端，但完全删除了王庆、田虎两大部分。

但据胡应麟所说，十六世纪的晚年，闽中坊贾刻有删节本的《水浒传》（其说引见上文）。邓之诚先生《骨董琐记》卷三引金坛王氏《小品》说：

> 此书每回前各有楔子，今俱不传。予见建阳书坊中所刻诸书，节缩纸板，求其易售，诸书多被刊削。此书亦建阳书坊翻刻时删落者。

每回前各有楔子，是不可能的事；此与周亮工《书影》所说"一百回各以妖异语引其首"，同是以讹传讹，后文我另有讨论。王彦泓所记建阳书坊删削《水浒》事，可与胡应麟所记互相印证，同是当时人士的记载。此种删节的《水浒传》，我们现在所见的，有百十五回本，有百二十四回本，虽未见而知道的，有百十回本。这些本子都比李卓吾批点本简略的多。

鲁迅先生称这些本子为"简本"，但他不信百十五回本就是胡应麟说的闽中坊贾删节本。他以为百十五回简本"文词蹇拙，体制纷纭，中间诗歌亦多鄙俗，甚似草创初就，未加润色者。虽非原本，盖近之矣"。鲁迅主张百十五回简本的成就"殆当先于繁本"。他的理由是："以其用字造句，与繁本每有差违，倘是删存，无烦改作也。"

鲁迅先生所举的理由，颇不能使我心服。他论金圣叹七十回本时，曾说：

> 然文中有因删去诗词而语气遂稍参差者，则所据殆仍是百回本耳。

这可见"倘是删存，无烦改作"之说不能完全成立。再试看我所得的百二十四回本，删节更厉害了，但改作之处更多。如鲁迅所引林冲雪中行沽的一段：

在百回本（日本翻明本）有六百零一字（百二十回本同）

在百十五回本 有二百四十八字

在百二十四回本 只有一百四十一字

可见百二十四回本是删节最甚的本子，然而这个本子也有很分明的改作之处。如林冲在天王堂遇着酒生儿李小二，小二夫妻在酒店里偷听得陆虞侯同管营差拨的阴谋，他们报告林冲，劝他注意，林冲因此带了刀，每日上街去寻他的仇人，以后才是接管草料场的文章。这一大段在百回本和百二十回本里都有二千字之多，在百十五回本里也有一千一百多字。但在百二十四回本里，李小二夫妻同他们的酒店都没有了。只说有一天，一个酒保来请管营与差拨吃酒，他们到了店里，见两个军官打扮的人，自称陆谦、富安，把高太尉的书信给管营与差拨看了，他们定下计策，分手而去。全文只有三百五十多个字。故若添上李小二夫妻的故事，须有一千一百到二千字；若删了他们，改造一番，三百多字便够用了。这可见删节也往往正有改作的必要，故鲁迅先生"删存无烦改作"之说不能证明百十五回本之近于古本，也不能证明此种简本成于百回繁本之先。俞平伯先生也主张此说，同一错误。

今日市上最风行的每页插图的节本小说多种，专为小孩子和下流社会做的，俗名"画书"。每页上图画差不多占全页，图画上方印着四五十个字的本文，其中有《水浒传》、《西游记》、《薛仁贵征东》等等，删节之处最多，有时因删节上的需要，往往改动原文，以便删节。看了这些本子，便知"删存无烦改作"之说是不能成立的。

故我主张，百十回本和百二十四回本等等简本大概都是胡应麟所说的坊贾删节本：其中从误走妖魔到招安后征辽的部分，和后文征方腊到卷末，都是删节百回郭本的；其中间插入征田虎、王庆的部分，是采用百回郭本以前的旧本（上文叫作"Y"本）的。加入这两大段，又不曾删去征辽一段，便不止百回了。故有百十回到百二十四回的参差。

外面通行的《征四寇》，即是从这些坊贾删节本出来的。我从前认《征四寇》是从"原百回本"出来的，那是我的误解。

四、论百二十回本

这种有田虎、王庆两段的删节本《水浒传》，自然比那些精刻的郭本、李本流行更广，于是一般读者总觉得百回本少了田、王两寇，像是一部不完全的《水浒传》。所以不久便有百二十回本出现，即是现在商务印书馆翻印的"绣像评点《忠义水浒全书》"。因为大家感觉百回本的不完全，故这部书叫作"全书"。

这部百二十回本又叫作"新镌李氏藏本《忠义水浒全书》"，卷首有"楚人凤里杨定见"的小引，自称是"事卓吾先生"的，又说"先生殁而名益尊，道益广，书益播传，即片牍单词留向人间者，靡不珍为瑶草，俨然欲倾宇内"。李贽死在万历三十年，此书之刻，当在崇祯初期，去明亡不很远了。

杨序又说，他在吴中，遇着袁无涯，遂取李贽"所批定《水浒传》"付无涯。大概杨定见是改造百二十回本的人，袁无涯是出钱刻印这书的人，可惜都不可考了。

此本有"发凡"十条，其中颇多可供考证的材料，故我在《水浒传后考》里，鲁迅先生在《中国小说史略》里，往往征引"发凡"的话。但十年以来，新材料稍稍出现，可以证明"发凡"中的话有很不可信之处，如第六条说：

古本有罗氏致语，相传"灯花婆婆"等事，既不可复见；乃后人有因四大寇之拘而酌损之者，有嫌一百廿回之繁而淘汰之者，皆失。

这些话，十年来我们都信以为真，故我同鲁迅先生都信古本《水浒》有罗氏致语，有相传"灯花婆婆"等事，鲁迅又相信古本真有百二十回本。我现在看来，这些话都没有多大根据，杨定见并不曾见"古本"，他说"古本"怎样怎样，大概都是信口开河，假托一个古本，作为他的百二十回改造本的根据而已。

罗氏致语之说，除此本"发凡"之外，还有周亮工《书影》说的：

故老传闻，罗氏《水浒传》一百回，各以妖异语冠其首。嘉靖时，郭武定重刻其书，削其致语，独存本传。

又《王氏小品》也说：

此书每回前各有楔子，今俱不传。

这都是以讹传讹的话。每回前各有妖异的致语，这是不可能的事。《水浒传》的前面有"洪太尉误走妖魔"的一段，这便是《水浒传》的"致语"。全书只有这一段"妖异语"的"致语"，别没有什么"灯花婆婆"等事。"灯花婆婆"的故事乃是《平妖传》的致语，其书现存，可以参证。这是因为《水浒传》和《平妖传》相传都是罗贯中作的，两书各有一段妖异的致语，后来有人记错了，遂说

"灯花婆婆"的故事是古本《水浒传》的致语。后来的人更张大其词，遂说一百回各有妖异的致语了。（参看胡适《宋人话本八种序》页一～四又页二七～三〇。）

至于古本有百二十回之说，也是"托古改制"的话头，不足凭信。大概古本不止一种，上文所考，"X"本无征辽及王、田二寇，必没有一百回；"Y"本有王、田而无辽国，"Z"本有辽国而无王、田，大概至多不过在百回上下，都没有百二十回之多。坊间的删节本，始合王、田二寇与辽国为一书，文字被删节了，事实却增多了，故有超过百十回的本子。杨定见改造王、田二寇，文字增加不少，成为百二十回本，所以要假托古本有百二十回，以抬高其书；其实他所谓"古本"，不过是建阳书坊的删节本罢了。

百二十回本的大贡献在于完全改造旧本的田虎、王庆两大寇。原有的田虎、王庆两部分是很幼稚的，我们看《征四寇》或百十五回本，都可以知道这两部分没有文学的价值。郭本与李卓吾本都删去这两部分，大概是因为这些部分太不像样了，不值得保存。况且王庆的故事既然提出来改作了王进，后面若还保留王庆，重复矛盾的痕迹就太明显了，所以更有删除的必要。后来杨定见要想保留田虎、王庆两大段，却也感觉这两段非大大地改作过，不能保存。于是杨定见便大胆把旧有的田虎、王庆两段完全改作了。

……

旧本写征田虎一役，全无条理，只是无数琐碎的战阵而已。改本认定几个关键的人物，如乔道清，孙安，琼英郡主，用他们作中心，删去了许多不相干的小战阵，故比旧本精密的多。旧本又有许多不近情理的地方，改本也都设法矫正了。试举张清匹配琼英的故事作例。旧本中此事也颇占重要的地位，但张清所以去假投降者，不过是要打救被乔道清捉去的四将而已。改本看定张清、琼英的故事可作为破田虎的关键，故在第九三回即在李逵的梦里说出神人授与的"要夷田虎族，须谐琼矢镞"十个字，又加入张清梦中被神人引去教授琼英飞石的神话，这便是把这段姻缘提作田虎故事的中心部分了。这是一不同。

旧本既说琼英是乌利国舅的女儿，后文乔道清又说她是"田虎亲妹"，这种矛盾是很明显的。况且无论她是田虎的亲妹或表妹，她的背叛田虎，总于她的人格有点损失，至于张清买通医士，毒死她的亲父，也未免太残忍。

改本认清了此二点，故不但说琼英"原非邬梨亲生的"，并且说田虎是杀她的父母的仇人。这样一来，琼英的背叛，变成了替父母报仇，毒死邬梨也只是报仇，琼英的身份便抬高多了。这是二不同。

旧本写张清配合琼英，完全是一种军事策略，毫无情义可说。改本借安道全口中说出张清梦中见了琼英，醒来"痴想成疾"，后来琼英在阵上飞石连打宋将多人，张清听说赶到阵前，要认那女先锋，那边她早已收兵回去了，张清只得"立马怅望"。这很像受了当时风行的牡丹亭故事的影响，但也抬高张清的身份不少。这是三不同。

这一个故事的改作，很可以表示杨定见改本用力的方向与成绩。此外如乔道清，如孙安，性格描写上都很有进步。田虎部下的将领中有王庆，有范全，都和下文王庆故事中的王庆、范全重复了，所以改本把这些人都删去了。这些地方都是进步。

王庆的故事改造更多。这是因为这里的材料比较更容易改造。田虎一段，只有征田虎的事，而没有田虎本人的历史。百十五回本叙田虎的历史，只有寥寥一百个字。百二十回本稍稍扩大了一点，也只有四百二十字。王庆个人的故事，在百十五回里，便占了四回之多，足足有一万三千多字。材料既多，改造也比较容易了。

不但如此，上文我曾指出王庆故事的原本太像王进的故事了，这分明是百回本《水浒传》的改造者（施耐庵？）把王庆的故事提出来，改成了《水浒传》的开篇，剩下的糟粕便完全抛弃了。百二十回本的改造者也看到了这一点，故他要保存王庆的故事，便不能不根本改造这一大段的故事。

原本的王庆故事的大纲如下：

1. 高俅未遇时，流落在灵璧县，曾受军中都头柳世雄的恩惠。

2. 高俅做殿前太尉时，柳世雄已升指挥使，来见高俅。高俅要报他的大恩，叫八十万禁军教头王庆把他该升补的总管之职让给柳世雄。

3. 高俅教王庆比武时让柳世雄一枪。王庆心中不愿，比枪时把柳世雄的牙齿打落。

4. 高俅怀恨，要替柳世雄报仇，亲自到十三营点名，王庆迟到，诉说家中有香桌香炉飞动进门的怪事，他打碎香桌，闪了臂膊，赎药调治，误了点名。高俅判他捏造妖言，不遵节制，斥去官职，杖二十，刺配淮西李州牢城营安置。

这是王庆故事的第一段，是他刺配淮西的原因。这段故事有几点和王进故事相像：（1）两个故事同说高俅贫贱时流落淮西；（2）高俅的恩人柳世雄，在王进故事里作柳世权，明明是一个人；（3）王庆、王进同是八十万禁军教头，明明是一个人的化身；（4）王庆、王进同因点名不到，得罪高俅。因为这些太相像之点，这两个故事不能同时存在，故百回本索性把王庆故事删了，故百二十回本决定把这个故事完全改作。

这一段的改本的大纲是：

1. 王庆不是八十万禁军教头，只是开封府的一个副排军，是一个赌钱宿娼的无赖。

2. 王庆在艮岳见着蔡攸的儿媳妇，是童贯的侄女，小名唤作娇秀。他们彼此留情，就勾搭上了。

3. 一日王庆醉后把娇秀的事泄漏出去，风声传到童贯耳朵里。童贯大怒，想寻罪过摆布他。

4. 他在家乘凉，一条板凳忽然四脚走动，走进门来。王庆喝声："奇怪！"一脚踢去，用力太猛，闪了胁肋，动弹不得。

5. 王庆因腰痛误了点名，被开封府府尹屈打成招，定了个捏造妖言，谋为不轨的死罪。后来童贯、蔡京怕外面的议论，教府尹速将王庆刺配远恶军州。于是王庆便被刺配到陕州牢城。

这里面高俅不见了，柳世雄也不见了，八十万禁军教头换成了一个副排军，于是旧本的困难都解决了。

……

又如写定山堡、段家庄的戏台下的情形：

那时粉头还未上台，台下四面有三四十只桌子，都有人围挤着在那里掷骰赌钱。那掷骰的名儿非止一端，乃是六凤儿，五幺子，火燎毛，朱窝儿。

又有那撷钱的，蹲踞在地上，共有二十余簇人。那撷钱的名儿也不止一端，乃是浑沌儿，三背间，八叉儿。

那些掷骰的在那里呼么喝六，撷钱的在那里唤字叫背；或夹笑带骂，或认真厮打。那输了的，脱衣典裳，褫巾剥袜，也要去翻本。……那赢的，意气扬扬，东摆西摇，南闯北趱的寻酒头儿再做；身边便袋里，搭膊里，衣袖里，都是银钱；到后来捉本算账，原来赢不多；赢的都被把梢的，放囊的，占了头儿去。

（百四回，页三三）

这样细密的描写，都是旧本的王庆故事里没有的。

旧本于征王庆的一段之中，忽然插入"宋公明夜游玩景，吴学究帷幄谈兵"一回，前半宋江和卢俊义，吴用，乔道清诸人各言其志，后半吴用背诵《武侯新书》，全是文言的，迂腐的可厌。百二十回本把这一回全删去了。

但征讨王庆的战事，无论如何彻底改造，总不见怎样出色；不过比旧本稍胜而已。

我在上文举的这些例子，大概可以表示百二十回本的性质了。百二十回本的改作者，大概就是作序的楚人杨定见，他想把田虎、王庆两部分提高，要使这两段可以和其他的部分相称，故极力修改田虎故事；又发愤改造王庆故事，避免了旧本里所有和百回本重复或矛盾之处，改正了地理上的错误，删除了一切潦草的、幼稚的记载（如王庆与六国使臣比枪），提高了书中主要人物的性格（如张清、琼英等），统一了本书对王庆一群人的见解，（王庆在旧本里并不算小人，此本始放手把他写成一个无赖。）并且抬高了人物描写的技术。——这是百二十回本的用意和成绩。

但《水浒传》的前半部实在太好了，其他的各部分都赶不上。最末的部分——平方腊班师以后——还有几段很感动人的文字：如写鲁智深之死、燕青之去、宋江之死、徽宗之梦，都还有点文学的意味。百回本里的征辽一段，实在是百回本的最弱部分，毫没有精彩。碣石天文以后，征辽以前，那一长段也无甚精彩。征方腊的部分也不很高明。至于田虎、王庆两大段，无论是旧本，或百二十回的改本，总不能叫人完全满意。

如果《水浒传》单是一部通俗演义书，那么，百二十回的改本已可算是很成功的了。但《水浒传》在明朝晚年已成了文人共同欣赏赞叹的一部文学作品，故其中各部分的优劣，很容易引起文人的注意。后来删削《水浒传》七十回以下的人，即是最崇拜《水浒传》的金圣叹。圣叹曾说：

天下之文章无出《水浒》右者！

他删去《水浒》的后半部，正是因为他最爱《水浒》，所以不忍见《水浒》受"狗尾续貂"的耻辱。

也许还有时代上的原因。我曾说：

圣叹生在流贼遍天下的时代，眼见张献忠、李自成一班强盗流毒全国，故他觉得强盗是不可提倡的，是应该口诛笔伐的。……圣叹又亲见明末的流贼伪降官兵，后复叛去，遂不可收拾，所以他对于《宋史》侯蒙请赦宋江使讨方腊的事，大不满意，极力驳他，说他"一语有八失"；所以他又极力表章那没有招安以后事的七十回本。（《水浒传考证》）

金圣叹的文学眼光能认识《水浒》七十回以下的文笔远不如前半部，他的时代背景又使他不能赞成招安强盗的政策，所以他大胆地把七十回以下的文字全删了，又加上卢俊义的一个梦，很明显地教人知道强盗灭绝之后天下方得太平。这便是圣叹的七十一回本产生的原因。

圣叹的辩才是无敌的，他的笔锋是最能动人的。他在当日有才子之名，他的被杀又是当日震动全国的一件大惨案。他死后名誉更大，在小说批评界，他的权威直推翻了王世贞、李贽、钟惺等等有名的批评家。那部假托"圣叹外书"的《三国演义》尚且风行三百年之久，何况这部真正的圣叹评本的七十回本《水浒传》呢？无怪乎三百年来，我们只知道七十回本，而忘记了其他种种版本的存在了。

我们很感谢李玄伯先生，使我们得见百回本的真相；我们现在也很感谢商务印书馆，使许多读者得见百二十回本的真相。我个人很感谢商务印书馆要我作序，使我有机会把这十年来考证《水浒》的公案结一笔总账。万一将来还有真郭本出现的一天，我们对于《水浒传》的历史的种种假设的结论，就可以得着更有力的证实了。

第五章

对中国历史的看法

▌说史

《论语》十五，有这一段话：

子曰：吾犹及史之阙文也，有马者借人乘之。今亡矣夫！

《何晏集解》引包氏曰：

古之史于书字有疑，则阙之，以待知者。有马不能调良，则借人使习之。孔子自谓及见其人如此，至今无有矣。言此者，以俗多穿凿也。（此据日本古卷子本）邢昺正义本"古之史"作"古之良史"，又"借人使习之"作"借人乘习之"。邢疏说："史是掌书之官也。文、字也。古之良史于书字有疑，则阙之，以待能者，不敢穿凿。孔子言我尚及见此古史阙疑之文。有马者借人乘之者，此举喻也。喻己有马不能调良，当借人乘习之也。……"

又《论语》六，有这一段话：

子曰：质胜文则野，文胜质则史。文质彬彬，然后君子。

《集解》引包氏曰：

野如野人，言鄙略也。史者，文多而质少也。彬彬，文质相半之貌。（邢昺疏："……'文胜质则史'者，言文多，胜于质，则如史官也。……"）

文与质的讨论又见于《论语》十二：

131

棘子成曰："君子质而已矣，何以文为？"子贡曰："惜乎，夫子之说君子也，驷不及舌。文犹质也？质犹文也？虎豹之鞟，犹犬羊之鞟也？"（适按：末三"也"字作"耶"字读，就不用解说了。皇侃本、高丽本、日本古卷子本，都有最末"也"字。）

《集解》引孔安国说：

皮去毛曰鞟。虎豹与犬羊别者，正以毛丈异耳。

今使文质同者，何以别虎豹与犬羊耶？

以上三条，可以互相发明。我以为"史之阙文"一句的"文"字，也应该作"文采"、"文饰"解。"吾犹及史之阙文也"，是说："我还看见过那没有文藻涂饰的史文。现在大概没有了吧？"这就是说，"现在流行的'史'，都是那华文多过于实事的故事小说了。"

当孔子的时代，东起齐、鲁，西至晋、秦，南至荆、楚，中间包括宋、郑诸国，民间都流行许多新起的历史故事，都叫作"史"，其实是讲史的平话小说。

最好的例子是晋国献公的几个儿子的大故事——特别是太子申生的故事，公子重耳出亡十九年（僖公五年至二十四年）才归国重兴国家的故事。这个大故事在《国语》里占四大卷（《晋语》一至四），约有一万八千字；在《左传》里也有五六千字。（旧说《左传》出于《国语》，是不确的。试比较《国语》、《左传》两书里的晋献公诸子的大故事，可知两个故事都从同一个来源出来，那个来源就是民间流行的史话，而选择稍有不同。《国语》详于重耳复国以前的故事，《左传》详于重耳复国以后的故事。）这个大故事，从晋献公"卜伐骊戎"起，到晋文公死了，还不曾完，文公的棺材还"有声如牛"，卜人预言明年的殽之战的大捷。这故事里，有美人，有妖梦（魇），有大战，有孝子，有忠臣，有落难十九年的公子，有痛快满意的报国恩仇。凡是讲史平话最动人的条件，无一不有；凡是讲史平话的技术，如人物的描写，对话的有声有色，情节的细腻，也无一不有。这种"史话"就是孔子说的"文胜质则史"。

又如鲁国当时就流行着许多史的故事，如季氏一族的大故事，从季友将生时卜楚丘之父的卜辞起，到鲁昭公失国出奔——从前八世纪的末年直到前六世纪的晚年，一个二百年的大故事。试读"昭公出奔"的一个"回"（昭公二十五年），从季公鸟的寡妇如何挑拨起季氏的内讧说起，次说到季平子与郈昭伯两家斗鸡引起仇恨，次说到平子如何得罪了臧孙氏一族，次说到这些不满意的分子如何耸动昭公决心要消灭季氏的政权，次说到阴谋的实行，公徒攻入季氏门，季氏的危机，次说到叔孙氏的家徒如何用武力去救援季孙氏，次说到孟孙氏如何犹豫，如何转变过来援助季氏，合力打败公徒，最后才说到昭公的去国出奔。这是很有小说意味的"史话"。

此外，郑国有郑庄公的故事，有子产的故事。卫国有卫宣姜的故事，有卫懿公亡国的故事。鲁国有"圣人"臧文仲的故事。晋国有叔向的故事，还有那赵氏从赵盾到赵武的大故事。在《左传》结集的时候，那个赵氏史话里还没有程婴、公孙杵臼的成分，然而已很够热闹了。后来《史记·赵世家》里采取了那后起的程婴、公孙杵臼大故事，于是那个后起的史话也就成了正"史"的一部分了。

我们必须明白在孔子时代各国都有那些很流行、很动人的"文胜质"的"史话"，方才可以明白孔子说的"吾犹及史之阙文也……今亡矣夫"一句话。"阙文"的史，就是那干燥无味的太史记录，例如"夏五月，郑伯克段于鄢"一类的史文，绝没有文采的藻饰，也没有添枝添叶的细腻情节。

《仪礼》八《聘礼》有这一段：

> 辞无常，孙而说。辞多则史，少则不达。辞苟足以达，义之至也。（郑玄注："史谓策祝。"）

这里的"辞多则史"，与《论语》"文胜质则史"，都是指古代民间流行的"史的平话"，是演义式的"史"。

这种"史的故事"或"史的平话"，起源很古，古到一切民族的原始时代。商民族的史诗：

> 天命玄鸟，降而生商。

那是商民族的史的故事。周民族的史诗，说得更有声有色了：

> 厥初生民，时维姜嫄。
> 生民如何？
> 克禋克祀，以弗无子。
> 履帝武敏歆，攸介攸止。
> 载震载夙，载生载育，——

时维后稷。

诞（诞有"当时"之意）弥厥月，
先生如达。（达是小羊）
不坼不副，无菑无害。

诞置之隘巷，牛羊腓字之。
诞置之平林，会伐平林。
诞置之寒冰，鸟覆翼之。
鸟乃去矣，后稷呱矣。
……

这是人类老祖宗爱讲爱听的故事，也就是"史"。这首《生民》诗里已有很多的藻饰，已是"文胜质"的"史"了。

古代的传说里常提到"瞽"、"史"两种职业人。《国语》的《周语》里，召公有"瞽献典、史献书"的话。又说："瞽史教诲，耆艾修之，而后王斟酌焉。"《周语》里，单襄公说："吾非瞽史，焉知天道?"很可能的是古代说故事的"史"，编唱"史诗"的"史"，也同后世说平话讲史的"负瞽（鼓）盲翁"一样，往往是瞎子。他们当然不会做历史考据，只靠口授耳传，只靠记性与想象力，会编唱，会演说，他们编演的故事就是"史"，他们的职业也叫作"史"。

春秋时代以至战国时代各国的许多大规模的"史"的故事，就是这样编造出来的，就是这些"瞽史"编唱出来的。其中至少有一部分经过《国语》、《左传》、《战国策》、《史记》诸书的收采，居然成了历史了。（我们不要忘记了古代还有"左邱失明，厥有国语"的传说。）中间虽然出了几个有批评眼光、有怀疑态度的大思想家，如孔子要人"多闻阙疑，慎言其余"；如孟子说"尽信书则不如无书，吾于武成取二三策而已矣"——然而孔子自己说的尧、舜，说的泰伯，也还不是传说里的故事吗? 孟子自己大谈其舜的故事、象的故事、禹的故事，也还不是同"齐东野人之语"一样的"史"吗?

总之，古代流传的"史"，都是讲故事的瞽史编演出来的故事。东西方都是这样。希腊文 historia，拉丁文 historia，也是故事，也是历史。古法文的 estoire，英文的 story 与 history，都是出于一个来源的。

史学与证据

史学，不用解释，是讲过去的事实，把已经过去的事实，记载下来。第一是有无的问题；第二是真假问题；第三是是非问题。所以，怎样可以知道历史所记之事实究竟有无？真假？以何为标准呢？就要证据。

证据是什么呢？凡是用事实证明过去事实有无、是非、真伪的，都叫证据。证据不仅证明，还需事实。在外国有这个区别，证据叫 evidence，证实是 prove。证实是证据的结果，不过要知道此证据是否成立，站得住站不住，真的假的。所以几何学上最后是 prove。证实是个结果，证据是个材料。凡是用来证明有无、真假、是非之材料，有了证据，不一定证明是事实。

现在先讲证据的性质。为什么证据可以成为证明某事之有与无及真与伪呢？我们知道，凡是一件事发生，一件事经过，总不免留下某种痕迹。"迹"就是脚印子，你走路时留下的脚印子，你走路时在土地上、沙上、地板上之踪迹。这是所谓迹。凡是一件事，无论怎样，总会留下踪迹。像世界上有的事在发生经过时，总会留下一种有痕迹的地方。自然界，大自然之变化，整个宇宙之变化，古语说：化沧海为桑田，这是事实。大自然是没有历史，没有人记载，但它未免不留下很多很多的痕迹，蚌壳、化石、水底下的东西，怎会跑到高山顶上呢？并且不是一层，很多很多。这就是大自然（nature）留下的事实。这高山也许几百万年以前在海底，到后来才整个变为高山。高山变为平地，海底变为高山，这个大变化，就是古生物学所谓大自然之痕迹。

大自然界来证明是在海底下，虽然没有历史记载在这山顶上，但这就是自然历史也留有痕迹。很多侦探小说，某人偷东西犯了案，或凶手杀人时，总不免有痕迹留在那儿，留在这儿，好像很干净，但不知不觉留下手印，侦探来察时就可以发现。有的聪明强盗，看侦探小说看多了，戴了橡皮手套，绝不留下手印，但不留神，留下香烟，甚至在无意中打架时，留一撮头发在死者手中，如此就可化验，头发也有个性。所以在他经过时，无论怎样，有了痕迹总不免给人听见、给人看见，或别人给他记载证据，最后理论。

所谓证据，都是某一事实有意无意留下的痕迹。像《水浒传》武松杀人，杀了人后，在墙上写"杀人者武松"，但很少人如此老实，有许多人想毁灭证据。

皇帝《起居》、皇帝《实录》每一代都有补改毁灭的地方。搜求，为什么搜求？研究历史有"证据基本法"，如这事有了，总是有证据。所以往往许多人搜求，多得到报答。

最要紧的是：凡是证据，不一定都可靠、都可用，所以就有所谓证据法（Law of Evidence），英、美民族都有，欧洲大陆上就没有。英、美、法演变成一个很重要的过程，因此还保留陪审制度。陪审制度者就是公民，凡公民有此义务，虽然并未进过法院，但都是些老年人，中年人很少。因此，凡是关于法律问题，须由法官指导；凡关证据民情都由陪审员决定，结果由十二个人宣判，由他们关紧了门商议，往往有许多天不许与外人往来，而律师也往往向此十二人诘问，因为律师知道他们都无法律常识。譬如，某人三年前偷过东西，律师说，三年前偷东西不能算证据，如果从前打人，打的罪也不能算证据。这个叫陪审制（Jury）。尤其像英美，他们要知道普通一般人的判断力才如此。

我以为历史学家用证据，最好也学一学证据法。因为不承认、不接受的条件，历史上往往也不许接受。有四条原理：

一、不关本案的事实不成证据。譬如，打老婆的人，你说他偷东西，这不能成为证据。

二、不可靠之事实，不算证据。譬如，如果用钱买通人做证据，这就失了证据的真实性。详细情形，下面再讲。

三、传闻（hearsay）之词不能成立。譬如，有一件事郑先生说是听邓先生说的，邓先生说是听张先生说的，辗转相闻。这样也不能成立。

四、个人之意见不能成立。像一件事，我没有看见，也没有听见过，不过听人家说的，这不能成立。

这几条在我看起来，历史上都可以用，都应当遵守。

这一百五十年当中，就发生了一特殊的案子——《水经注》。一个姓赵叫一清，一个戴震，他们都是乾隆时代的学者。还有一个叫全祖望。他们三人，全祖望先死，赵一清、戴震次之。可是《水经注》戴震先出来，后赵一清、全祖望的《水经注》始终未写成功。到了距今六十年左右，引起了极大的辩论。有人说，戴震在《水经注》里称他老师江永叫老儒，可见是他偷赵一清的。这就是犯了第一条。

还有《易林》，这是本卜卦的书，内容是研究卦的变幻。著者焦延寿、崔篆，也闹起了版权问题。焦延寿是前一世纪的人，崔篆是后一世纪的人，相隔大概一百年左右。《四库全书纲（提）要》有记载说：东汉永平四年，天大旱，用之卜卦，如此可见焦氏所著。记载当然不会错。因为当时卜卦以后，第二天果下雨，这样史官才给记录下来。可是他并没有说是所著的《易林》。这也是犯了第一条。

王昭君，大家都知道是汉朝和番的一个漂亮女子。《易林》上也提到，所以有人说焦氏是在汉朝以前的人，可见不是他著的，是崔氏所著。乍看起来好像对。不过要知道虽不是焦氏所著，但未必就是崔氏所著。所以这第一条看起来很简单，其实应用无穷。

第二条，用不着我多讲了。还是拿《水经注》来说，全祖望的本子第一个发现的是"阿拉"宁波人王梓材。他是讲理学的先生，他到北平正是鸦片战争，也是反对罢戴最热烈的时候。他想：好了，不是戴的，也不是赵的，是"阿拉"的。有人问：证据呢？他说：在宁波。他回宁波一年以后，果然拿出一部全祖望的《水经注》。其实完全假的。

我这次到南京，在图书馆看见真的全祖望没有写完的《水经注》，费了三天工夫抄了回来。

第三，用直接材料而不能用间接材料。不是原本不能用，更不能用辗转抄写的本子。譬如《聊斋》大家都知道是蒲松龄所著，张元刻的墓碑上有记载。有许多翻印本子写他死于八十六岁。我们特为找到这个墓碑，拓下来是七十六岁。

这样就发生了一个笑话：有一个上海闻人，想翻印《蒲松龄文集》，他怕将来发生版权的麻烦，就关了门在鸦片铺上动脑筋，作了二百二十六首诗，所以这本文集出版以后，除了文集、词集以外，还多了二百二十六首诗。这是个新发现。但假的事实往往露出了马脚，因为他上面是照八十六岁的本子抄的，所以诗中有一首是《八十六□□》还有"我今年六十八矣"的句子，下面写康熙几年，我算了算错十年，正是照八十六岁推算出来的，可见不对。现在《聊斋全集》清华大学有一部、马先生有一部、我有一部。拿来一齐校对，词集、文集都有，就是没有诗集。所以用材料，不可不用原本。像这位先生就给我抓住欺诈取财的罪。

还有《宋史》，尤其北宋，更尤其是在神宗、仁（哲）宗之间，王安石变法，新旧翻来翻去，历史改来改去，而元代也拿它做材料。这都是常识。

最近，我要说几句话，在《经世日报》郑先生主编的《读书周刊》，我写过一篇东西，有人问做官的秘诀是什么？他回答勤、谨、和、缓。这是几千年来做官的秘诀。研究历史也是这样。

第一，勤，寻材料要手勤、耳勤、眼勤，不懒才能找到材料。

第二，谨，严记不可靠、不相干的东西不能用。小心，因为如果你抄错了，还要使别人犯刑事法。所以校对一次，再校对一次，绝对不能苟且，一笔、一字、一句都要研究。

第三，和，就是心平气和，不要容易动火，不要在感情上用事，自己错了，认错，放弃错的证据，引用对的证据。

第四，缓，是做官的秘诀，就是拖。在研究历史很重要，宁可悬而不断，不断然下结论。在证据不充分、不够的时候更不能不如此。

时间不早。最后，奉劝诸位，学此四字。

中国历史的一个看法

历史可有种种的看法，有唯心的、唯物的、唯人的、唯英雄的……各种看法，我现在对于中国历史的看法，是从文学方法的，文学的名词方面的，是要把它当作英雄传，英雄诗，英雄歌，一幕英雄剧，而且是一幕英雄悲剧来看。

民族主义是爱国的思想，英国有名的先哲曾说过："一个国家要觉得它可爱时，是要看这个国家在历史上是否有可爱之点。"

中国立国五千年，时时有西北的蛮族——匈奴、鲜卑……不断的侵入，可说是无时能够自主的。鸦片战争又经过百年，而更有最近空前的危急。在此不断的不光荣的失败历史中，有无光荣之点，它的失败是否可以原谅，在此失败当中，是否可得一教训。

这一出五千年的英雄悲剧，我们看见我们的老祖宗继续和环境奋斗，经过了种种失败与成功。在此连台戏中，有时叫我们高兴，有时叫我们着急，有时叫我们伤心叹气，有时叫我们掉泪悲泣，有时又叫我们看见一线光明，一线希望，一点安慰，有时又失败了，有时又小成功了，有时竟大失败了。这戏中的主人翁，是一位老英雄——中华——他的一生是长期的奋斗，吃尽了种种辛苦，经了种种磨难，好像姜子牙的三十六路伐西岐，刚刚平了一路，又来了一路。又好像唐三藏西天取经，经过了八十一大难，刚脱离了一难，又遭一难似的，这样继续不断奋斗，所以是一篇英雄剧。磨难太多，失败太惨，所以是一篇悲剧。

本来在中国的文字中——戏剧中、小说中，悲剧作品很少，即如《红楼梦》一书，原是一个悲剧，而好事者偏要作些圆梦、续梦、复梦等出来，硬要将林黛玉从棺材里拿起来和贾宝玉团圆，而认为以前的不满意，这真不知何故，或者他们觉得人类生活本来是悲剧的，历史是悲剧的，因此却在理想的文学中，故意来作一段团圆的喜剧。

在这老英雄悲剧中，我们把他分作几个剧目，先说到剧中的主人，主人是姓中名华——老中华，已如上述。舞台是"中国"，是一座破碎的舞台——穷中国。老天给我们祖宗的，实在不是地大物博，而是一块很穷的地方。金银矿是没有的，除东北黑龙江和西南的云、贵一部分外，都是要用丝、茶到外国去换的。煤铁古代是不需要的。土地虽称广阔，然可耕之地不过百分之二十，而丝毫无用的地却有三分之一。所以我们的祖宗生下来，就是在困难中。

这剧的开始，要算商、周，以前的不讲。据安阳发掘出来的成绩，商代民族活动区域，只有河南、山东、安徽的北部，河北、山西南部的一块，也许到辽宁一部。他们在此建设文化时，北狄南蛮不断的混入，民族成了复杂的民族，在此环境之下，他们居然能唱一出大戏，这是一件很了不得的事情。我们现在撇开了"跳加官"一类开台戏，专看后面的几幕大戏。

第一幕，老英雄建立大帝国；

第二幕，老英雄受困两魔王；

第三幕，老英雄死里逃生；

第四幕，老英雄裹创奋斗；

第五幕，老英雄病中困斗。

第一幕　老英雄建立大帝国

中国有历史的时期自商、周始，地域限于鲁、豫，已如上述。在商代社会中，迷信很发达，什么事情都问鬼，都要卜，如打猎、战争、祭祀、出门……事无大小，都要把龟甲或牛骨烧灰，用它的龟纹以定吉凶。在此结果，而发明了龟甲、牛骨原始象形的文字，这文字是很笨的图画，全不能表达抽象的意思，只能勉强记几个物事名词而已。在这正在建设文化的时候，西方的蛮族——周，侵犯过来了，他具强悍的天性，有农业的发明，不久把那很爱喝酒的、敬鬼的、文化较高的殷民族征服了。这一来，上面的——政治方面是属于周民族；下面的就是属于殷民族。二民族不断的奋斗，在上面的周民族很难征服下面的殷民族，孔子虽是殷人（宋国），至此很想建设一个现代文化，故曰"吾从周"。而周时，也有人见到两文化接触，致有民族之冲突，所以东方（淮水流域）派了周公去治理，南方（汉水流域）派了召公去治理，封建的基础，即于此时建设。但是北狄、南蛮在此政治之下经过了长期的斗争，才将他们无数的小国家征服，把他们的文化同化，以后才成七个大国家，不久遂成一个大帝国。

至于文字方面，也是从龟甲上的、牛骨上的不达意的文字，经过充分的奋斗，而变为后代的文字，文学方面、哲学方面、历史方面，都得着可以达意的记载。这是一件很不容易的事情。

在周朝的时候，许多南蛮要想侵到北方来，北边的犬戎也要侵到南部去。酝酿几百年，犬戎居然占据了周地；再经几百年，南方也成了舞台的部分。

此时的建设期中，产生了一个"儒"的阶级。儒本是亡国的俘虏——遗老，他本是贵族阶级，是文化的保存者，亡国以后，他只得和人家打打官司，写写字，看看地，记记账，靠这类小本领混碗饭吃而已（根据《荀子》的《非十二子》篇）。这班人——"儒"一出来，世界为之大变，因为他们是不抵抗者，是懦夫。

我们从字义看，凡是和儒字同旁的字眼，都是弱的意思，如需（耎）字加车旁是软弱的輭（软）字，加心旁是懦字，加子旁是孺字，是小孩子。他们是唱文戏的，但是力量很大，因为他们是文化传播者，是思想界。老子后世称他为道家，但他正是"儒"的阶级中之代表，他的哲学是儒的哲学，他的书中常把水打譬喻，因为水是最柔弱的，最不抵抗的，这就是儒的本身。

他们一出，凡是唱武戏的，至此跟着唱起文戏来了。幸而在此当中，出来一个新派，这就是孔子。他的确不能谓之儒者，就是儒者也是"外江"派。他的主张是"杀身成仁"，他说："志士成仁，有杀身以成仁，无求生以害仁"。又说："士不可以不弘毅，任重而道远，仁以为己任，死而后已。"这完全和老子相反。老子是信天的，主自然的；而新派孔子，是讲要作人的，且要智仁勇三者都发达。他是奋斗的，"知其不可而为之"，这就是他的精神。新派唱的虽也是文戏，但他们以"有教无类"打破一切阶级，所以后来产生孟子、荀子、弟子李斯、韩非。韩非虽然在政治上失败，而李斯却成了大功，造成了一个大帝国。（第一幕完）

第二幕　老英雄受困两魔王

不久，汉朝兴起来了，一班杀猪的，屠狗的，当衙役的……起来建设了一个四百年的帝国。他们可说得上是有为者，如果没有他们的奋斗，则决不会有这四百年的帝国，但是基础究未稳固，而两个魔王就告来临！

第一个魔王——野蛮民族侵入。在汉朝崩溃的时候，夷狄——羌、匈奴、鲜卑都起来，将中国北部完全占领，造成江左偏安之局。

第二个魔王——印度文化输入。前一个魔王来临，使我们的生活野蛮化；后一个魔王来临，就是使我们宗教非人化。这印度文化侵略过来，在北面是自中央亚细亚而进，在南方是由海道而入，两路夹攻，整个的将中国文化征服。

原来中国儒家的学说是要宗亲——"孝"，要不亏其体，因为"身体发肤，受之父母，不敢毁伤"，将个人看得很重，而印度文化一来呢？他是"一切皆空"，根本不要作人，要作和尚，作罗汉——要"跳出三界"，将身体作牺牲！如烧手、烧臂、烧全身——人蜡烛，以献贡于药王师。这风气当时轰动了全国。自王公以至于庶人，同时迎佛骨——假造的骨头，也照样的轰动。这简直是将中国的文化完全野蛮化！非人化！（第二幕完）

第三幕　老英雄死里逃生

这三百年中——隋、唐时代是很艰难的奋斗，先把北方的野蛮民族来同化他，恢复了人的生活。在思想方面，将从前的知识，解放出来。在文学方面，充满了人间的乐趣、人的可爱、肉的可爱，极主张享乐主义，这于杜甫和白居易的诗中都可以看得出。故这次的文化可说是人的文化。

再在宗教方面，发生了革命，出来了一个"禅"！禅就是站在佛的立场上以打倒佛的，主张无法无佛，"佛法在我"，而打倒一切的宗教障、仪式障、文字障，这都成功了。所以建设第二次帝国，建设人的文化和宗教革命，是老英雄死里逃生中三件大事实。（第三幕完）

第四幕　老英雄裹创奋斗

老英雄正在建设第三次文化的时候，北方的契丹、女真、金、元继续的侵过来了，这时老英雄已经是受了伤，——精神上受了伤（可说是中了精神上的鸦片毒，因为印度有两种鸦片输到中国，一是精神上的鸦片烟——佛，一是真鸦片），受了千年的佛化，所以此时是裹创奋斗，然而竟也建立第三次大帝国——宋帝国。全国虽是已告统一，但身体究未复元，而仍然继续人的文化，推翻非人的文化（这段历史自汉至明，中国和欧洲人相同，宗教革命也是一样），范文正公的"先天下之忧而忧，后天下之乐而乐"，和王荆公的变法，正与前"任重而道远"的学说相符合。

在唐代以前，北魏曾经辟过佛，反对过外国的文化，禁止胡服、胡语即其例，但未见成功。而在唐代辟佛的，如韩愈，他曾说过"人其人，火其书，庐其居"，三个大标语。这风气虽也行过几十年，但不久又恢复原状。然在这一次，却用了一种软功夫来抵制这非人的文化。本来是要以"人的政治"、"人的法律"、"人的财政"来抗住它的，但还怕药性过猛，病人受纳不起，所以司马光、二程等，主张无为，创设"新的哲学"、"新的人生观"。在破书堆中找到一本一千七百几十个字的《大学》来打倒十二部《大佛经》，将此书中的"格物"、"致知"、"正心"、"诚意"、"修身"、"齐家"、"治国"、"平天下"这一套，来创造新的人的教育，新的哲学，新的人生观。这实在是老英雄裹创奋斗中的一个壮举，但到了蒙古一兴起，老英雄已精疲力竭，实在不能抵抗了！（第四幕完）

第五幕　老英雄病中困斗

这位老英雄到明朝已经是由受创而得病了，他的病状呢？一是缠足。我们晓得在唐朝被称的小脚是六寸，到这时是三寸了，实在是可惊人！二是八股文章。三是鸦片由印度输入。这三种东西，使老英雄内外都得病症。

再有一宗，就是从前王荆公的秘诀已被人摒弃了。本来他的秘诀一是"有为"，一是"向外"；但一班的习静者，他们要将喜怒哀乐等，于静坐中思之，结果是无为，是无生气，而不能不使这老英雄在病中困斗。

清代的天下居然有二百余年，这实是程朱学说——君臣观念所致，因为此时的民族观念抵不住君臣的名分观念，不过老英雄在此当中，而仍有其成绩在，就是东北和西南的开辟，推广他的老文化。

湖南在几十年前，在政治上占有极大势力，广东、广西于此时有学术上的大贡献，这都是老英雄在病中的功绩。他虽然在政治上失地位，然而在学术上却发生一种"实事求是"的精神——科学的精神，而成就了一种所谓的"汉学"。这种新的学术，是不主静而主动的，它的哲学是排除思想而求考据。考据一学发生，金石、历史、音韵，各方面都发达。顾亭林以一百六十二个证据，来证明"服"字读"逼"字音，这实在具有科学之精神。不过在建设这"人的学术"当中，老英雄已经是老了，病了！

尾声

这老英雄的悲剧，一直到现在，仍是在奋斗中。他是从奋斗中滚爬出来，建设了人的文化，同化了许多蛮族，平了许多外患，同化了非人的文化，从一千余年奋斗到如今，实在是不易呀！这种的失败，可说是光荣的失败！在欧洲曾经和我们一样，欧洲过去的光荣，我们都具备着，但是欧洲毕竟是成功，这种原因，我认为我们是比他少了两样东西，就是少了一个大的和附带一个小的，大的是科学，小的是工业。

我们素来是缺乏科学，文治教育看得太重。我们现在把孔子和其同时的亚里士多德、柏拉图来比一比，柏拉图是懂得数学的，"不懂数学的不要到他门下来"，亚里士多德同时是研究植物的，孔子较之，却未必然吧？与孟子同时的欧几里得，他的几何至今沿用，孟子未尝能如此吧？在清代讲汉学的时候，虽说是有科学的精神，却非伽利略用望远镜看天文，用显微镜看微菌，以及牛顿发明地心引力可比。所以中西的不同，不自今日始。我们既明白了这个教训，比欧洲所缺乏的是什么？我们知道了，我们的努力就有了目标。我们这老英雄是奋斗的，希望我们以后给他一种奋斗的工具，那末，或者这出悲壮的英雄悲剧，能够成为一纯粹的英雄剧。

介绍几部新出的史学书

近来杂志上的"书评"，似乎偏向指摘谬误的方面，很少从积极方面介绍新书的。今日（七月二十四日）火车在贝加尔湖边上行，一边是轻蓝色的镜平的湖光，一边是巉巉的岩石；这是我离开中国境的第三日了，怀念国中几个治历史的朋友，所以写这篇短文，介绍他们的几部新书。

一、第一部是陈垣（援庵）先生的《二十史朔闰表》，附西历、回历，北京大学研究所国学门出版，价四元。

这是一部"工具"类的书，治史学的人均不可不备一册。

陈先生近年治中国宗教史，方法最精密，搜记最勤苦，所以成绩很大。他的旧作《一赐乐业教考》、《也里可温考》、《摩尼教入中国考》、《火祆教入中国考》，都已成了史学者公认的名著。他在这种工作上感觉中、西、回三种历有合拢作一个比较长历的必要，所以他发愤作成一部二十卷的《中西回史日历》（不久也可出版）。他在作那部大著作之先，曾先考定中国史上二千年的朔闰，遂成这一部《二十史朔闰表》。有了朔闰，便可以推定日历，故此书实在是一部最简便的中史二千年日历。

此表起于汉高祖元年（罗马548年，前206年），每月有朔日的甲子，故推下月朔日的甲子，便知本月的大小；闰年则增闰某月，也记其朔日的甲子。

汉平帝元年以后，加上每月朔与西历相当之月日。如晋惠帝永平元年（291年）……是年正月初一等于西历291年的2月16，二月初一等于3月17。

故此书不但是中史二千年日历，实在是一部最简明、最方便的合历。

西历有礼拜日，因有置闰或失闰的历史的原因，推算须有变化。

此书附有七个《日曜表》，按表检查，便知某日是星期几。

此书在史学上的用处，凡做过精密的考证的人皆能明了，无须我们一一指出。为普通的读者起见，我们引陈先生自己举例：

例如陆九渊之卒在宋绍熙三年，据普通年表为西历之1192年，然九渊之卒在十二月十四日，以西历纪之，当为1193年一月十八日。……苟欲实事求是，非有精密之中西长历为工具不可。

我们应该感谢陈先生这一番苦功夫，作出这种精密的工具来供治史学者之用。这种勤苦的工作，不但给杜预、刘羲叟、钱侗、汪曰桢诸人的"长术"研究作一个总结果，并且可以给世界治史学的人作一种极有用的工具。

二、顾颉刚先生的《古史辨》第一册，北京景山东街朴社出版，平装本价一元八角，精装本二元四角。

这是中国史学界的一部革命的书，又是一部讨论史学方法的书。此书可以解放人的思想，可以指示做学问的途径，可以提倡那"深彻猛烈的真实"的精神。治历史的人，想整理国故的人，想真实地做学问的人，都应该读这部有趣味的书。

这一册的本身分为三编：上编是顾先生与钱玄同先生和我往来讨论的信札；中编是民国十二年《读书杂志》上发表的讨论古史的文字；下编是《读书杂志》停刊以后的论文与通信。三编共有六十四篇长短不齐的文字，长的有几万字的，最短的不满五十个字。

为普通读者的便利计，我劝他们先读下列的几篇：

1.《自述整理中国历史意见书》（页三四～三七）

2.《与钱玄同先生论古史书》（页五九～六六）

3.《答刘胡二先生书》（页九六～一〇二）

4.《研究国学应该首先知道的事》（页一〇二～一〇五）

5.《古史讨论的读后感》（页一八九～一九八）

读了这几篇，可以得着这书的根本出发点和根本方法，然后从容去看全书的其他部分，便更觉得有趣味，更容易了解了。

但无论是谁，都不可不读顾先生的《自序》。这篇六万多字的《自序》，是作者的自传，是中国文学史上从来不曾有的自传。他在这篇自传篇里，很坦白地叙述他个人的身世，遭际的困难，师友的影响，兴趣的变迁，思想的演进，工作的计划。我的朋友赫梅尔（Hummel）先生读了这篇《自序》，写信给作者，说此篇应该译为英文，因为这虽是一个人三十年中的历史，却又是中国近三十年中思潮变迁的最好的记载。

我很赞同这个意思。顾先生少年时曾入社会党；进北大预科时曾做几年的"戏迷"；曾做古文家的信徒，又变为今文家；他因为精神上的不安宁，想求一个根本的解决，所以进了哲学系；在哲学系里毕业之后，才逐渐地回到史学的路上去。他是一个真正好学的人，读像书"瞎猫拖死鸡"一样，所以三十年国内的学术思想的变迁都一一地在他身上留下了深刻的印痕。他又是一个"性情太喜欢完备"的人，凡事都要"打碎乌盆问到底"，所以他无论做什么事都不肯浅尝，不肯苟且，所以他的"兴之所之"都能有高深的成绩。他的搜集吴歌，研究孟姜女，讨论古史，都表现他的性情的这两方面：一方面是虚心好学，一方面是刻意求精。

承顾先生的好意，把我的一封四十八个字的短信作为他的《古史辨》的第一篇。我这四十八个字居然能引出这三十万字的一部大书，居然把顾先生逼上了古史的终身事业的大路上去，这是我当日梦想不到的事。然而这样"一本万利"的收获，也只有顾先生这样勤苦的农夫做得到。当民国九年十一月我请他点读《古今伪书考》的时候，我不过因为他的经济困难，想他可以借此得点钱。他答应我"至慢也不过二十天"（页六）。但他不肯因为经济上的困难而做一点点苟且潦草的事，他一定要"想对于他征引的书，都去注明卷帙、版本；对于他征引的人都去注明生卒、地域"（页一四）。因为这个原故，他天天和宋、元、明三代的"辨伪"学者相接触，于是我们有"辨伪丛刊"的计划。先是辨"伪书"，后转到辨"伪事"。颉刚从此走上了辨"伪史"的路。

到民国十年一月，我们才得读崔述的《考信录》。我们那时便决定，颉刚的"伪史考"即可继《考信录》而起（页二二）。崔述推翻了"传记"，回到几部他认为可信的"经"。我们决定连"经"都应该"考而后信"。在这一方面，我们得着钱玄同先生的助力最大。

到民国十年的六月，颉刚早已超过"辨伪丛刊"的计划了。他自己想做三种书：

伪史源；伪史例；伪史对鞫（页三六）。

这三种之中，他的"伪史源"的见解于他这五年的史学研究有最大的影响。

他说：

所谓"源"者，其始不过一人倡之，……不幸十人和之，辗转应用，不知其所自始，甚至愈放愈胖，说来更像，遂至信为真史。现在要考那一个人是第一个说的，那许多人是学舌的，看它的渐渐递变之迹。

这是这部《古史辨》的基本方法。他用这个方法，下了两年的苦功，然后发表他的"层累地造成的中国古史"。

"层累地造成的中国古史"有三个涵义：

1. 可以说明为什么时代愈后，传说的古史期愈长。

2. 可以说明为什么时代愈后，传说中的中心人物愈放愈大。

3. 我们在这上，即使不能知道某一件事的真确的状况，至少可以知道那件事在传说中最早的状况。

他应用这个方法，得着一些结论：

1. 春秋以前的人对于古代还没有悠久的推测。

2. 后来方才有一个禹。禹先是一个神，逐渐变为人王。

3. 更后来，才有尧舜。

4. 尧舜的翁婿关系，舜禹的君臣关系，都是更后来才造成的。

5. 从战国到西汉，尧舜之前又添上了许多古帝王。先添一个黄帝，又添一个神农，又添一个庖牺，……一直添到盘古！

这些结论，在我们看来，都是很可以成立的。但几千年传统的思想的权威却使一班保守的学者出来反对。南京出来一位刘掞藜先生；连我的家乡，万山之中的乡村，也出来一位胡堇人先生。这些人的驳诘却使颉刚格外勤慎地去寻求新证据来坚固他的壁垒。结果便是此书中编的讨论与下编的一部分。

这些讨论至今未完。但我们可以说，颉刚的"层累地造成的中国古史"一个中心学说已替中国史学界开了一个新纪元了。中国的古史是逐渐地，层累地堆砌起来的，——"譬如积薪，后来居上"——这是决无可讳的事实。崔述在十八世纪的晚年，用了"考而后信"的一把大斧头，一劈就削去了几百万年的上古史。（他的《补上古考信录》是很可佩服的）。但崔述还留下了不少的古帝王；凡是"经"里有名的，他都不敢推翻。颉刚现在拿了一把更大的斧头，胆子更大了，一劈直劈到禹，把禹以前的古帝王（连尧带舜）都送上封神台上去！连禹和后稷都不免发生问题了。故在中国古史学上，崔述是第一次革命，顾颉刚是第二次革命，这是不须辩护的事实。

颉刚近年正在继续做辨证古史的工作，他已有了近百万言的稿本了。他的《古史辨》第二册已约略编成，第三册以下也有了底子。他将来在史学界的贡献是不可限量的。他自己说：

我在辨证伪古史上，有很清楚的自觉心，有极坚强的自信力，我的眼前有许多可走的道路，我的心中常悬着许多待解（决）的问题：我深信这一方面如能容我发展，我自能屡人之心而不但胜人之口。（《自序》，页六六）

他的结论也许不能完全没有错误；他举的例也许有错的。（例如他说"社祀起于西周"，这句话的错误，他自己在《自序》里已更正了。又如他《自序》页七一，说"阎罗"与尼罗的声音相合，这是大错。阎罗本为阎摩罗，梵文为Yama－raja；raja 为王，言是 Yama 天之王。此为印度古《吠陀》时代的一个天神，本在极乐天上，后来逐渐演变，从慈祥变为惨酷，从最高天掉到地狱里。这与埃及的尼罗河绝无关系。）但他的基本方法是不能推翻的；他的做学问的基本精神是永远不能埋没的。他在本书的首页引罗丹（Rodin）的话道：

要深彻猛烈的真实。你自己想得到的话，永远不要踌躇着不说，即使你觉得违抗了世人公认的思想的时候。起初别人也许不能了解你，但是你的孤寂决不会长久。你的同志不久就会前来找你，因为一个人的真理就是大家的真理。

读颉刚这部书的，不可不领会这种"深彻猛烈的真实"的精神。

三、陈衡哲女士的《西洋史》下册，商务印书馆出版，价一元一角。

近年以来，研究中国史的学者颇有逐渐上了科学方法的路的趋势；但研究西洋史的中国学者却没有什么贡献。这大概是因为中国学者觉得这条路上不容易有什么创作的机会，所以不能感觉多大的兴趣，所以不曾有多么重要的作品。

依我看来，其实不然。研究西洋史正可以训练我们的治史方法，正可以增加我们治东洋史的见识。著述西洋史，初看来似乎不见得有创作的贡献，其实大可以有充分创作的机会。

史学有两方面：一方面是科学的，重在史料的搜集与整理；一方面是艺术的，重在史实的叙述与解释。我们治西洋史，在科学的方面也许不容易有什么重大的贡献。但我们以东方人的眼光来治西洋史，脱离了西洋史家不自觉的成见，减少了宗教上与思想上的传统观念的权威，在叙述与解释的方面，我们正多驰骋的余地。试看今日最通行的西洋通史只是用西洋人眼光给西洋人作的通史；宗教史只是基督教某派的信徒作的西洋宗教史；哲学史只是某一学派的哲学家作的西洋哲学史。我们若能秉着公心，重新演述西洋的史实，这里面的创作的机会正多呢。

陈衡哲女士的《西洋史》是一部带有创作的野心的著作。在史料的方面，她不能不倚赖西洋史家的供给；但在叙述与解释的方面，她确然作了一番精心结构的功夫。这部书可以说是中国治西史的学者给中国读者精心著述的第一部西洋史。在这一方面说，此书也是一部开山的作品。

可惜我匆匆出门，不曾带得此书的上册。单就下册说，陈女士把六百年的近世史并作十个大题目，每一题目，她都能注重史实的前因后果，使读者在纷繁的事实里面忘不了一个大运动或大趋势的线索。有时候，她自己还造作许多图表，帮助文字的叙述。

在这十章之中，有几章格外见精彩。"宗教革命"的两章，"法国革命"的一章，要算全书中最有精彩的。陈女士本是喜欢文艺的，所以她作历史叙述的文字也很有文学的意味。叙述夹议论的文字，在白话文里还不多见。陈女士在这一方面的努力很可以给我们开一个新方向。我们试举第三章的两段作个例：

总而言之，亘中古之世，宗教不啻是欧洲人生的唯一元素。他如天罗地网一样，任你高飞深蹈，出生入死，终休想逃出他的范围来。但这个张网特权，也自有他的代价。教会的所以能获到如此大权,实是由于中古初年时,他能保护人民,维持秩序,和继续燃烧那将息未息的一星古文化。换句话说,教会的大权,乃是他的功绩换来的;但此时他却忘了他的责任,但知暖衣美食,去享他的快乐幸福。这已在无形中取消了他那张网的权利了。而适在这个时候,从前因蛮族入寇而消灭的几个权府,却又重兴起来,向教皇索取那久假不归的种种权势。于是新兴的列国国君,便向他要回法庭独立权,要回敕封主教权,要回国家在教会产业上的收税权;人民也(起)举手来,向他要回思想自由权,读书自由权,判断善恶的自由权,生的权和死的权;一般困苦的农民,更是额皮流血的叩求教会,去减少他们的担负。可怜那个气焰熏天、不可一世的教会,此时竟是四面受敌了。

但这又何足奇呢?教会的实力,本只是一个基督教义。他如小小的一颗明珠,本来是应该让他自由发光的。可恨此时他已是不但重锦袭裹,被他的收藏家埋藏起来,并且那个收藏家又是匣外加匣,造巨屋、筑围城的去把他看守着,致使一般人士不见明珠的光华,但见一个围城重重、厚壁坚墙的巨堡;堡外看见的是守卒卫兵的横行肆虐。所以宗教革命的意义,不啻便是这个拆城毁壁的事业。国王欲取回本来属于他们的城砖、屋瓦,人民要挥走那般如狼如虎的守卒,信徒又要看一看那光华久藏的明珠。于是一声高呼,群众立集,虽各怀各的目的,但他们的摩拳擦掌,却是一致的。他们的共同目的,乃是在拆毁这个巨堡。因此之故,宗教革命的范围便如是其广大,位置便如是其重要,影响便如是其深远了。(页八八~八九)

这样综合的、有断制的叙述,可以见作者的见解与天才。历史要这样作,方才有趣味,方才有精彩。西洋史要这样作,方才不算是仅仅抄书,方才可以在记叙与判断的方面自己有所贡献。

叙述西洋近世史,最容易挑动民族的感情。陈女士是倾向国际主义与世界和平的人,所以她能充分赏识国家主义的贡献,同时又能平心静气地指出国际和平是人类自救的唯一道路。

用十万字记叙六百年的西洋近世史,本是不容易的事。陈女士的书自然不能完全避免些些的错误。例如第一章第四节中,前面(页三六)已说伽利略(Galileo)发明了望远镜,于是哥白尼(Copernicus)的学说"乃得靠了科学的方法而益证实";下文(页三七)却又说"科学方法却仍不曾改良;他们所用的仍是亚里士多德的演绎方法。……直到弗兰西斯·培根（Francis Bacon）时，科学方法才得到了一个大革命"。这是错的。科学方法的改善是科学家逐渐做到的，与培根无关；没有一个科学家是跟培根学方法的。页二九一说哈维（Harvey）发明血液循环之理在十八世纪，也是错的。可惜我行箧中没有参考书，不能细细为此书校勘了。

　　此书是一部很用气力的著述。它的长处在于用公平的眼光，用自己的语言，重新叙述西洋的史实。作者的努力至少可以使我们知道西洋史的研究里尽可以容我们充分运用历史的想象力与文字的天才来做创作的贡献。

中 篇

胡适讲哲学

第一章
我的哲学观 〜〜

《中国哲学史大纲》导言

哲学的定义

哲学的定义从来没有一定的。我如今也暂下一个定义："凡研究人生切要的问题，从根本上着想，要寻一个根本的解决：这种学问叫作哲学。"例如行为的善恶，乃是人生一个切要问题。平常人对着这问题，或劝人行善去恶，或实行赏善罚恶，这都算不得根本的解决。哲学家遇着这问题，便去研究什么叫作善，什么叫作恶；人的善恶还是天生的呢，还是学得来的呢；我们何以能知道善恶的分别，还是生来有这种观念，还是从阅历经验上学得来的呢；善何以当为，恶何以不当为；还是因为善事有利所以当为，恶事有害所以不当为呢；还是只论善恶，不论利害呢；这些都是善恶问题的根本方面。必须从这些方面着想，方可希望有一个根本的解决。

因为人生切要的问题不止一个，所以哲学的门类也有许多种。例如：

一、天地万物怎样来的。（宇宙论）

二、知识思想的范围、作用及方法。（名学及知识论）

三、人生在世应该如何行为？（人生哲学旧称"伦理学"）

四、怎样才可使人有知识、能思想、行善去恶呢？（教育哲学）

五、社会国家应该如何组织、如何管理？（政治哲学）

六、人生究竟有何归宿？（宗教哲学）

哲学史

这种种人生切要问题，自古以来，经过了许多哲学家的研究。往往有一个问题发生以后，各人有各人的见解，各人有各人的解决方法，遂致互相辩论。有时一种问题过了几千百年，还没有一定的解决法。例如孟子说人性是善的，告子说性无善无不善，荀子说性是恶的。到了后世，又有人说性有上中下三品，又有人说性是无善无恶可善可恶的。若有人把种种哲学问题的种种研究法和种种解决方法，都依着年代的先后和学派的系统一一记叙下来，便成了哲学史。

哲学史的种类也有许多：

一、通史。例如《中国哲学史》、《西洋哲学史》之类。

二、专史。

（一）专治一个时代的，例如《希腊哲学史》、《明儒学案》。

（二）专治一个学派的，例如《禅学史》、《斯多亚派哲学史》。

（三）专讲一人的学说的，例如《王阳明的哲学》、《康德的哲学》。

（四）专讲哲学的一部分的历史，例如《名学史》、《人生哲学史》、《心理学史》。

哲学史有三个目的：

（一）明变。哲学史第一要务，在于使学者知道古今思想沿革变迁的线索。

例如孟子、荀子同是儒家，但是孟子、荀子的学说和孔子不同，孟子又和荀子不同。又如宋儒、明儒也都自称孔氏，但是宋明的儒学，并不是孔子的儒学，也不是孟子、荀子的儒学。但是这个不同之中，却也有个相同的所在，又有个一线相承的所在。这种同异沿革的线索，非有哲学史不能明白写出来。

（二）求因。哲学史目的，不但要指出哲学思想沿革变迁的线索，还须要寻出这些沿革变迁的原因。例如程子、朱子的哲学，何以不同于孔子、孟子的哲学？陆象山、王阳明的哲学，又何以不同于程子、朱子呢？这些原因，约有三种：

（甲）个人才性不同。

（乙）所处的时势不同。

（丙）所受的思想学术不同。

（三）评判。既知思想的变迁和所以变迁的原因了，哲学史的责任还没有完，还须要使学者知道各家学说的价值：这便叫作评判。但是我说的评判，并不是把做哲学史的人自己的眼光，来批评古人的是非得失。那种"主观的"评判，没有什么大用处。如今所说，乃是"客观的"评判。这种评判法，要把每一家学说所发生的效果表示出来。这些效果的价值，便是那种学说的价值。这些效果大概可分为三种：

（甲）要看一家学说在同时的思想和后来的思想上发生何种影响。

（乙）要看一家学说在风俗政治上发生何种影响。

（丙）要看一家学说的结果可造出什么样的人格来。

例如古代的"命定主义"，说得最痛切的，莫如庄子。庄子把天道看作无所不在无所不包，故说："庸讵知吾所谓天之非人乎？所谓人之非天乎？"因此他有"乘化以待尽"的学说。这种学说，在当时遇着荀子，便发生一种反动力。荀子说"庄子蔽于天而不知人"，所以荀子的《天论》极力主张征服天行，以利人事。但是后来庄子这种学说的影响，养成一种乐天安命的思想，牢不可破。在社会上，好的效果，便是一种达观主义；不好的效果，便是懒惰不肯进取的心理。造成的人才，好的便是陶渊明、苏东坡，不好的便是刘伶一类达观的废物了。

中国哲学在世界哲学史上的位置

世界上的哲学大概可分为东西两支。东支又分印度、中国两系。西支也分希腊、犹太两系。初起的时候，这四系都可算作独立发生的。到了汉以后，犹太系加入希腊系，成了欧洲中古的哲学。印度系加入中国系，成了中国中古的哲学。到了近代，印度系的势力渐衰，儒家复起，遂产生了中国近世的哲学，历宋元明清直到于今。欧洲的思想，渐渐脱离了犹太系的势力，遂产生欧洲的近世哲学。到了今日，这两大支的哲学互相接触、互相影响。五十年后，一百年后，或竟能发生一种世界的哲学，也未可知。

附世界哲学统系图

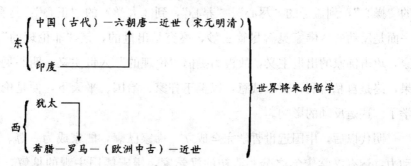

中国哲学史的区分

中国哲学史可分为三个时代：

（一）古代哲学。自老子至韩非，为古代哲学。这个时代，又名"诸子哲学"。

（二）中世哲学。自汉至北宋，为中世哲学。这个时代，大略又可分作两个时期：

（甲）中世第一时期。自汉至晋，为中世第一时期。这一时期的学派，无论如何不同，都还是以古代诸子的哲学作起点的。例如《淮南子》是折中古代各家的；董仲舒是儒家的一支；王充的天论得力于道家，性论折中于各家；魏晋的老庄之学，更不用说了。

（乙）中世第二时期。自东晋以后，直到北宋，这几百年中间，是印度哲学在中国最盛的时代。印度的经典，次第输入中国。印度的宇宙论、人生观、知识论、名学、宗教哲学，都能于诸子哲学之外，别开生面，别放光彩。此时凡是第一流的中国思想家、如智、玄奘、宗密、窥基，多用全副精力，发挥印度哲学。那时的中国系的学者，如王通、韩愈、李翱诸人，全是第二流以下的人物。他们所有的学说，浮泛浅陋，全无精辟独到的见解。故这个时期的哲学，完全以印度系为主体。

（三）近世哲学。唐以后，印度哲学已渐渐成为中国思想文明的一部分。譬如吃美味，中古第二时期是仔细咀嚼的时候，唐以后便是胃里消化的时候了。吃的东西消化时，与人身本有的种种质料结合，别成一些新质料。印度哲学在中国，到了消化的时代，与中国固有的思想结合，所发生的新质料，便是中国近世的哲学。我这话初听了好像近于武断。平心而论，宋明的哲学，或是程朱，或是陆王，表面上虽都不承认和佛家禅宗有何关系，其实没有一派不曾受印度学说的影响的。这种影响，约有两个方面：一面是直接的。如由佛家的观心，回到孔子的"操心"，到孟子的"尽心"、"养心"，到《大学》的"正心"：是直接的影响。一面是反动的。佛家见解尽管玄妙，终究是出世的，是"非伦理的"。宋明的儒家，攻击佛家的出世主义，故极力提倡"伦理的"入世主义。明心见性，以成佛果，终是自私自利；正心诚意，以至于齐家、治国、平天下，便是伦理的人生哲学了。这是反动的影响。

明代以后，中国近世哲学完全成立。佛家已衰，儒家成为一尊。于是又生反动力，遂有汉学宋学之分。清初的汉学家，嫌宋儒用主观的见解，来解古代经典，有"望文生义"、"增字解经"种种流弊。故汉学的方法，只是用古训、古音、古本等等客观的根据，来求经典的原意。故嘉庆以前的汉学宋学之争，还只是儒家的内讧。但是汉学家既重古训古义，不得不研究与古代儒家同时的子书，用来作参考互证的材料。故清初的诸子学，不过是经学的一种附属品，一种参考书。不料后来的学者，越研究子书，越觉得子书有价值。故孙星衍、王念孙、王引之、顾广圻、俞樾诸人，对于经书与子书，简直没有上下轻重和正道异端的分别了。到了最近世，如孙诒让、章炳麟诸君，竟都用全副精力发明诸子学。于是从前作经学附属品的诸子学，到此时代，竟成专门学。一般普通学者崇拜子书，也往往过于儒书。岂但是"附庸蔚为大国"，简直是"婢作夫人"了。

综观清代学术变迁的大势，可称为古学昌明的时代。自从有了那些汉学家考据、校勘、训诂的工夫，那些经书子书，方才勉强可以读得。这个时代，有点像欧洲的"再生时代"（再生时代，西名 Renaissance，旧译文艺复兴时代）。欧洲到了"再生时代"昌明古希腊的文学哲学，故能推翻中古"经院哲学"（旧译烦琐哲学，极不通。原文为 Scholasticism，今译原义）的势力，产出近世的欧洲文化。我们中国到了这个古学昌明的时代，不但有古书可读，又恰当西洋学术思想输入的时代，有西洋的新旧学说可供我们的参考研究。我们今日的学术思想，有这两个大源头：一方面是汉学家传给我们的古书；一方面是西洋的新旧学说。这两大潮流汇合以后，中国若不能产生一种中国的新哲学，那就真是辜负了这个好机会了。

哲学史的史料

上文说哲学史有三个目的：一是明变，二是求因，三是评判。但是哲学史先须做了一番根本工夫，方才可望达到这三个目的。这个根本工夫，叫作述学。述学是用正确的手段、科学的方法、精密的心思从所有的史料里面，求出各位哲学家的一生行事，思想渊源沿革和学说的真面目。为什么说"学说的真面目"呢？因为古人读书编书最不细心，往往把不相干的人的学说并入某人的学说（例如《韩非子》的第一篇是张仪说秦王的书。又如《墨子·经》（上、下）、《经说》（上、下）、《大取》、《小取》诸篇，决不是墨翟的书）；或把假书作为真书（如《管子》、《关尹子》、《晏子春秋》之类）；或把后人加入的篇章，作为原有的篇章（此弊诸子书皆不能免。试举《庄子》为例，《庄子》书中伪篇最多，世人竟有认《说剑》、《渔父》诸篇为真者。其他诸篇，更无论矣）；或不懂得古人的学说，遂致埋没了（如《墨子·经上》诸篇）；或把古书解错了，遂失原意（如汉人用分野、爻辰、卦气说《易经》，宋人用太极图、先天卦位图说《易经》。又如汉人附会《春秋》，来说灾异。宋人颠倒《大学》，任意补增，皆是其例）；或各用己意解古书，闹得后来众说纷纷，糊涂混乱（如《大学》中"格物"两字，解者多至七十余家。又如老庄之书，说者纷纷，无两家相同者）。有此种种障碍，遂把各家学说的真面目大半失掉了。至于哲学家的一生行事和所居的时代，古人也最不留意。老子可见杨朱；庄周可见鲁哀公；管子能说毛嫱、西施；墨子能见吴起之死和中山之灭；商鞅能知长平之战；韩非能说荆、齐、燕、魏之亡。此类笑柄，不可胜数。《史记》说老子活了一百六十多岁，或言二百余岁，又说孔子死后一百二十九年，老子还不曾死。那种神话，更不足论了。哲学家的时代，既不分明，如何能知道他们思想的传授沿革？最荒谬的是汉朝的刘歆、班固说诸子的学说都出于王官；又说"合其要归，亦六经之支与流裔"（《汉书·艺文志》。看胡适《诸子不出于王官论》、《太平洋》杂志第一卷第七号）。诸子既都出于王官与六经，还有什么别的渊源传授可说？

以上所说，可见"述学"之难。述学的所以难，正为史料或不完备，或不可靠。哲学史的史料，大概可分为两种：一为原料，一为副料。今分说于下：

（一）原料。哲学史的原料，即是各哲学家的著作。近世哲学史对于这一层，大概没有什么大困难。因为近世哲学发生在印书术通行以后，重要的哲学家的著作，都有刻板流传；偶有散失埋没的书，终究不多。但近世哲学史的史料，也不能完全没有疑窦。如谢良佐的《上蔡语录》里，是否有江民表的书？如朱熹的《家礼》是否可信为他自己的主张？这都是可疑的问题。又宋儒以来，各家都有语录，都是门弟子笔记的。这些语录，是否无误记误解之处，也是一个疑问。但是大致看来，近世哲学史料还不至有大困难。到了中世哲学史，便有大困难了。汉代的书，如贾谊的《新书》，董仲舒的《春秋繁露》，都有后人增加的痕迹。又如王充的《论衡》，是汉代一部奇书，但其中如《乱龙》篇极力为董仲舒作土龙求雨一事辩护，与全书的宗旨恰相反。篇末又有"《论衡》终之，故曰乱龙。乱者，终也"的话，全无道理。明是后人假造的。此外重复的话极多。伪造的书定不止这一篇。又如仲长统的《昌言》，乃是中国政治哲学史上有数的书，如今已失，仅存三篇。魏晋人的书，散失更多。《三国志》、《晋书》、《世说新语》所称各书，今所存的，不过几部书。如《世说新语》说魏晋注《庄子》的有几十家，今但有郭象注完全存在。《晋书》说鲁胜有《墨辩注》，今看其序，可见那注定极有价值，可惜现在不传了。后人所编的汉魏六朝人的集子，大抵多系东抄西摘而成的，那原本的集子大半都散失了。故中古哲学史料最不完全。我们不能完全恢复魏晋人的哲学著作，是中国哲学史最不幸的事。到了古代哲学史，这个史料问题更困难了。表面上看来，古代哲学史的重要材料，如孔、老、墨、庄、孟、荀、韩非的书，都还存在。仔细研究起来，这些书差不多没有一部是完全可靠的。大概《老子》里假的最少。《孟子》或是全真，或是全假（宋人疑《孟子》者甚多）。依我看来，大约是真的。称"子曰"或"孔子曰"的书极多，但是真可靠的实在不多。《墨子》、《荀子》两部书里，很多后人杂凑伪造的文字。《庄子》一书，大概十分之八九是假造的。《韩非子》也只有十分之一二可靠。此外如《管子》、《列子》、《晏子春秋》诸书，是后人杂凑成的。《关尹子》、《鹖冠子》、《商君书》，是后人伪造的。《邓析子》也是假书。《尹文子》似乎是真书，但不无后人加入的材料。《公孙龙子》有真有假，又多错误。这是我们所有的原料。更想到《庄子·天下篇》和《荀子·非十二子篇》、《天论篇》、《解蔽篇》所举它嚣、魏牟、陈仲（即《孟子》之陈仲子）、宋钘（即《孟子》之宋）、彭蒙、田骈、慎到（今所传《慎子》五篇是佚文）、惠施、申不害；和王充《论衡》所举的世硕、漆雕开、宓子贱、公孙龙子，都没有著作遗传下来。更想到孔门一脉的儒家，所著书籍，何止大小戴《礼记》里所采的几篇？如此一想，可知中国古代哲学的史料于今所存不过十分之一二。其余的十分之八九，都不曾保存下来。古人称"惠施多方，其书五车"。于今惠施的学说，只剩得一百多个字。若依此比例，恐怕现存的古代史料，还没有十分之一二呢！原著的书既散失了这许多，于今又无发见古书的希望，于是有一班学者，把古书所记各人的残章断句一一搜集成书。如汪继培或孙星衍的《尸子》，如马国翰的《玉函山房辑佚书》。这种书可名为"史料钩沉"，在哲学史上也极为重要。如惠施的五车书都失掉了，幸亏有《庄子·天下篇》所记的十事，还可以考见他的学说的性质。又如告子与宋钘的书，都不传了，今幸亏有《孟子》的《告子》篇和《荀子》的《正论篇》，还可以考见他们的学说的大概。又如各代历史的列传里，也往往保存许多中古和近世的学说。例如《后汉书》的《仲长统传》保存了三篇《昌言》；《梁书》的《范缜传》保存了他的《神灭论》。这都是哲学史的原料的一部分。

（二）副料。原料之外，还有一些副料，也极重要。凡古人所作关于哲学家的传记、轶事、评论、学案、书目都是哲学史的副料。例如《礼记》中的《檀弓》，《论语》中的十八、十九两篇，《庄子》中的《天下篇》，《荀子》中的《正论篇》、《吕氏春秋》，《韩非子》的《显学》篇，《史记》中各哲学家的列传，皆属于此类。近世文集里有许多传状序跋，也往往可供参考。至于黄宗羲的《明儒学案》及黄宗羲、黄百家、全祖望的《宋元学案》，更为重要的哲学史副料。若古代中世的哲学都有这一类的学案，我们今日编哲学史便不至如此困难了。副料的重要，约有三端，第一，各哲学家的年代、家世、事迹，未必在各家著作之中，往往须靠这种副料，方才可以考见。第二，各家哲学的学派系统，传授源流几乎全靠这种副料作根据。例如《庄子·天下篇》与《韩非子·显学篇》论墨家派别，为他书所无。《天下篇》说墨家的后人，"以坚白同异之辩相訾，以《觭》偶不仵之辞相应"，可考证后世俗儒所分别的"名家"，原不过是墨家的一派。不但"名家出于礼官之说"不能成立，还可证明古代本无所谓"名家"（说详见本书第八篇）。第三，有许多学派的原著已失，全靠这种副料里面，论及这种散佚的学派，借此可以考见他们的学说大旨。如《庄子·天下篇》所论宋钘、彭蒙、田骈、慎到、惠施、公孙龙、桓团及其他辩者的学说；如《荀子·正论篇》所称宋钘的学说，都是此例。上节所说的"史料钩沉"，也都全靠这些副料里所引的各家学说。

以上论哲学史料是什么。

史料的审定

中国人作史，最不讲究史料。神话官书，都可作史料，全不问这些材料是否可靠。却不知道史料若不可靠，所作的历史便无信史的价值。孟子说，"尽信书则不如无书。"孟子何等崇拜孔子，但他对于孔子手定之书，还持怀疑态度。何况我们生在今日，去古已远，岂可一味迷信古书，甘心受古代作伪之人的欺骗？哲学史最重学说的真相，先后的次序和沿革的线索。若把那些不可靠的材料信为真书，必致（一）失了各家学说的真相；（二）乱了学说先后的次序；（三）乱了学派相承的系统。我且举《管子》一部书为例。《管子》这书，定非管仲所作，乃是后人把战国末年一些法家的议论和一些儒家的议论（如《内业篇》，如《弟子职篇》）和一些道家的议论（如《白心》、《心术》等篇），还有许多夹七夹八的话，并作一书；又伪造了一些桓公与管仲问答诸篇，又杂凑了一些纪管仲功业的几篇，遂附会为管仲所作。今定此书为假造的，证据甚多，单举三条：

（一）《小称篇》记管仲将死之言，又记桓公之死。管仲死于西历前 643 年。《小称篇》又称毛嫱、西施，西施当吴亡时还在。吴亡在西历前 472 年，管仲已死百七十年了。此外如《形势解》说"五伯"，《七臣七主》说"吴王好剑，楚王好细腰"，皆可见此书为后人伪作。

（二）《立政篇》说："寝兵之说胜，则险阻不守；兼爱之说胜，则士卒不战。"《立政九败解》说"兼爱"道："视天下之民如其民，视人国如吾国。如是则无并兼攘夺之心。"这明指墨子的学说，远在管仲以后了（《法法篇》亦有求废兵之语）。

（三）《左传》纪子产铸刑书（西历前 536），叔向极力反对。过了二十几年，晋国也作刑鼎、铸刑书，孔子也极不赞成（西历前 531）。这都在管仲死后一百多年。若管仲生时已有了那样完备的法治学说，何以百余年后，贤如叔向、孔子，竟无一毫法治观念？（或言孔子论晋铸刑鼎一段，不很可靠。但叔向谏子产书，决不是后人能假造的）何以子产答叔向书，也只能说"吾以救世而已"？为什么不能利用百余年前已发挥尽致的法治学说？这可见《管子》书中的法治学说，乃是战国末年的出产物，决不是管仲时代所能突然发生的。全书的文法笔势也都不是老子、孔子以前能产生的。即以论法治诸篇看来，如《法法》篇两次说"《春秋》之记，臣有弑其君，子有弑其父者矣"。可见是后人伪作的了。

《管子》一书既不是真书，若用作管仲时代的哲学史料，便生出上文所说的三弊：

（一）管仲本无这些学说，今说他有，便是张冠李戴，便是无中生有。

（二）老子之前，忽然有《心术》、《白心》诸篇那样详细的道家学说；孟子、荀子之前数百年，忽然有《内业》那样深密的儒家心理学；法家之前数百年，忽然有《法法》、《明法》、《禁藏》诸篇那样发达的法治主义。若果然如此，哲学史便无学说先后演进的次序，竟变成了灵异记、神秘记了！

（三）管仲生当老子孔子之前一百多年，已有那样规模广大的哲学。这与老子以后一步一步、循序渐进的思想发达史，完全不合。故认《管子》为真书，便把诸子学直接间接的渊源系统一齐推翻。

以上用《管子》作例，表示史料的不可不审定。读古书的人，须知古书有种种作伪的理由。第一，有一种人实有一种主张，却恐怕自己的人微言轻，不见信用，故往往借用古人的名字。《庄子》所说的"重言"，即是一种借重古人的主张。康有为称这一种为"托古改制",极有道理。古人言必称尧舜,只因为尧舜年代久远,可以由我们任意把我们理想中的制度一概推到尧舜的时代。即如《黄帝内经》假托黄帝、《周髀算经》假托周公,都是这个道理。韩非说得好:

> 孔子、墨子俱道尧舜,而取舍不同,皆自谓真尧舜。尧舜不复生,将谁使定儒墨之诚乎?(《显学篇》)

正为古人死无对证,故人多可随意托古改制。这是作伪书的第一类。第二,有一种人为了钱财,有意伪作古书。试看汉代求遗书的令和诸王贵族求遗书的竞争心,便知作假书在当时定可发财。这一类造假书的,与造假古董的同一样心理。他们为的是钱,故东拉西扯,篇幅越多,越可多卖钱。故《管子》、《晏子春秋》诸书,篇幅都极长。有时得了真本古书,因为篇幅太短,不能多得钱,故又东拉西扯,增加许多卷数。如《庄子》、《韩非子》都属于此类。但他们的买主,大半是一些假弃内行的收藏家,没有真正的赏鉴本领。故这一类的假书,于书中年代事实,往往不曾考校正确。因此庄子可以见鲁哀公,管子可以说西施。这是第二类的伪书。大概这两类之中,第一类"托古改制"的书,往往有第一流的思想家在内。第二类"托古发财"的书,全是下流人才,思想既不高尚,心思又不精密,故最容易露出马脚来。如《周礼》一书,是一种托古改制的国家组织法。我们虽可断定他不是"周公致太平"之书,却不容易定他是什么时代的人假造的。至于《管子》一类的书,说了作者死后的许多史事,便容易断定了。

审定史料之法

审定史料乃是史学家第一步根本工夫。西洋近百年来史学大进步,大半都由于审定史料的方法更严密了。凡审定史料的真伪,须要有证据,方能使人心服。这种证据大概可分五种(此专指哲学史料):

(一)史事。书中的史事,是否与作书的人的年代相符。如不相符,即可证那一书或那一篇是假的。如庄子见鲁哀公,便太前了;如管仲说西施,便太后了。这都是作伪之证。

(二)文字。一时代有一时代的文字,不致乱用。作伪书的人,多不懂这个道理,故往往露出作伪的形迹来。如《关尹子》中所用字:"术咒"、"诵咒"、"役神","豆中摄鬼、杯中钓鱼、画门可开、土鬼可语","婴儿蕊女、金楼绛宫、青蛟白虎、宝鼎红炉",是道士的话。"石火"、"想"、"识"、"五识并驰"、"尚自不见我，将何为我所"，是佛家的话。这都是作伪之证。

（三）文体。不但文字可作证，文体也可作证。如《管子》那种长篇大论的文体，决不是孔子前一百多年所能作的。后人尽管仿古，古人决不仿今。如《关尹子》中"譬犀望月，月影入角，特因识生，始有月形，而彼真月，初不在角"；又譬如"水中之影，有去有来，所谓水者，实无去来"：这决不是佛经输入以前的文体。不但一个时代有一个时代的文体，一个人也有一个人的文体。如《庄子》中《说剑》、《让王》、《渔父》、《盗跖》等篇，决不是庄周的文体。《韩非子》中《主道》、《扬榷》（今作《扬权》）等篇和《五蠹》、《显学》等篇，明是两个人的文体。

（四）思想。凡能著书立说成一家言的人，他的思想学说，总有一个系统可寻，决不致有大相矛盾冲突之处。故看一部书里的学说是否能连络贯串，也可帮助证明那书是否真的。最浅近的例，如《韩非子》的第一篇，劝秦王攻韩，第二篇，劝秦王存韩，这是绝对不相容的。司马光不仔细考察，便骂韩非请人灭他自己的祖国，死有余辜，岂不是冤煞韩非了！大凡思想进化有一定的次序，一个时代有一个时代的问题，即有那个时代的思想。如《墨子》里《经上、下》、《经说上、下》、《大取》、《小取》等篇，所讨论的问题，乃是墨翟死后百余年才发生的，决非墨翟时代所能提出。因此可知这六篇书决不是墨子自己做的。不但如此，大凡一种重要的新学说发生以后决不会完全没有影响。若管仲时代已有《管子》书中的法治学说，决不会二三百年中没有法治观念的影响。又如《关尹子》说："即吾心中，可作万物"；又说："风雨雷电，皆缘气而生。而气缘心生，犹如内想大火，久之觉热；内想大水，久之觉寒。"这是极端的万物唯心论。若老子、关尹子时代已有这种唯心论，决无毫不发生影响之理。周秦诸子竟无人受这种学说的影响，可见《关尹子》完全是佛学输入以后的书，决不是周秦的书。这都是用思想来考证古书的方法。

（五）旁证。以上所说四种证据，史事、文字、文体、思想，皆可叫作内证。

因这四种都是从本书里寻出来的。还有一些证据，是从别书里寻出的，故名为旁证。旁证的重要，有时竟与内证等。如西洋哲学史家，考定柏拉图（Plato）的著作，凡是他的弟子亚里士多德（Aristotle）书中所曾称引的书，都定为真是柏拉图的书。又如清代惠栋、阎若璩诸人考证梅氏《古文尚书》之伪，所用方法，几乎全是旁证（看阎若璩《古文尚书疏证》及惠栋《古文尚书考》）。又如

《荀子·正论》篇引宋子曰："明见侮之不辱，使人不斗。"又曰："人之情欲寡（欲是动词），而皆以己之情为欲多，是过也。"《尹文子》说："见侮不辱，见推不矜，禁暴息兵，救世之斗。"《庄子·天下》篇合论宋钘、尹文的学说道："见侮不辱，救民之斗；禁攻寝兵，救世之战。"又说："以禁攻寝兵为外，以情欲寡小为内。"又孟子记宋牼（即宋钘）听见秦楚交战，便要去劝他们息兵。以上四条，互相印证，即互为旁证，证明宋钘、尹文实有这种学说。

以上说审定史料方法的大概。

今人谈古代哲学，不但根据《管子》、《列子》、《鹖子》、《晏子春秋》、《鹖冠子》等书，认为史料。甚至于高谈"邃古哲学"、"唐虞哲学"，全不问用何史料。最可怪的是竟有人引《列子·天瑞篇》"有太易，有太初，有太始"一段，及《淮南子》"有始者，有未始有有始者"一段，用作"邃古哲学"的材料，说这都是"古说而诸子述之。吾国哲学思想初萌之时，大抵其说即如此"！（谢无量《中国哲学史》第一编第一章，页六）。这种办法，似乎不合作史的方法。韩非说得好：

> 无参验而必之者，愚也。弗能必而据之者，诬也。故明据先王必定尧舜者，非愚即诬也。（《显学篇》）

参验即是我所说的证据。以现在中国考古学的程度看来，我们对于东周以前的中国古史，只可存一个怀疑的态度。至于"邃古"的哲学，更难凭信了。唐、虞、夏、商的事实，今所根据，止有一部《尚书》。但《尚书》是否可作史料，正难决定。梅赜伪古文，固不用说。即二十八篇之"真古文"，依我看来，也没有信史的价值。如《皋陶谟》的"凤皇来仪"，"百兽率舞"，如《金縢》的"天大雷电以风，禾尽偃，大木斯拔。……王出郊，天乃雨，反风。禾则尽起。二公命邦人，凡大木所偃，尽起而筑之，岁则大孰"，这岂可用作史料？我以为《尚书》或是儒家造出的"托古改制"的书，或是古代歌功颂德的官书。无论如何，没有史料的价值。古代的书，只有一部《诗经》可算得是中国最古的史料。《诗经·小雅》说：

> 十月之交，朔日辛卯，日有食之。

后来的历学家都推定此次日食在周幽王六年，十月，辛卯朔，日入食限。清朝阎若璩、阮元推算此日食也在幽王六年。近来西洋学者，也说《诗经》所记月日（西历纪元前776年8月29日），中国北部可见日蚀。这不是偶然相合的事，乃是科学上的铁证。《诗经》有此一种铁证，便使《诗经》中所说的国政、民情、风俗、思想，一一都有史料的价值了。至于《易经》更不能用作上古哲学史料。《易经》除去《十翼》，只剩得六十四个卦，六十四条卦辞，三百八十四条爻辞，乃是一部卜筮之书，全无哲学史料可说。故我以为我们现在作哲学史，只可从老子、孔子说起。用《诗经》作当日时势的参考资料。其余一切"无征则不信"的材料，一概阙疑。这个办法，虽比不上别的史家的淹博，或可免"非愚即诬"的讥评了。

整理史料之法

哲学史料既经审定，还须整理。无论古今哲学史料，都有须整理之处。但古代哲学书籍，更不能不加整理的工夫。今说整理史料的方法，约有三端：

（一）校勘。古书经了多少次传写，遭了多少兵火虫鱼之劫，往往有脱误、损坏种种缺点。校勘之学，便是补救这些缺点的方法。这种学问，从古以来，多有人研究，但总不如清朝王念孙、王引之、卢文、孙星衍、顾广圻、俞樾、孙诒让诸人的完密谨严，合科学的方法。孙诒让论诸家校书的方法道：

> 综论厥善，大氐以旧刊精校为据依，而究其微恉，通其大例，精研博考，不参成见。其正文字讹舛，或求之于本书，或旁证之他籍，及授引之类书，而以声类通转为之键。（《札迻》序）

大抵校书有3种根据：

（1）是旧刊精校的古本。例如《荀子·解蔽篇》，"不以己所臧害所将受。"宋钱佃本，元刻本，明世德堂本，皆作"所已臧"，可据以改正。

（2）是他书或类书所援引。例如《荀子·天论篇》，"修道而不贰"。王念孙校曰："修当为循。贰当为。字之误也。与忒同。……《群书治要》作循道而不忒。"

（3）是本书通用的义例。例如《墨子·小取篇》："辟也者，举也物而以明之也。"毕沅删第二"也"字，便无意思。王念孙说："也与他同。举他物以明此物，谓之譬。……《墨子》书通以也为他。说见《备城门篇》。"这是以本书的通例作根据。又如《小取篇》说："此与彼同类，世有彼而不自非也。墨者有此而非之，无故也焉。"王引之曰："无故也焉，当作无也故焉。也故即他故。下文云，此与彼同类，世有彼而不自非也。墨者有此而罪非之，无也故焉。文正与此同。"这是先用本篇构造相同的文句，来证"故也"当作"也故"；又用全书以也为他的通例来证"也故"即"他故"。

（二）训诂。古书年代久远，书中的字义，古今不同。宋儒解书，往往妄用己意，故常失古义。清代的训诂学，所以超过前代，正因为戴震以下的汉学家，注释古书，都有法度，都用客观的佐证，不用主观的猜测。三百年来，周秦两汉的古书所以可读，不单靠校勘的精细，还靠训诂的谨严。今述训诂学的大要，约有三端：

（1）根据古义或用古代的字典（如《尔雅》、《说文》、《广雅》之类），或用古代笺注（如《诗》的毛、郑，如《淮南子》的许、高）作根据，或用古书中相同的字句作印证。今引王念孙《读书杂记余编》上一条为例：

《老子》五十三章："行于大道，唯施是畏。"王弼曰："唯施为之是畏也。"河上公注略同。念孙按二家以"施为"释施字，非也。施读为迤。迤，邪也。言行于大道之中，唯惧其入于邪道也。……《说文》："迤，衺行也。"引《禹贡》"东迤北会于汇。"《孟子·离娄篇》："施从良人之所之。"赵注，"施者，邪施而行。"丁公著音迤。《淮南·齐俗篇》："去非者，非批邪施也。"高注曰："施微曲也。"《要略篇》，"接径直施。"高注曰："施邪也。"是施与迤通。《史记·贾生传》，"庚子日施兮。"《汉书》施作斜。斜亦邪也。《韩子·解老篇》释此章之义曰："所谓大道也者，端道也。所谓貌施也者，邪道也。"此尤其明证矣。

这一则中引古字典一条，古书类似之例五条，古注四条。这都是根据古义的注书法。

（2）根据文字假借、声类通转的道理。古字通用，全由声音。但古今声韵有异，若不懂音韵变迁的道理，便不能领会古字的意义。自顾炎武、江永、钱大昕、孔广森诸人以来，音韵学大兴。应用于训诂学，收效更大。今举二例。《易·系辞传》："旁行而不流。"又《乾·文言》："旁通情也。"旧注多解旁为边旁。王引之说："旁之言溥也。遍也。《说文》：'旁，溥也'。旁、溥、遍一声之转。《周官》男巫曰：'旁招以茅'，谓遍招于四方也。《月令》曰：'命有司大难、旁磔'，亦谓遍磔于四方也。……《楚语》曰：武丁使以梦象'旁求四方之贤'，谓遍求四方之贤也。"又《书·尧典》"汤汤洪水方割"；《微子》"小民方兴，相为敌仇";《立政》"方行天下，至于海表"《吕刑》："方告无辜于上"。旧说方字都作四方解。王念孙说："方皆读为旁。旁之言溥也，遍也。《说文》曰：'旁，溥也。'旁与方古字通（《尧典》'共工方鸠僝功'，《史记》引作旁。《皋陶谟》，'方施象刑惟明'，新序引作旁）。《商颂》'方命厥后'，郑笺曰：'谓遍告诸侯。'是方为遍也。……'方告无辜于上'，《论衡·变动篇》引此，方作旁，旁亦遍也。"以上两例说方旁两字皆作溥、遍解。今音读方为轻唇音，旁为重唇音。不知古无轻唇音，故两字同音，相通。与溥字、遍字，皆为同纽之字。这是音韵学帮助训诂学的例。

（3）根据文法的研究。古人讲书最不讲究文法上的构造，往往把助字、介字、连字、状字等都解作名字、代字等等的实字。清朝训诂学家最讲究文法的，是王念孙王引之父子两人。他们的《经传释词》用归纳的方法，比较同类的例句，寻出各字的文法上的作用，可算得《马氏文通》之前的一部文法学要书。这种研究法，在训诂学上别开一新天地。今举一条例如下：

《老子》三十一章："夫佳兵者不祥之器。"《释文》："佳、善也。"河上云："饰也。"念孙案，善饰二训，皆于义未安。……今案佳字当作隹字之误也。隹，古唯字也。唯兵为不祥之器，故有道者不处。上言"夫唯"，下言"故"，文义正相承也。八章云："夫唯不争，故无尤。"十五章云："夫唯不可识，故强为之容。"又云："夫唯不盈。故能蔽不新成。"二十二章云："夫唯不争，故天下莫能与之争。"皆其证也。古钟鼎文，唯安作隹。石鼓文亦然。

……

以上所述三种根据，乃是训诂学的根本方法。

（三）贯通。上文说整理哲学史料之法，已说两种。校勘是书的本子上的整理，训诂是书的字义上的整理。没有校勘，我们定读误书；没有训诂，我们便不能懂得书的真意义。这两层虽极重要，但是作哲学史还须有第三层整理的方法。这第三层，可叫作"贯通"。贯通便是把每一部书的内容要旨融会贯串，寻出一个脉络条理，演成一家有头绪有条理的学说。宋儒注重贯通，汉学家注重校勘训诂。但是宋儒不明校勘训诂之学（朱子稍知之，而不甚精），故流于空疏，流于臆说。清代的汉学家，最精校勘训诂，但多不肯做贯通的工夫，故流于支离碎琐。校勘训诂的工夫，到了孙诒让的《墨子闲诂》，可谓最完备了（此书尚多缺

167

点，此所云最完备，乃比较之辞耳）。但终不能贯通全书，述墨学的大旨。到章太炎方才于校勘训诂的诸子学之外，别出一种有条理系统的诸子学。太炎的《原道》、《原名》、《明见》、《原墨》、《订孔》、《原法》、《齐物论释》都属于贯通的一类。《原名》、《明见》、《齐物论释》三篇，更为空前的著作。今细看这三篇，所以能如此精到，正因太炎精于佛学，先有佛家的因明学、心理学、纯粹哲学，作为比较印证的材料，故能融会贯通，于墨翟、庄周、惠施、荀卿的学说里面寻出一个条理系统。于此可见整理哲学史料的第三步，必须于校勘训诂之外，还要有比较参考的哲学资料。为什么呢？因为古代哲学去今太远，久成了绝学。当时发生那些学说的特别时势，特别原因，现在都没有了。当时讨论最激烈的问题现在都不成问题了。当时通行的学术名词，现在也都失了原意了。但是别国的哲学史上，有时也曾发生那些问题，也曾用过那些名词，也曾产出大同小异或小同大异的学说。我们有了这种比较参考的材料，往往能互相印证，互相发明。今举一个极显明的例。《墨子》的《经上、下》、《经说上、下》、《大取》、《小取》六篇，从鲁胜以后，几乎无人研究。到了近几十年之中，有些人懂得几何算学了，方才知道那几篇里有几何算学的道理。后来有些人懂得光学力学了，方才知道那几篇里又有光学力学的道理。后来有些人懂得印度的名学心理学了，方才知道这几篇里又有不少知识论的道理。到了今日，这几篇二千年没人过问的书，竟成中国古代的第一部奇书了！我做这部哲学史的最大奢望，在于把各家的哲学融会贯通，要使他们各成有头绪条理的学说。我所用的比较参证的材料，便是西洋的哲学。但是我虽用西洋哲学作参考资料，并不以为中国古代也有某种学说，便可以自夸自喜。做历史的人，千万不可存一毫主观的成见。须知东西的学术思想的互相印证，互相发明，至多不过可以见得人类的官能心理大概相同，故遇着大同小异的境地时势，便会产出大同小异的思想学派。东家所有，西家所无，只因为时势境地不同，西家未必不如东家，东家也不配夸炫于西家。何况东西所同有，谁也不配夸张自豪。故本书的主张，但以为我们若想贯通整理中国哲学史的史料，不可不借用别系的哲学，作一种解释演述的工具。此外别无他种穿凿附会、发扬国光、自己夸耀的心。

史料结论

以上论哲学史料：先论史料为何，次论史料所以必须审定，次论审定的方法，次论整理史料的方法。前后差不多说了一万字。我的理想中，以为要做一部可靠的中国哲学史，必须要用这几条方法。

第一步须搜集史料。

第二步须审定史料的真假。

第三步须把一切不可信的史料全行除去不用。

第四步须把可靠的史料仔细整理一番：先把本子校勘完好，次把字句解释明白，最后又把各家的书贯串领会，使一家一家的学说，都成有条理有统系的哲学。做到这个地位，方才做到"述学"两个字。然后还须把各家的学说，笼统研究一番，依时代的先后看他们传授的渊源，交互的影响，变迁的次序：这便叫作"明变"。然后研究各家学派兴废沿革变迁的原故：这便叫作"求因"。然后用完全中立的眼光，历史的观念，一一寻求各家学说的效果影响，再用这种种影响效果来批评各家学说的价值，这便叫作"评判"。

这是我理想中的《中国哲学史》，我自己深知道当此初次尝试的时代，我这部书定有许多未能做到这个目的和未能谨守这些方法之处。所以，我特地把这些做哲学史的方法详细写出。一来呢，我希望国中学者用这些方法来评判我的书；二来呢，我更希望将来的学者用这些方法来做一部更完备更精确的《中国哲学史》。

▌哲学与人生

前次承贵会邀我演讲关于佛学的问题，我因为对于佛学没有充分的研究，拿浅薄的学识来演讲这一类的问题，未免不配；所以现在讲"哲学与人生"，希望对于佛学也许可以贡献点参考。不过我所讲的有许多地方和佛家意见不合，佛学会的诸君态度很公开，大约能够容纳我的意见的！讲到"哲学与人生"，我们必先研究它的定义：什么叫哲学？什么叫人生？然后才知道他们的关系。

我们先说人生。这六月来，国内思想界，不是有玄学与科学的笔战么？国内思想界的老将吴稚晖先生，就在《太平洋杂志》上发表一篇《一个新信仰的宇宙观及人生观》。其中下了一个人生定义。他说："人是哺乳动物中的有二手二足用脑的动物。"人生即是这种动物所演的戏剧，这种动物在演时，就有人生；停演时就没人生。所谓人生观，就是演时对于所演之态度，譬如：有的喜唱花面，有的喜唱老生，有的喜唱小生，有的喜摇旗呐喊；凡此种种两脚两手在演戏的态度，就是人生观。不过单是登台演剧，红进绿出，有何意义？想到这层，就发生哲学问题。哲学的定义，我们常在各种哲学书籍上见到；不过我们尚有再找一个定义的必要。我在《中国哲学史大纲》上卷上所下的哲学定义说："哲学是研究人生切要的问题，从根本上着想，去找根本的解决。"但是根本两字意义欠明，现在略加修改，重新下了一个定义说："哲学是研究人生切要的问题，从意义上着想，去找一个比较可普遍适用的意义。"现在举两个例来说明它：要晓得哲学的起点是由于人生切要的问题，哲学的结果，是对于人生的适用。人生离开了哲学，是无意义的人生；哲学离了人生，是想入非非的哲学。现在哲学家多凭空臆说，离得人生问题太远，真是上穷碧落，愈闹愈糟！

现在且说第一个例：二千五百年前在喜马拉雅山南部有一个小国——迦叶里，街上倒卧着一个病势垂危的老丐，当时有一个王太子经过，在别人看到，将这老丐赶开，或是毫不经意的走过去了；但是那王太子是赋有哲学的天才的人，他就想人为什么逃不出老、病、死这三个大关头，因此他就弃了他的太子爵位、妻孥、便嬖、皇宫、财货，遁迹入山，去静想人生的意义。后来忽然在树下想到一个解决，就是将人生一切问题拿主观去看，假定一切多是空的，那末，老、病、死，就不成问题了。这种哲学的合理与否，姑不具论，但是那太子的确是研究人生切要的问题，从意义上着想去找他以为比较普遍适用的意义。

我们再举一个例：譬如我们睡到夜半醒来，听见贼来偷东西，我那就将他捉住，送县究办。假如我们没有哲性，就这么了事，再想不到"人为什么要作贼"等等的问题；或者那贼竟然苦苦哀求起来，说他所以作贼的原故，因为母老、妻病、子女待哺，无处谋生，迫于不得已而为之，假如没关哲性的人，对于这种吁求，也不见有甚良心上的反动。至于富于哲性的人就要问了，为什么不得已而为之？天下不得已而为之的事有多少？为什么社会没得给他做工？为什么子女这样多？为什么老病死？这种偷窃的行为，是由于社会的驱策，还是由于个人的堕落？为什么不给穷人偷？为什么他没有我有？他没有我有是否应该？拿这种问题，逐一推思下去，就成为哲学。由此看来，哲学是由小事放大，从意义着想而得来的，并非空说高谈能够了解的。推论到宗教哲学、政治哲学、社会哲学等，也无非多从活的人生问题推衍阐明出来的。

我们既晓得什么叫人生，什么叫哲学，而且略会看到两者的关系，现在再去看意义在人生上占的什么地位？现在一般的人饱食终日，无所用心。思想差不多是社会的奢侈品。他们看人生种种事实，和乡下人到城里来看见五光十色的电灯一样。只看到事实的表面，而不了解事实的意义。因为不能了解意义的原故，所以连事实也不能了解了。这样说来，人生对于意义，极有需要，不知道意义，人生是不能了解的。宋朝朱子这班人，终日对物格物，终于找不到着落，就是不从意义上着想的原故。又如平常人看见病人种种病象，他单看见那些事实而不知道那些事实的意义，所以莫明其妙。至于这些病象一到医生眼里，就能对症下药；因为医生不单看病象，还要晓得病象的意义的原故。因此，了解人生不单靠事实，还要知道意义！

那末，意义又从何来呢？有人说：意义有两种来源，一种是从积累得来，是愚人取得意义的方法；一种是由直觉得来，是大智取得意义的方法。积累的方法，是走笨路；用直觉的方法是走捷径。据我看来，欲求意义唯一的方法，只有走笨路，就是日积月累的去做刻苦的工夫，直觉不过是熟能生巧的结果，所以直觉是积累最后的境界，而不是豁然贯通的。大发明家爱迪生有一次演说，他说，天才百分之九十九是汗，百分之一是神，可见得天才是下了番苦功才能得来，不出汗决不会出神。所以有人应付环境觉得难，有人觉得易，就是日积日累的意义多寡而已。哲学家并不是什么，只是对于人生所得的意义多点罢了。

欲得人生的意义，自然要研究哲学史，去参考已往死的哲理。不过还有比较更重的，是注意现在的活的人生问题，这就是做人应有的态度。现在我举两个可模范的大哲学家来做我的结论，这两大哲学家一个是古代的苏格拉底，一个是现代的笛卡尔。

苏格拉底是希腊的穷人，他觉得人生醉生梦死，毫无意义，因此到公共市场，见人就盘问，想借此得到人生的解决。有一次，他碰到一个人去打官司，他就问他，为什么要打官司？那人答道，为公理。他复问道，什么叫公理？那人便瞪目结舌不能作答。苏氏笑道：我知道我不知你，却不知道你不知呵！后来又有一个人告他的父亲不信国教，他又去盘问，那人又被问住了。因此希腊人多恨他，告他两大罪，说他不信国教，带坏少年，政府就判他的死刑。他走出来的时候，对告他的人说："未经考察过的生活，是不值得活的。你们走你们的路，我走我的路罢！"后来他就从容就刑，为找寻人生的意义而牺牲他的生命！

笛卡尔旅行的结果，觉到在此国以为神圣的事，在他国却视为下贱；在此国以为大逆不道的事，在别国却奉为天经地义，因此他觉悟到贵贱善恶是因时因地而不同的。他以为从前积下来的许多观念知识是不可靠的，因为他们多是趁他思想幼稚的时候侵入来的。如若欲过理性的生活，必得将从前积得的知识，一件一件用怀疑的态度去评估他们的价值，重新建设一个理性的是非。这怀疑的态度，就是他对于人生与哲学的贡献。

现在诸君研究佛学，也应当用怀疑的态度去找出它的意义，是否真正比较得普遍适用？诸君不要怕，真有价值的东西，决不为怀疑所毁；而能被怀疑所毁的东西，决不会真有价值。我希望诸君实行笛卡尔的怀疑态度，牢记苏格拉底所说的"未经考察过的生活，是不值得活的"这句话。那末，诸君对于明阐哲学，了解人生，不觉其难了。

介绍我自己的思想

我在这十年之中，出版了三集《胡适文存》，约计有一百四五十万字。我希望少年学生能读我的书，故用报纸印刷，要使定价不贵。但现在三集的书价已在七元以上，贫寒的中学生已无力全买了。字数近百五十万，也不是中学生能全读的了。

所以我现在从这三集里选出了二十二篇论文，印作一册，预备给国内的少年朋友们作一种课外读物。如有学校教师愿意选我的文字作课本的，我也希望他们用这个选本。

我选的这二十二篇文字，可以分作五组。

第一组六篇，泛论思想的方法。

第二组三篇，论人生观。

第三组三篇，论中西文化。

第四组六篇，代表我对于中国文学的见解。

第五组四篇，代表我对于整理国故问题的态度与方法。

为读者的便利起见，我现在给每一组作一个简短的提要，使我的少年朋友们容易明白我的思想的路径。

一

第一组收的文字是：

《演化论与存疑主义》

《杜威先生与中国》

《杜威论思想》

《问题与主义》

《新生活》

《新思潮的意义》

我的思想受两个人的影响最大：一个是赫胥黎，一个是杜威先生。赫胥黎教我怎样怀疑，教我不信任一切没有充分证据的东西。杜威先生教我怎样思想，教我处处顾到当前的问题，教我把一切学说理想都看作待证的假设，教我处处顾到思想的结果。这两个人使我明了科学方法的性质与功用，故我选前三篇介绍这两位大师给我的少年朋友们。

从前陈独秀先生曾说实验主义和辩证法的唯物史观是近代两个最重要的思想方法，他希望这两种方法能合作一条联合战线。这个希望是错误的。辩证法出于海格尔的哲学，是生物进化论成立以前的玄学方法。实验主义是生物进化论出世以后的科学方法。这两种方法所以根本不相容，只是因为中间隔了一层达尔文主义。达尔文的生物演化学说给了我们一个大教训：就是教我们明了生物进化，无论是自然的演变，或是人为的选择，都由于一点一滴的变异，所以是一种很复杂的现象，决没有一个简单的目的地可以一步跳到，更不会有一步跳到之后可以一成不变。辩证法的哲学本来也是生物学发达以前的一种进化理论；依他本身的理论，这个一正一反相毁相成的阶段应该永远不断的呈现。但狭义的共产主义者却似乎忘了这个原则，所以武断的虚悬一个共产共有的理想境界，以为可以用阶级斗争的方法一蹴即到，既到之后又可以用一阶级专政方法把持不变。这样的化复杂为简单，这样的根本否定演变的继续便是十足的达尔文以前的武断思想，比那顽固的海格尔更顽固了。

实验主义从达尔文主义出发，故只能承认一点一滴的不断的改进是真实可靠的进化。我在《问题与主义》和《新思潮的意义》两篇里，只发挥这个根本观念。我认定民国六年以后的新文化运动的目的是再造中国文明，而再造文明的途径全靠研究一个个的具体问题。我说：

文明不是笼统造成的，是一点一滴的造成的。进化不是一晚上笼统进化的，是一点一滴的进化的。现今的人爱谈"解放"与"改造"，须知解放不是笼统解放，改造也不是笼统改造。解放是这个那个制度的解放，这种那种思想的解放，这个那个人的解放：都是一点一滴的解放。改造是这个那个制度的改造，这种那种思想的改造，这个那个人的改造：都是一点一滴的改造。

再造文明的下手工夫是这个那个问题的研究。再造文明的进行是这个那个问题的解决。（页六八）

我这个主张在当时最不能得各方面的了解。当时（民国八年）承"五四""六三"之后，国内正倾向于谈主义，我预料到这个趋势的危险，故发表《多研究些问题，少谈些主义》的警告。我说：

凡是有价值的思想，都是从这个那个具体的问题下手的。先研究了问题的种种方面的种种事实，看看究竟病在何处，这是思想的第一步工夫。然后根据于一生的经验学问，提出种种解决的方法，提出种种医病的丹方，这是思想的第二步工夫。然后用一生的经验学问，加上想象的能力，推思每一种假定的解决法应该可以有什么样的效果，更推想这种效果是否真能解决眼前这个困难问题。推想的结果，拣定一种假定的（最满意的）解决，认为我的主张，这是思想的第三步工夫。凡是有价值的主张，都是先经过这三步工夫来的。（页三六）

我又说：

一切主义，一切学理，都该研究。但只可认作一些假设的（待证的）见解，不可认作天经地义的信条；只可认作参考印证的材料，不可奉为金科玉律的宗教；只可用作启发心思的工具，切不可用作蒙蔽聪明，停止思想的绝对真理。如此方才可以渐渐养成人类的创造的思想力，方才可以渐渐使人类有解决具体问题的能力，方才可以渐渐解放人类对于抽象名词的迷信。（页五〇）

这些话是民国八年七月写的。于今已隔了十几年，当日和我讨论的朋友，一个已被杀死了，一个也颓唐了，但这些话字字句句都还可以应用到今日思想界的现状。十几年前我所预料的种种危险——"目的热"而"方法盲"，迷信抽象名词，把主义用作蒙蔽聪明停止思想的绝对真理——一都显现在眼前了。所以我十分诚恳的把这些老话贡献给我的少年朋友们，希望他们不可再走错了思想的路子。

《新生活》一篇，本是为一个通俗周报写的；十几年来，这篇短文走进了中小学的教科书里，读过的人应该在一千万以上了。但我盼望读过此文的朋友们把这篇短文放在同组的五篇里重新读一遍。赫胥黎教人记得一句"拿证据来！"我现在教人记得一句"为什么？"少年的朋友们，请仔细想想：你进学校是为什么？

你进一个政党是为什么？你努力做革命工作是为什么？革命是为了什么而革命？政府是为了什么而存在？

请大家记得：人同畜生的分别，就在这个"为什么"上。

二

第二组的文字只有三篇：

《〈科学与人生观〉序》

《不朽》

《易卜生主义》

这三篇代表我的人生观，代表我的宗教。

《易卜生主义》一篇写的最早，最初的英文稿是民国三年在康奈尔大学哲学会宣读的，中文稿是民国七年写的，易卜生最可代表十九世纪欧洲的个人主义的精华，故我这篇文章只写得一种健全的个人主义的人生观。这篇文章在民国七八年间所以能有最大的兴奋作用和解放作用，也正是因为它所提倡的个人主义在当日确是最新鲜又最需要的一针注射。

娜拉抛弃了家庭丈夫儿女，飘然而去，只因为她觉悟了她自己也是一个人，只因为她感觉到她"无论如何，务必努力做一个人"。这便是易卜生主义，易卜生说：

我所最期望于你的是一种真实纯粹的为我主义，要使你有时觉得天下只有关于你的事最要紧，其余的都算不得什么。……你要想有益于社会，最好的法子莫如把你自己这块材料铸造成器。……有的时候我真觉得全世界都像海上撞沉了船，最要紧的还是救出自己。（页一三〇）

这便是最健全的个人主义。救出自己的唯一法子便是把你自己这块材料铸造成器。

把自己铸造成器，方才可以希望有益于社会。真实的为我，便是最有益的为人。把自己铸造成了自由独立的人格，你自然会不知足，不满意于现状，敢说老实话，敢攻击社会上的腐败情形，做一个"贫贱不能移，富贵不能淫，威武不能屈"的斯铎曼医生。斯铎曼医生为了说老实话，为了揭穿本地社会的黑幕，遂被全社会的人喊作"国民公敌"。但他不肯避"国民公敌"的恶名，他还要说老实话，他大胆的宣言：

世上最强有力的人就是那最孤立的人！

这也是健全的个人主义的真精神。

这个个人主义的人生观一面教我们学娜拉，要努力把自己铸造成个人；一面教我们学斯铎曼医生，要特立独行，敢说老实话，敢向恶势力作战。少年的朋友们，不要笑这是十九世纪维多利亚时代的陈腐思想！我们去维多利亚时代还老远哩。欧洲有了十八九世纪的个人主义！造出了无数爱自由过于面包，爱真理过于生命的特立独行之士，方才有今日的文明世界。

现在有人对你们说："牺牲你们个人的自由，去求国家的自由！"我对你们说："争你们个人的自由，便是为国家争自由！争你们自己的人格，便是为国家争人格！自由平等的国家不是一群奴才建造得起来的！"

《〈科学与人生观〉序》一篇略述民国十二年的中国思想界里的一场大论战的背景和内容。（我盼望读者能参读《文存三集》里《几个反理学的思想家》的吴敬恒一篇，页一五一～一八六）。在此序的末段，我提出我所谓"自然主义的人生观"（页九二～九五）。这不过是一个轮廓，我希望少年的朋友们不要仅仅接受这个轮廓，我希望他们能把这十条都拿到科学教室和实验室里去细细证实或否证。

这十条的最后一条是：

根据于生物学及社会学的知识，叫人知道个人——"小我"——是要死灭的，而人类——"大我"——是不死的，不朽的；叫人知道"为全种万世而生活"就是宗教；就是最高的宗教，而那些替个人谋死后的天堂净土的宗教乃是自私自利的宗教。

这个意思在这里说得太简单了，读者容易起误解。所以我把《不朽》一篇收在后面，专说明这一点。

我不信灵魂不朽之说，也不信天堂地狱之说，故我说这个小我是会死灭的。死灭是一切生物的普遍现象，不足怕，也不足惜。但个人自有他的不死不灭的部分：他的一切作为，一切功德罪恶，一切语言行事，无论大小，无论善恶，无论是非，都在那大我上留下不能磨灭的结果和影响。他吐一口痰在地上，也许可以毁灭一村一族。他起一个念头，也许可以引起几十年的血战。他也许"一言可以兴邦，一言可以丧邦"。善亦不朽，恶亦不朽；功盖万世固然不朽，种一担谷子也可以不朽，喝一杯酒，吐一口痰也可以不朽。古人说："一出言而不敢忘父母，一举足而不敢忘父母。"我们应该说："说一句话而不敢忘这句话的社会影响，走一步路而不敢忘这步路的社会影响。"这才是对于大我负责任。能如此做，便是道德，便是宗教。

这样说法，并不是推崇社会而抹煞个人。这正是极力抬高个人的重要。个人虽渺小，而他的一言一动都在社会上留下不朽的痕迹，芳不止流百世，臭也不止遗万年，这不是绝对承认个人的重要吗？成功不必在我，也许在我千百年后，但没有我也决不能成功。毒害不必在眼前，"我躬不阅，遑恤我后！"后而我岂能不负这毒害的责任？今日的世界便是我们的祖宗积的德，造的孽。未来的世界全看我们自己积什么德或造什么孽。世界的关键全在我们手里，真如古人说的"任重而道远"，我们岂可错过这绝好的机会，放下这绝重大的担子？

有人对你说，"人生如梦"。就算是一场梦罢，可是你只有这一个做梦的机会，岂可不振作一番，做一个痛痛快快轰轰烈烈的梦？

有人对你说，"人生如戏"。就说是做戏罢，可是，吴稚晖先生说的好，"这唱的是义务戏，自己要好看才唱的；谁便无端的自己扮做跑龙套，辛苦的出台，止算做没有呢？"

其实人生不是梦，也不是戏，是一件最严重的事实。你种谷子，便有人充饥；你种树，便有人砍柴，便有人乘凉；你拆烂污，便有人遭瘟；你放野火，便有人烧死。你种瓜便得瓜，种豆便得豆，种荆棘便得荆棘。少年的朋友们，你爱种什么？你能种什么？

三

第三组的文字，也只有三篇：

《我们对于西洋近代文明的态度》

《漫游的感想》

《请大家来照照镜子》

在这三篇里，我很不客气的指摘我们的东方文明，很热烈的颂扬西洋的近代文明。

人们常说东方文明是精神的文明，西方文明是物质的文明，或唯物的文明。这是有夸大狂的妄人捏造出来的谣言，用来遮掩我们的羞脸的。其实一切文明都有物质和精神的两部分：材料都是物质的，而运用材料的心思才智都是精神的。

木头是物质；而剖木为舟，构木为屋，都靠人的智力，那便是精神的部分。器物越完备复杂，精神的因子越多。一只蒸汽锅炉，一辆摩托车，一部有声电影机器，其中所含的精神因子比我们老祖宗的瓦罐、大车、毛笔多的多了。我们不能坐在舢板船上自夸精神文明，而嘲笑五万吨大汽船是物质文明。

但物质是倔强的东西，你不征服他，他便是征服你。东方人在过去的时代，也曾制造器物，做出一点利用厚生的文明。但后世的懒惰子孙得过且过，不肯用手用脑去和物质抗争，并且编出"不以人易天"的懒人哲学，于是不久便被物质战胜了。天旱了，只会求雨；河决了，只会拜金龙大王；风浪大了，只会祷告观音菩萨或天后娘娘。荒年了，只好逃荒去；瘟疫来了，只好闭门等死；病上身了，只好求神许愿。树砍完了，只好烧茅草；山都精光了，只好对着叹气。这样又愚又懒的民族，不能征服物质，便完全被压死在物质环境之下，成了一分像人九分像鬼的不长进民族。所以我说：

这样受物质环境的拘束与支配，不能跳出来，不能运用人的心思智力来改造环境改良现状的文明，是懒惰不长进的民族的文明，是真正唯物的文明。（页一五四）

反过来看看西洋的文明，

这样充分运用人的聪明智慧来寻求真理以解放人的心灵，来制服天行以供人用，来改造物质的环境，来改革社会政治的制度，来谋人类最大多数的最大幸福——这样的文明是精神的文明。（页一五五）

这是我的东西文化论的大旨。

少年的朋友们，现在有一些妄人要煽动你们的夸大狂，天天要你们相信中国的旧文化比任何国高，中国的旧道德比任何国好。还有一些不曾出国门的愚人鼓起喉咙对你们喊道："往东走！往东走！西方的这一套把戏是行不通的了！"

我要对你们说：不要上他们的当！不要拿耳朵当眼睛！睁开眼睛看看自己，再看看世界。我们如果还想把这个国家整顿起来，如果还希望这个民族在世界上占一个地位——只有一条生路，就是我们自己要认错。我们必须承认我们自己百事不如人，不但物质机械上不如人，不但政治制度不如人，并且道德不如人，知识不如人，文学不如人，音乐不如人，艺术不如人，身体不如人。

肯认错了，方才肯死心塌地的去学人家。不要怕模仿，因为模仿是创造的必要预备工夫。不要怕丧失我们自己的民族文化，因为绝大多数人的惰性已尽够保守那旧文化了，用不着你们少年人去担心。你们的职务在进取，不在保守。

请大家认清我们当前的紧急问题。我们的问题是救国，救这衰病的民族，救这半死的文化。在这件大工作的历程里，无论什么文化，凡可以使我们起死回生，返老还童的，都可以充分采用，都应该充分收受。我们救国建国，正如大匠建屋，只求材料可以应用，不管他来自何方。

四

第四组的文字有六篇：

《建设的文学革命论》

《〈尝试集〉自序》

《文学进化观念》

《国语的进化》

《文学革命运动》

《〈词选〉自序》

这里有一部分是叙述文学革命运动的经过的，有一部分是我自己对于文学的见解。

我在这十几年的中国文学革命运动上，如果有一点点贡献，我的贡献只在：

（1）我指出了"用白话作新文学"的一条路子。（页一九四～二〇三；页二三八～二四〇；页二七七～二八三）（2）我供给了一种根据于历史事实的中国文学演变论，使人明了国语是古文的进化，使人明了白话文学在中国文学史上占什么地位。（页二四二～二八四；页三〇四～三〇九）（3）我发起了白话新诗的尝试。（页二一七～二四一）

这些文字都可以表出我的文学革命论也只是进化论和实验主义的一种实际应用。

五

第五组的文字有四篇：

《古史讨论的读后感》

《〈红楼梦〉考证》

《治学的方法与材料》

这都是关于整理国故的文字。

《季刊宣言》是一篇整理国故的方法总论，有三个要点：

第一，用历史的眼光来扩大研究的范围。

第二，用系统的整理来部勒研究的资料。

第三，用比较的研究来帮助材料的整理与解释。

这一篇是一种概论，故未免觉的太悬空一点。以下的两篇便是两个具体的例子，都可以说明历史考证的方法。

《古史讨论》一篇，在我的《文存》里要算是最精采的方法论。这里面讨论了两个基本方法：一个是用历史演变的眼光来追求传说的演变，一个是用严格的考据方法来评判史料。

顾颉刚先生在他的《古史辨》的自序里曾说他从我的《〈水浒传〉考证》和《井田辨》等文字里得着历史方法的暗示。这个方法便是用历史演化的眼光来追求每一个传说演变的历程。我考证《水浒》的故事，包公的传说，狸猫换太子的故事，井田的制度，都用这个方法。顾先生用这方法来研究中国古史，曾有很好的成绩。顾先生说的最好："我们看史迹的整理还轻而看传说的经历却重。凡是一件史事，应看他最先是怎样，以后逐步逐步的变迁是怎样。"其实对于纸上的古史迹，追求其演变的步骤，便是整理他了。

在这篇文字里，我又略述考证的方法，我说：

我们对于"证据"的态度是：一切史料都是证据。但史家要问：

（1）这种证据是在什么地方寻出的？

（2）什么时候寻出的？

（3）什么人寻出的？

（4）依地方和时候上看起来，这个人有做证人的资格吗？

（5）这个人虽有证人资格，而他说这句话时有作伪（无心的，或有意的）的可能吗？（页三四八～三四九）

《〈红楼梦〉考证》诸篇只是考证方法的一个实例。我说：

我觉得我们做《红楼梦》的考证，只能在"著者"和"本子"两个问题上着手；只能运用我们力所能搜集的材料，参考互证，然后抽出一些比较的最近情理的结论。这是考证学的方法。我在这篇文章里，处处想撇开一切先人的成见，处

处存一个搜求证据的目的，处处尊重证据，让证据做向导，引我到相当的结论上去。（页四一一～四一二）

这不过是赫胥黎、杜威的思想方法的实际应用。我的几十万字的小说考证，都只是用一些"深切而著明"的实例来教人怎样思想。

试举曹雪芹的年代一个问题作个实例。民国十年，我收得了一些证据，得着这些结论：

我们可以断定曹雪芹死于乾隆三十年左右（约西历 1765）。……我们可以猜想雪芹大约生于康熙末叶，（约 1715～1720）当他死时，约五十岁左右。（页三八三）

民国十一年五月，我得着了《四松堂集》的原本见敦诚挽曹雪芹的诗题下注"甲申"二字，又诗中有"四十年华"的话，故修正我的结论如下：

曹雪芹死在乾隆二十九年甲申（1764）……他死时只有"四十年华"，我们可以断定他的年纪不能在四十五岁以上。假定他死时年四十五岁，他的生时当康熙五十八年（1719）。（页四二○）

但到了民国十六年，我又得了脂砚斋评本《石头记》，其中有"壬午除夕，书未成，芹为泪尽而逝"的话。壬午为乾隆二十七年，除夕当西历 1763 年 2 月 12 日，和我七年前的断定"乾隆三十年左右，约西历 1765"只差一年多。又假定他活了四十五岁，他的生年大概在康熙五十六年（1717），这也和我七年前的猜测正相符合。（页四三三）

考证两个年代，经过七年的时间，方才得着证实。证实是思想方法的最后又最重要的一步。不曾证实的理论，只可算是假设；证实之后，才是定论，才是真理。我在别处（《文存三集》，页二七三）说过：

我为什么要考证《红楼梦》？

在消极方面，我要教人怀疑王梦阮、徐柳泉一班人的谬说。

在积极方面，我要教人一个思想学问的方法。我要教人疑而后信，考而后信，有充分证据而后信。

我为什么要替《水浒传》作五万字的考证？我为什么要替庐山一个塔作四千字的考证？

我要教人知道学问是平等的，思想是一贯的。……肯疑问"佛陀耶舍究竟到过庐山没有"的人，方才肯疑问"夏禹是神是人"。有了不肯放过一个塔的真伪的思想习惯，方才敢疑上帝的有无。

少年的朋友们，莫把这些小说考证看作我教你们读小说的文字。这些都只是思想学问的方法的一些例子。在这些文字里，我要读者学得一点科学精神，一点科学态度，一点科学方法。科学精神在于寻求事实，寻求真理。科学态度在于撇开成见，搁起感情，只认得事实，只跟着证据走。科学方法只是"大胆的假设，小心的求证"十个字。没有证据，只可悬而不断，证据不够，只可假设，不可武断；必须等到证实之后，方才奉为定论。

少年的朋友们，用这个方法来做学问，可以无大差失，用这种态度来做人处事，可以不至于被人蒙着眼睛牵着鼻子走。

从前禅宗和尚曾说："菩提达摩东来，只要寻一个不受人惑的人。"我这里千言万语，也只是要教人一个不受人惑的方法。被孔丘、朱熹牵着鼻子走，固然不算高明；被马克思、列宁、斯大林牵着鼻子走，也算不得好汉。我自己决不想牵着谁的鼻子走。我只希望尽我的微薄的能力，教我的少年朋友们学一点防身的本领，努力做一个不受人惑的人。

抱着无限的爱和无限的希望，我很诚挚的把这一本小书贡献给全国的少年朋友！

杜威先生与中国

杜威先生今天离开北京，起程归国了。杜威先生于民国八年五月一日——"五四"的前三天——到上海，在中国共住了两年零两月。中国的地方他到过并且讲演过的，有奉天、直隶、山西、山东、江苏、江西、湖北、湖南、浙江、福建、广东十一省。他在北京的五种长期讲演录已经过第十版了，其余各种小讲演录——如山西的，南京的，北京学术讲演会的——几乎数也数不清楚了！我们可以说，自从中国与西洋文化接触以来，没有一个外国学者在中国思想界的影响有杜威先生这样大的。

我们还可以说，在最近的将来几十年中，也未必有别个西洋学者在中国的影响可以比杜威先生还大的。这句预言初听了似乎太武断了。但是我们可以举两个理由：

第一，杜威先生最注重的是教育的革新，他在中国的讲演也要算教育的讲演为最多。当这个教育破产的时代，他的学说自然没有实行的机会。但他的种子确已散布不少了。将来各地的"试验学校"渐渐的发生，杜威的教育学说有了试验的机会，那才是杜威哲学开花结子的时候呢！现在的杜威，还只是一个盛名；十年二十年后的杜威，变成了无数杜威式的试验学校，直接或间接影响全中国的教育，那种影响不应该比现在更大千百倍吗？

第二，杜威先生不曾给我们一些关于特别问题的特别主张——如共产主义、无政府主义、自由恋爱之类——他只给了我们一个哲学方法，使我们用这个方法去解决我们自己的特别问题。他的哲学方法，总名叫作"实验主义"；分开来可作两步说：

（一）历史的方法——"祖孙的方法"。他从来不把一个制度或学说，看作一个孤立的东西，总被他看作一个中段；一头是他所以发生的原因，一头是他自己发生的效果；上头有他的祖父，下头有他的孙子。捉住了这两头，他再也逃不出去了！这个方法的应用，一方面是很忠厚宽恕的，因为他处处指出一个制度或学说所以发生的原因，指出他历史的背景，故能了解他在历史上的地位和价值，故不致有过分的苛责。一方面，这个方法又是很严厉的，最带有革命性质的。因为他处处拿一个学说或制度发生的结果，来评判他本身的价值，故最公平，又最利害。这种方法，是一切带有评判（Critical）精神的运动的一个武器。

（二）实验的方法。实验的方法，至少注重3件事：（1）从具体的事实与境地下手；（2）一切学说理想，一切知识，都只是待证的假设，并非天经地义；（3）一切学说与理想，都须用实行来试验过。实验是真理的唯一试金石。第一件——注意具体的境地——使我们免去许多无谓的问题，省去许多无意识的争论。第二件——一切学理都看作假设——可以解放许多"古人的奴隶"。第三件——实验——可以稍稍限制那上天下地的妄想冥想。实验主义只承认那一点一滴做到的进步，步步有智慧的指导，步步有自动的实验——才是真进化。

特别主张的应用是有限的，方法的应用是无穷的。杜威先生虽去了，他的方法将来一定会得更多的信徒。国内敬爱杜威先生的人若都能注意于推行他所提倡的这两种方法，使历史的观念与实验的态度渐渐的变成思想界的风尚与习惯，那时候，这种哲学的影响之大，恐怕我们最大胆的想象力也还推测不完呢。

因为这两种理由，我敢预定，杜威先生虽去，他的影响仍旧永永存在，将来还要开更灿烂的花，结更丰盛的果。

杜威先生真爱中国，真爱中国人；他这两年之中，对我们中国人，他是我们的良师好友；对于国外，他还替我们做了两年的译人与辩护士。他在《新共和国》（The New Republic）和《亚细亚》（Asia）两个杂志上发表的几十篇文章，都是用最忠实的态度对于世界为我们做解释的。因为他的人格高尚，故世界的人对于他的评判几乎没有异议。（除了朴兰德 Bland 一流的妄人！）杜威这两年来对中国尽的这种义务，真应该受我们很诚恳的感谢。

我们对于杜威先生一家的归国，都感觉很深挚的别意。我们祝他们海上平安！

第二章
哲学研究与方法论～

▌逻辑与哲学

哲学是受它的方法制约的，也就是说，哲学的发展是决定于逻辑方法的发展的。这在东方和西方的哲学史中都可以找到大量的例证。欧洲大陆和英格兰的近代哲学就是以《方法论》和《新工具》开始的。而中国的近代哲学史则提供了更多有教益的事例。

宋代（960～1279）的哲学家，特别是程颢（1032～1085）和他的弟弟程颐（1033～1108）要振兴孔子的哲学，曾发现一篇篇幅不多的名叫《大学》的小书（是上千年留下来的《礼记》这本集子里四十多篇中的一篇，约有一千七百五十字，作者不明）。他们把它从《礼记》中抽出来，后来便成为儒家经典《四书》中的一部。这桩有趣的事情的产生，在于这些哲学家是很着意于找寻方法论。他们在这小书中找到了那提供他们认为可行的逻辑方法的儒家唯一著作。这本书的主旨摘录如下：

> 物格而后知至，知至而后意诚，意诚而后心正，心正而后身修，身修而后家齐，家齐而后国治，国治而后天下平。

这段叙述由开头三句组成最重要部分。宋学以程氏兄弟及朱熹（1129～1200）为主要代表，主张物必有理，格物在于寻求特殊事物中的理。（《大学》）"所谓致知在格物者，言欲致吾之知，在即物而穷其理也。盖人心之灵，莫不有知，而天下之物，莫不有理。惟于理有未穷，故其知有不尽也。是以大学始教，必使学者即凡天下之物，莫不因其已知之理而益穷之，以求至乎其极。至于用力之久，而一旦豁然贯通焉，则众物之表里精粗无不到，而吾心之全体大用无不明矣。"

以积蓄学问开始引导至豁然贯通的最后阶段的方法，在明代（1368～1644）王阳明（1472～1529）加以反对之前，一直是新儒学的逻辑方法。王阳明说："初年与钱友同论做圣贤要格天下之物，如今安得这等大的力量。因指亭前竹子令去格看。钱子早夜去穷格竹子的道理，竭其心思至于三日，便致劳神成疾。当初说他这是精力不足。某因自去穷格，早夜不得其理，到七日，亦以劳思致疾，遂相与叹：'圣贤是做不得的，无他大力量去格物了。'"

因此，王阳明反对宋学的方法，创立他所认为是《大学》本义的新学。他的新学认为"天下之物本无可格者，其格物之功只在身心上做。"离开心，即无所谓理，也无所谓物。"身之主宰便是心，心之所发便是意，意之本体便是知，意之所在便是物。如意在于事亲，即事亲便是一物。"这样，王阳明认为"格物"中的"格"字，并不是宋儒所主张的"穷究"，而是"正"的意思，有如孟子所说的"大人格君心"的"格"。所以，"格物"并不是指研究事物，而是"去心之不正，以全其本体之正"。简单地说，就是心之"良知"，"知是心之本体，心自然会知……用致知格物之功胜私复理，即心之良知更无障碍，得以充塞流行便是致其知，知致则意诚"。

总之，中国近代哲学的全部历史，从十一世纪到现在，都集中在这作者不明的一千七百五十字的小书的解释上。确实可以这样说，宋学与明学之间的全部争论，就是关于"格物"两字应作"穷究事物"或"正心致良知"的解释问题的争论。

我回顾九百年来的中国哲学史，不能不深感哲学的发展受到逻辑方法的制约影响。最重要的事实是在这长期的争论中，哲学家在找寻方法中已发现了提供某种方法或看来是某种方法（而没有论及其细致用法）的轮廓的一篇短文，这就使得哲学家们能对他们所能设想的任何程序作出解释。

很明显，程氏兄弟及朱熹给"格物"一语的解释十分接近归纳方法：即从寻求事物的理开始，旨在借着综合而得最后的启迪。但这是没有对程序作出详细规定的归纳方法。上面说到的王阳明企图穷究竹子之理的故事，就是表明缺乏必要的归纳程序的归纳方法而终归无效的极好例证。这种空虚无效迫使王阳明凭借良知的理论，把心看作与天理同样广大，从而避免了吃力不讨好的探究天下事物之理。

但是宋、明哲学家也有一点是一致的。朱熹和王阳明都同意把"物"作"事"解释。这一个字的人文主义的解释，决定了近代中国哲学的全部性质与范围。它把哲学限制于人的"事务"和关系的领域。王阳明主张"格物"只能在身心上做。即使宋学探求事事物物之理，也只是研究"诚意"以"正心"。他们对自然客体的研究提不出科学的方法，也把自己局限于伦理与政治哲学的问题之中。因此，在近代中国哲学的这两个伟大时期中，都没有对科学的发展作出任何贡献。可能还有许多其他原因足以说明中国之所以缺乏科学研究，但可以毫不夸张地说，哲学方法的性质是其中最重要的原因之一。

对近代中国哲学方法论的发展的这种似乎不需要的冗长说明，就是目前我从事写作关于中国古代的逻辑方法的发展这篇论文的理由。我认为最不幸的是在十一、十二及十六世纪哲学思辨大复兴的障碍是那篇不明作者的，也许是公元前四、三世纪的某一儒家所写的著作，实际上是近代中国哲学的所有学派的《新工具》，它宣布了致知在格物，这或者是受当时科学倾向的不自觉的影响。但因为科学的影响最多只是不自觉地感到的，因为格物的科学方法为当时的非儒学派所发展却从未被清楚地说明过，又因为《大学》的整个精神以及其他儒家著作都是纯理性的和伦理的，所以，近代中国哲学与科学的发展曾极大地受害于没有适当的逻辑方法。

现在，中国已与世界的其他思想体系有了接触，那么，近代中国哲学中缺乏的方法论，似乎可以用西方自亚里士多德直至今天已经发展了的哲学的和科学的方法来填补。假如中国满足于把方法论问题仅仅看作是学校里的"精神修养"的一个问题，或看作获致实验室的一种工作方法的问题，这就足够了。但就我看来，问题并不真正如此简单。我认为这只是新中国必须正视的，更大的、更根本的问题的一个方面。

这个较大的问题就是：我们中国人如何能在这个骤看起来同我们的固有文化大不相同的新世界里感到泰然自若？一个具有光荣历史以及自己创造了灿烂文化的民族，在一个新的文化中决不会感到自在的。如果那新文化被看作是从外国输入的，并且因民族生存的外在需要而被强加于它的，那么这种不自在是完全自然的，也是合理的。

如果对新文化的接受不是有组织的吸收的形式，而是采取突然替换的形式，因而引起旧文化的消亡，这确实是全人类的一个重大损失。因此，真正的问题可以这样说：我们应怎样才能以最有效的方式吸收现代文化，使它能同我们的固有文化相一致、协调和继续发展？

这个较大的问题本身是出现在新旧文化间冲突的各方面。一般说来，在艺术、文学、政治和社会生活方面，基本的问题是相同的。这个大问题的解决，就我所能看到的，唯有依靠新中国知识界领导人物的远见和历史连续性的意识，依靠他们的机智和技巧，能够成功地把现代文化的精华与中国自己的文化精华联结起来。

我们当前较为特殊的问题是：我们在哪里能找到可以有机地联系现代欧美思想体系的合适的基础，使我们能在新旧文化内在调和的新的基础上建立我们自己的科学和哲学？这就不只是介绍几本学校用的逻辑教科书的事情。我对这个问题的揣测就是这样。儒学已长久失去它的生命力，宋明的新学派用两种不属于儒家的逻辑方法去解释死去很久的儒学，并想以此复兴儒学，这两种方法就是：宋学的格物致知；王阳明的致良知。我一方面充分地认识到王阳明学派的价值，同时也不得不认为他的逻辑理论是与科学的程序和精神不两立的。而宋代哲学家对"格物"的解释虽然是对的，但是他们的逻辑方法却是没有效果的，因为：（1）缺乏实验的程序，（2）忽视了心在格物中积极的、指导的作用，（3）最不幸的是把"物"的意义解释为"事"。

除了这两个学派，儒学久已消失，我确信中国哲学的将来，有赖于从儒学的道德伦理和理性的枷锁中得到解放。这种解放，不能只用大批西方哲学的输入来实现，而只能让儒学回到它本来的地位；也就是恢复它在其历史背景中的地位。儒学曾经只是盛行于古代中国的许多敌对的学派中的一派，因此，只要不把它看作精神的、道德的、哲学的权威的唯一源泉，而只是在灿烂的哲学群星中的一颗明星，那末，儒学的被废黜便不成问题了。

换句话说，中国哲学的未来，似乎大有赖于那些伟大的哲学学派的恢复，这些学派在中国古代一度与儒家学派同时盛行。这种需要已被我们有思考力的人朦胧地或半自觉地觉察到，这可以从这样的事实看出来：尽管反动的运动在宪法上确立儒学，或者把它作为国教，或者把它作为国家道德教育的制度，但都受到国会内外一切有思想的领导人物的有力反对，而对知识分子有影响的期刊在最近几年中几乎没有一期发表关于非儒学各派的哲学学说的论文。

就我自己来说，我认为非儒学派的恢复是绝对需要的，因为在这些学派中可望找到移植哲学和科学最佳成果的合适土壤。关于方法论问题，尤其是如此。如为反对独断主义和唯理主义而强调经验，在各方面的研究中充分地发展科学的方法，用历史的或者发展的观点看真理和道德，我认为这些都是西方现代哲学的最重要的贡献，都能在公元前五、四、三世纪中那些伟大的非儒学派中找到遥远而高度发展了的先驱。因此，新中国的责任是借鉴和借助于现代西方哲学去研究这些久已被忽略了的本国的学派。如果用现代哲学去重新解释中国古代哲学，又用中国固有的哲学去解释现代哲学，这样，也只有这样，才能使中国的哲学家和哲学研究在运用思考与研究的新方法与工具时感到心安理得。

我不想被误认为我之所以主张复兴中国古代哲学学派是由于我要求中国在发现那些方法和理论中的优先荣誉这一欲望所促成——那些方法和理论直至今天都被认为发源于西方。我最不赞成以此自傲。仅仅发明或发现在先，而没有后继的努力去改进或完善雏形的东西，那只能是一件憾事，而不能引以为荣。当我看到水手们的指南针，并想到欧洲人借以作出的神奇的发现，便不禁想起我亲眼看到的我国古代天才的这一伟大发明被用于迷信活动而感到羞愧。

我对中国古代逻辑理论与方法的重现的兴趣，就像上面所重复说过的，主要是教学方面的。我渴望我国人民能看到西方的方法对于中国的心灵并不完全是陌生的。相反，利用和借助于中国哲学中许多已经失去的财富就能重新获得。更重要的还是我希望因这种比较的研究可以使中国的哲学研究者能够按照更现代的和更完全的发展成果批判那些前导的理论和方法，并了解古代的中国人为什么没有因而获得现代人所获得的伟大成果。例如：为什么古代中国的自然的和社会的进化理论没有获致革命的效果，而达尔文的理论却产生了现代的思想。进一步说，我希望这样一种比较的研究，可以使中国避免因不经批判地输入欧洲哲学而带来的许多重大错误——诸如在中国学校里教授形式逻辑的古老教科书或者在信赖达尔文进化论的同时，信赖斯宾塞的政治哲学。

这些就是我写中国先秦名学史的理由。但愿它成为用中文以外的任何语言向西方介绍古代中国各伟大学派的第一本书！

从历史上看哲学是什么

这个题目很重要，从人类历史上看哲学是什么，一方面要修正我在中国哲学史上卷里所下哲学的定义，一方面要指示给学哲学的人一条大的方向，引起大家研究的兴味。

我在今年一二月《晨报副刊》上发表杜威先生哲学改造的论文，今天所讲，大部分是根据杜威先生的学说；他的学说原是用来解释西洋哲学的，但杜威先生是一个实验主义者，他的学说要能够解释中国或印度的哲学思想，才能算是成立。

杜威先生的意思，以为哲学的来源，是人类最初的历史传说或跳舞诗歌迷信等等幻想的材料，经过两个时期，才成为哲学。

（一）整齐统一的时期，传说神话变成了历史，跳舞诗歌变成了艺术，迷信变成了宗教，个人的想象与暗示，跟了一定法式走，无意识的习惯与有意识的褒贬，合成一种共同的风尚。造成了种种制度仪节。

（二）冲突调和的时期，人类渐渐进步，经验多了，事实的知识分量增加，范围扩大。于是幻想的礼俗及迷信传统的学说，与实证的人生日用的常识，起了冲突，因而批评的调和的哲学发生，例如希腊哲人"Sophist"之勃兴，便是西洋哲学的起源。"Sophist"对于一切怀疑，一切破坏，当时一般人颇发生反感，斥哲人为诡辩，为似是而非。"Sophist"一字，至今成了恶名。有人觉得哲人过于激烈，将传统的东西保存一部分，如 Socrates 辈。但社会仍嫌他过激，法庭宣告他的死刑。后来经过柏拉图、亚里士多德等的调和变化，将旧信仰洗刷一番，加上些论理学、心理学等等，如卫道护法的工具，于是成了西洋的正统哲学。

归纳起来说，正统哲学有 3 大特点：

（1）调和新旧思想，替旧思想旧信仰辩护，带一点不老实的样子。

（2）产生辨证的方法，造成论理的系统，其目的在护法卫道。

（3）主张二元的世界观，一个是经验世界，一个是超经验的世界，在现实世界里不能活动的，尽可以在理想的世界里玩把戏。

现在要拿杜威先生关于正统哲学的解释，来看是否适用于中国。我研究的结果，觉得中国哲学完全可以适用杜威的学说。

中国古代的正统哲学是儒墨两大派，中古时代是儒教，近世自北宋至今是宋明理学，尤其是程朱的理学。

现在分论古代中古近世三期。

中国古代的哲学原料，诗歌载在《诗经》，卜筮迷信载在《易经》，礼俗仪容载在《礼记》，历史传说载在《尚书》。在西历纪元前二千五百年，初民思想已经过一番整齐统一。一切旧迷信旧习惯传说已成了经典。

纪元前五六百年老子孔子等出，正当新旧思潮冲突调和的时期，古代正统哲学才算成立。老子是旧思想的革命家，过激党，攻击旧文化，攻击当时政治制度。古代以天为有意志有赏罚，而老子说天地不仁，将有意志的天变为无往而不在，无为而无不为的天，是一个自然主义的天道观。老子这样激烈的态度，自然为当世所不容。他很高明，所以自行隐遁。邓析比老子更激烈，致招杀身之祸，没有书籍流传后世，可见当时两种思想冲突的厉害。

于是调和论出来了，孔子一方面承认自然主义的天道观，他说："天何言哉。四时行焉，百物生焉，天何言哉。"一方面又承认有鬼神，他说："敬鬼神而远之。""祭如在，祭神如神在。""洋洋乎如在其上，如在其左右。"他总舍不得完全去掉旧信仰，舍不得完全去掉传统的宗教态度。但在一般人看来，他仍然是偏向革命党。偏向革命党的苏格拉底不免于死刑，偏向革命党的孔子不免厄于陈蔡，终身栖栖皇皇。这是第一派的调和论。

第二派的调和论是墨子，墨子明白提倡有鬼，有意志的天，非命，完全容纳旧迷信，完全是民间宗教的原形。但究竟旧思想经过动摇，不容易辩护，于是不得不发明辨证的方法，以逻辑为武器。我们看他用逻辑最多的地方，是《明鬼》和《非命》两篇。他提出论辩的三个标准：

（甲）我们曾经耳闻目见否；

（乙）古人说过没有；

（丙）有用没有用。

譬如说有鬼，第一曾经有人看见过鬼，或听见鬼叫的。第二古书载鬼的地方很不少，故古人是相信有鬼的。第三我们相信有鬼，则我们敬爱的人死了，我们尚可得到安慰，而且可以少作坏事。信鬼有利无弊是有用的。因此墨子是当时的正统哲学。

中古时代之整齐统一期分两个步骤，第一步是秦时，李斯别黑白，定一尊。

第二步是汉初，宗教迷信统一于长安，秦巫晋巫各代表一个民间宗教，汉武封泰山，禅梁父，一般方士术士都来了，这是道教与古代迷信冲突时期。

带上儒家帽子的墨教出来调和，便是董仲舒所创之新儒教。以天人感应为基本观念，替民间宗教作辩护，可谓古代迷信传说之复活，故中古期的正统哲学是新儒教。

从东汉到北宋，儒释道三教都来了，没有十分冲突。唐时以老子姓李，道教几乎成为国教。到了北宋真宗，崇道教，拜天书，封禅老子庙。道教之盛，达于极点，以至仁宗神宗时代，产生了许多怀疑派。如欧阳修、苏轼、王安石、李觏等，对于思想制度古书都怀疑。对于迷信的道教是一种反动，对于极端个人主义的禅宗是一种调和。于是在古代诸大思想系统中找出儒家，以《五经》为旧经典，《四书》为新经典，《大学》里找出方法论，《中庸》里找出心理学。静坐不是学佛，是求敬，是注意，是为自己的修养。故自北宋以来，正统哲学是理学。理学调和的分子极多，以儒家为根据，容纳道家佛家一部分思想，且兼容古代的宗教。为涵养须用敬之"敬"，完全是宗教的态度。

结论：我所以讲这个题目，是要使大家知道，无论以中国历史或西洋历史来看，哲学是新旧思想冲突的结果。而我们研究哲学，是要教哲学当成应付冲突的机关。现在梁漱溟、梁任公、张君劢诸人所提倡的哲学，完全迁就历史的事实，是中古时代八百年所遗留的传统思想、宗教态度，以为这便是东方文明。殊不知西洋中古时代也有与中国同样的情形，注重内心生活，并非中国特有的。所以我们要认清楚哲学是什么，研究哲学的职务在那里，才能寻出一条大道。这是我们研究哲学的人应有的觉悟。

▌哲学的将来（提要）

（一）哲学的过去。

过去的哲学只是幼稚的、错误的或失败了的科学。

宇宙论→天文学、物理学、生物学、生物化学。

本体论→物理、化学、生物、物理化学、生物化学。

知识论→物理学、心理学、科学方法。

道德哲学→社会学、人类学、心理学、生物学、遗传学。

政治哲学→经济学、统计学、社会学、史学……

（二）过去的哲学学派只可在人类知识史与思想史上占一个位置，如此而已。

哲学既是幼稚的科学，自然不当自别于人类知识体系之外。最早的 Democritus 以及 Epicurus 一派的元子论既可在哲学史上占地位，何以近世发明九十元子的化学家，与伟大的 Mendelief 的元子周期律不能在哲学史上占更高的地位？

最早乱谈阴阳的古代哲人既列在哲学史，何以三四十年来发现阴电子（Electron）的 Thomson 与发现阳电子 Prooon 的 Rutherford 不能算作更伟大的哲学家？

最早乱谈性善恶的孟子、荀子既可算是哲学家，何以近世创立遗传学的 George J. Mendel 不能在哲学史上占一个更高的地位？

最早谈井田均产的东西哲学家都列入哲学史，何以马克思、布鲁东、亨利乔治（Henry George）那样更伟大的社会学说不能在哲学史占更高的地位？

（三）哲学的将来。

1. 问题的更换。

问题的解决有两途（1）解决了。（2）知道不成问题，就抛弃了。

凡科学已解决的问题，都应承受科学的解决。

凡科学认为暂时不能解决的问题，都成为悬案。

凡科学认为成问题的问题，都应抛弃。

2. 哲学的根本取消。

问题可解决的，都解决了。一时不能解决的，还得靠科学实验的帮助与证实。科学不能解决的，哲学也休想解决。即使提出解决，也不过是一个待证的假设，不足于取信现代的人。

故哲学家自然消灭，变成普通思想的一部分。在生活的各方面，自然总不免有理论家继续出来，批评已有的理论或解释已发现的事实，或指摘其长短得失，或沟通其冲突矛盾，或提出新的解释，请求专家的试验与证实。这种人都可称为思想家，或理论家。自然科学有自然科学的理论学，这种人便是将来的哲学家。

但他们都不能自外于人类的最进步的科学知识思想，而自夸不受科学制裁的哲学家。他们的根据必须是已证实的事实；自然科学的材料或社会科学的统计调查。他们的方法必须是科学实验的方法。

若不如此，但他们不是将来的思想家，只是过去的玄学鬼。

将来只有一种知识，科学知识。

将来只有一种知识思想方法：即科学实证方法。

将来只有思想家，而无哲学家；他们的思想，已证实的便成为科学的一部分，未证实的叫作待证的假设（Hypothesis）。

墨子的哲学方法

儒墨两家根本上不同之处，在于两家哲学的方法不同，在于两家的"逻辑"不同。《墨子·耕柱篇》有一条最形容得出这种不同之处。

叶公子高问政于仲尼，曰："善为政者若之何？"仲尼对曰："善为政者，远者近之，而旧者新之。"（《论语》作"近者悦，远者来"。）

子墨子闻之曰："叶公子高未得其问也，仲尼亦未得其所以对也。叶公子高岂不知善为政者之远者近之而旧者新之哉？问所以为之若之何也。……"

这就是儒墨的大区别，孔子所说是一种理想的目的，墨子所要的是一个"所以为之若之何"的进行方法。孔子说的是一个"什么"，墨子说的是一个"怎样"，这是一个大分别。《公孟篇》又说：

子墨子问于儒者，曰："何故为乐？"曰："乐以为乐也。"子墨子曰："子未我应也。今我问曰：'何故为室？'曰：'冬避寒焉，夏避暑焉，室以为男女之别也。'则子告我为室之故矣。今我问曰：'何故为乐？'曰：'乐以为乐也。'是犹曰：'何故为室？'曰：'室以为室也。'"

儒者说的还是一个"什么"，墨子说的是一个"为什么"。这又是一个大分别。

这两种区别，皆极重要。儒家最爱提出一个极高的理想的标准，作为人生的目的，如论政治，定说"君君、臣臣、父父、子子"；或说"近者悦，远者来"；这都是理想的目的，却不是进行的方法。如人生哲学则高悬一个"止于至善"的目的，却不讲怎样能使人止于至善。所说细目，如"为人君，止于仁；为人臣，止于敬；为人父，止于慈；为人子，止于孝；与国人交，止于信。"全不问为什么为人子的要孝，为什么为人臣的要敬；只说理想中的父子君臣朋友是该如此如此的。所以儒家的议论，总要偏向"动机"一方面。"动机"如俗话的"居心"。

孟子说的"君子之所以异于人者,以其存心也,君子以仁存心,以礼存心"。存心是行为的动机。《大学》说的诚意,也是动机。儒家只注意行为的动机,不注意行为的效果。推到了极端,便成董仲舒说的"正其谊不谋其利,明其道不计其功"。只说这事应该如此做,不问为什么应该如此做。

墨子的方法,恰与此相反。墨子处处要问一个"为什么"。例如造一所房子,先要问为什么要造房子。知道了"为什么",方才可知道"怎样做"。知道房子的用处是"冬避寒焉,夏避暑焉,室以为男女之别",方才可以知道怎样布置构造始能避风雨寒暑,始能分别男女内外。人生的一切行为,都是如此。如今人讲教育,上官下属都说应该兴教育,于是大家都去开学堂,招学生。大家都以为兴教育就是办学堂,办学堂就是兴教育,从不去问为什么该兴教育。因为不研究教育是为什么的,所以办学和视学的人也无从考究教育的优劣,更无从考究改良教育的方法。我去年回到内地,有人来说,我们村里,该开一个学堂。我问他为什么我们村里该办学堂呢?他说:某村某村都有学堂了,所以我们这里也该开一个。这就是墨子说的"是犹曰:何故为室?曰:室以为室也"的理论。

墨子以为无论何种事物、制度、学说、观念,都有一个"为什么"。换言之,事事物物都有一个用处。知道那事物的用处,方才可以知道他的是非善恶。为什么呢?因为事事物物既是为应用的,若不能应用,便失了那事那物的原意了,便应该改良了。例如墨子讲"兼爱",便说:

用而不可,虽我亦将非之。且焉有善而不可用者?(《兼爱下》)

这是说能应"用"的便是"善"的;"善"的便是能应"用"的。譬如我说这笔"好",为什么"好"呢?因为能中写,所以"好"。又如我说这会场"好",为什么"好"呢?因为他能最合开会讲演的用,所以"好"。这便是墨子的"应用主义"。

应用主义又可叫作"实利主义"。儒家说:"义也者,宜也。"宜即是"应该"。凡是应该如此做的,便是"义"。墨家说:"义。利也。"(《经上篇》。参看《非攻下》首段)便进一层说,说凡事如此做去便可有利的即是"义的"。因为如此做才有利,所以"应该"如此做。义所以为"宜",正因其为"利"。

墨子的应用主义所以容易被人误会,都因为人把这"利"字"用"字解错了。这"利"字并不是"财利"的利,这"用"也不是"财用"的用。墨子的

"用"和"利"都只指人生行为而言。如今且让他自己下应用主义的界说：

子墨子曰："言足以迁行者常之，不足以迁行者勿常。不足以行而常之，是荡口也。"（《贵义篇》）

子墨子曰："言足以复行者常之，不足以举行者勿常。不足以举迁行而常之，是荡口也。"（《耕柱篇》）

这两条同一意思，迁字和举字同意。《说文》说："迁，登也。"《诗经》有"迁于乔木"，《易》有"君子以见善则迁"，皆是"升高""进步"之意，和"举"字"抬高"的意思正相同（后人不解"举"字之义，故把"举行"两字连续，作一个动词解。于是又误改上一"举"字为"复"字）。六个"行"字，都该读去声，是名词，不是动词。六个"常"字，都与"尚"字通用（俞樾解《老子》"道可道非常道"一章说如此），"常"是"尊尚"的意思。这两章的意思，是说无论什么理论，什么学说，须要能改良人生的行为，始可推尚。若不能增进人生的行为，便不值得推尚了。

墨子又说：

今瞽者曰："巨者，白也（俞云，巨当作皀。皀者，皓之假字）。黔者，黑也。"虽明目者无以易之。兼白黑，使瞽取焉，不能知也。故我曰："瞽不知白黑者，非以其名也，以其取也。"

今天下之君子之名仁也，虽禹汤无以易之。兼仁与不仁，而使天下之君子取焉，不能知也。故我曰："天下之君子不知仁者，非以其名也，亦以其取也。"（《贵义篇》）

这话说得何等痛快？大凡天下人没有不会说几句仁义道德的话的，正如瞎子虽不曾见过白黑，也会说白黑的界说。须是到了实际上应用的时候，才知道口头的界说是没有用的。高谈仁义道德的人，也是如此。甚至有许多道学先生一味高谈王霸义利之辨，却实在不能认得韭菜和麦的分别。有时分别义利，辨入毫芒，及事到临头，不是随波逐流，便是手足无措。所以墨子说单知道几个好听的名词，或几句虚空的界说，算不得真"知识"。真"知识"在于能把这些观念来应用。

这就是墨子哲学的根本方法。后来王阳明的"知行合一"说，与此说多相似之点。阳明说："未有知而不行者。知而不行，只是未知。"很像上文所说"故我曰：天下之君子不知仁者，非以其名也，亦以其取也"之意。但阳明与墨子有绝不同之处。阳明偏向"良知"一方面，故说："尔那一点良知，是尔自家的准则。尔意念着处，他是便知是，非便知非。"墨子却不然，他的是非的"准则"，不是心内的良知，乃是心外的实用。简单说来，墨子是主张"义外"说的，阳明是主张"义内"说的（义外义内说见《孟子·告子篇》）。阳明的"知行合一"说，只是要人实行良知所命令。墨子的"知行合一"说，只是要把所知的能否实行，来定所知的真假，把所知的能否应用，来定所知的价值。这是两人的根本区别。

墨子的根本方法，应用之处甚多，说得最畅快的，莫如《非攻上篇》。我且把这一篇妙文，抄来做我的"墨子哲学方法论"的结论罢。

今有一人，入人园圃，窃其桃李，众闻则非之，上为政者得则罚之。此何也？以亏人自利也。至攘人犬豕鸡豚者，其不义又甚入人园圃窃桃李。是何故也？以亏人愈多，其不仁兹甚，罪益厚。至入人栏厩，取人牛马者，其不仁义又甚攘人犬豕鸡豚。此何故也？以其亏人愈多。苟亏人愈多，其不仁兹甚，罪益厚。至杀不辜人也。拖其衣裘，取戈剑者，其不义又甚入人栏厩取人马牛。此何故也？以其亏人愈多，苟亏人愈多，其不仁兹甚矣，罪益厚。当此天下之君子皆知而非之，谓之"不义"。今至大为"不义"攻国，则弗知非，从而誉之，谓之"义"。此可谓知义与不义之别乎？杀一人，谓之不义，必有一死罪矣；若以此说往，杀十人，十重不义，必有十死罪矣；杀百人，百重不义，必有百死罪矣。当此，天下之君子皆知而非之，谓之"不义"。今至大为不义攻国，则弗知非，从而誉之，谓之"义"。情不知其不义也，故书其言以遗后世。若知其不义也，夫奚说书其不义以遗后世哉？今有人于此，少见黑曰黑，多见黑曰白，则以此人不知白黑之辩矣。少尝苦曰苦，多尝苦曰甘，则必以此人为不知甘苦之辩矣。今小为非则知而非之，大为非攻国，则不知非，从而誉之，谓之义。此可谓知义与不义之辩乎？是以知天下之君子，辨义与不义之乱也。

第三章

中国哲学小论

▍中国哲学结胎的时代

大凡一种学说，决不是凭空从天上掉下来的。我们如果能仔细研究，定可寻出那种学说有许多前因，有许多后果。譬如一篇文章，那种学说不过是中间的一段。这一段定不要来无踪影，去无痕迹的。定然有个承上起下、承前接后的关系。要不懂他的前因，便不能懂得他的真意义。要不懂他的后果，便不能明白他在历史上的位置。这个前因，所含不止一事。第一是那时代政治社会的状态；第二是那时代的思想潮流。

这两种前因、时势和思潮，很难分别。因为这两事又是互相为因果的。有时是先有那时势，才生出那思潮来；有了那种思潮，时势受了思潮的影响，一定有大变动。所以时势生思潮，思潮又生时势，时势又生新思潮。所以这学术史上寻因求果的研究，是很不容易的。我们现在要讲哲学史，不可不先研究哲学发生时代的时势和那时势所发生的种种思潮。

中国古代哲学大家，独有孔子一人的生年死年，是我们所晓得的。孔子生于周灵王二十一年，当西历纪元前551年，死于周敬王四十一年，当西历前479年。孔子曾见过老子，老子比孔子至多不过大20岁，大约生于周灵王的初年，当西历前570年左右。中国哲学到了老子、孔子的时候，才可当得"哲学"两个字。我们可把老子、孔子以前的二三百年，当作中国哲学的怀胎时代。为便利起见，我们可用西历来计算如下：

前八世纪（周宣王二十八年到东周桓王二十年，西历纪元前800年到700年）

前七世纪（周桓王二十年到周定王七年，西历前700年到前600年）

前六世纪（周定王七年到周敬王二十年，西历前600年前到500年）

这三百年可算得一个三百年的长期战争。一方面是北方戎狄的扰乱……一方面是南方楚吴诸国的勃兴（楚称王在前704年，吴称王在前585年）。中原的一方面，这三百年之中，那一年没有战争侵伐的事。周初许多诸侯，早已渐渐的被十几个强国吞并去了。东迁的时候，晋、郑、鲁最强。后来鲁、郑衰了，便到了"五霸"时代。到了春秋的下半段，便成了晋楚争霸的时代了。

这三个世纪中间，也不知灭了多少国，破了多少家，杀了多少人，流了多少血。只可惜那时代的政治和社会的情形，已无从详细查考了。我们如今参考《诗经》《国语》《左传》几部书，仔细研究起来，觉得那时代的时势，大概有这几种情形：

第一，这长期的战争，闹得国中的百姓死亡丧乱，流离失所，痛苦不堪。如《诗经》所说：

肃肃鸨羽，集于苞栩。王事靡盬，不能蓺稷黍。父母何怙？悠悠苍天，曷其有所！（《唐风·鸨羽》）

陟彼屺兮，瞻望母兮。母曰："嗟予季行役，夙夜无寐！上慎《方舟》哉！犹来无弃！"（《陟岵》）

昔我往矣，杨柳依依。今我来思，雨雪霏霏。行道迟迟，载渴载饥。我心伤悲，莫知我哀！（《小雅·采薇》，参看《出车》《大杜》）。

何草不黄！何日不行！何人不将，经营四方！何草不玄！何人不矜！哀我征夫，独为匪民？（《小雅·何草不黄》）

中谷有蓷，其湿矣！有女仳离，啜其泣矣！啜其泣矣！何嗟及矣！（《王风·中谷有蓷》）

有兔爰爰，雉离于罗。我生之初，尚无为，我生之后，逢此百罹。尚寐无吪！（《兔爰》）

苕之华，其叶青青。知我如此，不如无生！牂羊坟首，三星在罶。人可以食，鲜可以饱。（《苕之华》）

读了这几篇诗，可以想见那时的百姓受的痛苦了。

第二，那时诸侯互相侵略，灭国破家不计其数。古代封建制度的种种社会阶级都渐渐的销灭了。就是那些不曾消灭的阶级，也渐渐的可以互相交通了。

古代封建制度的社会最重阶级。《左传》昭十年，芊尹无宇曰："天之经略，诸侯正封，古之制也。封略之内，何非君土？食土之毛，谁非君臣？……天有十日，人有十等，下所以事上，上所以共神也。故王臣公，公臣大夫，大夫臣士，士臣皂，皂臣舆，舆臣隶，隶臣僚，僚臣仆，仆臣台。马有圉，牛有牧，以待百事。"古代社会的阶级，约有五等：

一、王（天子）

二、诸侯（公、侯、伯、子、男）

三、大夫

四、士

五、庶人（皂、舆、隶、僚、仆、台）

到了这时代，诸侯也可称王了。大夫有时比诸侯还有权势了（如鲁之三家，晋之六卿。到了后来，三家分晋，田氏代齐，更不用说了），亡国的诸侯卿大夫，有时连奴隶都比不上了《国风》上说的：

式微式微，胡不归！微君之躬，胡为乎泥中！（《邶风·式微》）

琐兮尾兮，流离之子！叔兮伯兮，褎如充耳！（《邶风·旄丘》）

可以想见当时亡国君臣的苦处了。《国风》又说：

东人之子，职劳不来。西人之子，粲粲衣服。舟人之子，熊罴是裘。私人之子，百僚是试。（《小雅·大东》）

可以想见当时下等社会的人，也往往有些"暴发户"，往往会爬到社会的上层去。再看《论语》上说的公叔文子和他的家臣大夫僎同升诸公。又看《春秋》时，饭牛的宁戚、卖作奴隶的百里奚、郑国商人弦高，都能跳上政治舞台，建功立业。可见当时的社会阶级，早已不如从前的严紧了。

第三，封建时代的阶级虽然渐渐消灭了，却新添了一种生计上的阶级。那时社会渐渐成了一个贫富很不平均的社会。富贵的太富贵了，贫苦的太贫苦了。

《国风》上所写贫苦人家的情形，不止一处（参观上文第一条）。内中写那贫富太不平均的，也不止一处。如：

小东大东，杼柚其空。纠纠葛屦，可以履霜。佻佻公子，行彼周行。既往既来，使我心疚。（《小雅·大东》）

纠纠葛屦，可以履霜。掺掺女手，可以缝裳。要之襋之，"好人"服之！"好人"提提，宛然左辟，佩其象揥。维是褊心，是以为刺。（《魏风·葛屦》）

这两篇竟像英国虎德（Thmoas Hood）的《缝衣歌》的节本。写的是那时代的资本家雇用女工，把那"掺掺女子"的血汗工夫，来做他们发财的门径。葛屦本是夏天穿的，如今这些穷工人到了下霜下雪的时候，也还穿着葛屦。怪不得那些慈悲的诗人忍不过要痛骂了。又如：

彼有旨酒，又有嘉肴。洽比其邻，昏姻孔云。念我独兮，忧心殷殷！佌佌彼有屋，蔌蔌方有谷。民今之无禄，天天是奇矣富人，哀此惸独！（《小雅·正月》）

这也是说贫富不均的。更动人的，是下面的一篇：

坎坎伐檀兮，置之河之干兮。河水清且涟猗。——不稼不穑，胡取禾三百廛兮！不狩不猎，胡瞻尔庭有悬貆兮！彼君子兮，不素餐兮！（《魏风·伐檀》）

这竟是近时代社会党攻击资本家不该安享别人辛苦得来的利益的话了！

第四，那时的政治，除了几国之外，大概都是很黑暗、很腐败的王朝的政治。我们读《小雅》的《节南山》《正月》《十月之交》《雨无正》几篇诗，也可以想见了。其他各国的政治内幕，我们也可想见一二。例如：

（邶风）《北门》（齐风）《南山》《敝笱》《载驱》

（桧风）《匪风》（鄘风）《鹑之奔奔》

（秦风）《黄鸟》（曹风）《候人》

（王风）《兔爰》（陈风）《株林》

写得最明白的，莫如：

人有土田，女反有之。人有民人，女覆夺之。此宜无罪，女反收之。彼宜有罪，女覆说之。（《大雅·瞻卬》）

最痛快的，莫如：

硕鼠硕鼠，无食我黍。三岁贯女，莫我肯顾。逝将去汝，适彼乐土！乐土乐土！爰得我所！（《硕鼠》）又如：

匪鹑匪鸢，翰飞戾天。匪鳣匪鲔，潜逃于渊。（《小雅·四月》）

这首诗写虐政之不可逃，更可怜了。还不如：

> 鱼在于沼，亦匪克乐。潜虽伏矣，亦孔之炤。忧心惨惨，念国之为虐。
（《正月》）

这诗说即使人都变做鱼，也没有乐趣的。这时的政治，也就可想而知了。

这四种现象：（一）战祸连年，百姓痛苦；（二）社会阶级渐渐销灭；（三）生计现象贫富不均；（四）政治黑暗，百姓愁怨。这四种现状，大约可以算得那时代的大概情形了。

易

孔子生在这个"邪说暴行"的时代，要想变无道为有道，却从何处下手呢？他说：

> 臣弑其君，子弑其父，非一朝一夕之故。其所由来者渐矣，由辨之不早辨也。《易》曰："履霜坚冰至"，盖言顺也。（《易·文言》）

社会国家的变化，都不是"一朝一夕之故"，都是渐渐变成的。如今要改良社会国家，不是"头痛医头脚痛医脚"的工夫所能办到的，必须从根本上下手。孔子学说的一切根本，依我看来，都在一部《易经》。我且先讲《易经》的哲学。

《易经》这一部书，古今来多少学者做了几屋子的书，也还讲不明白。我讲《易经》和前人不同。我以为从前一切河图、洛书、谶纬术数、先天太极……种种议论，都是谬说。如今若要懂得《易》的真意，须先把这些谬说扫除干净。

我讲《易》，以为一部《易经》只有三个基本观念：（一）易，（二）象，（三）辞。

第一，易。易便是变易的易。天地万物都不是一成不变的，都是时时刻刻在那里变化的。孔子有一天在一条小河上，看那滚滚不绝的河水，不觉叹了一口气说道：

> 逝者如斯夫！不舍昼夜！

"逝者"便是"过去种种。"（程子说："此道体也。天运而不已，日往则月来，寒往则暑来，水流而不息，物生而无穷，皆与道为体，运乎昼夜，未尝已也。"朱子说："天地之化，往者过来者续，无一息之停。"此两说大旨都不错。）天地万物，都像这滔滔河水，才到了现在，便早又成了过去，这便是"易"字的意义。

一部《易》讲"易"的状态，以为天地万物的变化，都起于一个动字。何以会有"动"呢？这都因为天地之间，本有两种原力：一种是刚性的，叫作"阳"；一种是柔性的，叫作"阴"。这刚柔两种原力，互相冲突，互相推挤，于是生出种种运动，种种变化。所以说："刚柔相推而生变化。"又说："一阴一阳之谓道"。孔子大概受了老子的影响，故他说万物变化完全是自然的、唯物的，不是唯神的（孔子受老子的影响，最明显的证据，如《论语》极推崇"无为而治"又如"或曰，以德报怨"亦是老子的学说）。

在《易经》里，阳与阴两种原力，用"—""— —"两种符号作代表。《易·系辞传》说：

> 是故易有太极，是生两仪，两仪生四象，四象生八卦。

这是代表万物由极简易的变为极繁杂的公式。此处所说"太极"并不是宋儒说的"太极图"。《说文》说："极，栋也。"极便是屋顶上的横梁，在《易经》上便是一画的"—"，"仪，匹也。"两仪便是那一对"—"、"— —"。……

《易经》常把乾坤（"—"、"— —"）代表"易"、"简"。有了极易极简的，才有极繁赜的。所以说："乾坤其易之门耶。"又说："易简而天下之理得矣。"万物变化，既然都从极简易的原起渐渐变出来，若能知道那简易的远因，便可以推知后来那些复杂的后果，所以《易·系辞传》说：

> 德行恒易以知险……德行恒简以知阻。

因为如此，所以能"彰往而察来"，所以能"温故而知新"。《论语》上子张问十世以后的事可能前知吗？孔子说，不但十世，百世亦可推知。这都因孔子深信万物变化都是由简而繁，成一条前后不断的直线，所以能由前段推知后段，由前因推到后果。

这便是《易经》的第一个基本观念。

第二，象。《系辞传》说："易也者，象也。"这五个字是一部《易》的关键。这是说一切变迁进化都只是一个"象"的作用。要知此话怎讲，须先问这象字作何解。《系辞传》说："象也者，像也"（像字是后人所改。古无像字。孟京虞、董姚皆作象，可证）。《韩非子》说："人希见生象也，而案其图以想其生。故诸人之所以意想者，皆谓之象。"（《解老篇》）我以为《韩非子》这种说法似乎太牵强了。象字古代大概用"相"字。《说文》："相，省视也。从目从木。"目视物，得物的形象，故相训省视。从此引申，遂把所省视的"对象"也叫作"相"（如《诗·棫朴》"金玉其相"之相）。后来相人术的相字还是此义。相字既成专门名词，故普通的形相，遂借用同音的"象"字（如僖十五年《左传》，"物生而后有象"）。引申为象效之意。凡象效之事，与所仿效的原本，都叫作"象"。这一个弯可转得深了。本来是"物生而后有象"，象是仿本，物是原本。到了后来把所仿效的原本叫作象，如画工画虎，所用作模型的虎也是"象"（亦称法象），便是把原本叫作"象"了。例如《老子》说：

> 道之为物，惟恍惟惚。惚兮恍兮，其中有象。恍兮惚兮，其中有物。

有人根据王弼注，以为原本当是"恍兮惚兮，其中有物"二句在先，"惚兮恍兮，其中有象"二句应在后。这是"物生而后有象"的说法。却不知道老子偏要说"象生而后有物"。他前文曾说"无物之象"可以作证。老子的意思大概以为先有一种"无物之象"，后来从这些法象上渐渐生出万物来。故先说"其中有象"，后说"其中有物"。但这个学说，老子的书里不曾有详细的发挥。孔子接着这个意思，也主张"象生而后有物"。象是原本的模型，物是仿效这个模型而成的。《系辞传》说：

> 在天成象，在地成形，变化见矣。

这和老子先说"有象"，后说"有物"，同一意思。"易也者，象也；象也者，像也。"正是说易（变化）的道理只是一个象效的作用。先有一种法象，然后有仿效这法象而成的物类。

以上说《易经》的象字是法象之意（法象即是模范）。孔子以为人类历史上种种文物制度的起原都由于象，都起于仿效种种法象。这些法象，大约可分两种：一种是天然界的种种"现象"（如云"天垂象，见吉凶，圣人则之"）；一种是物象所引起的"意象"，又名"观念"。

……

因为"象"有如此重要，所以说：

> 易有圣人之道四焉……以制器者尚其象。
> 形而上者谓之道，形而下者谓之器。化而裁之谓之变。推而行之谓之通。举而措之天下之民谓之事业。

又说：

> 是故阖户谓之坤，辟户谓之乾。一阖一辟谓之变，往来不穷谓之通。见乃谓之象，形乃谓之器。制而用之谓之法，利用出入，民咸用之谓之神。

那种种开阖往来变化的"现象"，到了人的心目中，便成"意象"。这种种"意象"，有了有形体的仿本，便成种种"器"。制而用之，便成种种"法"（法是模范标准）。举而措之天下之民，便成种种"事业"。到了"利用出入，民咸用之"的地位，便成神功妙用了。

"象"的重要，既如上文所说，可见"易也者，象也"一句，真是一部《易经》的关键。一部《易经》只是一个"象"字。古今说易的人，不懂此理，却去讲那些"分野""爻辰""消息""太一""太极"……种种极不相干的谬说，所以越讲越不通了。（清代汉学家过崇汉学，欲重兴汉诸家易学。惠栋、张惠言，尤多钩沉继绝之功。然汉人易学实无价值，焦赣、京房、翼奉之徒，皆"方士"也。郑玄、虞翻皆不能脱去汉代"方士"的臭味。王弼注《易》，扫空汉人陋说，实为易学一大革命。其注虽不无可议，然高出汉学百倍矣。惠、张诸君之不满意于宋之"道士易"是也，其欲复兴汉之"方士易"则非也。）这是《易》的第二个基本观念。

第三，辞。《易经》六十四卦，三百八十四爻，每卦每爻都有一个"象"，但是单靠"象"也还不够。

> 易有四象（适按：此处象与辞对称，不当有"四"字。此涉上文而误也。因此一字，遂使诸儒聚讼"四象"是何物，终不能定。若衍此字，则毫不废解矣。）所以示也。系辞焉，所以告也。圣人立象以尽意，设卦以尽情伪，系辞焉以尽其言。

"象"但可表示各种"意象"。若要表示"象"的吉凶动静，须要用"辞"。……

又如谦卦的第一爻，是一个阴爻，在谦卦的最下层，真可谓谦之又谦，损之又损了。但单靠这一画，也不能知道他的吉凶，所以须有爻辞道：

> 初六，谦谦君子，用涉大川，吉。

这便指出这一爻的吉凶了。

"辞"的作用在于指出卦象或爻象的吉凶。所以说：

系辞焉以断其吉凶。

又说：

辨吉凶者存乎辞。

辞字从辛《说文》云："辞讼也。（段依《广韵》作"说也"）。从辛，犹理辜也。"朱骏声说："分争辩讼谓之辞。后汉《周纡传》'善为辞案条教'注，辞案，犹今案牍也。"辞的本义是争讼的"断语""判辞"。《易经》的"辞"都含"断"字"辨"字之意。在名学上，象只是"词"（Term），是"概念"（Concept），辞即是"辞"，亦称"判断"（Judgment）。例如"谦亨"一句，谦是"所谓"，亨是"所以谓"，合起来成为一辞。用"所以谓"来断定"所谓"，故叫作辞（西文Judgment 本义也是讼狱的判辞）。

《系辞传》有辞的界说道：

是故卦有大小，辞有险易。辞也者，各指其所之。

"之"是趋向。卦辞爻辞都是表示一卦或一爻的趋向如何，或吉或凶，或亨或否，叫人见了便知趋吉避凶。所以说："辞也者，各指其所之。"又说：

圣人有以见天下之赜，而拟诸形容，象其物宜，是故谓之象。圣人有以见天下之动，而观其会通，以行其典礼，系辞焉以断其吉凶，是故谓之爻（爻字似当作辞。下文作辞，可证）。极天下之赜者存乎卦，鼓天下之动者存乎辞。

象所表示的是"天下之赜"的形容物宜。辞所表示的，是"天下之动"的会通吉凶。象是静的，辞是动的；象表所"像"，辞表何之。

"天下之动"的动，便是"活动"，便是"动作"。万物变化，都由于"动"，故说：

吉凶悔吝者，生乎动者也。

又说：

吉凶者，失得之象也。悔吝者，忧虑之象也。

吉凶者，言乎其失得也。悔吝者，言乎其小疵也。

动而"得"，便是吉；动而"失"，便是凶；动而有"小疵"，便是悔吝。

"动"有这样重要，所以须有那些"辞"来表示各种"意象"动作时的种种趋向，使人可以趋吉避凶，趋善去恶。能这样指导，便可鼓舞人生的行为。所以说："鼓天下之动者存乎辞。"又说：

> 天地之大德曰生。圣人之大宝曰位。何以守位曰人，何以聚人曰财。理财正辞禁民为非曰义。

辞的作用，积极一方面，可以"鼓天下之动"；消极一方面，可以"禁民为非"。

这是《易经》的第三个基本观念。

这三个观念（一）易，（二）象，（三）辞，便是《易经》的精华。孔子研究那时的卜筮之《易》，竟能找出这三个重要的观念：第一，万物的变动不穷，都是由简易的变作繁赜的。第二，人类社会的种种器物制度礼俗，都有一个极简易的原起，这个原起，便是"象"。人类的文明史，只是这些"法象"实现为制度文物的历史。第三，这种种"意象"变动作用时，有种种吉凶悔吝的趋向，都可用"辞"表示出来，使人动作都有仪法标准，使人明知利害，不敢为非。——这就是我的《易论》。我且引一段《系辞传》作这篇的结束：

> 圣人有以见天下之赜，而拟诸形容，象其物宜，是故谓之"象"。圣人有以见天下之动，而观其会通，以行其典礼，系辞焉以断其吉凶，是故谓之爻（爻似当作辞。说见上）。言天下之至赜而不可亚也（亚字从荀本）。言天下之至动而不可乱也。拟之而后言，仪之而后动。（仪旧作议。《释文》云："陆姚桓元荀柔之作仪。"适按：作仪是也。仪，法也。与上文拟字对文。）拟仪以成其变化。

"象"与"辞"都是给我们摹拟仪法的模范。

正名主义

孔子哲学的根本观念，依我看来，只是上篇所说的三个观念：

第一，一切变迁都是由微变显，由简易变繁赜。所以说：

> 臣弑其君，子弑其父，非一朝一夕之故，其所由来者渐矣，由辨之不早辨也。《易》曰，"履霜坚冰至"，盖言顺也。

知道一切变迁都起于极微极细极简易的，故我们研究变迁，应该从这里下手。所以说：

夫易，圣人之所以极深而研几也（韩注，"极未形之理曰深，适动微之会曰几"）。唯深也，故能通天下之志；唯几也，故能成天下之务。

"深"是隐藏未现的。"几"字《易·系辞》说得最好：

几者，动之微，吉凶之先见者也（旧无凶字，义不可通。今按孔颖达《正义》云："诸本或有凶字者，其定本则无也。"是唐时尚有凶字之本。今据增）。

孔子哲学的根本观念，只是要"知几"，要"见几"，要"防微杜渐"。大凡人生哲学（即伦理学），论人生行为的善恶，约分两大派：一派注重"居心"，注重"动机"；一派注重行为的效果影响。孔子的人生哲学，属于"动机"一派。

第二，人类的一切器物制度礼法，都起于种种"象"。换言之，"象"便是一切制度文物的"几"。这个观念，极为重要。因为"象"的应用，在心理和人生哲学一方面就是"意"，就是"居心"（孟子所谓"以仁存心，以礼存心"之存心）。就是俗话说的"念头"。在实际一方面，就是"名"，就是一切"名字"（郑玄说，古曰名，今曰字）。"象"的学说，于孔子的哲学上，有三层效果：

（1）因为象事物的"动机"，故孔子的人生哲学，极注重行为的"居心"和"动机"。

（2）因为"象"在实际上即是名号名字，故孔子的政治哲学主张一种"正名"主义。

（3）因为象有仿效模范的意思，故孔子的教育哲学和政治哲学，又注重标准的榜样行为，注重正己以正人，注重以德化人。

第三，积名成"辞"，可以表示意象动作的趋向，可以指出动作行为的吉凶利害，因此可以作为人生动作的向导。故说：

理财正辞，禁民为非，曰义。

"正辞"与"正名"只是一事。孔子主张"正名"、"正辞"，只是一方面要鼓天下之动，一方面要禁民为非。

以上所说，是孔子哲学的重要大旨。如今且先说"正名主义"。正名主义，乃是孔子学说的中心问题。这个问题的重要，见于《论语·子路篇》：

子路曰："卫君待子而为政，子将奚先？"

子曰："必也正名乎！"（马融注，正百事之名）

子路曰："有是哉，子之迂也！奚其正？"

子曰："野哉由也！君子于其所不知，盖阙如也。名不正，则言不顺。言不顺，则事不成。事不成，则礼乐不兴。礼乐不兴，则刑罚不中。刑罚不中，则民无所措手足。故君子名之必可言也，言之必可行也。君子于其言，无所苟而已矣。"

请看名不正的害处，竟可致礼乐不兴，刑罚不中，百姓无所措手足。这是何等重大的问题！如今且把这一段仔细研究一番：

怎么说"名不正，则言不顺"呢？"言"是"名"组合成的。名字的意义若没有正当的标准，便连话都说不通了。孔子说：

觚不觚，觚哉？觚哉？

"觚"是有角之形。（《汉书·律历志》，"成六觚"。苏林曰："六觚，六角也。"又《郊祀志》："八觚宣通，象八方"。师古曰："觚，角也。"班固《西都赋》："上觚棱而栖金爵。"注云："觚，八觚，有隅者也。"可证。）故有角的酒器叫作"觚"。后来把觚字用泛了，凡酒器可盛三升的，都叫作"觚"，不问他有角无角。所以孔子说："现在觚没有角了。这也是觚吗？这也是觚吗？"不是觚的都叫作"觚"，这就是言不顺。且再举一例。孔子说：

政者，正也。子率以正，孰敢不正？

政字从正，本有正意。现今那些昏君贪官的政府，也居然叫作"政"，这也是"言不顺"了。

这种现象，是一种学识思想界昏乱"无政府"的怪现象。语言文字（名）是代表思想的符号，语言文字没有正确的意义，还有什么来做是非真假的标准呢？没有角的东西可叫作"觚"，一班暴君污吏可叫作"政"，怪不得少正卯、邓析一般人，要"以非为是，以是为非，是非无度，而可与不可日变"（用《吕氏春秋》语）了。

孔子当日眼见那些"邪说暴行"（说见本篇第二章），以为天下的病根在于思想界没有公认的是非真伪的标准。所以他说：

天下有道，则庶人不议。

他的中心问题，只是要建设一种公认的是非真伪的标准，建设下手的方法便是"正名"。这是儒家公有的中心问题。试引荀卿的话为证：

今圣王没，名守慢，奇辞起，名实乱，是非之形不明，则虽守法之吏，诵数之儒，亦皆乱也。……异形离心交喻，异物名实互纽；贵贱不明，同类不别。如是，则志必有不喻之患，而事必有困废之祸"（《荀子·正名篇》，详解见第十一篇第三章）。

不正名则"志必有不喻之患，而事必有困废之祸"，这两句可作孔子"名不正则言不顺，言不顺则事不成"两句的正确注脚。

怎么说"事不成则礼乐不兴，礼乐不兴则刑罚不中"呢？这是说是非真伪善恶若没有公认的标准，则一切别的种种标准如礼乐刑罚之类，都不能成立。正如荀卿说的："名守慢，奇辞起，名实乱，是非之形不明，则虽守法之吏，诵数之儒，亦皆乱也。"

"正名"的宗旨，只要建设是非善恶的标准，已如上文所说，这是孔门政治哲学的根本理想。《论语》说：

齐景公问政于孔子，孔子对曰："君君臣臣，父父子子。"公曰："善哉！信如君不君，臣不臣，父不父，子不子，虽有粟，吾得而食诸？"

"君君臣臣父父子子"，也只是正名主义。正名的宗旨，不但要使觚的是"觚"，方的是"方"，还须要使君真是君，臣真是臣，父真是父，子真是子。不君的君，不臣的臣，不子的子，和不觚的觚，有角的圜是同样的错谬。

如今且看孔子的正名主义如何实行。孟子说：

世衰道微，邪说暴行有作。臣弑其君者有之，子弑其父者有之。孔子惧，作《春秋》。《春秋》，天子之事也。是故孔子曰："知我者，其惟《春秋》乎！罪我者，其惟《春秋》乎！"

又说：

昔者禹抑洪水而天下平。周公兼夷狄，驱猛兽，而百姓宁。孔子成《春秋》而乱臣贼子惧。

一部《春秋》便是孔子实行正名的方法。《春秋》这部书，一定是有深意"大义"的，所以孟子如此说法。孟子又说：

王者之迹熄而诗亡，诗亡，然后《春秋》作。晋之《乘》，楚之《梼杌》，鲁之《春秋》，一也。其事则齐桓晋文，其文则史。孔子曰："其义则丘窃取之矣。"

庄子《天下》篇也说："春秋以道名分。"这都是论《春秋》最早的话，该可相信。若《春秋》没有什么"微言大义"，单是一部史书，那真不如"断烂朝报"了。孔子不是一个全无意识的人，似乎不至于做出这样极不可读的史书。

论《春秋》的真意，应该研究《公羊传》和《穀梁传》，晚出的《左传》最没有用。我不主张"今文"，也不主张"古文"，单就《春秋》而论，似乎应该如此主张。

《春秋》正名的方法，可分三层说：

第一，正名字。《春秋》的第一方法，是要订正一切名字的意义。这是言语学、文法学的事业。……所以我说《春秋》的第一义，是文法学、言语学的事业。

第二，定名分。上一条是"别同异"，这一条是"辨上下"。那时的周天子久已不算什么东西。楚吴都已称王，此外各国，也多拓地灭国，各自称雄。孔子眼见那纷争无主的现象，回想那封建制度最盛时代，井井有条的阶级社会，真有去古日远的感慨。所以《论语》说：

孔子谓季氏八佾舞于庭，是可忍也，孰不可忍也！

读这两句，可见他老人家气得胡子发抖的神气！《论语》又说：

三家者，以《雍》彻。子曰："相维辟公，天子穆穆"，奚取于三家之堂？

孔子虽明知一时做不到那"天下有道，礼乐征伐自天子出"的制度，他却处处要保存那纸上的封建阶级。所以《春秋》于吴楚之君，只称"子"，齐晋只称"侯"，宋虽弱小，却称"公"。践土之会，明是晋文公把周天子叫来，《春秋》却说是"天王狩于河阳"。周天子的号令，久不行了，《春秋》每年仍旧大收"春王正月"。这都是"正名分"的微旨。《论语》说：

子贡欲去告朔之饩羊，子曰："赐也，尔爱其羊，我爱其礼。"

这便是《春秋》大书"春王正月"一类的用意。

第三，寓褒贬。《春秋》的方法，最重要的，在于把褒贬的判断寄托在记事之中。司马迁《史记·自序》引董仲舒的话道：

夫《春秋》上明三王之道，下辨人事之纪，别嫌疑，明是非，定犹豫，善善恶恶，贤贤贱不肖……王道之大者也。

善善恶恶，贤贤贱不肖，便是褒贬之意。上章说"辞"字本有判断之意。故"正辞"可以"禁民为非"。《春秋》的"书法"，只是要人看见了生畏惧之心，因此趋善去恶。即如《春秋》书弑君三十六次，中间很有个分别，都寓有"记者"褒贬的判断。如下举的例：

（例一）（隐四年三月戊申）卫州吁弑其君完。

（例二）（隐四年九月）卫人杀州吁于濮。

（例三）（桓二年春王正月戊申）宋督弑其君与夷及其大夫孔父。

（例四）（文元年冬十月丁未）楚世子商臣弑其君頵（公、谷皆作髡）。

（例五）（文十六年）宋人弑其君杵臼。

（例六）（文十八年冬）莒弑其君庶其。

（例七）（宣二年秋九月乙丑）晋赵盾弑其君夷皋。

（例八）（成十八年春王正月庚申）晋弑其君州蒲。

即举此八例，可以代表《春秋》书弑君的义例。（例一）与（例三、四、七）同是书明弑者之名，却有个分别。（例一）是指州吁有罪。（例三）带着褒奖与君同死的大夫。（例四）写"世子商臣"以见不但是弑君，又是弑父，又是世子弑父。（例七）虽与（例一）同式，但弑君的人，并不是赵盾，乃是赵穿。因为赵盾不讨贼，故把弑君之罪责他。这四条是称臣弑君之例。（例二、五、六、八）都是称君不称弑者之例，却也有个分别。（例二）称"卫人"，又不称州吁为君，是讨贼的意思，故不称弑，只称杀。又明说"于濮"。濮是陈地，不是卫地，这是说卫人力不能讨贼，却要借助于外国人。（例五）也称"宋人"，是责备被弑的君有该死之罪，但他究竟是正式的君主，故称"其君"。（例六）与（例八）都称是"国"弑君之例，称"人"还只说"有些人"，称"国"便含有"全国"的意思。故称国弑君，那被弑之君，一定是罪大恶极的了。（例六）是太子仆弑君，又是弑父（据《左传》）。因为死者罪该死，故不著太子仆弑君弑父之罪。（例八）是栾书中行偃使程滑去弑君的。因为君罪恶太甚，故不罪弑君的人，却说这是国民的公意。

这种褒贬的评判，如果真能始终一致，本也很有价值。为什么呢？因为这种书法，不单是要使"乱臣贼子"知所畏惧，并且教人知道君罪该死，弑君不为罪；父罪该死，弑父不为罪（如上所举的例六是）。这是何等精神！只可惜《春秋》一书，有许多自相矛盾的书法。如鲁国几次弑君，却不敢直书。于是后人便生出许多"为尊者讳，为亲者讳，为贤者讳"等等文过的话，便把《春秋》的书法弄得没有价值了。这种矛盾之处，或者不是孔子的原文，后来被"权门"干涉，方才改了的。我想当日孔子那样称赞晋国的董狐（宣二年《左传》），岂有破坏自己的书法？但我这话，也没有旁的证据，只可算一种假设的猜想罢了。

总论《春秋》的三种方法——正名字、定名分、寓褒贬——都是孔子实行"正名""正辞"的方法。这种学说，初看去觉得是很幼稚的。但是我们要知道这种学说，在中国学术思想上有绝大的影响。我且把这些效果略说一二，作为孔子正名主义的评判。

（1）语言文字上的影响。孔子的"君子于其言，无所苟而已矣"一句话，实是一切训诂书的根本观念。故《公羊》《榖梁》，都含有字典气味。……大概孔子的正名说无形之中，含有提倡训诂书的影响。

（2）名学上的影响。自从孔子提出"正名"的问题之后，古代哲学家都受了这种学说的影响。以后如荀子的"正名论"，法家的"正名论"，不用说了。即如墨子的名学，便是正名论的反响。杨朱的"名无实，实无名"，也是这种学说的反动。我们检直可以说孔子的正名主义，实是中国名学的始祖。正如希腊苏格拉底的"概念说"，是希腊名学的始祖。

（3）历史上的影响。中国的历史学，几千年来很受了《春秋》的影响。试读司马迁《史记·自序》及司马光《资治通鉴》论"初命三晋为诸侯"一段，及朱熹《通鉴纲目》的正统书法各段，便可知《春秋》的势力了。《春秋》那部书，只可当作孔门正名主义的参考书看，却不可当作一部模范的史书看。后来的史家把《春秋》当作作史的模范，便大错了。为什么呢？因为历史的宗旨在于"说真话，记实事"。《春秋》的宗旨，不在记实事，只在写个人心中对于实事的评判。明是赵穿弑君，却说是赵盾弑君。明是晋文公召周天子，却说是"天王狩于河阳"。这都是个人的私见，不是历史的实事。后来的史家崇拜《春秋》太过了，所以他们作史，不去讨论史料的真伪，只顾讲那"书法"和"正统"，种种谬说。《春秋》的余毒就使中国只有主观的历史，没有物观的历史。

一以贯之

《论语》说孔子对子贡道：

"赐也，汝以予为多学，而识之者与？"

对曰："然，非与？"

曰："非也，予一以贯之。"（十五）

何晏注这一章最好。他说：

善有元，事有会。天下殊涂而同归，百虑而一致。知其元，则众善举矣。故不待学而一知之。

何晏所引，乃《易·系辞传》之文。原文是：

子曰："天下何思何虑？天下同归而殊涂，一致而百虑。天下何思何虑？"

韩康伯注这一条，也说：

苟识其要，不在博求。一以贯之，不虑而尽矣。

《论语》又说：

子曰："参乎吾道，一以贯之。"

曾子曰："唯。"

子出，门人问曰："何谓也？"

曾子曰："夫子之道，忠恕而已矣。"（四）

"一以贯之"四个字，当以何晏所说为是。孔子认定宇宙间天地万物，虽然头绪纷繁，却有系统条理可寻。所以"天下之至赜"和"天下之至动"，都有一个"会通"的条理，可用"象"与"辞"表示出来。"同归而殊涂，一致而百虑"，也只是说这个条理系统。寻得出这个条理系统，便可用来综贯那纷烦复杂的事物。正名主义的目的，在于"正名以正百物"，也只是这个道理。

一个"人"字，可包一切人；一个"父"字，可包一切做父的。这便是繁中的至简，难中的至易。所以孔门论知识，不要人多学而识之。孔子明说"多闻，择其善者而从之，多见而识之"，不过是"知之次也"（七）。可见真知识，在于能寻出事物的条理系统，即在于能"一以贯之"。贯字本义为穿，为通，为统。

"一以贯之"即是后来荀子所说的"以一知万","以一持万"。这是孔子的哲学方法。一切"知几"说，"正名"主义，都是这个道理。

自从曾子把"一以贯之"解作"忠恕"，后人误解曾子的意义，以为忠恕乃是关于人生哲学的问题，所以把"一以贯之"也解作"尽己之心，推己及人"，这就错了。"忠恕"两字，本有更广的意义。《大戴礼·三朝记》说：

知忠必知中；知中必知恕，知恕必知外。……内思毕心（一作必）曰知中。中以应实曰知恕，内恕外度曰知外。

章太炎作《订孔》下，论忠恕为孔子的根本方法，说：

心能推度曰恕，周以察物曰忠。故夫闻一以知十，举一隅而以三隅反者，恕之事也。……周以察物，举其征符，而辨其骨理者，忠之事也。……"身观焉"，忠也。"方不障"，恕也（《章氏丛书·检论三》。"身观焉，方不障"见《墨子·经说下》）。

太炎这话发前人所未发。他所据的《三朝记》虽不是周末的书，但总可算得一部古书。恕字本训"如"（《苍颉篇》）。《声类》说："以心度物曰恕。"恕即是推论（Inference），推论总以类似为根据。如《中庸》说：

伐柯伐柯，其则不远。执柯以伐柯，睨而视之，犹以为远。

这是因手里的斧柄与要砍的斧柄同类，故可由这个推到那个。闻一知十，举一反三，都是用类似之点，作推论的根据。恕字训"如"，即含此意。忠字太炎解作亲自观察的知识（《墨子·经说下》："身观焉，亲也。"），《周语》说："考中度衷为忠。"又说："中能应外，忠也。"中能应外为忠，与《三朝记》的"中以应实，曰知恕"同意。可见忠恕两字意义本相近，不易分别。《中庸》有一章上文说"忠恕违道不远"，是忠恕两字并举。下文紧接"施诸己而不愿，亦勿施于人"；下文又说"所求乎子以事父"一大段，说的都只是一个"恕"字。此可见"忠恕"两字，与"恕"字同意，分知识为"亲知"（即经验）与"说知"（即推论）乃是后来墨家的学说。太炎用来解释忠恕两字，恐怕有点不妥。我的意思，以为孔子说的"一以贯之"和曾子说的"忠恕"，只是要寻出事物的条理统系，用来推论，要使人闻一知十，举一反三。这是孔门的方法论，不单是推己及人的人生哲学。

孔子的知识论，因为注重推论，故注意思虑。《论语》说：

学而不思则罔，思而不学则殆。（二）

学与思两者缺一不可。有学无思，只可记得许多没有头绪条理的物事，算不得知识。有思无学，便没有思的材料，只可胡思乱想，也算不得知识。但两者之中，学是思的预备，故更为重要。有学无思，虽然不好，但比有思无学害还少些。所以孔子说，多闻多见，还可算得是"知之次也"。又说：

吾尝终日不食，终夜不寝，以思。无益，不知学也。（十五）

孔子把学与思两事看得一样重，初看去似乎无弊。所以竟有人把"学而不思则罔，思而不学则殆"两句来比康德的"感觉无思想是瞎的，思想无感觉是空的"。但是孔子的"学"与康德所说的"感觉"略有不同。孔子的"学"并不是耳目的经验。看他说"多闻，多见而识之"（识通志），"好古敏以求之"，"信而好古"，"博学于文"，哪一句说的是实地的观察经验？墨家分知识为三种：一是亲身的经验，二是推论的知识，三是传受的知识。孔子的"学"只是读书，只是文字上传受来的学问。所以他的弟子中，那几个有豪气的，都不满意于这种学说。那最爽快的子路驳孔子道：

有民人焉，有社稷焉，何必读书，然后为学？（十一）

这句话孔子不能驳回，只得骂他一声"佞者"罢了。还有那"堂堂乎"的子张也说：

士见危授命，见得思义，祭思敬，丧思哀，其可已矣。（十九）

这就是后来陆九渊一派重"尊德性"而轻"道问学"的议论了。

所以我说孔子论知识注重"一以贯之"，注重推论，本来很好。只可惜他把"学"字看作读书的学问，后来中国几千年的教育，都受这种学说的影响，造成一国的"书生"废物，这便是他的流弊了。

以上说孔子的知识方法。

"忠恕"虽不完全属于人生哲学，却也可算得是孔门人生哲学的根本方法。

《论语》上子贡问可有一句话可以终身行得的吗？孔子答道：

其恕乎。己所不欲，勿施于人。（十五）

这就是《大学》的絜矩之道：

所恶于上，毋以使下；所恶于下，毋以事上；所恶于前，毋以先后；所恶于后，毋以从前；所恶于右，毋以交于左；所恶于左，毋以交于右；此之谓絜矩之道。

这就是《中庸》的忠恕：

忠恕违道不远。施诸己而不愿，亦勿施于人。君子之道四，丘未能一焉；所求乎子以事父，未能也；所求乎臣以事君，未能也；所求乎弟以事兄，未能也；所求乎朋友，先施之，未能也。

这就是孟子说的"善推其所为"：

老吾老，以及人之老；幼吾幼，以及人之幼。……古之人所以大过人者，无他焉，善推其所为而已矣。（一）

这几条都只说了一个"恕"字。恕字在名学上是推论，在人生哲学一方面，也只是一个"推"字。我与人同是人，故"己所不欲，勿施于人"，故"所恶于上，毋以使下"，故"所求乎子以事父"，故"老吾老，以及人之老"。只要认定我与人同属的类——只要认得我与人的共相，便自然推己及人。这是人生哲学上的"一以贯之"。

上文所说"恕"字只是要认得我与人的"共相"。这个"共相"即是"名"所表示。孔子的人生哲学，是和他的正名主义有密切关系的。古书上说，楚王失了一把宝弓，左右的人请去寻他。楚王说："楚人失了，楚人得了，何必去寻呢?"孔子听人说这话，叹息道："何不说'人失了，人得了?'何必说'楚人'呢?"这个故事很有道理。凡注重"名"的名学，每每先求那最大的名。"楚人"不如"人"的大，故孔子要楚王爱"人"。故"恕"字《说文》训仁（训仁之字，古文作恕。后乃与训如之恕字混耳）。《论语》记仲弓问仁，孔子答语有"己所不欲，勿施于人"一句，可见仁与恕的关系。

孔门说仁虽是爱人（《论语》十三。《说文》，仁，亲也），却和后来墨家说的"兼爱"不相同。墨家的爱，是"无差等"的爱，孔门的爱，是"有差等"的爱。故说："亲亲之杀"。看儒家丧服的制度，从三年之丧，一级一级的降到亲尽无服，这便是"亲亲之杀"。这都由于两家的根本观念不同。墨家重在"兼而爱之"

的兼字，儒家重在"推恩足以保四海"的推字，故同说爱人，而性质截然不同。

仁字不但是爱人，还有一个更广的义。今试举《论语》论仁的几条为例。

颜渊问仁，子曰："克己复礼为仁。"……颜渊曰："请问其目。"子曰："非礼勿视，非礼勿听，非礼勿言，非礼勿动。"

仲弓问仁，子曰："出门如见大宾，使民如承大祭。己所不欲，勿施于人。在邦无怨，在家无怨。"

司马牛问仁，子曰："仁者其言也讱。"（以上十二）

樊迟问仁，子曰："居处恭，执事敬，与人忠。"（十三）

以上四条，都不止于爱人。细看这几条，可知仁即是做人的道理。克己复礼；出门如见大宾，使民如承大祭；居处恭，执事敬，与人忠：都只是如何做人的道理。故都可说是仁。《中庸》说："仁者，人也。"《孟子》说："仁也者，人也。"（七下）孔子的名学注重名的本义，要把理想中标准的本义来改正现在失了原意的事物。例如"政者正也"之类。"仁者人也"，只是说仁是理想的人道，做一个人须要能尽人道。能尽人道，即是仁。后人如朱熹之流，说"仁者，无私心而合天理之谓"，乃是宋儒的臆说，不是孔子的本意。蔡子民《中国伦理学史》说孔子所说的"仁"，乃是"统摄诸德，完成人格之名"。这话甚是。《论语》记子路问成人，孔子答道：

若臧武仲之知，公绰之不欲，卞庄子之勇，冉求之艺，文之以礼乐，亦可以为成人矣。（十四）

成人即是尽人道，即是"完成人格"，即是仁。

孔子又提出"君子"一个名词，作为人生的模范。"君子"，本义为"君之子"，乃是阶级社会中贵族一部分的通称。古代"君子"与"小人"对称，君子指士以上的上等社会，小人指士以下的小百姓。试看《国风》《小雅》所用"君子"，与后世小说书中所称"公子""相公"有何分别？后来封建制度渐渐破坏，"君子""小人"的区别，也渐渐由社会阶级的区别，变为个人品格的区别。孔子所说君子，乃是人格高尚的人，乃是有道德，至少能尽一部分人道的人。故说：

君子而不仁者有矣夫，未有小人而仁者也。（十四）

这是说君子虽未必能完全尽人道，但是小人决不是尽人道的人。又说：

"君子道者三，我无能焉；仁者不忧，知者不惑，勇者不惧。"（十四）

司马牛问君子。子曰："君子不忧不惧。……内省不疚，夫何忧何惧?"（十二）

子路问君子，子曰："修己以敬，……修己以安人，……修己以安百姓。"（十四）

凡此皆可见君子是一种模范的人格。孔子的根本方法，上章已说过，在于指出一种理想的模范，作为个人及社会的标准。使人"拟之而后言，仪之而后动"。他平日所说"君子"便是人生品行的标准。

上文所说人须尽人道。由此理推去，可说做父须要尽父道，做儿子须要尽子道，做君须要尽君道，做臣须要尽臣道。故《论语》说：

齐景公问政于孔子。孔子对曰："君君臣臣，父父子子。"公曰："善哉！信如君不君，臣不臣，父不父，子不子，虽有粟，吾得而食诸?"（十二）

又《易经·家人卦》说：

家人有严君焉，父母之谓也。父父子子，兄兄弟弟，夫夫妇妇，而家道正。正家而天下定矣。

这是孔子正名主义的应用。君君臣臣，父父子子，便是使家庭社会国家的种种阶级，种种关系，都能"顾名思义"，做到理想的标准地步。这个标准地步，就是《大学》上说的"止于至善"。《大学》说：

为人君，止于仁；为人臣，止于敬；为人子，止于孝；为人父，止于慈；与国人交，止于信。

这是伦常的人生哲学。"伦"字《说文》云："辈也，一曰道也。"《曲礼》注："伦犹类也。"《论语》"言中伦"，包注："道也，理也。"孟子注，"伦，序也。"人与人之间，有种种天然的或人为的交互关系。如父子，如兄弟，是天然的关系。如夫妻，如朋友，是人造的关系。每种关系便是一"伦"。第一伦有一种标准的情谊行为。如父子之恩，如朋友之信，这便是那一伦的"伦理"。儒家的人生哲学，认定个人不能单独存在，一切行为都是人与人交互关系的行为，都是伦理的行为。故《中庸》说：

天下之达道五，曰："君臣也，父子也，夫妇也，昆弟也，朋友之交也。"五者，天下之达道也。

"达道"是人所共由的路（参看《论语》十八，子路从而后一章）。因为儒家认定人生总离不了这五条达道，总逃不出这个大伦，故儒家的人生哲学，只要讲明如何处置这些伦常的道理。只要提出种种伦常的标准伦理。如《左传》所举的六顺：君义，臣行，父慈，子孝，兄爱，弟敬；如《礼运》所举的十义：父慈，子孝，兄良，弟悌，夫义，妇听，长惠，幼顺，君仁，臣忠；如《孟子》所举的五伦：父子有亲，君臣有义，夫妇有别，长幼有序，朋友有信。

故儒家的人生哲学，是伦理的人生哲学。后来孟子说墨子兼爱，是无父；杨子为我，是无君。无父无君，即是禽兽。孟子的意思，其实只是说墨家和杨氏（老庄各家近于杨氏）的人生哲学，或是极端大同主义，或是极端个人主义，都是非伦理的人生哲学。我讲哲学，不用"伦理学"三个字，却称"人生哲学"，也只是因为"伦理学"只可用于儒家的人生哲学，而不可用于别家。

孔子的人生哲学，不但注重模范的伦理，又还注重行为的动机。《论语》说：

视其所以，观其所由，察其所安，人焉廋哉？人焉廋哉？（二）

这一章乃是孔子人生哲学很重要的学说，可惜旧注家多不曾懂得这一章的真义。"以"字，何晏解作"用"，说"言视其所行用"，极无道理。朱熹解作"为"，说"为善者为君子，为恶者为小人"，也无道理，"以"字当作"因"字解。《邶风》："何其久也，必有以也。"《左传》昭十三年："我之不共，鲁故之以。"又老子"众人皆有以。"此诸"以"字，皆作因为解。凡"所以"二字连用，"以"字总作因为解。

孔子说观察人的行为，须从三个方面下手：

第一，看他因为什么要如此做；

第二，看他怎么样做，用的什么方法；

第三，看这种行为，在做的人身心上发生何种习惯，何种品行（朱熹说第二步为"意之所从来"是把第二步看作第一步了。

说第三步道："安，所乐也。所由虽善，而心之所乐者，不在于是，则亦伪耳，岂能久而不变哉"，却很不错）。第一步是行为的动机，第二步是行为的方法，第三步是行为所发生的品行。这种三面都到的行为论，是极妥善无弊的。只可惜孔子有时把第一步的动机看得很重，所以后来的儒家，便偏向动机一方面，把第二步、第三步都抛弃不顾了。孔子论动机的话，如下举诸例：

> 今之孝者，是谓能养。至于犬马，皆能有养。不敬，何以别乎？（二）
>
> 人而不仁，如礼何？人而不仁，如乐何？（二）
>
> 苟志于仁矣，无恶也。（四）

动机不善，一切孝悌礼乐都只是虚文，没有道德的价值。这话本来不错（即墨子也不能不认"意"的重要。

看《耕柱》篇第四节），但孔子生平，痛恨那班聚敛之臣、斗筲之人的谋利政策，故把义利两桩分得太分明了。他说：

> 放于利而行多怨。（四）
>
> 君子喻于义，小人喻于利。（四）

但他却并不是主张"正其谊不谋其利"的人。《论语》说：

> 子适卫，冉有仆。子曰："庶矣哉！"冉有曰："既庶矣，又何加焉？"子曰："富之。"曰："既富矣，又何加焉？"曰："教之。"（十四）

这岂不是"仓廪实而后知礼节，衣食足而后知荣辱"的政策吗？可见他所反对的利，乃是个人自营的私利。不过他不曾把利字说得明白，《论语》又有"子罕言利"的话，又把义利分作两个绝对相反的物事，故容易被后人误解了。

但我以为与其说孔子的人生哲学注重动机，不如说他注重养成道德的品行。后来的儒家只为不能明白这个区别，所以有极端动机的道德论。

孔子论行为，分动机、方法、品行三层，已如上文所说。动机与品行都是行为的"内容"。

我们论道德，大概分内容和外表两部。譬如我做了一件好事，若单是为了这事结果的利益，或是为了名誉，或是怕惧刑罚笑骂，方才做去，那都是"外表"的道德。若是因为我觉得理该去做，不得不去做，那便是属于"内容"的道德。

内容的道德论，又可分两种：一种偏重动机，认定"天理"（如宋儒中之主张天理人欲论者），或认定"道德的律令"（如康德），有绝对无限的尊严，善的理该去做，恶的理该不去做。一种注重道德的习惯品行，习惯已成，即是品行（习惯 Habit，品行 Character）。

有了道德习惯的人，见了善自然去做，见了恶自然不去做。例如良善人家的子弟，受了良善的家庭教育，养成了道德的习惯，自然会得善去恶，不用勉强。

孔子的人生哲学，依我看来，可算得是注重道德习惯一方面的。他论人性道：

性相近也，习相远也，惟上智与下愚不移。（十七）

"习"即是上文所说的习惯。孔子说：

吾未见好德如好色者也。（九）

已矣乎！吾未见好德如好色者也！（十五）

这两章意同而辞小异，可见这是孔子常说的话。他说不曾见好德如好色的人，可见他不信好德之心是天然有的。好德之心虽不是天然生就的，却可以培养得成。培养得纯熟了，自然流露。便如好色之心一般，毫无勉强。《大学》上说的"如恶恶臭，如好好色"，便是道德习惯已成时的状态。孔子说：

知之者，不如好之者。好之者，不如乐之者。（六）

人能好德恶不善，如好好色，如恶恶臭，便是到了"好之"的地位。道德习惯变成了个人的品行，动容周旋，无不合理，如孔子自己说的"从心所欲，不逾矩"，那便是已到"乐之"的地位了。

这种道德的习惯，不是用强迫手段可以造成的。须是用种种教育涵养的工夫方能造得成。孔子的正名主义，只是要寓褒贬，别善恶，使人见了善名自然生爱；见了恶名自然生恶。人生无论何时何地，都离不了名。故正名是极大的德育利器（参看《荀子·正名篇》及《尹文子·大道篇》）。此外孔子又极注重礼乐。他说：

兴于诗，立于礼，成于乐。（八）

不学诗，无以言，……不学礼，无以立。（十六）

诗，可以兴，可以观，可以群，可以怨……人而不为《周南》《召南》，其犹正墙面而立也欤。（十七）

恭而无礼则劳（有子曰，恭近于礼，远耻辱也）。慎而无礼则葸。勇而无礼则乱。直而无礼则绞。（八）

诗与礼乐都是陶融身心，养成道德习惯的利器。故孔子论政治，也主张用"礼让为国"。又主张使弦歌之声，遍于国中。此外孔子又极注重模范人格的感化。《论语》说：

　　季康子问政于孔子曰："如杀无道，以就有道，何如？"孔子对曰："子为政，焉用杀；子欲善，而民善矣。君子之德风，小人之德草，草上之风必偃。"（十三）

　　为政以德，譬如北辰，居其所而众星共之。（二）

　　因此他最反对用刑治国。他说：

　　道之以政，齐之以刑，民免而无耻。道之以德，齐之以礼，有耻且格。（二）

第四章
中国哲学的精神～

▎中国哲学的线索

　　我平日喜欢做历史的研究，所以今天讲演的题目，是《中国哲学的线索》。这个线索可分两层讲。一时代政治社会状态变迁之后，发生了种种弊端，则哲学思想也就自然发生，自然变迁，以求改良社会上、政治上种种弊端。所谓时势生思潮，这是外的线索。外的线索是很不容易找出来的。内的线索，是一种方法——哲学方法，外国名叫逻辑 Logic（吾国原把逻辑翻作论理学或名学。逻辑原意不是名学和论理学所能包含的，故不如直译原字的音为逻辑）。外的线索只管变，而内的线索变来变去，终是逃不出一定的径路的。今天要讲的，就专在这内的方法。

　　中国哲学到了老子和孔子时候，才可当得"哲学"两个字。老子以前，不是没有思想，没有系统的思想；大概多是对于社会上不安宁的情形，发些牢骚语罢了。如《诗经》上说："苕之华，其叶青青。知我如此，不如无生。"这种语是表示对于时势不满意的意思。到了西历前第六世纪时，思想家才对于社会上和政治上，求根本弊端所在。而他们的学说议论终是带有破坏的、批评的、革命的性质。

　　老子根本上不满意当时的社会、政治、伦理、道德。原来人人多信"天"是仁的，而他偏说："天地不仁，以万物为刍狗。"天是没有意思的，不为人类做好事的。他又主张废弃仁义，入于"无为而无不为"的境界。这种极破坏的思想，自然要引起许多反抗。孔子是老子的门徒或是朋友。他虽不满意于当时风俗制度以及事事物物，可是不取破坏的手段，不主张革命。他对于第一派是调和的、修正的、保守的。老子一派对于社会上无论什么政治、法律、宗教、道德，都不要了，都要推翻他，取消他。孔子一派和平一点，只求修正当时的制度。中国哲学的起点，有了这两个系统出来之后，内的线索——就是方法——继续变迁，却逃不出这两种。

老子的方法是无名的方法。《老子》第一句话就说："名可名，非常名；道可道，非常道。"他知道"名"的重要，亦知道"名"的坏处，所以主张"无名"。名实二字在东西各国哲学史上都很重要。"名"是共相（Universal），亦就是普通性，"实"是"自相"，亦就是个性。名实两观念代表两大问题。从思想上研究社会的人，一定研究先从社会下手呢，还是从个人下手？换句话讲，是先决个性，还是先决普遍之问题？

"名"的重要可以举例明之。譬如诸君现在听讲，忽然门房跑来说——张先生，你的哥哥来了。这些代表思想的语言文字就是"名"——倘使没有这些"名"，他不能传达他的意思，诸君也无从领会他的意思，彼此就很觉困难了。简单的知识，非"名"无从表他，复杂的格外要借"名"来表示他。

"名"是知识上的问题，没有"名"便没有"共相"。而老子反对知识，便反对"名"，反对言语文字，都要一个个的毁灭他。毁灭之后，一切人都无知无识，没有思想。没有思想，则没有欲望。没欲望，则不"为非作恶"，返于太古时代浑朴状态了。这第一派的思想，注重个性而毁弃普遍。所以他说："天下皆知美之为美，斯恶矣；皆知善之为善，斯不善矣。"美和不美都是相对的，有了这个，便有那个。这个那个都不要，都取消，便是最好。这叫作"无名"的方法。

孔子出世之后，亦看得"名"很重要。不过他以为与其"无名"，不如"正名"。《论语·子路篇》说：

子路曰："卫君待子而为政，子将奚先？"子曰："必也正名乎。"子路曰："有是哉！子之迂也！奚其正！"子曰："野哉由也！君子于其所不知，盖阙如也。名不正，则言不顺。言不顺，则事不成。事不成，则礼乐不兴。礼乐不兴，则刑罚不中。刑罚不中，则民无所措手足。"

孔子以为"名"——语言文字——是不可少的，只要把一切文字、制度，都回复到他本来的理想标准，例如："政者，正也。""仁者，人也。"他的理想的社会。便是"君君、臣臣、父父、子子"。做父亲的要做到父亲的理想标准，做儿子的亦要做到儿子的理想标准。社会上事事物物，都要做到这一步境地。倘使君不君、臣不臣、子父不父、子不子，则君、臣、父、子都失掉本来的意义了。怎样说"名不正则言不顺"呢？"言"是"名"组成的，名字的意义，没有正当的标准，便连话都说不通了。

孔子说："觚不觚，觚哉觚哉"觚是有角的形，故有角的酒器，叫作"觚"。后来把觚字用泛了，没有角的酒器亦叫作"觚"。所以孔子说："现在觚没有角了，这还是觚吗？这还是觚吗？"不是觚的都叫作觚，这就是"言不顺"。现在通用的小洋角子，明明是圆的，偏叫他"角"，也是同样的道理。语言文字（名）是代表思想的符号。语言文字没有正确的意义，便没有公认的是非真假的标准。要建设一种公认的是非真假的标准，所以他主张"正名"。老子主"无名"，孔子主"正名"。此后思想，凡属老子一派的，便要推翻一切制度，凡属孔子一派的，便要讲究制度文物，压抑个人。

第三派的墨子，见于前两派太趋于极端了，一个注重"名"，一个不注重"名"，都在"名"上面用功夫。"名"是实用的，不是空虚的，口头的。他说：

> 今瞽者曰："皜者，白也。黔者，黑也。"虽明目者无以易之。兼白黑，使瞽取焉，不能知也。故我曰："瞽者不知白黑者，非以其名也，以其取也。"

"取"就是实际上的去取、辨别。瞎子虽不曾见过白黑，亦会说白黑的界限。要到了实际上应用的时候，才知道口头的界说，是没有用的。许多高谈仁义道德的人也是如此。分别义利，辨入毫末，及事到临头，则便手足无措。所以墨子不主张空虚的"名"，而注重实际的应用。墨子这一派，不久就灭了。而他的思想和主义则影响及于各家。遗存下来的，却算孔子一派是正宗。老子一派亦是继续不断。如杨朱有"名无实，实无名。名者伪而已"等话，亦很重要。

到了三国魏晋时代，便有嵇康那一般人，提倡个人，推翻礼法。宋明陆象山和王阳明那班人，无形中都要取消"名"。就是清朝的谭嗣同等思想，亦是这样，亦都有无名的趋向。正统派的孔子重"名"，重礼制，所以后来的孟子、荀子和董仲舒这一班人，亦是要讲礼法、制度。内部的线索有这两大系统。

还有一派近代的思想。九百多年前，宋朝的儒家，想把历代的儒家相传的学说，加上了佛家、禅宗和道家的思想，另成一种哲学。他们表面上要挂孔子的招牌，不得不在儒家的书里头找些方法出来。他们就找出来一本《大学》。《大学》是本简单的书，但讲的是方法。他上面说："致知在格物"。格物二字就变为中国近世思想的大问题。程朱一派解"格物"是到物上去研究物理。物必有理，要明物理，须得亲自到物的本身上去研究。今天格一物，明天格一物，今天格一事，明天格一事，天下的事物，都要一个个的去格他。等到后来，知识多了，物的理积得多了，便一旦豁然贯通。

陆象山一派反对这种办法，以为这种办法很笨。只要把自己弄好了，就是"格物"。所以他主张："吾心即是万物，万物即是吾心。"物的理都在吾的心中。能明吾心，就是明万物。吾心是万物的权衡，不必要像朱子那么样支支离离的格物。

这种重视个性自我发展的思想，到了王阳明格外的明了。阳明说：他自己本来信格物是到物上去格的。他有一位朋友去格一枝竹，格了五天，病起来了。他就对这位朋友讲：你不能格，我自己去格。格了七天，也病了。因此，他不信格物是到物上去格。物的理在心中，所以他特别地揭出"良知"二字来教人。把良知弄好了，弄明白了，善的就是善，恶的就是恶，是的还他是，非的还他非，天下事物都自然明白了。程朱和陆王这两派支配九百余年的思想，中间"格物"的解说有七八十种；而实际上还是"名"和"实"的嫡派，不过改变他们的方向罢了——格物还是从内起呢，还是从外起？

思想必依环境而生，环境变迁了，思想一定亦要变迁。无论什么方法，倘不能适应新的要求，便有一种新方法发生，或是调和以前的种种方法，来适应新的要求。找出方法的变迁，则可得思想的线索。思想是承前启后，有一定线索，不是东奔西走，全无纪律的。

▌中国哲学里的科学精神和方法

前两次的东西哲学会议上都有人提出过这样的问题：东方从前究竟有没有科学呢？东方为什么科学很不发达，或者完全没有科学呢？

对于第一个问题，有些答案似乎确然说是没有。薛尔顿教授（Prof. W. H. Sheldon）说："西方产生了自然科学，东方没有产生。"诺斯洛浦（Prof. Filmer S. C. Northrop）也说："（东方）很少有超过最浅近最初步的自然史式的知识的科学。"

对于第二个问题，东方为什么科学不发达，或者完全没有科学，答案很不一致。最有挑战性刺激性的答案是诺斯洛浦教授提出来的。他说："一个文化如果只容纳由直觉得来的概念，就天然被阻止发展高过那个最初步的、归纳法的、自然史阶段的西方式的科学。"依照诺斯洛浦的定义说，由直觉得来的概念只"表示可以当下了解的事物，所含的意思全是由这种可以当下了解的事物得来的。"诺斯洛浦的理论是：

一个文化如果只应用由直觉得来的概念，就用不着形式推理和演绎科学。假如科学和哲学所要指示的只是当下可以了解的事物，那么，很明白，人只要观察、默想，就可认识这种事物了。直觉的和默想的方法也就是唯一靠得住的方法了。这正是东方人的见解，也正是他们的科学很久不能超过初步自然史阶段的原因——由直觉得来的概念把人限制在那个阶段里了。

这个理论又有这样扼要的一句话："东方人用的学说是根据由直觉得来的概念造成的，西方人用的学说是根据由假设得来的概念造成的。"

我不想细说这个诺斯洛浦理论，因为我们这些二十来年时时注意这位哲学家朋友的人对于他的理论一定都知道得很清楚。

我只想指出，就东方的知识史来看，这个东西二分的理论是没有历史根据的，是不真实的。

第一，并没有一个种族或文化"只容纳由直觉得来的概念"。老实说，也并没有一个个人"只容纳直觉得来的概念"。人是天生的一种会思想的动物，每天都有实际需要逼迫他做推理的工作，不论做得好做得不好。人也总会懂得把推理做得更好些，更准确些。有一句话说得很不错：推理是人时时刻刻逃不开的事。为了推理，人必须充分使用他的理解能力，观察能力，想象能力，综合与假设能力，归纳与演绎能力。这样，人才有了常识，有了累积起来的经验知识，有了智慧，有了文明和文化。这样，东方人和西方人，在几个延续不绝的知识文化传统的中心，经历很长的时间，才发展出来科学、宗教、哲学。我再说一遍，没有一个文化"只容纳（所谓）由直觉得来的概念"，也没有一个文化天然"被阻止发展西方式的科学"。

第二，我想指出，为着尝试了解东方和西方，所需要的是一种历史的看法

(historical approach)，一种历史的态度，不是一套"比较哲学上的专门名词"。诺斯洛浦先生举的"由假设得来的概念"有这些项：半人半兽，《第四福音》的开头一句，天父的概念，圣保罗、圣奥古斯丁、圣阿奎那斯的基督教，还有德谟克利图的原子，波尔（Bohr）——和卢斯福（Ruthorford）——古典物理学上的原子模型，爱因斯坦物理学上的时空连续。

然而，我们在印度和中国的神话宗教著作里当然能够找到一千种想象的概念，足可以与希腊的半人半兽相比。我们又当然能够举出几十种印度和中国的宗教观念，足可以与《第四福音》的开头一句相比。所以这一套"两分法"的名词，这一套专用来渲染历史上本来不存在的一个东西方的分别的名词，难道我们还不应当要求停止使用吗？

因此，我现在很想解释一下我所说的比较哲学上用的历史的看法是什么。简单地说，历史的看法只是认为东方人和西方人的知识、哲学、宗教活动上一切过去的差别都只是历史造成的差别，是地理、气候、经济、社会、政治，乃至个人经历等等因素所产生，所决定，所塑造雕琢成的；这种种因素，又都是可根据历史，用理性，用智慧，去研究，去了解的。用这个历史的看法，我们可以做出耐心而有收获的种种研究、线索，可以不断求人了解，绝不只是笑，只是哭，或只是失望。用这个历史的看法，我们可以发现，东西两方的哲学到底还是相似多于相异；也许可以发现，不论有多少明显的差别存在，都不过是种种历史的因素特别凑合所造成的重点的程度上的差别。用这个历史的看法，也许我们更容易了解我们所谓"西方式的科学"的兴起要迅速发达，更容易了解这绝不是什么优等民族的一个独立的，并且是独占的创造，而且是许多历史因素一次非常幸运的凑合的自然结果。凭着一种耐心的历史探索，也许我们更容易了解，无论哪一种历史因素，或是种种因素的凑合，都不会"天然阻止"一个种族或文化——或者使一个种族或文化永远失了那种能力——学习、吸收、发展，甚至于超过另一民族在种种历史条件之下开创发扬起来的那些知识活动。

说一个文化"天然被阻止发展西方式的科学"，是犯了没有根据的悲观失望（to despair prematurely）。但是尽力弄清楚有些什么因素使欧洲得到了至少四百年来领导全世界发展近代科学的光荣，在另一方面又有些什么因素，或者是些什么因素怎样凑合起来，对于有史以来多少个种族或文化（连中世纪的"希腊罗马基督教"文化也不例外）在科学发展上遭受的阻碍以至于推行毁坏，要负很大的责任——这在我们这个很有学问的哲学家与哲学史家的会议中，也是一件值得做的事业，一种应当有的抱负。

我预备这篇论文，用了一个不很谦虚的题目：《中国哲学里的科学精神与方法》，也是想要显示一点比较哲学上用的历史的看法。

我有意不提中国哲学的科学内容，不但是为了那份内容与近四百年西方科学的成就不能相比——这是一个很明白的理由——而且正因为我的见解是：在科学发达史上，科学的精神或态度与科学的方法，比天文家、历法改革家、炼金术士、园艺家在实用上或经验上的什么成就都更有基本的重要性。

前哈佛大学校长康南特博士（Dr. James B. Conant），本身够一个第一流的科学家，在他的演讲集《懂得科学》（On Understanding Science）里，把这个见解表达得很有力量。因此我要引他说的话：

十六、十七世纪那些给精确而不受成见影响的探索立下标准的早期研究工作者，他们的先驱是些什么人呢？哥白尼、伽利略、维萨略（Vesalius）的精神上的祖先是什么人呢？中世纪那些偶然做实验工作的人，那些细心设计造出新机械的人，虽然渐渐增加了我们物理和化学的经验知识，都还算不得。这些人留给后世的人还只是许多事实资料，只是达到实用目标的有价值的方法，还不是科学探索的精神。要看严格的知识探索上的新勇气奋发，我们得向那少数深深浸染了苏格拉底传统的人身上去找，得向那些凭着原始的考古方法首先重新获得了希腊、罗马文化的早期学者身上去找。

在文艺复兴的第一个阶段里把对于冷静追求真理的爱好发扬起来的人，都是研究人文的，他们的工作都不是关乎生物界或无生物界的，在中世纪，尽力抱评判态度而排除成见去运用人类的理智，尽力深入追求，没有恐惧也没有偏好……这种精神全是靠那些作讨论人文问题的人保持下来的。

在学术复兴时代（The revival of learning）的初期，最够得上说是表现了我们近代不受成见影响的探索的观念的，也正是人文学者的古代研究。佩服拉克（Petrarch）、薄伽邱（Boccaccio）、马奇维里（Machiavelli）、依拉斯莫斯（Erasmus），而绝不是那些炼金术士，应当算是近代科学工作者的先驱。依同样的道理说来，拉伯雷（Rabelais）与蒙丹（Montaiqne）发扬了评判的哲学精神，在我看也应当算是近代科学家的前辈。

我相信康南特校长的见解根本上是正确的。他给他的演讲集加了一个副标题：《一个历史的看法》（A historical approach），这也是很值得注意的。

从这个历史的观点看来，"对于冷静追求真理的爱好"，"尽力抱评判态度而排除成见去运用人类的理智，尽力深入追求，没有恐惧也没有偏好"，"有严格的智识探索上的勇气"，"给精确而不受成见影响的探索立下标准"——这些都是科学探索的精神与方法的特征。我的论文的主体也就是讨论在中国知识史、哲学史上可以找出来的这些科学精神与方法的特征。

首先，古代中国的知识遗产里确有一个"苏格拉底传统"。自由问答，自由讨论，独立思想，怀疑，热心而冷静的求知，都是儒家的传统。孔子常说他本人"学而不厌，诲人不倦"，"好古敏以求之"，有一次，他说他的为人是"发愤忘食，乐以忘忧，不知老之将至"。

过去两千五百年中国知识生活的正统就是这一个人创造磨琢成的。孔子确有许多地方使人想到苏格拉底。像苏格拉底一样，孔子也常自认不是一个"智者"，只是一个爱知识的人。他说："知之者不如好之者；好之者不如乐之者"。

儒家传统里一个很可注意的特点是有意奖励独立思想，鼓励怀疑。孔子说到他的最高才的弟子颜回，曾这样说："回也，非助我者也，于吾言无所不说（悦）。"然而他又说过："吾与回言终日，不违如愚。退而省其私，亦足以发。"孔子分明不喜欢那些对他说的话样样都满意的听话弟子。他要奖励他们怀疑，奖励他们提出反对意见。这个怀疑问题的精神到了孟子最表现得明白了。他公然说"尽信《书》不如无《书》"，公然说他看《武成》一篇只"取其二三策"。孟子又认为要懂得《诗经》必须先有一个自由独立的态度。

孔子有一句极有名的格言是："学而不思则罔，思而不学则殆。"他说到他自己："吾尝终日不食，终夜不寝，以思，无益，不如学也。""学如不及，犹恐失之。""朝闻道，夕死可矣。"这正是中国的"苏格拉底传统"。

知识上的诚实是这个传统的一个紧要部分。孔子对一个弟子说："由，诲女（汝）知之乎？知之为知之，不知为不知；是知也。"又有次，这个弟子问怎样对待鬼神，孔子说："未能事人，焉能事鬼？"这个弟子接着问到死，孔子说："未知生，焉知死？"这并不是回避问题，这是教训一个人对于不真正懂得的事要保持知识上的诚实。这种对于死和鬼神的存疑态度，对后代中国的思想发生了持久不衰的影响。这也是中国的"苏格拉底传统"。

近几十年来，有人怀疑老子、老聃是不是个历史的人物，《老子》这部古书的真伪和成书年代。然而我个人还是相信孔子确做过这位前辈哲人老子的学徒，我更相信在孔子的思想里看得出有老子的自然主义宇宙观和无为的政治哲学的影响。

在那样早的时代（公元前六世纪）发展出来一种自然主义的宇宙观，是一件真正有革命性的大事。《诗经》的《国风》和《雅》《颂》里所表现的中国古代观念上的"天"或"帝"，是一个有知觉，有感情，有爱有恨的人类与宇宙的最高统治者。又有各种各样的鬼神也掌握人类的运命。到了老子才有一种全新的哲学概念提出来，代替那种人格化的一个神或许多个神：

有物混成，先天地生。寂兮寥兮，独立而不改，周行而不殆，可以为天下母。吾不知其名，字之曰道，强为之名曰大。

这个新的原理叫作"道"，是一个过程，一个周行天地万物之中，又有不变的存在的过程。道是自然如此的，万物也是自然如此的。

"道常无为，而无不为"。这是这个自然主义宇宙观的中心观念。这个观念又是一种无为放任的政治哲学的基石。"太上，下知有之。"这个观念又发展成了一种谦让的道德哲学，一种对恶对暴力不抵抗的道德哲学："上善若水，水善利万物而不争。""柔弱胜刚强。""常有司杀者。夫代司杀者，是谓代大匠斫。夫代大匠斫者希有不伤手者矣。"

这是孔子的老师老子所创的自然主义传统。然而老师和弟子有一点基本的不同。孔子是一个有历史头脑的学者，一个伟大的老师，伟大的教育家，而老子对知识和文明的看法是一个虚无主义的看法。老子的理想国是小国寡民，有舟车之类的"什伯人之器而不用"；"使民复结绳而用之！""常使无知无欲。"这种知识上的虚无主义与孔子的"有教无类"的民主教育哲学何等不同！

然而这个在《老子》书里萌芽，在以后几百年里充分生长起来的自然主义宇宙观，正是经典时代的一份最重要的哲学遗产。自然主义本身最可以代表大胆怀疑和积极假设的精神。自然主义和孔子的人本主义，这两极的历史地位是完全同等重要的。中国每一次陷入非理性、迷信、出世思想——这在中国很长的历史上有过好几次——总是靠老子和哲学上的道家的自然主义，或者靠孔子的人本主义，或者靠两样合起来，努力把这个民族从昏睡中救醒。

第一个反抗汉朝的国教，"抱评判态度去运用人类的理智，尽力深入追求，没有恐惧也没有偏好"的大运动，正是道家的自然主义哲学与孔子、孟子的遗产里最可贵的怀疑和看重知识上的诚实的精神合起来的一个运动。这个批评运动的一个最伟大的代表是《论衡》八十五篇的作者王充（公元27～约97）。

王充说他自己著书的动机，"亦一言也，曰，疾虚妄。""是转为非，虚转为实，安能不言！……世间书传，多若等类，浮妄虚伪，没夺正是，心愦涌，笔手扰，安能不论！论则考之以心，校之以事；虚浮之事，辄立证验。"

他所批评的是他那个时代的种种迷信，种种虚妄，其中最大最有势力的是占中心地位的灾异之说。汉朝的国教，挂着儒教的牌子，把灾异解释作一种仁爱而全知的神（天）所发的警告，为的是使人君和政府害怕，要他们承认过失，改良恶政。这种汉朝的宗教是公元前一、二世纪里好些哲人政治家造作成的。他们所忧心的是在一个极广阔的统一帝国里如何对付无限君权这个实际问题，这种忧心也是有理由的；他们有意识或半有意识地看中了宗教手段，造出来一套苦心结构的"天人感应"的神学，这套神学在汉朝几百年里也似乎发生了使君主畏惧的作用。

最能够说明这套灾异神学的是董仲舒（公元前179～前104）。他说话像一个先知，也很有权威；"人之所为，极其美恶，乃与天地流通而往来相应。""国家将有失道之败，而天乃先出灾害以谴告之；不知自省，又出怪异以警惧之；尚不知变，而伤败乃至。以此见天心之仁爱人君而欲止其乱也。"这种天与人君密切相感应的神学据说是有《尚书》与《春秋》（记载天地无数异变，有公元前722至481年之间的三十六次日蚀，五次地震）的一套精细解释作根据。然而儒宗的经典还不够支持这个荒谬迷忌的神学，所以还要加上一批出不完的伪书，叫作"谶"（预言）、"纬"（与经书交织来辅助经书的材料），是无数经验知识与千百种占星学的古怪想法混合成的。

这个假儒家的国教到了最盛的时候确被人认真相信了，所以有好几个丞相被罢黜，有一个丞相被赐死，只是因为据说天有了灾异的警告。三大中古宗教之一真是控制住帝国了。

王充的主要批评正针对着一个有目的上帝与人间统治者互相感应这种基本观念。他批评的是帝国既成的宗教的神学。他用来批评这种神学的世界观是老子与道家的自然主义哲学。他说：

夫天道自然也，无为；如谴告人，是有为，非自然也。……损皇天之德，使自然无为转为人事，故难听之也。

因此，他又指出：

人在天地之间，犹蚤虱之在衣裳之内，蝼蚁之在穴隙之中。……天至高大，人至卑小……以七尺之细形，感皇天之大气，其无分铢之验，必也。

这也就是他指责天人感应之说实在是"损皇天之德"的理由。

他又提出理由来证明人和宇宙间的万物都不是天地有意（故）生出来的，只是自己偶然（偶）如此的：

儒者论曰："天地故生人。"此言妄也。夫天地合气，人偶自生也。……因气而生，种类相产。……如天故生万物，当今其相亲爱，不当令人相贼害也……则生虎狼蝮蛇及蜂虿之虫，皆贼害人，天又欲使人为之用耶？

公元第一世纪正是汉朝改革历法的时代。所以王充尽量利用了当时的天文学知识打破那流行的恶政招来灾异谴告的迷信说法。他说：

四十一二月日一食，五六月月亦一食。食有常数，不在政治。百变千灾，皆同一状，未必人君政治所致。

然而王充对于当世迷信的无数批评里用得最多的证据还是日常经验中的事实。他提出五"验"来证明雷不是上天发怒，只是空中阴阳两气相激而生的一种火。他又举许多条证据来支持他的无鬼论。其中说得最巧妙，从来没有人能驳的一条是"如审鬼者死人之精神，则人见之，宜如见其裸袒之形，无为见衣带被服也。何则？衣服无精神，人死与形体俱朽，何以得贯穿乎？"

以上就我所喜欢的哲学家王充已经说得很多了。我说他的故事，只是要表明中国哲学的经典时代的大胆怀疑和看重知识上的诚实的精神如何埋没了几百年还能够重新起来推动那种战斗：用人的理智反对无知和虚妄、诈伪，用创造性的怀疑和建设性的批评反对迷信，反对狂妄的权威。大胆的怀疑追问，没有恐惧也没有偏好，正是科学的精神。"虚浮之事，辄立证验"，正是科学的手段。

我这篇论文剩下的部分要给中国思想史上的一个大运动做一个简单的解说性的报告。这个运动开头的时候有一个：

"即物而穷其理"，"以求至乎其极"的大口号，然而结果只是改进了一种历史的考证方法，因此开了一个经学复兴的新时代。

这个大运动有人叫作新儒家（Neo-Confucian）运动，因为这是一个有意要恢复佛教进来以前的中国思想和文化的运动，是一个要直接回到孔子和他那一派的人本主义，要把中古中国的那种大大印度化的，因此是非中国的思想和文化推翻革除的运动。这个运动在根本上是一个儒家的运动，然而我们应当知道那些新儒家的哲人又很老实地采取了一种自然主义的宇宙观，至少一部分正是道家传下来的，新儒家的哲人大概正好认为这种宇宙观胜过汉朝（公元前206—公元220）以来的那种神学的、目的论的"儒家"宇宙观。所以这又是老子和哲学上的道家的自然主义与孔子的人本主义合起来反抗中古中国那些被认为是非中国的、出世的宗教的一个实例。

这个新儒家运动需要一套新的方法，一套新工具（Novum Organum），于是在孔子以后出来的一篇大约一千七百字的《大学》里找到了一套方法。新儒家的开创者们从这篇小文章里找着了一句"致知在格物"。程氏兄弟（程颢，1032～1085；程颐，1033～1107）的哲学，尤其是那伟大的朱熹（公元1130～1200）所发扬组织起来的哲学，都把这句话当作一条主旨。这个穷理的意思说得再进一步，就是"即凡天下之物，莫不因其已知之理而益穷之"。

什么是"物"呢？照程朱一派的说法，"物"的范围与"自然"一般广大，从"一草一木"到"天地之高厚"都包括在内。但是这样的"物"的研究是那些哲人做不到的，他们只是讲实物讲政治的人，只是思想家和教人的人。他们的大兴趣在人类的道德和政治的问题，不在探求一草一木的"理"或定律。所以程颐自己先把"物"的范围缩到二项：研究经书，论古今人物，研究应接事务的道理。所以他说，"近取诸身"。朱子在宋儒中地位最高，是最善于解说，也最努力解说那个"即物而穷其理"的哲学的人，一生的精力都用在研究和发挥儒家的经典。他的《四书（新儒家的《新约》）集注》，还有《诗经》和《易经》的注，做了七百年的标准教本。"即物而穷其理"的哲学归结是单为用在范围有限的经学上了。

朱子真正是受了孔子的"苏格拉底传统"的影响，所以立下了一套关于研究探索的精神、方法、步骤的原则。他说："大抵义理须是且虚心随他本文正意看。""只虚此心，将古人语言放前面，看他意思倒杀向何处去。"怎样才是虚心呢？他又说："须是退步看。""愈向前愈看得不分晓，不若退步却看得审。大概病在执着，不肯放下。正如听讼，心先有主张乙的意思，便只甲的不是，先有主张甲的意思，便只见乙的不是。不若姑置甲乙之说，徐徐观之，方能辨其曲直。横渠（张载，1020～1077）云，'濯去旧见，以来新意。'此说甚当。若不濯去旧见，何处得新意来？"

十一世纪的新儒家常说到怀疑在思想上的重要。张横渠说："在可疑而不疑者，不曾学。学则须疑。"朱子有校勘、训诂工作的丰富经验，所以能从"疑"的观念推演出一种更实用更有建设性的方法论。他懂得怀疑是不会自己生出来的，是要有了一种困惑疑难的情境才会发生的。他说："某向时与朋友说读书，也教他去思索，求所疑，近方见得只是且恁地虚心，就上面熟读，久之自有所得亦自有疑处。盖熟读后，自有窒碍不通处，是自然有疑，方好较量。""读书无疑者须教有疑，有疑者却要无疑，到这里方是长进。"

到了一种情境，有几个发生互相冲突的说法同时要人相信，要人接受，也会发生疑惑。朱子说他读《论语》曾遇到"一样事被诸先生说成数样"，他所以"便着疑"。怎样解决疑惑呢？他说："只有虚心。""看得一件是，未可便以为是，且顿放一所，又穷他语，相次看得，多相比并，自然透得。"陆象山（1139～1193）是朱子的朋友，也是他的哲学上的对手。朱子在给象山的一封信里又用法官审案的例说："（如）治狱者当公其心……不可先以己意之向背为主，然后可以审听两造之辞，旁求参伍之验，而终得其曲直之当耳。"

朱子所说的话归结起来是这样一套解决怀疑的方法：第一步是提出一个假设的解决方法，然后寻求更多的实例或证据来作比较，来检验这个假设，——这原是一个"未可便以为是"的假设，朱子有时叫作"权立疑义"。总而言之，怀疑和解除怀疑的方法只是假设和求证。

朱子对他的弟子们说："诸公所以读书无长进，缘不会疑。某虽看至没紧要的事物，亦须致疑。才疑，便须理会得彻头。"

正因为内心有解决疑惑的要求，所以朱子常说到他自己从少年时代起一向喜欢做依靠证据的研究工作（考证）。他是人类史上一个有第一等聪明的人，然而他还是从不放下勤苦的工作和耐心的研究。

他的大成就有两个方向：

第一，他常常对人讲论怀疑在思想和研究上的重要——这怀疑只是"权立疑义"，不是一个目的，而是一个要克服的疑难境地，一个要解决的恼人问题，一个要好好对付的挑战。

第二，他有勇气把这个怀疑和解除怀疑的方法应用到儒家的重要经典上，因此开了一个经学的新时代，这个新经学要到他死后几百年才达到极盛的地步。

他没有写一部《尚书》的注解，但他对《尚书》的研究却有划时代的贡献，因为他有大勇气怀疑《尚书》里所谓"古文"二十五篇的真伪。这二十五篇本来分明是汉朝的经学家没有见到的，大概公元四世纪才出来，到了七世纪才成为《尚书》的整体的一部分。汉朝博士正式承认的二十八篇（实在是二十九篇）原是公元前二世纪一个年老的伏生（他亲身经历公元前 213 年的焚书）口传下来，写成了当时的"今文"。

朱子一开始提出来的就是一个大疑问："孔壁所出《尚书》……皆平易，伏生所传者难读。如何伏生偏记得难的，至于易的全记不得？此不可晓。"

《朱子语类》记载他对每一个问《尚书》的学生都说到这个疑问。"凡易读者皆古文……却是伏生记得者难读。"朱子并没有公然说古文经是后来人伪造的，他只是要他的弟子们注意这个难解的文字上的差别。他也曾提出一种很温和的解释，说那些篇难读的大概代表实际上告诫百姓的说话，那些篇容易读的是史官修改过，甚至于是重写过的文字。

这样一个温和的说话自然不能消除疑问；那个疑问一提出来就要存在下去，要在以后几百年里消耗经学家的精神。

一百年之后，元朝（1279～1368）的吴澄接受了朱子的挑战，寻得了一个合理的结论，认为那些篇所谓"古文"不是真正的《尚书》的一部分，而是很晚出的伪书。因此吴澄作《书纂言》，只承认二十八篇"今文"，不承认二十五篇"古文"。

到了十六世纪，又有一位学者梅鷟，也来研究这个问题。他在 1543 年出了一部书，证明《尚书》的"古文"部分是四世纪的一个作者假造的，那个作者分明是从若干种提到那些篇"佚"书的篇名的古书里找到许多文字，用作造假的根据。梅鷟费了力气查出伪《尚书》的一些要紧文字的来源。

然而还要等到十七世纪又出来一个更大的学者阎若璩（1636～1704），才能够给朱子在十二世纪提出的关于《古文尚书》的疑惑定案。阎若璩花了三十多年功夫写成一部大著作《尚书古文疏证》。他凭着过人的记忆力和广博的书本知识，几乎找到《古文尚书》每一句的来源，并且指出了作伪书的人如何错引了原文或误解了原文的意义，才断定这些篇是有心伪造的。总算起来，阎若璩为证明这件作伪，举了一百多条证据。他的见解虽然大受当时的保守派学者的攻击，我们现在总已承认阎若璩定了一个铁案，是可以使人心服了。我们总已承认：在一部儒家重要经典里，有差不多半部，也曾被当作神圣的文字有一千年之久，竟不能不被判定是后人假造的了。

而这件可算得重大的知识上的革命不能不说是我们的哲人朱子的功绩，因为他在十二世纪已表示了一种大胆的怀疑，提出了一个很有意思的，只是他自己的工夫还不够解答的问题。

朱子对《易经》的意见更要大胆，大胆到在过去七百年里没有人敢接受，没有人能继续推求。

他出了一部《周易本义》，又有一本小书《易本义启蒙》。他还留下不少关于《易经》的书信和谈话记录。

他的最大胆的论旨是说《易经》虽然向来被看作一部深奥的哲理圣典，其实原来只是卜筮用的本子，而且只有把《易》当作一部卜筮的书，一部"只是为卜筮"的书，才能懂得这部书。"八卦之画本为占筮……文王重卦作繇辞，周公作爻辞，亦只是为占筮。""如说田猎、祭祀、侵伐、疾病，皆是古人有此事去卜筮，故爻中出此。""圣人要说理……何不别作一书，何故要假卜筮来说？""若作卜筮看，极是分明。"

这种合乎常识的见解在当时是从来没有人说过的见解。然而他的一个朋友表示反对，说这话"太略"。朱子答说："譬之此烛笼，添得一条骨子，则障了一路明。若能尽去其障，使之体统光明，岂不更好？"

这是一个真正有革命性的说法，也正可以说明朱子一句深刻的话："道理好处又却多在平易处"。然而朱子知道他的《易》只是卜筮之书的见解对他那个时代说来是太急进了。所以他很伤心地说："此说难向人道，人不肯信。向来诸公力求与某辨，某煞费力气与他分析。而今思之，只好不说，只做放那里，信也得，不信也得，无许多力气分疏。"

朱子的《诗集传》（1117）在他身后做了几百年的标准读本，这部注解也是他可以自傲的。他这件工作有两个特色足以开辟后来的研究道路。一个特色是他大胆抛弃了所谓"诗序"所代表的传统解释，而认定《雅》《颂》和《国风》都得用虚心和独立的判断去读。另一个特色是他发现了韵脚的"古音"；后世更精神的全部古音研究，科学的中国音韵的前身，至少间接是他那个发现引出来的。

作《通志》的郑樵（1104～1162）是与朱子同时的人，但是年长的一辈，出了一部小书《诗辨妄》，极力攻击"诗序"，认为那只是一些不懂文学，不懂得欣赏诗的村野妄人的解释。郑樵的激烈论调先也使我们的哲人朱子感到震动，但他终于承认："后来仔细看一两篇，因质之《史记》《国语》，然后知'诗序'之果不足信。"

我再举相冲突的观念引起疑惑的一个好例，也是肯虚心的人能容受新观念，能靠证据解决疑惑的好例。朱子谈到他曾劝说他的一个一辈子的朋友吕祖谦（1137～1181），又是哲学上的同道，不要信"诗序"，但劝说不动。他告诉祖谦，只有很少几篇"诗序"确有《左传》的材料足以作证，大多数"诗序"都没有凭证。"渠却云，'安得许多文字证据？'某云，'无证而可疑者，只当阙之，不可据序作证。'渠又云，'只此序便是证。'某因云，'今人不以诗说诗，却以序解诗。'"

朱子虽然有胆量去推翻"诗序"的权威，要虚心看每一篇诗来求解诗的意义，但是他自己的新注解，他启发后人在同一条路上向前走动的努力，却还没有圆满的成绩。传统的分量对朱子本人，对他以后的人，还太沉重了。然而近代的全不受成见左右的学者用了新的工具，抱着完全自由的精神，来做《诗经》的研究，绝不会忘记郑樵和朱熹的大胆而有创造性的怀疑。

朱子的《诗经》研究的第二个特色，就是叶韵的古音方面的发现，他在这一方面得了他同时的学者吴棫（死在 1153 或 1154）的启发和帮助。吴棫是中国音韵学一位真正开山的人，首先用归纳的方法比较《诗》三百篇押韵的每一句，又比较其他上古和中古押韵的诗歌。他的著作不多，有《诗补音》《楚辞释音》《韵补》。只有最后一种翻刻本传下来。

《诗经》有许多韵脚按"今"音读不押韵，但在古代是自然押韵的，所以应当照"古音"读：这的确是吴棫首先发现的。他细心把三百多篇诗的韵脚都排列起来，参考上古和中古的字典韵书推出这些韵脚的古音。他的朋友徐蒇也是他的远亲，替他的书作序，把他耐心搜集大批实例，比较这些实例的方法说得很清楚，"如服之为房六切，其见于《诗》者凡十有六，皆当为蒲北切（bek，高本汉读 bʼiuk），而无与房六叶者。友之为云十九切，其见于《诗》者凡十有一，皆当作羽轨切，而无与云九叶者"。

这种严格的方法深深打动了朱子，所以他作《诗集传》，决意完全采用吴棫的"古音"系统。然而他大概是为了避免不必要的争论，所以不说"古音"，只说"叶韵"——也就是说，某一个字应当从某音读，是为了与另一读音显然没有变化的韵脚相叶。

但是他对弟子们谈话，明白承认他的叶韵大部分都依吴棫，只有少数的例有添减；又说叶韵也是古代诗人的自然读音，因为"古人作诗皆押韵，与今人歌曲一般"。这也就是说，叶韵正是古音。

有人问吴棫的叶韵可有什么根据，朱子答说："他皆有据，泉州有其书。每一字多者引十余证，少者亦两三证。他说元初更多，后删去（为省抄写刻印的工费），姑存此耳。"朱子的叶韵也有同吴棫不同的地方，他在《语类》和《楚辞集注》里都举了些证人比较。

但是因为朱子的《诗集传》全用"叶韵"这个名词，全没有提到"古音"，又因为吴棫的书有的早已失传，也有的不容易得，所以十六世纪初已有一种讨论，严厉批评朱子不应当用"叶韵"这个词。

1580年，有一位大学者，也是哲学家，焦竑（1541~1620），在他的《笔乘》里提出了一个理论的简单说明［大概是他的朋友陈第（1541~1617）的理论］，以为古诗歌里的韵脚凡是不合近世韵的本来都是自然韵脚，但是读音经历长时间有了变化。他举了不少例来证明那些字照古人歌唱时的读音是完全押韵的。

焦竑的朋友陈第做了许多年耐心的研究，出了一套书，讨论好几种古代有韵的诗歌集里几百个押韵的字的古音。这套书的第一种《毛诗古音考》，是1616年出的，有焦竑的序。

陈第在自序里提出他的主要论旨：《诗经》里的韵脚照本音读是全自然押韵的，只是读音的自然变化使有些韵脚似乎全不押韵了。朱子所说的"叶韵"，陈第认为大半都是古音或本音。

他说："于是稍为考据，列本证旁证二条。本证者诗自相证也。旁证者采之他书也。"

为了说明"服"字一律依本来的古音押韵，他举了十四条本证，十条旁证，共二十四条。他又把同样的归纳法应用在古代其他有韵文学作品的古音研究上。为了求"行"字的古音，他从《易经》有韵的部分找到四十四个例，都与尾音ang的字押韵。为一个"明"字，他从《易经》里找到十七个证据。

差不多过了半世纪，爱国的学者顾炎武（1613~1682）写成他的《音学五书》。其中一部是《诗本音》；一部是《易音》；一部是《唐韵正》，这是一种比较古音与中古音的著作。顾炎武承认他受了陈第的启发，用了他的把证据分为本证和旁证两类的方法。

我们再用"服"字作例子。顾炎武在《诗本音》里举了十七条本证，十五条旁证，共三十二条。在那部大书《唐韵正》里，他为说明这个字在古代的音韵是怎样的，列举从传世的古代有韵的作品里找到的一百六十二条证据！

这样耐心收集实例、计算实例的工作有两个目的：第一，只有这些方法可以断定那些字的古音，也可以找出可能有的违反通则而要特别解释的例外。顾炎武认为这种例外可以从方言的差异来解释。

但是这样大规模收集材料的最大用处还在于奠定一个有系统的古音分部的基础。有了这个古代韵文研究作根据，顾炎武断定古音可以分入十大韵部。

这样音韵学才走上了演绎的、建设的路：第一步是弄明白古代的"韵母"（韵部）；然后，在下一个时期，弄明白古代声母的性质。

顾炎武在 1667 年提出十大韵部。下一百年里，又有好些位学者用同样归纳和演绎的考证方法研究同一个问题。江永（1681～1763）提出十三个韵部。段玉裁（1735～1815）把韵部加到十七个。他的老师，也是朋友，戴震（1724～1777），又加到十九个。王念孙（1744～1832）和江有诰（死在 1851），各人独立工作，得到了彼此差不多的一百二十一部的系统。

钱大昕（1728～1804 年）是十八世纪最有科学头脑的人里的一个，在 1799 年印出来他的笔记，其中有两条文字是他研究古代唇、齿音的收获。这两篇文字都是第一等考证方法的最好的模范。他为唇音找了六十多个例子，为齿音也找了差不多数目的例子。为着确定各组里的字的古音，每一步工作都是归纳与演绎的精熟配合，都是从个别的例得到通则，又把通则应用到个别的例上。最后的结果产生了关于唇、齿音的变迁的两条大定律。

我们切不可不知道这些开辟中国音韵学的学者们有多么大的限制，所以他们似乎从头注定要失败的。他们全没有可给中国语言用的拼音字母的帮助。他们不懂得比较不同方言，尤其是比较中国南部、东南部、西南部的古方言。他们又全不懂高丽、越南、日本这些邻国的语言。这些中国学者努力要了解中国语言的音韵变迁，而没有这种有用的工具，所以实在是要去做一件几乎一定做不成的工作，因此，要评判他们的成功失败，都得先知道他们这许多重大的不利条件。

这些大人物可靠的工具只是他们的严格的方法：他们耐心把他们承认的事实或例证搜罗起来，加以比较，加以分类，表现了严格的方法；他们把已得到的通则应用到归了类的个别例子上，也表现了同等严格的方法。十二世纪的吴棫、朱熹，十七世纪的陈第、顾炎武，还有十八、十九世纪里那些继承他们的人，能够做出中国音韵问题的系统研究，能够把这种研究做得像一门学问——成了一套合乎证据、准确、合理系统化的种种严格标准——确实差不多全靠小心应用一种严格的方法。

我已经把我所看到的近八百年中国思想里的科学精神与方法的发达史大概说了一遍。这部历史开端在十一世纪，本来有一个很高大的理想，要把人的知识推到极广，要研究宇宙万物的理或定律。那个大理想没有法子不缩到书本的研究——耐心而大胆地研究构成中国经学传统"典册"的有数几部大书。一种以怀疑和解决怀疑做基础的新精神和新方法渐渐发展起来了。这种精神就是对于牵涉到经典的问题也有道德的勇气去怀疑，就是对于一份虚心，对于不受成见影响的，冷静的追求真理，肯认真坚持。这个方法就是考据或考证的方法。

我举了这种精神和方法实际表现的几个例，其中最值得注意的是考订一部分经书的真伪和年代，由此产生了考证学，又一个是产生了中国音韵的系统研究。

然而这个方法还应用到文史的其他许多方面，如校勘学、训诂学（semantics，字义在历史上变迁的研究）、史学、历史地理学、金石学，都有收获，有效验。

十七世纪的陈第、顾炎武首先用了"本证"、"旁证"这两个名词，已经是充分有意运用考证方法了。因为有十七世纪的顾炎武、阎若璩这两位大师的科学工作把这种方法的效验表现得非常清楚，所以到了十八、十九世纪，中国第一流有知识的人几乎都受了这种方法的吸引，都一生用力把这个方法应用到经书和文史研究上。结果就造成了一个学术复兴的新时代，又叫作考据的时代。

这种严格而有效的方法的科学性质，是最用力批评这种学术的人也不能不承认的。方东树（1772～1851）正是这样一位猛烈的批评家，他在1826年出了一部书。用大力攻击整个的新学术运动。然而他对于同时的王念孙、引之（1766～1834）父子所用的严格的方法也不得不十分称赞。他说："以此义求之近人说经，无过高父子《经义述闻》，实足令郑、朱俯首，汉唐以来未有其匹。"一个用大力攻击整个新学术运动的人有这样的称赞，足以证明小心应用科学方法最能够解除反对势力的武装，打破权威和守旧，为新学术赢得人的承认、心服。

这种"精确而不受成见影响的探索"的精神和方法，又有什么历史的意义呢？

一个简单的答案，然而是全用事实来表示的答案，应当是这样的：这种精神和方法使一个主观的、理想主义的、有教训意味的哲学的时代（从十一到十六世纪不能不让位给一个新时代了，使那个哲学显得过时、空洞、没有用处，不足吸引第一等的人了。这种精神和方法造成了一个全靠严格而冷静的研究作基础的学术复兴的新时代（1600～1900）。但是这种精神和方法并没有造成一个自然科学的时代。顾炎武、戴震、钱大昕、王念孙所代表的精确而不受成见影响的探索的精神并没有引出来中国的一个伽利略、维萨略、牛顿的时代。

这又是为什么呢？为什么这种科学精神和方法没有产生自然科学呢？

不止四分之一世纪以前，我曾试提一个历史的解释，做了一个十七世纪中国与欧洲知识领袖的工作的比较年表。我说：

我们试作一个十七世纪中国与欧洲学术领袖的比较年表——十七世纪正是近代欧洲的新科学与中国的新学术定局的时期——就知道在顾炎武出生（1613）之前年，伽利略做成了望远镜，并且用望远镜使天文学起了大变化，解百勒（Kepler）发表了他的革命性的火星研究和行星运行之时，哈维（Harvey）发表了他的论血液运行的大作（1628），伽利略发表了他的关于天文学和新科学的两部大作（1630）。阎若璩开始做《尚书》考证之前十一年，佗里杰利（Toricelli）已完成了他的空气压力大实验（1644）。稍晚一点，波耳（Boyle）宣布了他的化学新实验的结果，做出了波耳氏律（1660～1661）。顾炎武写成他的《音学五书》（1667）之前一年，牛顿发明了微积分，完成了白光的分析。1680年，顾炎武写《音学五书》的后序；1687年，牛顿发表他的《自然哲学原理》（Principia）。

这些不同国度的新学术时代的大领袖们在科学精神和方法上有这样非常显著的相像，使他们的工作范围的基本不同却也更加引人注意。伽利略、解百勒、波耳、哈维、牛顿所运用的都是自然的材料，是星球、球体、斜面、望远镜、显微镜、三棱镜、化学药品、天文表。而与他们同时的中国所运用的是书本、文字、文献证据。这些中国人产生了三百年的科学的书本学问；那些欧洲人产生了一种新科学和一个新世界。

这是一个历史的见解，但是对于十七世纪那些中国大学者有一点欠公平。我那时说："中国的知识阶级只有文学的训练，所以活动的范围只限于书本和文献。"这话是不够的。我应当指出，他们所推敲的那些书乃是对于全民族的道德、宗教、哲学生活有绝大重要性的书。那些大人物觉得找出这些古书里每一部的真正意义是他们的神圣责任。他们正像白朗宁（Robert Browing）的诗里写的"文法学者"（Grammarian）：

"你卷起的书卷里写的是什么？"他问，

"让我看看他们的形象，

"那些最懂得人类的诗人圣哲的形象——拿给我！"

于是他披上长袍，

一口气把书读透到最后一页……

"我什么都要知道！……

"盛席要吃到最后的残屑。"

"时间算什么？'现在'是犬猴的份！

"人有的是'永久'。"

白朗宁对人本主义时代的精神的礼赞正是："这人决意求的不是生存，是知识。"

孔子也表示同样的精神："学如不及，犹恐失之。""朝闻道，夕死可矣。"朱子在他的时代也有同样的表示："义理无穷，惟须毕力钻研，死而后已耳。"

但是朱子更进一步说："诸公所以读书无长进，缘不会疑。""才疑，便须理会得彻头。"后来真能使继承他的人，学术复兴的新时代的那些开创的人和做工的人，都懂得了怀疑——抱着虚心去怀疑，再找方法解决怀疑，即使是对待经典大书也敢去怀疑。而且，正因为他们都是专心尽力研究经典大书的人，所以他们不能不把脚跟站稳：他们必须懂得要有证据才可以怀疑，更要有证据才可以解决怀疑。

我看这就足够给一件大可注意的事实作一种历史的解释，足够解释那些只运用"书本、文字、文献"的大人物怎么竟能传下来一个科学的传统，冷静而严格的探索的传统，严格的靠证据思想，靠证据研究的传统，大胆的怀疑与小心的求证的传统——一个伟大的科学精神与方法的传统，使我们，当代中国的儿女，在这个近代科学的新世界里不觉得困扰迷惑，反能够心安理得。

那时代的思潮

从前第八世纪到前第七世纪，这两百年的思潮，除了一部《诗经》，别无可考。我们可叫他做诗人时代（三百篇中以《株林》一篇为最后。《株林》大概作于陈灵公末年）。

这时代的思想，大概可分几派：

第一，忧时派。

（例）节彼南山，维石岩岩。赫赫师尹，民具尔瞻！忧心如惔，不敢戏谈。国既卒斩，何用不监？（《节南山》）

忧心惮惮，念我无禄。民之无辜，并其臣仆。哀我人斯，于何从禄！瞻乌爰止，于谁之屋？瞻彼中林，侯薪侯蒸。民今方殆，视天梦梦。既克有定，靡人弗胜。有皇上帝，伊谁云憎！（《正月》）

彼黍离离，彼稷之苗。行迈靡靡，中心摇摇！知我者谓我心忧，不知我者谓我何求。悠悠苍天，此何人哉！（《黍离》）

园有桃，其实之殽。心之忧矣，我歌且谣。不知我者，谓我士也骄。彼人是哉！子曰何其！心之忧矣，其谁知之！其谁知之！盖亦勿思。（《园有桃》）

第二，厌世派。忧时爱国，却又无可如何，便有些人变成了厌世派。

（例）我生之初，尚无为。我生之后，逢此百罹。尚寐无吪！（《兔爰》）

隰有苌楚，猗傩其枝。夭之沃沃，乐子之无知！（《隰有苌楚》）

苕之华，其叶青青。知我如此，不如无生！（《苕之华》）

第三，乐天安命派。有些人到了没法想的时候，只好自推自解，以为天命如此，无可如何，只好知足安命罢。

（例）出自北门，忧心殷殷。终窭且贫，莫知我艰。已矣哉！天实为之，谓之何哉！（《北门》）

衡门之下，可以栖迟。泌之洋洋，可以乐饥。岂其食鱼，必河之鲂？岂其取妻，必齐之姜？岂其食鱼，必河之鲤？岂其娶妻，必宋之子？（《衡门》）

第四，纵欲自恣派。有些人抱了厌世主义，看看时事不可为了，不如"遇饮酒时须饮酒，得高歌处且高歌"罢。

（例）蒛兮蒛兮，风其吹女，叔兮伯兮，倡，予和女（《蒛兮》，倡字一顿）。

蟋蟀在堂，岁聿其莫。今我不乐，日月其除。（《蟋蟀》）

山有枢，隰有榆，子有衣裳，弗曳弗娄。子有车马，弗驰弗驱。宛其死矣，他人是愉。

山有漆，隰有栗，子有酒食。何不日鼓瑟？且以喜乐，且以永日！宛其死矣，他人入室！（《山有枢》）

第五，愤世派（激烈派）。有些人对着黑暗的时局，腐败的社会，却不肯低头下心的忍受。他们受了冤屈，定要作不平之鸣的。

（例）溥天之下，莫非王土。率土之滨，莫非王臣。大夫不均，我从事独贤。……或燕燕居息，或尽瘁事国。或偃息在床，或不已于行。或不知叫号，或惨惨劬劳。或栖迟偃仰，或王事鞅掌。或湛乐饮酒，或惨惨畏咎，或出入风议，或靡事不为。（《北山》）

坎坎伐檀兮，置之河之干兮。河水清且涟猗。不稼不穑，胡取禾三百廛兮！不狩不猎，胡瞻尔庭有悬貆兮！彼君子兮，不素餐兮！（《伐檀》）

硕鼠硕鼠，无食我黍。三岁贯女，莫我肯顾。逝将去汝，适彼乐土！乐土乐土！爰得我所。（《硕鼠》）

这几派大约可以代表前七八世纪的思潮了。请看这些思潮，没有一派不是消极的。到了《伐檀》和《硕鼠》的诗人，已渐渐的有了一点勃勃的独立精神。你看那《伐檀》的诗人，对于那时的"君子"，何等冷嘲热骂！又看那《硕鼠》的诗人，气愤极了，把国也不要了，去寻他自己的乐土乐园。到了这时代，思想界中已下了革命的种子了。这些革命种子发生出来，便成了老子、孔子的时代。

西历前三世纪之思潮

西历前四世纪（前 400 年至前 301 年，安王二年至赧王十四年）和前三世纪的前七十年（前 300 年至前 230 年，周赧王十五年至秦始皇十七年），乃是中国古代哲学极盛的时代。我们已讲过"别墨"、惠施、公孙龙、孟子、庄子、荀子的哲学了。但是除了这几个重要学派以外，还有许多小学派发生于前四世纪的下半和前三世纪的上半。因为这几家学派成熟的时期大概多在前三世纪的初年，故统称为"前三世纪的思潮"。这一篇所说，以各家的人生哲学和政治哲学为主脑。

一、慎到、彭蒙、田骈。据《史记》，慎到是赵国人，田骈是齐国人。《史记》又屡说："淳于髡、慎到、环渊、接子、田骈、驺奭之徒。"（《孟子荀卿列传》及《田完世家》）似乎慎到、田骈的年代大概相去不远。《庄子·天下篇》说田骈学于彭蒙。《尹文子》下篇记田子、宋子、彭蒙问答一段，又似乎田骈是彭蒙之师。但道藏本的《尹文子》无此段，或是后人加入的。大概我们还应该根据《天下篇》，说慎到稍在前，彭蒙次之，田骈最后。他们的时代大概当前三世纪初年。《汉书·艺文志》有《慎子》四十二篇，《田子》二十五篇，今多不传。

《慎子》惟存佚文若干条，后人集成《慎子》五篇（《汉书》云："慎子先申韩，申韩称之。"此言甚谬。慎子在申子后）。

《庄子·天下篇》说：

> 彭蒙、田骈、慎到……齐万物以为首。曰：天能覆之而不能载之；地能载之而不能覆之；大道能包之而不能辩之。知万物皆有所可，有所不可。故曰：选则不遍，教则不至，道则无遗者矣（"道"通"导"字）。

这种根本观念，与《庄子·齐物论》相同。"万物皆有所可，有所不可"，象虽大，蚂蚁虽小，各有适宜的境地，故说万物平等。《齐物论》只是认明万物之不齐，方才可说齐。万物既各有个性的不齐，故说选择不能遍及，教育不能周到，只到因万物的自然，或者还可以不致有遗漏。"道"即是因势利导。……庄子所说的"因"，也是此理。下文又申说这个道理：

> 推而后行，曳而后往；若飘风之还，若羽之旋，若磨石之隧；全而无非，动静无过，未尝有罪。是何故？夫无知之物，无建己之患，无用知之累，动静不离于理，是以终身无誉。故曰：至于若无知之物而已。无用贤圣，夫块不失道。豪杰相与笑之曰："慎到之道，非生人之行而至死人之理，适得怪焉。"

这一段全是说"弃知去己而缘不得已"的道理。老子说的"圣人之治，虚其心，实其腹；弱其志，强其骨：常使民无知无欲"，即是这个道理。老子要人做一个"顽似鄙"的"愚人"。慎到更进一层，要人做土块一般的"无知之物"。

如今所传的《慎子》五篇及诸书所引，也有许多议论可说明《天下篇》所说。上文说："夫无知之物，无建己之患，无用知之累，动静不离于理。"反过来说，凡有知之物，不能尽去主观的私见，不能不用一己的小聪明，故动静定不能不离于理。这个观念用于政治哲学上，便主张废去主观的私意，建立物观的标准。《慎子》说：

措钧石，使禹察之，不能识也。悬于权衡，则氂发识矣。

权衡钧石都是"无知之物"，但这种无知的物观标准，辨别轻重的能力，比有知的人还高千百倍。所以说：

有权衡者，不可欺以轻重；有尺寸者，不可差以长短；有法度者，不可巧以诈伪。

这是主张"法治"的一种理由。孟子说过：

徒善不足以为政，徒法不能以自行。《诗》云："不愆不忘，率由旧章。"遵先王之法而过者，未之有也。圣人既竭目力焉，继之以规矩准绳，以为方圆平直，不可胜用也。既竭耳力焉，继之以六律，（以）正五音，不可胜用也。既竭心思焉，继之以不忍人之政，而仁覆天下矣。

孟子又说：

规矩，方员之至也；圣人，人伦之至也。（皆见《离娄篇》）

孟子所说的"法"，还只是一种标准模范，还只是"先王之法"。当时的思想界，受了墨家"法"的观念的影响，都承认治国不可不用一种"标准法"。儒家的孟子主张用"先王之法"，荀子主张用"圣王为师"，这都是"法"字模范的本义。慎子的"法治主义"，便比儒家进一层了。慎子所说的"法"，不是先王的旧法，乃是"诛赏予夺"的标准法。慎子最明"法"的功用，故上文首先指出"法"的客观性。这种客观的标准，如钧石权衡，因为是"无知之物"，故最正确，最公道，最可靠。不但如此，人治的赏罚，无论如何精明公正，总不能使人无德无怨。这就是"建己之患，用知之累"。若用客观的标准，便可免去这个害处。《慎子》说：

君人者，舍法而以身治，则诛赏予夺从君心出。然则受赏者，虽当，望多无穷；受罚者，虽当，望轻无已。君舍法，以心裁轻重，则同功殊赏，同罪殊罚矣。怨之所由生也。

这是说人治"以心裁轻重"的害处。《慎子》又说：

法虽不善，犹愈于无法。所以一人心也。夫投钩以分财，投策以分马，非钩策为均也，使得美者不知所以美，得恶者不知所以恶。此所以塞愿望也。

这是说客观的法度可以免"以心裁轻重"的大害。此处慎子用钩策比"法"，说法之客观性最明白。此可见中国法治主义第一个目的只要免去专制的人治"诛赏予夺从君心出"的种种祸害。此处慎到虽只为君主设想，其实是为臣民设想，不过他不敢说明罢了。儒家虽也有讲到"法"字的，但总脱不了人治的观念，总以为"惟仁者宜在高位"（孟子语，见《离娄篇》）。慎到的法治主义首先要去掉"建已之患，用知之累"：这才是纯粹的法治主义。

慎到的哲学根本观念——"弃知去已而缘不得已"——有两种结果：第一是用无知的法治代有知的人治，这是上文所说过的。第二是因势主义。《天下篇》说："选则不遍，教则不至，道则无遗者矣。"《慎子》也说：

天道因则大，化则细（因即《天下篇》之"道"化即《天下篇》之"教"）。因也者，因人之情也。人莫不自为也。化而使之为我，则莫可得而用。……人人不得其所以自为也，则上不取用焉。故用人之自为，不用人之为我，则莫不可得而用矣。此之谓因。

这是老子杨朱一支的嫡派。老子说为治须要无为无事。杨朱说人人都有"存我"的天性，但使人人不拔一毛，则天下自然太平了。慎到说的"自为"，即是杨朱说的"存我"。此处说的"因"，只是要因势利用人人的"自为"心（此说后来《淮南子》发挥得最好。凡根据于天道自然的哲学，多趋于这个观念。欧洲十八世纪的经济学者所说的"自为"观念（参看亚丹·斯密《原富》部甲第二篇），便是这个道理。

上文引《天下篇》说慎到的哲学道，"推而后行，曳而后往；若飘风之远，若羽之旋，若磨石之隧"。这也是说顺着自然的趋势。慎到的因势主义，有两种说法：一种是上文说的"因人之情"；一种是他的"势位"观念。《韩非子·难势篇》引慎子道：

慎子曰："飞龙乘云，腾蛇游雾。云罢雾霁而龙蛇与蚯蚓同矣，则失其所乘也。贤人而诎于不肖者，则权轻位卑也。不肖而能服于贤者（适按，服字下之于字系衍文，后人不通文法，依上句妄加者也），则权重位尊也。尧为匹夫，不能治三人；而桀为天子，能乱天下。吾以此知势位之足恃，而贤智之不足慕也。夫弩弱而矢高者，激于风也。身不肖而令行者，得助于众也。尧教于隶属而民不听，至于南面而王天下，令则行，禁则止。由此观之，贤智未足以服众，则势位足以任贤者也。"

这个观念在古代政治思想发达史上很是重要的。儒家始终脱不了人治的观念，正因为他们不能把政权与君主分开来看，故说："徒法不能以自行。"又说："惟仁者宜在高位。"他们不知道法的自身虽不能施行，但行法的并不必是君主乃是政权，乃是"势位"。知道行政执法所靠的是政权，不是圣君明主，这便是推翻人治主义的第一步。慎子的意思要使政权（势位）全在法度，使君主"弃知去己"；做一种"虚君立宪"制度。君主成了"虚君"，故不必一定要有贤智的君主。荀子批评慎子的哲学，说他"蔽于法而不知贤"，又说"由法谓之，道尽数矣"（《解蔽篇》）。不知这正是慎子的长处。

以上说慎到的哲学。《天下篇》说田骈、彭蒙的哲学与慎到大旨相同，都以为"古之道人，至于莫之是，莫之非而已矣"。这就是上文"齐万物以为首"的意思。

二、宋钘、尹文、宋钘……大概死在孟子之后，若作西历计算，宋钘是纪元前360至前290年，尹文是纪元前350至前270年。

《汉书·艺文志》有《宋子》十八篇，列在小说家；《尹文子》一篇，列在名家。今《宋子》已不传了。现行之《尹文子》有上下两篇。

《庄子·天下篇》论宋钘、尹文道：

不累于俗，不饰于物，不苟于人，不忮于众；愿天下之安宁，以活民命；人我之养，毕足而止，以此白心（白，《释文》云，或作任）。古之道术有在于是者，宋钘、尹文闻其风而悦之，作为华山之冠以自表。接万物以别宥为始。……见侮不辱，救民之斗；禁攻寝兵，救世之战。以此周行天下，上说下教，虽天下不取，强聒而不舍也。……以禁攻寝兵为外，以情欲寡浅为内。

这一派人的学说与上文慎到、田骈一派有一个根本的区别。慎到一派"齐万物以为道"，宋钘、尹文一派"接万物以别宥为始"。齐万物是要把万物看作平等，无论他"有所可，有所不可"，只是听其自然。"别宥"便不同了。宥与囿通。《吕氏春秋·去宥篇》说："夫人有所宥者，因以昼为昏，以白为黑。……故凡人必别宥，然后知。别宥则能全其天矣。"别宥只是要把一切蔽囿心思的物事都辨别得分明。故慎到一派主张无知，主张"莫之是，莫之非"；宋钘、尹文一派主张心理的研究，主张正名检形，明定名分。

《尹文子》也有"禁暴息兵，救世之斗"的话。……《天下篇》说宋钘、尹文"其为人太多，其自为太少"（此亦与慎到"自为"主义不同），又说："先生恐不得饱，弟子虽饥，不忘天下，日夜不休，曰：我必得活哉！"这都是墨家"日夜不休，以自苦为极"的精神。因此我疑心宋钘、尹文一派是墨家的一支，稍偏于"宗教的墨学"一方面，故不与"科学的别墨"同派。若此说是真的，那么今本《尹文子》中"大道治者，则儒墨名法自废；以儒墨名法治者，则不得离道"等句，都是后人加入的了（《荀子·非十二子篇》也以墨翟、宋钘并称）。

"见侮不辱，救民之斗"，乃是老子、墨子的遗风。老子的"不争"主义，即含有此意。（见第三篇）墨子也有此意。《耕柱篇》说：

子墨子曰："君子不斗。"子夏之徒曰："狗豨犹有斗，恶有士而无斗矣。"子墨子曰："伤矣哉！言则称于汤文，行则譬于狗豨！伤矣哉！"

但宋钘的"见侮不辱"说，乃是从心理一方面着想的，比老子、墨子都更进一层。《荀子·正论》篇述宋子的学说道：

子宋子曰：明见侮之不辱，使人不斗。人皆以见侮为辱，故斗也。知见侮之为不辱，则不斗矣（《正名篇》亦言："见侮不辱"）。

宋子的意思只要人知道"见侮"不是可耻的事，便不至于争斗了（娄师德的"唾面自乾"便是这个道理）。譬如人骂你"猪狗"，你便大怒；然而你的老子对人称你为"豚儿"，为"犬子"，何以不生气呢？你若能把人骂你用的"猪狗"看作"豚儿"之豚，"犬子"之犬，那便是做到"见侮不辱"的地位了。

宋子还有一个学说，说人的性情是爱少不爱多的，是爱冷淡不爱浓挚的。《庄子·天下篇》称为"情欲寡浅"说（欲是动词，即"要"字）。《荀子·正论篇》说：

子宋子曰："人之情欲（欲是动词）寡，而皆以己之情为欲多，是过也。"故率其群徒，辨其谈说，明其譬称，将使人知情之欲寡也（《正名篇》亦有"情欲寡"句）。

这种学说大概是针对当时的"杨朱主义"（纵欲主义）而发的。宋子要人寡欲，因说人的情欲本来是要"寡浅"的，故节欲与寡欲并不是逆天拂性，乃是顺理复性。这种学说正如儒家的孟子一派要人为善，遂说性本是善的。同是偏执之见（看《荀子》的《驳论》）。但宋钘、尹文都是能实行这个主义的，看《天下篇》所说，便可见了。

尹文的学说，据现有的《尹文子》看来，可算得当时一派重要学说。尹文是中国古代一个法理学大家。中国古代的法理学乃是儒墨道三家哲学的结果。老子主张无为，孔子也说无为，但他却先要"正名"，等到了"君君、臣臣、父父、子子"的地位，方才可以"无为而治"了。孔子的正名主义已含有后来法理学的种子。看他说不正名之害可使"刑罚不中……民无所措手足"，便可见名与法的关系。后来墨家说"法"的观念，发挥得最明白。墨家说"名"与"实"的关系也说得最详细。尹文的法理学的大旨只在于说明"名"与"法"的关系。《尹文子》说：

名者，名形者也。形者，应名者也。……故必有名以检形，形以定名；名以定事，事以检名（疑当作"名以检事，事以正名"）；……善名命善，恶名命恶。故善有善名，恶有恶名。圣贤仁智，命善者也。顽嚚凶愚，命恶者也。……使善恶尽然有分，虽未能尽物之实，犹不患其差也。……今亲贤而疏不肖，赏善而罚恶。贤、不肖、善、恶之名宜在彼；亲、疏、赏、罚之称宜在我。……名宜属彼，分宜属我。我爱白而憎黑，韵商而舍徵，好膻而恶焦，嗜甘而逆苦：白、黑、商、徵、膻、焦、甘、苦，彼之名也；爱、憎、韵、舍、好、恶、嗜、逆，我之分也。定此名分，则万事不乱也。

这是尹文的法理学的根本观念。大旨分三层说：一是形，二是名，三是分。形即是"实"，即是一切事物。一切形都有名称，名须与实相应，故说："名者，名形者也；形者，应名者也。"尹文的名学好像最力于儒家的正名主义，故主张名称中须含有褒贬之意，所以说："善名命善，恶名命恶……使善恶尽（疑当作画）然有分。"这完全是寓褒贬，别善恶，明贵贱之意。命名既正当了，自然会引起人心对于一切善恶的正当反动。这种心理的反动，这种人心对于事物的态度，便叫作"分"。

例如我好好色而恶恶臭，爱白而憎黑：好色、恶臭、白、黑，是名；好、恶、爱、憎，是分。名是根据于事物的性质而定的，故说"名宜属彼"。分是种种名所引起的态度，故说"分宜属我"。有什么名，就该引起什么分。名不正，则分不正。例如匈奴子娶父妻，不以为怪；中国人称此为"烝"，为"乱伦"，就觉得是一桩大罪恶。这是因为"烝"与"乱伦"二名都能引起一种罪恶的观念。

又如中国妇女缠足，从前以为"美"，故父母狠起心肠来替女儿裹足，女儿也忍着痛苦要有这种"美"，的小脚。现今的人说小脚是"野蛮"，缠足是"残忍非人道"，于是缠足的都要放了，没有缠的也不再缠了。这都因为"美"的名可引起人的羡慕心，"野蛮"、"残忍"的名可引起人的厌恶心。名一变，分也变了。正名的宗旨只是要"善有善名，恶有恶名"；只是要善名发生羡慕爱做的态度，恶名发生厌恶不肯做的态度。故说"定此名分，则万事不乱也"。

以上所说，尹文的法理学与儒家的正名主义毫无分别。但儒家如孔子想用"春秋笔法"来正名，如荀卿想用国家威权来制名，多不主张用法律。尹文便不同了。《尹文子》道：

> 故人以度审长短，以量受多少，以衡平轻重，以律均清浊，以名稽虚实，以法定治乱。以简治烦惑，以易御险难，以万事皆归于一，百度皆准于法。归一者，简之至；准法者，易之极。如此，顽嚣聋瞽可与察慧聪明同其治也。

从纯粹儒家的名学一变遂成纯粹的法治主义。这是中国法理学史的一大进步，又可见学术思想传授沿革的线索最不易寻，决非如刘歆、班固之流划分做六艺九流就可完事了的。

三、许行、陈相、陈仲。当时的政治问题和社会问题最为切要，故当时的学者没有一人不注意这些问题的。内中有一派，可用许行作代表。许行和孟子同时。《孟子·滕文公篇》说：

> 有为神农之言者许行，自楚之滕，踵门而告文公曰："远方之人，闻君行仁政，愿受一廛而为氓。"文公与之处。其徒数十人，皆衣褐，捆屦，织席以为食。……陈相见孟子，道许行之言曰："滕君则诚贤君也，虽然，未闻道也。贤者与民并耕而食，饔飧而治也。滕有仓廪府库，则是厉民而以自养也。恶得贤？"

这是很激烈的无政府主义。……大概这一派的主张有三端：第一，人人自食其力，无有贵贱上下，人人都该劳动。故许行之徒自己织席子、打草鞋、种田；又主张使君主与百姓"并耕而食，饔飧而治"。第二，他们主张一种互助的社会生活。他们虽以农业为主，但并不要废去他种营业。陈相说："百工之事，固不可耕且为也。"因此，他们只要用自己劳动的出品与他人交易，如用米换衣服、锅、甑、农具之类。因为是大家共同互助的社会，故谁也不想赚谁的钱，都以互相辅助、互相供给为目的。因此他们理想中的社会是：

> 从许子之道，则市价不贰，国中无伪。虽使五尺之童适市，莫之或欺。布帛长短同，则价相若。麻缕丝絮轻重同，则价相若。五谷多寡同，则价相若。屦大小同，则价相若。

因为这是互助的社会，故商业的目的不在赚利益，乃在供社会的需要。孟子不懂这个道理，放所驳全无精彩。如陈相明说"屦大小同，则价相若"，这是说屦的大小若相同，则价也相同；并不是说大屦与小屦同价。孟子却说"巨屦小屦同价，人岂为之哉"，这竟是"无的放矢"的驳论了。第三，因为他们主张互助的社会，故他们主张不用政府。《汉书》所说"无所事圣王，欲使君臣并耕"；《孟子》所说"贤者与民并耕而食，饔飧而治"，都是主张社会以互助为治，不用政府。若有政府，便有仓廪府库，便是"厉民而以自养"，失了"互助"的原意了（这种主义，与近人托尔斯泰（Tolstoy）所主张最近）。

以上三端，可称为互助的无政府主义。只可惜许行、陈相都无书籍传下来，遂使这一学派湮没至今。《汉书·艺文志》记"农家"有《神农》二十篇，《野老》十七篇及他书若于种，序曰：

> 农家者流，盖出于农稷之官，播百谷，劝耕桑，以足衣食……此其所长也。及鄙者为之，以为无所事圣王，欲使君臣并耕，悖上下之序。

却不知序中所称"鄙者"，正是这一派的正宗。这又可见《艺文志》分别九流的荒谬了。

陈仲子（也称田仲。田陈，古同音），也是孟子同时的人。据《孟子》所说：

> 仲子，齐之世家也。兄戴，盖禄万钟。以兄之禄为不义之禄而不食也；以兄之室为不义之室而不居也。避兄离母，处于于陵。

> 居于陵，三日不食，耳无闻，目无见也。井上有李，螬食实者过半矣，匍匐往将食之，然后耳有闻，目有见。

> 仲子所居之室，所食之粟，彼身织屦，妻辟以易之。

陈仲这种行为，与许行之徒主张自食其力的，毫无分别。《韩非子》也称田仲"不恃仰人而食"。可与《孟子》所说互相证明。《荀子·非十二子篇》说陈仲一般人"忍情性，綦豀利跂，苟以分异人为高，不足以合大众，明大分"。这一种人是提倡极端的个人主义的，故有这种特立独行的行为。《战国策》记赵威后问齐王的使者道：

于陵仲子尚存乎？是其为人也，上不臣于王，下不治其家，中不索交诸侯，此率民而出于无用者。何为至今不杀乎？

这可见陈仲虽不曾明白主张无政府，其实也是一个无政府的人了。

四、驺衍。驺衍，齐人。《史记》说他到梁时，梁惠王郊迎；到赵时，平原君"侧行襒席"；到燕时，燕昭王"拥彗先驱"。这几句话很不可靠。平原君死于西历前二五一年，梁惠王死于前三一九年（此据《纪年》，若据《史记》，则在前三三五年），梁惠王死时，平原君还没有生呢。《平原君传》说驺衍过赵在信陵君破秦存赵之后（前二五七年），那时梁惠王已死六十二年了（若依《史记》，则那时惠王已死了七十八年），燕昭王已死二十二年了。《史记集解》引刘向《别录》也有驺衍过赵见平原君及公孙龙一段，那一段似乎不是假造的。依此看来，驺衍大概与公孙龙同时，在本章所说诸人中，要算最后的了（《史记》亦说衍后孟子）。

《汉书·艺文志》有《驺子》四十九篇，又《驺子终始》五十六篇，如今都不传了。只有《史记·孟荀列传》插入一段，颇有副料的价值。《史记》说：

驺衍睹有国者益淫侈不能尚德……乃深观阴阳消息而作怪迂之变，终始大圣之篇，十余万言。其语闳大不经，必先验小物，推而大之，至于无垠。

这是驺衍的方法。这方法其实只是一种"类推"法。再看这方法的应用：

先序今，以上至黄帝，学者所共术。次并世盛衰，因载其禨祥度制，推而远之，至天地未生，窈冥不可考而原也。知列中国名山、大川、通谷、禽兽，水土所殖，物类所珍。因而推之，及海外人之所不能睹。

驺衍这个方法，全是由已知的推想到未知的。用这方法稍不小心便有大害。驺衍用到历史、地理两种科学，便不合宜了。历史全靠事实，地理全靠实际观察调查，驺衍却用"推而远之"的方法，以为"想来大概如此"，岂非大错？《史记》又说：

> 称引天地剖判以来，五德转移，治各有宜，而符应若兹。

这是阴阳家的学说。大概当时的历史进化的观念已很通行。但当时的科学根据还不充足，故把历史的进化看作了一种终始循环的变迁。驺衍一派又附会五行之说，以为五行相生相胜，演出"五德转移"的学说。《墨辩·经下》说：

> 五行无常胜，说在宜。《说》曰：五合水土火，火离然（五当作互）。火铄金，火多也。金靡炭，金多也。合之府水（道藏本、吴钞本作木），木离木。

此条有脱误，不可全懂。但看那可懂的几句，可知这一条是攻击当时的"五行相胜"说的。五行之说大概起于儒家，《荀子·非十二子篇》说子思"案往旧造说，谓之五行"，可以为证。驺衍用历史附会五德，于是阴阳五行之说遂成重要学说。到了汉朝这一派更盛。从此儒家遂成"道士的儒学"了。

驺衍的地理学虽是荒诞，却有很大胆的思想。《史记》说他：

> 以为儒者所谓"中国"者，于天下乃八十一分居其一分耳。中国名曰赤县神州。……中国外，如赤县神州者九，乃所谓"九州"也。于是有裨海环之。人民禽兽莫能相通者……乃为一州。如此者九，乃有大瀛海环其外，天地之际焉。

这种地理，虽是悬空理想，但很可表示当时理想的大胆，比那些人认中国为"天下"的，可算得高十百倍了！

《史记·平原君传》，《集解》引刘向《别录》有驺衍论"辩"一节，似乎不是汉人假造的。今引如下：

> 邹子曰：……辩者，别殊类使不相害，序异端使不相乱；抒意通指，明其所谓；使人与知焉，不务相迷也。故胜者不失其所守，不胜者得其所求。若是，故辩可为也。及至烦文以相假，饰辞以相悖，巧譬以相移，引人声使不得及其意。如此，害大道。不能无害君子。

这全是儒家的口吻，与荀子论"辩"的话相同。

第五章
域外哲学研究思潮～

杜威哲学

第一讲

刘院长，各位先生，各位同学：

今天我到这里来讲杜威先生的哲学，我感觉到有点班门弄斧。在师范学院里当然有许多研究教育学说和教育哲学的专家，也有这些必修和选修的课程，想来诸位对于杜威先生的哲学一定研究过。

我在国外收到钱校长和刘院长的电报，他们邀我到台大和师院来作一种学术性的演讲，我以为他们还会写信来，给我一点详细的指示。后来一直没有信来；我看时候到了，就打了一个电报，提出两个题目；在师院的题目是"杜威哲学"。

杜威先生是我的老师。我们三十九年来，不但是师生的关系，而且还是很好的朋友。他在六十岁的时候在北平讲学；那个时候我在北京大学，我替他做翻译。以后他到太原、天津、济南各地去讲学，我也替他做翻译。我们又继续几十年的朋友关系。他在北京过六十岁生日的时候，我参加了；他过七十岁生日的时候，我没有参加，因为他在国外，我在国内。到了 1939 年，他八十岁的时候，我在美国做外交官，参加了他的生日庆祝；1949 年，他九十岁的时候，我在纽约也参加了他的生日庆祝。他今年夏天刚过去，算起来活了九十二岁多。

今天我打算讲杜威先生的哲学思想；下一次讲他的哲学思想在技术方面的应用。

约翰·杜威（John Dewey）生于公元 1859 年 10 月，死于今年（1952）6 月。

他出生的地方是美国东北部佛蒙特州（Vermont）的伯林顿城（Burlington）。这个地方是美国最民主的一个小州，是英国宗教家最早到达的地方，也是美国保留有最早的民主风气的一个地方。我曾经到这儿参观过，看到了世界最有名的真正民主制度。这个地方的议会，不是选举的代议制，而是全体市民直接参加。每逢市（村、镇）议会开会的时候，市民不论男女老少都踊跃出席；主席把已经宣布了的本市（村、镇）的问题提出来以后，人人都可以参加讨论。这是一种真正的直接民主制度，使我看了非常感动。杜威先生就是生长在这个真正民主的地方的。

杜威先生最初进本州大学。后来到巴铁摩尔市（Baltimore）的约翰霍布金斯大学（Johns Hopkins University）研究哲学。这个大学在七八十年前是第一个新式的大学。它以研究院作中心。是以前大学所没有的制度——开美国大学风气之先。杜威先生就是这个大学研究院最早的学生当中的一个。美国有名的总统威尔逊也是从这个大学出身的。

杜威先生毕生从事教育，真正做到了孔子"学而不厌，诲人不倦"的榜样。他在约翰霍布金斯大学完成了学业以后，便在密歇根大学（University of Michigan）和明尼苏达大学（University of Michiesota）任教。1894 年就任芝加哥大学（University of Chicago）哲学系主任。同时，他和他的头一个夫人合办实验学校，提倡新的教育：这是美国新教育的创始。1904 年转任哥伦比亚大学（Columbia University）哲学系主任。1919 年到日本东京帝国大学做了几次演讲后，著了《哲学的改造》一书，那一年正是中国五四运动的时候，蒋梦麟先生、陶行知先生和我，代表江苏省教育会、北京大学和北京大学的行知学会请他到中国来讲学。他本来预定在中国讲学几个月；后来因为对中国发生了很好的感情，继续住了两年，到处作了许多次的演讲。后来又到苏俄、土耳其、墨西哥等地。

1919 年——民国八年，杜威先生到中国来讲学，我们几个他的学生，在他开讲以前，举行了几次公开的讲演，把他的思想做一些通俗的介绍。我的讲演有一部分收进了《胡适文存》。像《实验主义》和《最近五十年的世界哲学》两篇文章里，都提到杜威先生的思想。

杜威先生的教育哲学、教育学说，被公认为最新的教育理论，不但影响了全美国的学校，由幼稚园、小学、中学、到大学，也影响了革命初期的俄国。苏俄那时的教育制度，便是依杜威先生的理论制定的，后来革命的倾向改变，整个教育制度也就改变了。中国教育界自 1919 年到现在，也深受他的教育思想的影响。

以上只说杜威先生在教育方面的影响。其实，他的影响并不限于教育方面。这次我所要讲的杜威先生的哲学，可分为两部分：一部分讲他的哲学思想，一部分讲他的哲学思想几方面的应用。

杜威先生的思想，一般人叫它实验主义（Pragmatism），日本翻作实际主义；我们在民国八年做通俗介绍的时候，翻作实验主义。在讲杜威先生的思想之先，不能不说几句关于实验主义的话。

实验主义到现在已经有八十年的历史，共有三位大师：第一个大师是皮尔士（C. S. Peirce，1839～1941），他是美国的大科学家。他于 1877 年开始提出了实验主义这个名字；他在一个通俗的讲演里面，提出一个问题："怎样可以叫我们的意思明白？"他的答案是："科学实验室的态度。"那就是说，科学实验室的方法和配备，可以使我们的意思、思想明白，你无论同做科学实验的人讲什么，他总是说让我来实验一下，看这句话会发生什么效果。这个效果就是你所说的话的意义。如果照你说的话做一个实验，实验出来某种效果，你那句话就是有意思的，如果你的话没有法子实验，实验不出效果，那么，你的话就没有意思，就是瞎说，胡说。这就是"科学实验室的态度"。就是说拿一样东西，一个观念或者一种思想的效果的结果，来批评某种学说或思想。

做科学实验的人，无论实验物理、化学、地质、生理或心理，都要先有一个思想（假设的理论）：照这样的设备，这样的布置，做起这样的实验来，应该产生某种效果。如果实验的结果不产生某种效果，那就证明了前面的理论是错误的，就应加以修改。另外装置起来重新再做实验，看看这个修改过后的理论对不对。科学家在实验室的态度，就是实验主义。无论什么东西，都要拿这种态度来说明，来解释，来实验。

皮尔士是实验主义三位大师中的第一位大师。他所提倡的就是"科学实验室的态度"。以这种态度应用到人生上，凡是思想、理论、概念，都得用这种态度来批评它，解释它，说明它，才可以使它的意义清楚。我们看这个思想或概念，在人生行为上发生什么效果；在拿这效果来批评，来说明这个思想或概念：这等于在实验室里面用某种器具，某种设备做实验而产生的效果，再拿效果来批评理论一样。简单的说，一切有意义的思想或概念，都会在人生行为上发生实验的效果。如果要决定这个思想或概念是不是有意义，只要看承认它时有什么效果发生，或者不承认它时又有什么效果发生。如果承认它或者不承认它时都不会发生什么效果，那么，这个思想或概念就毫无意义了。科学实验室的态度就是用来解释，说明一切思想、观念、概念，使得思想、观念、概念的意思清楚的。

实验主义的第二位大师詹姆士（William James，1842～1910），和皮尔士是同一个时候，同一个地区的人，也是同一个学校（哈佛大学）的朋友。他本来是学医的；后来转到心理学，在心理学上开了一条大路。他的著作有《大心理学》和《小心理学》。他的《大心理学》在世界心理学史上，占了一个很重要的地位。

詹姆士把皮尔士的基本观念应用到各方面，拿来做科学和哲学的方法论、真理论、宇宙论。（各位若要知道详细，请参阅《胡适文存》第一、二集。）

詹姆士虽然是科学家，但是他出身于宗教家庭，富有宗教情感。他的实验主义的发生，是为求怎样使得意思、概念明白清楚。他把皮尔士的方法推广到各方面去。他以为讨论某种事体，某种概念或信念，某种宗教信仰或某种人生信仰，都可以用这个标准来批评，看它在人生行为上发生什么效果。如果发生了某种效果，就拿这个效果来决定是真的还是假的，是有价值的还是没有价值的。因为他把这个方法应用到宗教方面，他相信某种宗教的信仰能得到某种安慰和某种人格的行为上的改造，便有人批评他应用的范围太广，不免有一点危险。

举例来说：二十年前左右，美国一位有名的传教士艾培先生到北京来找我。他说："胡先生，听说你是一个实验主义者。我要同你谈谈实验主义。"我说："好吧！"他举起左手说："这边一种信仰，认为人生等于一只狗一只猫，没有希望，没有前途，没有天堂地狱，没有将来的生命：这是悲观主义的信仰。"又举起右手说："这边的一种信仰，有天堂，有上帝，有将来，有死后的生命：这种信仰叫作乐观，叫人往前进，用实验主义的批判，一定放弃那边的悲观信仰，而接受这边的乐观信仰。"我说："我这里有一块洋钱，另外有一张百万美金的支票。艾培先生，你知道我胡适决没有一百万美金，支票是空头的。以一百万美金和一块洋钱相比，支票可以说是代表乐观的。你是接受一块洋钱，还是接受一百美金的支票呢？"他说："我当然接受一块洋钱。"

由这个例证看来，严格的实验主义，总是用科学实验室的方法，先归纳观念的意思，把观念的真假确定之后，再来考虑那偶然发生的某种希望是真的还是假的，如果滥用实验方法，便是放弃真实的洋钱，而取空头的支票了。詹姆士因为富于宗教情感，偶然不谨严一点，因此引起人家的批评。（对于詹姆士，我说得太简单了，似乎有一点不公道。不过很短的讲演里，难免有过度简单化的毛病。这要向各位先生道歉的。）

第三位大师就是杜威先生。他是实验主义运动中第三个领袖，年纪比前两位轻一点，寿命又特别长，活到九十多岁，所以他的影响最大。他运用的方法也比较谨严，所以他的影响也比较健全。要讲杜威先生的思想，应该先讲一点他的思想的背景。这是很重要的。

第一，就是方才所讲的，他生长的区域是一个真正民主的社会：没有阶级，绝对自由，不是间接的代理民主，而是直接实行民权的真正民主社会。所以他从小就有民主的习惯。最能代表他思想的著述，有《学校与社会》和《民主与教育》二书。后一本书在中国有译本。

第二，两三百年来的科学方法——皮尔士大师所提倡的科学方法，就是应用到自然科学方面的，如物理学、化学、生物学、地质学等这一类实验科学的方法。

第三，十九世纪后半叶产生"生物演化论"，也就是所谓"生物进化论"，中国严复先生译为"天演论"。在杜威先生出生的那一年（1859），就是达尔文名著《物种由来》出版的那一年。这本书出版后轰动全世界的生物学界。当时就引起了宗教家和哲学家的反对。后来（1871）达尔文又出版了一本《人类的由来》。这本书里面就不客气，继续"物种由来"而说人类是由下等动物，经过几十万年的进化演变，由和猴子相似的动物变成人猿，由人猿再演进成为人的。

达尔文花了三十年的苦工，才敢提出这个研究的结果。所有物类的演变，开始都是很微细的，而后逐渐变异。在某种环境之下，旧的生物感觉到不适于这一个环境，或者过热，或者过冷，或者过于潮湿，或者过于干燥，而其中有一部分偶然起了小小的变化，并且这种变化比较更能适合于环境一点，这一部分就继续生存下来。其余没有变化的慢慢就淘汰了，灭亡了。于是这一部分的微细变化，就更加的向适于生存在某种环境中的那种特性格外发展。因为坏的已经死光了，结果，存在的慢慢就成了新的物类。所以《物种由来》的根本说法，就是说物类都是由于很微的变异因为适于生存而不被淘汰而来的。这就是所谓"自然选择"或"物竞天择"。

所谓进步，所谓演化，并不是整个笼统忽然而来的；是由一点、一滴、一尺、一寸、一分的很微细的变迁来的。并不是猴子一类的动物一跳就变成人猿；

人猿再一跳便变成了人的。例如人的两手，由于我们的老祖宗偶然用后面两条腿站起来，久而久之的结果，成了习惯，慢慢的前面两条腿变成手了。在比较解剖上可看出：人类的手，鸟类的翅膀与许多动物的前肢，都是由于这种变异而来。但是这种变异都是经过了几十万年的过程，由一点一滴的聚积而成的。

达尔文的进化论，不同于马克思的辩证法。马克思的辩证法是根据黑格尔的辩证法；这种辩证法与天然演进的科学方法是不符合的。

总之，杜威先生的哲学思想，就是由这三个背景产生出来的，而最要紧的是他注重科学方法，也就是继承皮尔士、詹姆士实验主义的传统，以科学实验室的方法做基础来讲真理问题、哲学问题、知识问题、道德问题以及教育问题。所以第二个背景是很重要的。他不满意詹姆士的那种广泛的引用实验主义的方法，所以他不大喜欢这个名词，把实验主义改名"试验主义"（Experimentalism）。因为实验主义未免太注重效果；像方才我讲的那个传教士的说法，拿宗教的效果来标榜或滥用。所以与其叫实验主义，不如叫试验主义。后来他又说：一切的思想、知识、经验，都是生活的工具，生活的基础。每一个人所有过去的经验和现在的经验，都是为帮助将来生活的工具。天地间一切真理、一切学术、一切教育，以及什么圣人贤人的话，天经地义的金科玉律，都不过是工具。这都是帮助我们解决问题的，帮助我们提一个暗示、一个假设的工具，所以便有人说杜威是工具主义（Instrumentalism）的一派。

方才我说，两三百年来，物理学家、化学家、生物学家、地质学家们给我们建立了一个可用的科学方法。杜威先生这样想：我们为什么不拿这个方法来普遍的应用，而只限制在物理、化学、生物、地质方面？为什么不应用到改善精神方面？杜威先生以为这一种科学方法，在实验室内应用了二三百年，并没有流弊，的确是一种可以建立起的最好的方法。这个方法就是自己本身批评自己与纠正自己错误的作用。

在试验以前，一切先要有假定。比如假定有甲、乙、丙三个条件，在这三个条件具备的时候，就产生丁、戊、己的结果；那么，我们就把甲、乙、丙三个条件设备起来，看是不是产生丁、戊、己。如果产生，就是对了；如果不产生，就是错了。这个方法是：自己批评自己，自己纠正自己的错误；随时修正，随时发明。所以科学方法根本的观念，不单是求知识，还可以处处发明和发现错误。发现错误与发明正确是同样重要的，是同样可以增加知识。求知与发明，和发现错误联合一贯，再看效果，就是实验的方法——科学的方法。这一种方法为什么二三百年来，不应用到所有精神的领域，所有道德、教育、政治、社会方面去呢？最重要的尤其是宗教、道德方面，为什么不应用呢？

要说明这个历史，就要回到方才所说的三个思想背景。杜威先生说：现在的民主社会，是没有阶级，而古代的社会是分阶级的。所以古代有劳心者，有劳力者；有统治者，有被统治者；有君子与小人的区别。古代社会分有阶层：因职业上、生活上的各种关系而分了阶层。因此，在新的科学出来以后，许多人都认为这是危险的；认为如果这种思想推行广了，就要影响并且动摇社会的基本思想了；认为古代传下来的宗教、伦理、道德的思想都要动摇了；所以由于社会有阶层的关系，就使思想也分了区域。新的科学是没有方法驳倒的：新的化学、物理等知识一天天的加多，就得想出一个调和的办法，才可以使科学方法不影响到宗教、道德方面。这个就是分区而治。

这是杜威从历史上看出来的。你们的新思想只能限于某一区域，不要到精神的领域来；不然，就要受统治者的制裁。结果大家为了避免统治者的干涉或宗教的审判，怕在火上被烧死，于是就愿意，只要你们让我们研究物理、化学，我们就不来麻烦道德和宗教。道德、宗教方面也就表示只要你们不来麻烦道德、宗教，我们也就允许你们研究自然科学。你们研究的是物。我们研究的是心；我们分区而治，各不侵犯。所以在这个社会有阶层的情形下，思想在不知不觉中就分成了唯心和唯物两派。我们是物质的，你们是精神的；你们是形而上的，我们是形而下的；大家分区而治。

可是现在我们不同了。杜威先生说：现在到了民治时代；民主制度下是没有阶级的，没有阶层的。我们应该打破从前反映社会阶层的分区而治和各不侵犯的观念。要进到"下学而上达"的地步，要打破精神与物质的区划，打破心与物的分别。所以杜威根本的哲学，就是要反映无阶级的民主思想，没有心与物的区分，没有形而上与形而下的区分，方法只有一个；没有界限没有阶层。

三十多年前，杜威在日本讲学时，讲"哲学的改造"，说改造那是客气；实际上他要革命，要推翻两三百年来唯心唯物的划分。他说：古代思想的最大错误，就是没有懂得所谓"经验"（Experience）。从前的学者，把经验分成主观的和客观的。但真正讲起来，什么叫作经验呢？杜威先生曾经说："经验就是生活。"生活是什么呢？"生活就是应付环境。"人生在这个物质的客观环境里面，就要对付这一个环境。对付它，就是我对物、物对我。这种对付环境的生活，就是经验。应付环境，不是敷衍，而是要天天接触环境来得到新的知识。应付环境就是时时刻刻，在增加新知识和新经验，新技能和新思想。人在这环境之中，时时刻刻免不了有困难发生。因为要解决这种困难，就引起了思想的捉摸与觉悟。因为思想的作用，就逼得你不仅是无意识的应付环境，而且应付环境的方法，其内容更加强更丰富了。新的知识与新的经验加上思考力的结果，应付环境觉得更满意了，格外成功了。所以经验是时时刻刻在增加应付将来新环境的力量。这就是与方才所说生物的进化一样，也是由一点一滴而来的。

我们在那一点钟一分钟之中，今天这一部分人，应付这一个环境，需要某种的应付方法，还要有怎样的改善方法：这决不是笼统一下子可以得到的。人的知识、经验和生活，与生物的进化一样，是从一点一滴的解决问题，解决环境的困难而成的。我们看小姐们颈项上挂的珍珠是怎样来的呢？海里的老蚌，在张开蚌壳的时候，有沙粒跑了进去：因为它没有手，不能把沙粒拿掉，又感觉到剧痛，于是它就本能的应付环境，从自己身上分泌出一种汁液来包围，这粒沙慢慢的裹大了，久而久之，就成为一粒珍珠。这是老蚌本能的应付环境：没有知识，没有思想，很老实的不断的在应付环境，逐渐的分泌汁液，将沙粒包围，结果就成为珍珠。

人类是所谓"万物之灵"，当然与蚌不同。在他遭遇到困难的时候，能够用思想，能够用过去的经验；祖宗积下来的，和学校、社会以及书本中得到的经验、知识、学问，都可以活用，都可以拿来应付环境。所以，杜威先生说："教育是要人用知识、用思想的方法，用最好最稳当的方法来思想，来帮助经验，来控制和改善经验，使将来的经验比现在的经验更满意、更能够应付环境。"比起老蚌糊涂无知的、本能的应付环境，解决困难，我们人类是好得多了。因为我们有前人留下来的知识经验，学校给我们的知识经验，和三百多年来的科学家们给我们方法，帮助我们实验应付环境。我们所得到的结果，虽然没有像珍珠那样漂亮好看，但是照杜威先生的意思，这结果却是真的知识，却是活的经验，一点一滴都是珍珠。人的整个经验，一点一滴都是真理，都是宝贝。那宝贝是看不见的；但是在脑子里，在心灵里，一天一天的积累，就愈来愈灵活了。这个经验，就是教育。这种教育哲学，就是杜威先生的基本思想。

第二讲

上次我讲演的时候，讲了一点杜威先生的根本哲学。他写的书很多，有好几十种，重要的也在十种以上，所以不容易一下子抓住一个扼要的地方。但是我上次曾经提出了他的三点背景。大家研究他的思想，就要从这三个假定的背景着手。

第一，他是生长在美国北部佛蒙特州的柏林顿城，那个地方是一个没有阶级，真正民主的社会，所以他的一切著作，差不多是很自然充满着民主的气息的；

第二，三百年来的科学方法，尤其是科学实验室的方法，也是他当然的背景；

第三，十九世纪中叶以后，生物演化的思想，注重在一点一滴的演变，一点一滴的进步；而生物之所以演变，是由于应付环境；因为随着环境的需要，不能不改变。改变不是一下子天翻地覆的改变；往往起于很细小的改变，而后一点一滴的聚集多了，就有了适应环境的能力。能够适应环境的就能生存；不能适应环境的就毁灭了、淘汰了。这个观念在杜威先生思想里面也是很重要的。

看这三种背景，我们作他的学生的和研究他的学术的，觉得他的基本观念，可说是他的经验论。

在十多年前，有一次我去看他。那时他的一部新书叫作《经验与自然》的刚出版没多久。他很高兴地对我说："现在有许多人说它新；三十年后就成了老东西了。因为大家都接受了这理论，就不觉得新奇了。"当时他对于自己的新书也不免得意。他那个"在现在是新的，三十年后大家就不觉得新奇了"的意思，至少我们作过他的学生的人觉得是很对的。

这几十年来，他所谓"经验"，就是我在上次讲演的后半段所讲的"经验论"，在他的方法论上和应用在教育上，确实是很基本的。综合起来说，经验就是生活。生活就是应付四周围的环境。对付环境，适应环境，控制环境，改造环境；这就是生活，这就是经验。这并不是十八世纪到十九世纪一些哲学家所谈的经验主义。从英国开始的所谓经验主义的哲学家，在那时也是受了二百年来自然科学的影响，所以他们反抗旧的哲学，提出一种经验论（Empiricisim）。经验主义的说法，就是说一切人的知识都起于经验。而经验是什么呢？英国一派的经验论哲学家说，经验就是感觉，就是一个一个零碎的感觉。感觉影响直接的经验。

这种说法太琐碎了。大陆上理性主义派（Rationalism）的哲学家，可以德国的莱勃尼慈（Leibniz）为代表。他说：前一句话"一切知识起于经验"是对的；但是我要加半句话，"除了理智本身"。

我承认一切知识起于经验。这句话怎样讲呢？就是零碎的经验感觉，还需要一个超经验的理智来统制它，来归纳它，使这些零碎感觉成为一个系统，起综合的作用。大陆上理性主义者要和经验主义对抗，在零碎的感觉之外，还得有一个理性或者理智。发扬这一派的就是德国的康德哲学。他承认经验，但是还要一个理性，纯粹理性作用的范畴。理性里面有很多范畴：某种时间是个范畴，某种空间又是一个范畴。让这种理性范畴整理它，归纳它，管理它。这许多范畴就像桌子的许多抽屉一样；这样东西放到这个抽屉，那样东西放到那个抽屉，然后才可以真正了解它。

这种心与物的观念，照杜威先生的看法，都是因为时代的关系。杜威先生说：新的科学不是一天起来的，是在过去三百年中一步一步起来的；第一步是十七世纪，是新的天文学，新的数学；第二步是十八世纪，是物理学、化学的时代；到了第三个一百年——十九世纪，才兴起来了生物的科学，包括地质学。杜威先生说，前一个时期的思想，把心和物分开，把琐碎的感觉和综合的理智分开了，都是由于各个时代的科学的关系。十八世纪时期也还没有到十九世纪后期生物学的时代；到了十九世纪实验科学时代，可以说使我们对于经验很了解，对于一切生物活动的状态也了解了，因此我们可以得到一个新的经验看法就是生物的经验，尤其是高等动物的人类的经验，是不分阶级的，只是程度稍有不同。

达尔文的书叫作《物种由来》，就是说并不是上帝忽然在一天的工夫把各种生物都造好了。各种生物都是有来源的。怎么来的呢？是一步一步演变来的。这个观念是新的。我们现在经过了三百年的实验科学，尤其是经过百多年的生物科学，我们应该了解当前我们人的大问题，是怎样对付外面环境的变迁，才可以使这些变迁朝着对于我们将来的活动有益的方向去。一切生物动物，都是这样的，都是要适应环境。但是人要不同一点。人类的活动，全靠我们有知识、有思想；能够用知识和思想来管理环境，控制环境，改变环境，改造环境。什么叫"改造"？改造就是要使有害的势力，变成无害的势力；使无害的势力变成有利的势力。这种不断的生活就是经验。从物类到人类都是一样。不过人的思想智慧高，改造环境、应付环境的能力也就大些。

　　这种观念，我们认为是杜威先生哲学的基本观念。他根据科学的实验方法，尤其是根据近百多年的生物学的进步：由生物学进到生理学，由生理学进到心理学，从实验的心理学到儿童心理学、动物心理学、变态心理学（这些学科，当然难有一个严格的次序的）：这都是使我们了解人类生活是怎样的。我们无论从哪一方面看，都可以看出经验就是生活，生活就是适应环境。到了人类在这种适应环境的生活里面，人类的知识思想，都是很重要的，都变成很重要的工具。所以人同物类不同。人类能够充分的用这种自觉的思想作用，来指挥生活；能够运用人的这种能力，运用一切过去的经验，过去所得到的知识，来利用环境——征服它，统制它，支配它：使生活的内容格外丰富，使生活的境界格外壮大，使生活的能力格外自由发展，使生活的意味格外提高。这种思想经验作用，到了为人类运用时，杜威先生叫作"创造的智慧"。

　　这种智慧，只有人才会有。而生活经验并不是琐碎的感觉，并不是感觉之外另有一个理智（或者叫作智力）来指挥的。主宰的乃是人的脑筋——人的身体的一部分，人本来有的官能，就是我们的神经系统，神经中枢，也就是脑子。这个神经中枢指挥的神经的作用，能够因为应付环境，而不断的努力，不断的改造，不断的进步，使创造的智慧加多。到了那个时候，就能够随时随地改造环境，应付环境。这时候，人的脑袋就够得上叫作"创造的智慧"。

　　杜威先生的基本观念，具体地说，是把经验用于哲学的各方面。他有很多著作。最重要而销路最广的，是《我们怎样思想》。在美国学校里，无论是中等学校或是大学，都拿这本书作教科书。在教育方法上、论理学和知识论上最有影响的，就是这本书。杜威先生说，"经验就是生活"。人的经验，就是充分运用思想的能力来应付环境，改造环境，使将来应付环境更好，更容易，更适当，更满意。所以杜威先生把基本观念用在思想上。当然，思想有简单的思想，复杂的思想，胡思乱想的思想，没有条理的思想，有条有理的思想。杜威先生以为有条理的思想的发生，大致可以分为五个步骤。这是他的一个很大的贡献；我现在简单的叙述一下。

　　第一步：思想的来源，或者说，思想的起点。

　　思想不是悬空的。胡思乱想，不算思想。凡是真正有条理的思想，一定是有来源，有背景，有一个起点的。这个起点是什么呢？思想都起源于困难的问题。人生的动作碰了壁，碰了钉子，碰到一个困难的环境，行动发生了障碍，要想打破这个困难，因而才有思想。譬如呼吸：大家都要呼吸的，差不多是一个自动的动作，用不着思想的作用。但是有许多动作是没有那么自然自动，没有像呼吸、睡觉那么容易。

真正的思想，是动作碰了壁才发生。比方我要找我的朋友张先生，我一个人走到三岔路口，不知是去第一条路、还是第二条路或者第三条路。这时候才想起：我是来过的么？找找看有什么记号使我可以找到路；或者路旁有一家戏园子，有一块广告牌，是绿色的或者是红色的：这时候才用思考。如果一直走去，就用不着思考了。杜威先生说："凡是一个思想都起于一个三岔路口的境界；凡是一个思想都起于一个大的疑问号。"从前讲逻辑和知识论的，都比较容易错误，就是因为没有想到很简单的"一个思想起于三岔路口"这一句话。

第二步：认清困难障碍在那一点；把困难加以分析，知道困难究竟在那一点。

我平常的活动为什么发生障碍？吃饭忽然吃不下，睡觉睡不着，或者头痛发烧：究竟困难在那一点？障碍是什么性质？有时候事情很简单：第一步和第二步就连在一块。不过复杂的问题，就要分为两步，如果第二步弄不清楚，下面的方法步骤就错了。普通问题要在三岔路口去找一条路走比较简单；但是有许多科学问题，如医学、物理学、化学的问题，都很复杂。在这些问题里，我们要小心的做这个第二步工作。

第三步叫作提示，或者称为暗示。

凡遇到了三岔路口的问题，有大困难的时候，第三步就不是自动而是被动。你过去的知识、学问、经验，到今天都发生作用了！你的脑子里这边一个假设，那边一个假设。这些提示的东西那里来的呢？都是不自觉的涌上来的。所以第三步往往是不自觉的。假如你没有学问知识和好的活的经验，看到三岔路口的问题，就手足无措，不知道怎样下手；没有主意，没有法子。如果你的知识是死的，学问是从书本上得来的，经验是贫乏的，那你还是没有主意，没有法子，看不出道理来。所以第三步是很重要的。不过，有时候有些人经验太多了，知识太丰富了，往往东一个意见，西一个意见，前一个意见，后一个意见：就要发生第四步。

第四步就是批评、评判；判断这许多提示、暗示当中，那一个意见比较最能解决所碰到的困难问题。

记得在我父亲的诗集子里面有一首诗，讲他在东三省吉林的时候，奉命办一件公事，连人带马都在大森林里迷失了路，三天三夜都没有方法走出来。这个问题就是思想，因为当前的行动发生了障碍。我父亲在诗里面就说他怎样想法子找路出去：有人爬到树上去看，只见四周茫茫无边的树木；在地上也找不出路来；也找不出牛马的蹄痕。这两个办法都不行，这时候，我父亲想到古书上讲过：在山林中迷了路时可以找水；跟着水去找，必定可以出山的。大家就四下去听；听到有水流的声音，果然找到了一条水；跟着水走，居然出险。他诗里面有一句"水必出山无可疑"，就是指的这回事。爬上树看，找牛马蹄痕，想了许多办法都走不出来。那时候知识中有一个知识"找水"。这是在许多提示中决定的一个解决困难的办法。所以这第四步工作，就是要判断许多提示当中，那个最适于解决当前的困难。在许多主意中怎样批评判断那个主意适用或者不适用呢？这又得回到第一步去：感觉到需要思想，就是因为有困难问题。再认清楚了困难问题；看困难究竟在什么地方。再从推出来的许多暗示、意见当中，看看那一条可以找出结果来。水是可以向山下流的；朝着它走可以得到一条出路：这个结论是不是可以解决当前的困难。拿这个困难作一个标准，作一个尺度，来量这些提出来的暗示，挑一个作假定的姑且的解决方案：这是第四步。不过这还是一个假设，还没有证实。

第五步是思想的最后一点，思想的终点，就是证实。

要问提出来的这个假定的解决方案是不是可以解决困难问题？是不是满意？是不是最满意？要证实它！我刚才讲我父亲在吉林的这个"找水"的经验，就是证实。假如复杂的科学问题，有时候就需要假定应该有某种结果，我们要选择许多假定，使用人造的器械，人造的条件来试验它。所谓科学的实验，就是证实某种条件完备的时候，可以发生某种结果的假定。如某种条件完备而不发生某种结果，这个假定或理论就错了，要再来第二个，第三个……的假定，一直到最后可以得到证实为止。到了最后证实，这个思想才算解决了问题。结果是假设变成了真理，悬想变成满意适用的工具。这是思想的最后终点。

杜威先生的这种思想观念，对他的许多学生，无论是在教育上、哲学上，都有了很大的影响。他的哲学特别注重活的思想，创造的智慧；特别注重拿知识思想来解决问题。因为只有这样才可以应付环境，改造环境。这种思想应用到各方面去，都可以发生很重要的效果。比方在逻辑（Logic）方面：杜威先生在八十岁的时候，出版了一本大著作《逻辑学》，它的副题目叫作"研求真理的理论"（A Theory of Inquiry）；他以为逻辑不过是研求真理的方法的一种理论。所以他的逻辑并不像从前的逻辑。

从前的逻辑讲演绎法、归纳法、大前提、小前提、求同、求异、求互同互异；所谓形式的逻辑。这种逻辑完全是用在论证（proof）方面，变成一种论证的形式，所以杜威先生叫作"论理学"。这是形式的、论理的。比方说：凡人都会死；胡适之是一个人；胡适之当然是会死的。这只不过是一个形式的论证，不能引导出真理。从十九世纪以后，哲学家注意到逻辑归纳法。杜威先生说：这也不行；思想的方法，不是形式的方法；人生要时时刻刻应付真的困难，活的问题，不能拘于刻板的形式。

思想的五个步骤，其实包括了归纳法和演绎法。比如我刚才讲的第一步和第二步就是归纳的方法：注重事实，从事实中找出困难，发现问题。第三个步骤是很多暗示涌上来，就好像许多大前提。照这个前提作会产生什么结果？从具体的事实得到一个结论。所以从第三步到第五步都是演绎法：凡是这样作的，必发生什么结果。试验的时候，有了 A 的现状，当然产生 B 的结果：凡是 A 都会产生 B，看看 A 是不是会产生 B！试验就是演绎。第四步就来批评思想提出来的假设；第五步就来证实它。在生活的活动上，证实或是实验室的证实方法都是演绎法。比方我父亲的诗"水必出山无可疑"：现在找到水看看是不是可以出山。这就是演绎法。所以人的思想是活的。在解决困难的时候，随时演绎，随时归纳；归纳之后有演绎，演绎之后有归纳。

杜威先生的逻辑，注重在思想的起点。思想必须以困难为起点；时时刻刻，思想都不能离开困难。这样思想才有效果。英国穆勒（J. S. Mill）的逻辑学注重归纳。其实讲到真正的科学思想在作用活动的时候，并不是那种形式的归纳法所能应付。所有的归纳、演绎、三段论法，求同求异的方法，都不过是要证明某种思想是否错误，错误的时候可以用某种方法来矫正。所以杜威先生的逻辑也可以叫作实验的逻辑，工具的逻辑，历史的逻辑。

"历史的逻辑"这个名词太不好解释；我也叫它作祖孙的逻辑。这种逻辑先注重来源；有来源，有出路，有归宿；根据人生，应付环境，改造环境，创造智慧。这种思想的方法，也可以说是一切科学的实验。真正科学实验室的方法，不完全是归纳，也不完全是演绎，而是时时刻刻有归纳、时时刻刻有演绎的。把形式去掉来解决问题：拿发生困难作来源，拿解决问题作归宿：这是新的逻辑。

最后，我感觉到胆怯，把杜威先生的哲学应用到知识论和教育学上。今天在座的有好几位都是教育专家；我实在不敢班门弄斧。所以只好简单的讲讲。他这种思想应用在知识论和教育学上，起了很重要的作用。从前的知识论者，往往分作内面的心和外面的物。所谓感觉和综合的理智，这是知识论里面很重要的部门。当时社会上分阶级：有劳心，有劳力；有君子，有小人；有资产阶级，有无产阶级；有统治者，有被统治者；有一种人看到没有法子参加许多社会的事，许多事都不在他们手里，就取悲观、旁观或乐天的态度。从前社会上这种分阶层的情形，就影响到哲学思想上。

杜威先生以为，这都是历史的关系。因为那时科学发达还没有影响到整个哲学，哲学家还不能接受实验室的方法来改造他们的思想。杜威先生这一派，则整个接受三百年来的科学方法，尤其是近百年来生物科学的方法。所以他们的知识论是说：生物学和新的心理学、儿童心理学、变态心理学、实验心理学都指示我们，思想并不是有一个叫作理智（或者是心）的特殊官能；一切心理的作用，都是脑子。脑子就是如吴稚晖先生所说的"十万八千根神经"的中心。（我们当然不能把这当作一个准确的数目字！）神经系统使我们的心和身通力合作。这是新的心理学的贡献。

外来的刺激，都是受神经系统的支配统制。外面碰到刺激的时候，它立刻发生反应发布命令来应付。这不但高等的动物这样，连最下等的动物也是这样。神经系统不但是主持应付环境的作用，还能够使前一次的经验在后一次的适应环境上发生重要的影响。前面成功了，后面的格外成功，格外满意。前一次的经验，影响后一次的活动；时时刻刻是新的。心就是身体里面的神经中枢。每次的生活经验能够把旧的经验改组一遍，作为后来活动的准备，使后来的活动比前次更满意。比如雕刻家每一刀下去都是活动：如果能够用心的话，后一刀自然比前一刀的雕刻要见进步。写字、绘画、作工，无论什么事，可以说都是这样。一笔有一笔的进步，一分有一分的进步，一寸有一寸的进步。有思想的生活，都是改善环境，改善我们自己作为后来更满意应付环境的准备。这就是步步思想，步步是知，步步是行。知是从行里得来，知就在行的里面；行也是从知里得来，行就是知的本身。知分不开行，行也分不开知。

这就是"知行合一"。生物学告诉我们，就是低等动物也有这种本能。拿老鼠来说罢：无论怎么难找的门，第一次找不到的时候，第二次再找；不断的试验，经验就可以叫它找到门。老鼠如此，狗和猫也如此。概括的说，下等的动物和人，对于应付环境的作用是一样的，目标是一致的，其中只有程度的高低。

从前的人说知识是超于经验在经验之外的，是一个"超然物外"的旁观者。杜威先生说：知识是智力，智力是一种参加战斗的工具，是一种作战的活动，不是一个超然物外的旁观者。从前讲知识论的人，往往离开了科学实验室，所以没有结果。如果他们用新的科学方法，就知道所谓知识论必须具有两个条件：

第一，教人怎样求得知识，教人怎样得到知识。我们知道，要求得真正知识，只有科学实验室的方法才有效果。这是第一点；还不够，还有第二点。

第二，教人如何证实所得的知识是否真知识。凡是真正的知识论，必须要教人家怎样证实那种知识是真的，那种知识是假的。如果单教人求知识，而不教人家证实真假，那是不够的。

所以真正的知识论，必须根据新的科学方法，教人求知识，并证实知识的真假及其价值。

把知识论应用到教育上，就是杜威先生的教育学说。讲到教育学，我完全是外行。真正讲起来，我没有学过教育学。哥伦比亚大学的研究院和哥伦比亚大学的教育学院，当中只隔了一条一百二十号街。我们在研究院中的学生常彼此笑谈说："他们在那边，我们在这边！"我差不多没有过过这条一百二十号街；所以对于教育学我完全是外行。不过现在并不是谈我的学问，而是替我的老师讲话。说错的地方，请各专家指教。

杜威先生的知识论用于教育哲学上，有所谓"教育就是生活，并不是生活的预备"，"教育是人生的经验的继续改造"。刚才我讲到知识论时，说人与物一样，他的应付环境就是生活；随时应付环境，改造环境，一点一滴继续不断的改造；经验本身也改造。这就是说，教育不是将来生活的预备；当前的生活就是学校，就是教材。所以教育的目的和教育的历程是一件事，不是两件事。人的生活是经验，是继续不断的重新组织经验。刚才我讲的，写字时后一笔就是改善前一笔；雕刻时也有后一刀改善前一刀：这就是教育。所以生活是不断的，教育也是不断的。每种继续不断的经验，都是教育的功用。民主国家（杜威先生最相信民主主义）的教育，最低限度必须要做到两件事：

第一，用活的生活经验作教材，养成一个创造的智慧，以应付困难，解决困难，满意的解决困难，更满意的解决困难。教育应该使每个人都有一点创造的智慧。《西游记》中的孙悟空，曾有了观音菩萨给他的三根救命的毫毛。创造的智慧，就是要每个人都有这三根救命的毫毛。

第二，就是要养成共同生活的合作习惯（Co—operation in activity）。杜威先生以为要做到这点，书本上的文字教育、记诵、教条，是不够的；只有把"生活就是教育，生活就是经验"这个原则拿到学校里去，才可以做得到。即使不能完全做到，至少也可以朝这个方向走。

关于教育方面，在师范学院里我不敢多讲。总括起来说，我用的名词好像很新，其实在六十多年前，詹姆士就说过，"实验主义不过是几种老法子的一个新名字"。这种思想所以能够站得住，能够觉得有根据，就是因为它并不完全是新的，还是根据人生的经验，合乎人生的经验。皮尔士、詹姆士和杜威先生的许多思想，并不完全是新的；他们有许多思想古代哲人也曾有过。

杜威的思想可以帮助我们明了中国过去的一些思想，譬如教育方面：朱子的教育方法也有一部分是讲实验主义的。三百年前，中国北方起了一个"颜李学派"（颜元和他的学生李塨）。颜元的思想注重在动——行动、活动。他的斋名叫"习斋"，就是所谓"学而时习之"的意思。他说：学弹琴的，不是拿书本子学的，要天天弹，越弹才越有进步。这和我刚才所讲的"时时刻刻改善你的经验"意义很相近。我国古时关于教育的学说，像这种例子的很多。

最后我要讲两个故事。在北宋时，有一个禅宗和尚，名叫法演；他是与王安石、苏东坡同时代的人物，死于 1104 年。他讲禅理非常怪；第一个原则就是"不说破"，要你自己去找答案。弟子们若有人对他有质疑的，他不但不答复，还要打你一个嘴巴；假使再要问他，就把你赶出庙去。就好像说你在台湾师范学院不行了，要到广州师范学院、福州师范学院、江西师范学院一个一个的去跑。要你到每座名山自己去寻访，去募化。当时和尚出门不像我们现在可以坐飞机、乘轮船；既不能住旅馆，又不许住在人家家里；只有一根打狗的棍子，一个讨饭的碗和一双要换的草鞋。冬天受冷，夏天受热，受尽了风霜雨露；经历苦痛，增加经验。也许到了三年、五年、十年、十五年，甚至二十年。在这个时间中，他或许偶然闻到了什么花香，听到了一声鸟鸣，或者村里人唱的小曲，豁然通了，悟了道。于是他朝老师的那个方向叩头，感谢当年不说破的恩；他现在终于找到了。如果师傅那时候还在人世，他就一步一步的赶回去，眼里含着眼泪给师傅叩头谢恩。自己去找；自己经验丰富的时候，才得到一种觉悟。这种方法也可以说是实验主义。

有一天，这个法演和尚忽然问他的学生们说："你们来学禅；我这里的禅像什么东西呢？我要讲一个故事来解释。"现在就借他讲的这个故事作为我两次讲演的结论。

有一个做贼的人，他是专门靠偷东西混饭吃的。有一天，他的小儿子对他说："爸爸，你年纪大了，你不能去'作工'了。我得养活你。现在请你教我一门行业，教我一种本事。"他爸爸说："好！今天晚上跟我走！"到了晚上，老贼牵着小贼走到一个很高大的房子前，在墙上挖了一个大洞，两个人先后钻进去。等到两个人都到了屋子里，一看，见有一个大柜；老贼就用百宝钥匙把柜子打开了，要他的儿子爬进去。等他的儿子进去以后，这个老贼就把柜子锁了，向外走去，口里一面喊："捉贼呀！你们家里有贼呀！"他自己就跑回家去了。这一家人被他叫醒，起来一看，东西都没有丢，就是墙上有一个洞，正在感觉到怀疑的时候，柜子里的小贼还在低声说："爸爸，怎么把我锁在柜子里呢？"后来他一想这不是问题；现在的问题是"怎样出去？"同时，他听到前面有人说话，他就学老鼠咬衣服的声音。于是前面太太听见了，就喊丫头赶快拿灯来看看柜子里的东西别被老鼠咬坏了。柜子的门刚一打开，小贼就冲出来，把丫头和蜡烛都推倒了，从墙洞里逃了出去。这家的人就跟在后面追。小贼一跑跑到了水池旁边，连忙拾起一块大石头丢进水里去；追的人听到扑通一声，以为他跳水了。而他却另外换了一条小路跑回家去。这时候，老贼正在家里一边喝酒，一边等他的儿子。这个小贼就问他的爸爸说："你怎么把我锁在柜子里呢？"老贼说："你别说这些蠢话——你告诉我怎样出来的。"他的儿子就告诉他怎样学老鼠咬衣服，怎样丢石头。老贼听了以后，就对他的儿子说："你已经学到行业了！"

实验主义

一、引论

现今欧美很有势力的一派哲学，英文叫作 Pragmatism，日本译为"实际主义"。这个名称本来也还可用。但这一派哲学里面。还有许多大同小异的区别，"实际主义"一个名目不能包括一切支派。英文原名 Pragmatism 本来是皮耳士

（C. S. Peirce）提出的。后来詹姆士（William James）把这个主义应用到宗教经验上去，皮耳士觉得这种用法不很妥当，所以他想把他原来的主义改称为 Pragmaticism 以别于詹姆士的 Pragmatism。英国失勒（F. C. S. Schiller）一派把这个主义的范围更扩充了，本来不过是一种辩论的方法，竟变成一种真理论和实在论了（看詹姆士的 Meaning of Truth 页五十一），所以失勒提议改用"人本主义"（Humanism）的名称。

美国杜威（John Dewey）一派，仍旧回到皮耳士所用的原言。注重方法论一方面；他又嫌詹姆士和失勒一般人太偏重个体事物和"意志"（Will）的方面，所以他也不愿用 Pragmatism 的名称。他这一派自称为"工具主义"（Instrumentalism），又可译为"应用主义"或"器用主义"。

因为这一派里面有这许多区别，所以不能不用一个涵义最广的总名称。"实际主义"四个字可让给詹姆士独占。我们另用"实验主义"的名目来做这一派哲学的总名。就这两个名词的本义看来，"实际主义"（Pragmatism）注重实际的效果；"实验主义"（Experimentalism）虽然也注重实际的效果，但他更能点出这种哲学所最注意的是实验的方法。实验的方法就是科学家在试验室里用的方法。这一派哲学的始祖皮耳士常说他的新哲学不是别的，就是"科学试验室的态度"（The laboratory attitude of mind）。这种态度是这种哲学的各派所公认的，所以我们可用来做一个"类名"。

以上论实验主义的名目，也可表现实验主义和科学的关系。这种新哲学完全是近代科学发达的结果。十九世纪乃是科学史上最光荣的时代，不但科学的范围更扩大了，器械更完备了，方法更精密了；最重要的是科学的基本观念都经过了一番自觉的评判，受了一番根本的大变迁。这些科学基本观念之中，有两个重要的变迁，都同实验主义有绝大的关系。

第一，是科学家对于科学律例的态度的变迁。从前崇拜科学的人，大概有一种迷信，以为科学的律例都是一定不变的天经地义。他们以为天地万物都有永久不变的"天理"，这些天理发现之后，便成了科学的律例。

但是这种"天经地义"的态度，近几十年来渐渐的更变了。科学家渐渐的觉得这种天经地义的迷信态度很可以阻碍科学的进步；况且他们研究科学的历史，知道科学上许多发明都是连用"假设"的效果；因此他们渐渐的觉悟，知道现在所有的科学律例不过是一些最适用的假设，不过是现在公认为解释自然现象最方便的假设。譬如行星的运行，古人天天看见日出于东，落于西，并不觉得什么可怪。后来有人问日落之后到什么地方去了呢？有人说日并不落下，日挂在天上，跟着天旋转，转到西方又转向北方，离开远了，我们看不见他，便说日落了，其实不曾落（看王充《论衡·说日》篇）。这是第一种假设的解释。

后来有人说地不是平坦的，日月都从地下绕出；更进一步，说地是宇宙的中心，日月星辰都绕地行动；再进一步，说日月绕地成圆圈的轨道，一切星辰也依着圆圈运行。这是第二种假设的解释，在当时都推为科学的律例。

后来天文学格外进步了，于是有哥白尼出来说日球是中心，地球和别种行星都绕日而行，并不是日月星辰绕地而行。这是第三个假设的解释。后来的科学家，如恺柏勒（Keppler），如牛顿（Newton），把哥白尼的假设说得格外周密。自此以后，人都觉得这种假设把行星的运行说的最圆满，没有别种假设比得上他，因此他便成了科学的律例了。即此一条律例看来，便可见这种律例原不过是人造的假设用来解释事物现象的，解释的满意，就是真的；解释的不满人意，便不是真的，便该寻别种假设来代他了。

不但物理学化学的律例是这样的，就是平常人最信仰，最推崇为永永不磨的数学定理，也不过是一些最适用的假设。我们学过平常的几何学的，都知道一个三角形内的三只角之和等于两只直角；又知道一条直线外的一点上只可作一条线与那条直线平行。这不是几何学上的天经地义吗？但是近来有两派新几何学出现，一派是罗贝邱司基（Lobatschwsky）的几何，说三角形内的三只角加起来小于两直角，又说在一点上可作无数线和一条直线平行；还有一派是利曼（Riemann）的几何，说三角形内的三角之和大于两直角，又说一点上所作的线没有一条和点外的直线平行。这两派新几何学（我现在不能细说），都不是疯子说疯话，都有可成立的理由。于是平常人和古代哲学家所同声尊为天经地义的几何学定理，也不能不看作一些人造的最方便的假设了（看 Poincare, Science and Hypothesis' Chapters III，V，and IX）。

这一段说从前认作天经地义的科学律例如今都变成了人造的最方便最适用的假设。这种态度的变迁涵有三种意义：

（一）科学律例是人造的，（二）是假定的——是全靠他解释事实能不能满意，方才可定他是不是适用的，（三）并不是永永不变的天理——天地间也许有这种永永不变的天理，但我们不能说我们所拟的律例就是天理：我们所假设的律例不过是记载我们所知道的一切自然变化的"速记法"。这种对于科学律例的新态度，是实验主义的一个最重要的根本学理。实验主义绝不承认我们所谓"真理"就是永永不变的天理；他只承认一切"真理"都是应用的假设；假设的真不真，全靠他能不能发生他所应该发生的效果。这就是"科学试验室的态度"。

此外，十九世纪还有第二种大变迁，也是和实验主义有极重要的关系的。这就是达尔文的进化论。达尔文的最重要的书名为《物种的由来》。从古以来，讲进化的人本不少，但总不曾明白主张"物种"是变迁进化的结果。哲学家大概把一切"物种"（Species）认作最初同时发生的，发生以来，永永不变，古今如一。中国古代的荀子说："古今一度也，类不悖，虽久同理。"杨倞注说："类，种类，谓若牛马也。言种类不乖悖，虽久而理同。今之牛马与古不殊，何至于人而独异哉?"（看我的《中国哲学史大纲》页三百十一～三百十三）这是说物的种类是一成不变的。古代的西洋学者如亚里士多德一辈人也是主张物种不变的。

这种物类不变的观念，在哲学史上很有大影响。荀子主张物类不悖，虽久同理，故他说那些主张"古今异情，其所以治乱者异道"的人都是"妄人"。西洋古代哲学因为主张物类不变，故也把真理看作一成不变：个体的人物尽管有生老死灭的变化，但"人"、"牛"、"马"等等种类是不变化的；个体的事实尽管变来变去，但那些全称的普遍的"真理"是永久不变的。到了达尔文方才敢大胆宣言物的种类也不是一成不变的，都有一个"由来"，都经过了许多变化，方才到今日的种类；到了今日，仍旧可使种类变迁，如种树的可以接树，养鸡的可以接鸡，都可得到特别的种类。不但种类变化，真理也变化。

种类的变化是适应环境的结果，真理不过是对付环境的一种工具；环境变了，真理也随时改变。宣统年间的忠君观念已不是雍正、乾隆年间的忠君观念了；民国成立以来，这个观念竟完全丢了，用不着了。知道天下没有永久不变的真理，没有绝对的真理，方才可以起一种知识上的责任心：我们人类所要的知识，并不是那绝对存立的"道"哪，"理"哪，乃是这个时间，这个境地，这个我的这个真理。那绝对的真理是悬空的，是抽象的，是拢统的，是没有凭据的，是不能证实的。因此古来的哲学家可以随便乱说：这个人说是"道"，那个人说是"理"，第三人说是"气"，第四人说是"无"，第五人说是"上帝"，第六人说是"太极"，第七人说是"无极"。你和我都不能断定那一个说的是，那一个说的不是，只好由他们乱说罢了。我们现在且莫问那绝对究竟的真理，只须问我们在这个时候，遇着这个境地，应该怎样对付他：这种对付这个境地的方法，便是"这个真理"。

这一类"这个真理"是实在的，是具体的，是特别的，是有凭据的，是可以证实的。因为这个真理是对付这个境地的方法，所以他若不能对付，便不是真理；他能对付，便是真理，所以说他是可以证实的。

这种进化的观念，自从达尔文以来，各种学问都受了他的影响。但是哲学是最守旧的东西，这六十年来，哲学家所用的"进化"观念仍旧是海智尔（Hegel）的进化观念，不是达尔文的《物种由来》的进化观念（这话说来很长，将来再说罢）。到了实验主义一派的哲学家，方才把达尔文一派的进化观念拿到哲学上来应用；拿来批评哲学上的问题，拿来讨论真理，拿来研究道德。

进化观念在哲学上应用的结果，便发生了一种"历史的态度"（The genetic method）。怎么叫作"历史的态度"呢？这就是要研究事务如何发生，怎样来的，怎样变到现在的样子：这就是"历史的态度"。譬如研究"真理"，就该问，这个意思何以受人恭维，尊为"真理"？又如研究哲学上的问题，就该问，为什么哲学史上发生这个问题呢？又如研究道德习惯，就该问，这种道德观念（例如"爱国"心）何以应该尊崇呢？这种风俗（例如"纳妾"）何以能成为公认的风俗呢？这种历史的态度便是实验主义的一个重要的元素。

以上泛论实验主义的两个根本观念：第一是科学试验室的态度，第二是历史的态度。这两个基本观念都是十九世纪科学的影响。所以我们可以说：实验主义不过是科学方法在哲学上的应用。

二、皮耳士——实验主义的发起人

詹姆士说"实验主义"不过是思想的几个老法子换上了一个新名目。这话固然不错，因为古代的哲学家如中国的墨翟、韩非（看我的《中国哲学史大纲》页一五三～一六五，又一九七，又三七九至三八四），如希腊的勃洛太哥拉（Protagoras），都可说是实验主义的远祖。但是近世的实验主义乃是近世科学的自然产儿，根据格外坚牢，方法格外精密，并不是古代实验主义的嫡派子孙，故我们尽可老老实实的从近世实验主义的始祖皮耳士（G. S. Peirce）说起。

皮耳士生于西历 1839 年，死于 1914 年。他的父亲 Benjamin Peirce 是美国一个最大的数学家，所以他小时就受了科学的教育。他常说他是在科学试验室里长大的。后来他也成了一个大数学家，名学家，物理学家。他的物理学上的贡献是欧美学者所公认的。一千八百六十几年，皮耳士在美国康桥发起了一个哲学会，会员虽不过十一二人，却很有几个重要人物，内中有一个便是那后来赫赫有名的詹姆士。皮耳士在这会里曾发表他的实验主义。詹姆士很受了他的影响。

到了 1877 年 11 月，皮耳士方才把他的实验哲学做了一篇长文，登在美国《科学通俗月刊》上。这篇文章共分六章，登了几个月才登完。当时竟没有人赏识他。直到二十年后，詹姆士在加省大学演讲，方才极力表章皮耳士的实验主义。那时候，时机已经成熟了，实验主义就此一日千里的传遍全世界了。

皮耳士这篇文章总题目是《科学逻辑的举例》。这个名称很可注意，因为这就可见实验主义同科学方法的关系。这篇文章的第二章题目是"如何能使我们的意思明白"。这个题目也很可注意，因为这一章是实验主义发源之地，看这题目便知道实验主义的宗旨不过是要寻一个方法来把我们所有的观念的意义弄的明白清楚。他是一个科学家，所以他的方法只是一个"科学实验室的态度"。

他说："你对一个科学实验家无论讲什么，他总以为你的意思是说某种实验法若实行时定有某种效果。若不如此，你所说的话他就不懂得了。"他平生只遵守这种态度，所以说："一个观念的意义完全在于那观念在人生行为上所发生的效果。凡试验不出什么效果来的东西，必定不能影响人生的行为。所以我们如果能完全求出承认某种观念时有那么些效果，不承认他时又有那么些效果，如此我们就有这个观念的完全意义了。除掉这些效果之外，更无别种意义。这就是我所主张的实验主义。"（Journal of Philos.，Psy.，and Sc，Meth. XII. 26，p. 710 引）

他这一段话的意思是说，一切有意义的思想都会发生实际上的效果。这种效果便是那思想的意义。若要问那思想有无意义或有什么意义，只消求出那思想能发生何种实际的效果；只消问若承认他时有什么效果，若不认他时又有什么效果。若不论认他或不认他，都不发生什么影响，都没有实际上的分别，那就可说这个思想全无意义，不过是胡说的废话。

我且举一个例。昨天下午北京大学哲学教授会审查学生送来的哲学研究会讲演题目。内中有一个题目是："人类未曾运思以前，一切哲理有无物观的存在?"这种问题，依实验主义看起来简直是废话。为什么呢? 因为无论我们承认未有思想以前已有哲理或没有哲理，于人生实际上有何分别? 假定人类未曾运思之时"哲理"早已存在，这种假定又如何证明呢? 这种哲理于人生行为有什么关系?

更假定那时候没有哲理，这哲理的没有，又如何证明呢？又于人生有什么影响呢？若是没有什么影响，可不是不成问题的争论吗？

皮耳士又说："凡一个命辞的意义在于将来（命辞或称命题（Proposition）。何以故呢？因为一个命辞的意义还只是一个命辞，还只是把原有的命辞翻译成一种法式使他可以在人生行为上应用。"他又说，"一个命辞的意义即是那命辞所指出一切实验的现象的通则"（同上书 p. 711 引）。这话怎么讲呢？我且举两条例。譬如说，"砒霜是有毒的"。这个命辞的意义还只是一个命辞，例如"砒霜是吃不得的"，或是"吃了砒霜是要死的"，或是"你千万不要吃砒霜"。这三个命辞都只是"砒霜有毒"一个命辞所涵的实验的现象。后三个命辞即是前一个命辞翻译出来的应用公式，即是这个命辞的真正意义。又如说，"闷空气是有害卫生的"，和"这屋里都是闷空气"。这两个命辞的意义就是叫你"赶快打开窗子换换新鲜空气！"

皮耳士的学说不但是说一切观念的意义在于那观念所能发生的效果；他还要进一步说，一切观念的意义，即是那观念所指示我们应该养成的习惯。"闷空气有害卫生"一个观念的意义在于他能使我们养成常常开窗换新鲜空气的习惯。"运动有益身体"一个观念的意义在于他能使我们养成时常作健身运动的习惯。科学的目的只是要给我们许多有道理的行为方法，使我们从信仰这种方法生出有道理的习惯。这是科学家的知行合一说。这是皮耳士的实验主义。

三、詹姆士的心理学

维廉詹姆士（William James）生于 1842 年，死于 1910 年。他的父亲 Henry James 是一个 Swedenborg 派（Swedenborg 瑞典人 1688～1772，是一个神秘的宗教家，自创一派，流传到今。他说人有一种精神的官能，往往闭塞了；若开通时，便可与精神界直接往来。他自己就是真能做到这步田地的）的宗教家，有一些宗教的著作。他的兄弟也叫 Henry James（1843～1916），是近世一个最大的文豪，所做的小说在英美两国的文学中占一个极重要的位置。我们的哲学家詹姆士初学医，在哈佛大学得医学博士的学位之后，就在那里教授解剖学和生理学，后来才改为心理学和哲学的教授。1890 年他的《大心理学》出版，自此以后他就成了一个哲学界的重要人物。他的著作很多，我且举几种最重要的：

《大心理学》(The Principles of Psychology，1890)

《小心理学)）(Psychology，1892)

《信仰的意志》及其他论文（The Will to Believe，1897）

《宗教经验的种种》（TheVarieties of Religious Experience，1902）

《实验主义)）（Pragmatism，1907）

《真理的意义》（The Meaning of Truth，1909）

詹姆士在哲学史上的最大贡献就是他的"新心理学"。他的新心理学乃是心理学史上一大革命，因为以前只有"构造的心理学"（Structural Psychology），到了他以后方才有"机能的心理学"（Functional Psychology），又名"动作的心理学"（Behavioristic Psychology）。这种新心理学又是哲学史上一大革命，因为一百五十年来的哲学都受了休谟（David Hume）的心理解剖的影响，把心的内容都看作许多碎细的元素，名为"印象"（Impressions）与"意象"（Ideas）。休谟走到极端，不但把一切外物都认作一群一群的感觉，并且连这个感觉的"我"也不过是一大堆印象和意象。还有物界一切因果的关系，也并没有实在，不过都是人心联想习惯的结果。

后来出了一个大哲学家康得（Kant），觉得休谟的知识论不能使人满意，于是他创出他的新哲学。我现在不能细述康得的哲学，只可略说一个重要的方面。康得承认休谟的心理分析是不错的，承认心的内容是一些零碎的感情；但是康得进一步说这些细碎的分子之外，还有两个综合的官能，一个是直觉，一个是明觉；直觉有两个法门，一是空间，一是时间；明觉有十二种法门，什么多数哪，独一哪，有哪，无哪，因果哪，我也不去细说了。每起一种知觉时，先经过直觉关，到了关上，那感觉的"与料"便化成空间时间；然后明觉过来，自然会把那"与料"归到那十二法门中的相当法门上去，于是才知道他是一还是多，是有还是非有，是因还是果。康得的哲学因为要填补休谟的缺陷，故于感觉的资料之外请出一个整理组合的理性来。康得以来的哲学虽然经过许多变迁，总不曾跳出这个中心观念：一方面是感觉的资料，一方面是有组合作用的心。后来的人说来说去，越说越微妙了，但总说不出为什么这两部分都不可少，又说不出这两个相反对的部分怎样能够同力合作发生有统系组织。

詹姆士的心理学以为休谟一派的联想论把一切思想都看作习惯的联想，固是不对的，但是理性派的哲学家建立一个独立实在的心灵，也没有实验的根据。他说科学的心理学应该用生理的现象来解释心理的现象；应该承认脑部为一切心理作用的总机关。更应该寻出心理作用的生理的现象来解释心理的现象；应该承认脑部为一切心理作用的总机关，更应该寻出心理作用的生理的前因和生理的后果。他说，"没有一种心理的变迁同时不发生身体上的变迁的。"这种生理的心理学，固然不是詹姆士创始的，但他更进一步把生物学的道理应用到生理的心理学上。

从前斯宾塞（Spencer）曾定下一条通则，说"心理的生活和生理的生活有同样的主要性质，两种生活都是要使内部的关系和外部的关系互相适应"。詹姆士承认这个通则在心理学上很有用处，所以他的心理学的基本观念是：凡认定未来的目标而选择方法和工具以求做到这个目标，这种行动就是有心的作用的表示。心的作用就是认定目的而设法达到所定目的的作用。这种观点可以补救从前休谟和康得的缺点。为什么呢？因为休谟一派人把心的内容看作细碎的分子，其实那一点一块的分子并不是经验的真相；个人的经验是连贯不断的一个大整块，不过随时起心的作用时自然不能不有所选择，不能不在这连绵不断的经验上挑出一部分来应用，所以表面上看去很像是一支一节的片段，其实还是整块的，不间断的。

还有康得一派人于感觉之外请出一个综合整理的心，又把这个心分成许多法门，这也是有弊的说法；因为神经系统之外更没什么"心官"，况且这个神经系统也不是照相镜一般的物事；若如康得所说，那心官分做许多法门，外物进来，自然会显出种种关系，那么心官岂不是同照相镜一样，应该有什么东西便自然照成什么东西——那么，何以还有知识思想上的错误呢？詹姆士用生理来讲心理，认定我们的神经系统不过是一种应付外物的机能，并不是天生成完全无错误的，是最容易错误的，不过是有随机应变的可能性，"上一回当，学一回乖"，一切错误算不得是他的缺点，只可算是必须经过的阶级。

心的作用并不仅是照相镜一般的把外物照在里面就算了；心的作用乃是从已有的知识里面挑出一部分来做现在应用的资料。一切心的作用（知识思想等）都起于个人的兴趣和意志；兴趣和意志定下选择的目标，有了目标方才从已有的经验里面挑出达到这目标的方法器具和资料。康得所说的"纯粹理性"乃是绝对没有的东西。没有一种心的作用不带着意志和兴趣的；没有一种心的作用不是选择去取的。

这是詹姆士的新心理学的重要观念。从前经验派和理性派的种种争论都可用这种心理学来解决调和。因为心的作用是选择去取的，所以现在的感觉资料便是引起兴趣意志的刺激物，过去的感觉资料（经验）便是供我们选择方法工具的材料；从前所谓组合整理的心官便是这选择去取的作用。世间没有纯粹的理性。也没有纯粹的知识思想。理性是离不了意志和兴趣的；知识思想是应用的，是用来满足人的意志兴趣的。古人所说的纯粹理性和纯粹思想都是把理性和思想看作自为首尾自为起结的物事，和实用毫无关系，所以没有真假可说，没有是非可说，因为这都是无从证明的。现在说知识思想是应用的，看他是否能应用就可以证实他的是非和真假了。所以我们可说，詹姆士的心理学乃是实验主义的心理学上的基础。

四、詹姆士论实验主义

本章的题目是《詹姆士论实验主义》。这个标题的意思是说，本章所说虽是用他的《实验主义》一部书做根据，却不全是他一个人的学说，乃是他综合皮耳士、失勒、杜威、倭斯袜（Ostwald）、马赫（Mach）等人的学说，做成一种实验主义的总论。他这个人是富有宗教性的，有时不免有点偏见，所以我又引了旁人（以杜威为最多）批评他的话来纠正他的议论。

詹姆士讲实验主义有三种意义。第一，实验主义是一种方法论；第二，是一种真理论（Theory of Truth）；第三，是一种实在论（Theory of Reality）。

（1）方法论。詹姆士总论实验主义的方法是"要把注意之点从最先的物事移到最后的物事；从通则移到事实，从范畴（Categories）移到效果"。（Pragmatism p. 54～55）这些通则哪，定理哪，范畴哪，都是"最先的物事"。亚里士多德所说在"天然顺序中比较容易知道的"，就是这些东西。古来的学派大抵都是注重这些抽象的东西的。詹姆士说："我们大家都知道人类向来喜欢玩种种不正当的魔术。魔术上最重要的东西就是名字。你如果知道某种妖魔鬼怪的名字，或是可以镇服他们的符咒，你就可以管住他们了。所以初民的心里觉得宇宙竟是一种不可解的谜；若要解这个哑谜，总须请教那些开通心窍神通广大的名字。宇宙的道理即在名字里面；有了名字便有了宇宙了（参看中国儒家所论正名的重要，如孔丘、董仲舒所说）。'上帝'，'物质'，'理'，'太极'，'力'，都是万能的名字。你认得他们，就算完事了。玄学的研究，到了认得这些神通广大的名字可算到了极处了。"（p. 52）

他这段说话挖苦那班理性派的哲学家，可算得利害了。他的意思只是要表示实验主义根本上和从前的哲学不同。实验主义要把种种全称名字一个一个的"现兑"做人生经验，再看这些名字究竟有无意义。所以说"要把注意之点从最先的物事移到最后的物事；从通则移到事实，从范畴移到效果"。

这便是实验主义的根本方法。这个方法有三种应用。（甲）用来规定事物（Objects）的意义，（乙）用来规定观念（Ideas）的意义，（丙）用来规定一切信仰（定理圣教量之类）的意义。

（甲）事物的意义。詹姆士引德国化学大家倭斯袜（Ostwald）的话"一切实物都能影响人生行为；那种影响便是那些事物的意义"。他自己也说，"若要使我们心中所起事物的感想明白清楚，只须问这个物事能生何种实际的影响——只须同他发生什么感觉，我们对他起何种反动"。（p.46～47）譬如上文所说的"闷空气"，他的意义在于他对于呼吸的关系和我们开窗换空气的反动。

（乙）观念的意义。他说，我们如要规定一个观念的意义，只须使这观念在我们经验以内发生作用。把这个观念当作一种工具用，看他在自然界能发生什么变化，什么影响。一个观念（意思）就像一张支票，上面写明可支若干效果；如果这个自然银行见了这张支票即刻如数现兑，那支票便是真的——那观念便是真的。

（丙）信仰的意义。信仰包括事物与观念两种，不过信仰所包事物观念的意义是平常公认为已经确定了的。若要决定这种观念或学说的意义，只须问，"如果这种学说是真的，那种学说是假的，于人生实际上可有什么分别吗？如果无论那一种是真是假都没有实际上的区别，那就可证明这两种表面不同的学说其实是一样的，一切争执都是废话"。（p.45）譬如我上文所引"人类未曾运思以前，一切哲理有无物观的存在？"一个问题，两方面都可信，都不发生实际上的区别，所以就不成问题了。

以上说方法论的实验主义。

（2）真理论。什么是"真理"（Truth）？这个问题在西洋哲学史上是一个顶重要的问题。那些旧派的哲学家说真理就是同"实在"相符合的意象。这个意象和"实在"相符合，便是真的；那个意象和"实在"不相符合，便是假的。这话很宽泛，我们须要问，什么叫作"和实在相符合"？旧派的哲学家说"真的意象就是实在的摹本（Copy）"。詹姆士问道，"譬如墙上的钟，我们闭了眼睛可以想象钟的模样，那还可说是一种摹本。但是我们心里起的钟的用处的观念，也是摹本吗？摹的是什么呢？又如我们说钟的法条有弹性，这个观念摹的又是什么呢？

这就可见一切不能有摹本的意象。那'和实在相符合'一句话又怎么解说呢？"(Pragmatism p. 199)

詹姆士和旁的实验哲学家都攻击这种真理论，以为这学说是一种静止的，惰性的真理论。旧派的意思好像是只要把实在直抄下来说完了事；只要得到了实在的摹本，就够了，思想的功用就算圆满了。好像我们中国在前清时代奏折上批了"知道了，钦此"五个大字，就完了。这些实验哲学家是不甘心的。他们要问，"假定这个观念是真的，这可于人生实际上有什么影响吗？这个真理可以实现吗？这个道理是真是假，可影响那几部分的经验吗？总而言之，这个真理现兑成人生经验，值得多少呢？"

詹姆士因此下一个界说道，"凡真理都是我们能消化受用的；能考验的，能用旁证证明的，能稽核查实的。凡假的观念都是不能如此的"（p. 201）。他说，"真理的证实在能有一种满意摆渡的作用"（p. 202）。怎么叫作摆渡的作用呢？他说，"如果一个观念能把我们一部分的经验引渡到别一部分的经验，连贯的满意，办理的妥贴，把复杂的变简单了，把烦难的变容易了——如果这个观念能做到这步田地，他便'真'到这步田地，便含有那么多的真理"（p. 58）。

譬如我走到一个大森林里，迷了路，饿了几日走不出来，忽然看见地上有几个牛蹄的印子，我心里便想：若跟着牛蹄印子走，一定可寻到有人烟的地方。这个意思在这个时候非常有用，我依了做去，果然出险了。这个意思便是真的，因为他能把我从一部分的经验引渡到别部分的经验，因此便自己证实了。

据这种见解看来，上文所说"和实在相符合"一句话便有了一种新意义。真理"和实在相符合"并不是静止的符合，乃是作用的符合：从此岸渡到彼岸，把困难化为容易，这就是"和实在相符合"了。符合不是临摹实在，乃是应付实在，乃是适应实在。

这种"摆渡"的作用，又叫作"做媒"的本事。詹姆士常说一个新的观念就是一个媒婆，他的用处就在能把本来未有的旧思想和新发现的事实拉拢来做夫妻，使他们不要吵闹，使他们和睦过日子。譬如我们从前糊糊涂涂的过太平日子，以为物体从空中掉下来是很自然的事，不算希奇。不料后来人类知识进步了，知道我们这个地球是悬空吊在空中，于是便发生疑问：这个地球何以能够不掉下去呢？地球既是圆的，圆球那一面的人物屋宇何以不掉到太空中去呢？这个时候，旧思想和新事实不能相容。

　　正如人家儿女长大了，男的吵着要娶媳妇了，女的吵着要嫁人了。正在吵闹的时候，来了一个媒婆，叫作"吸力说"，他从男家到女家，又从女家到男家，不知怎样一说，女家男家，都答应了，于是遂成了夫妇，重新过太平的日子。所以詹姆士说，观念成为真理全靠他有这做媒的本事。一切科学的定理，一切真理，新的旧的，都是会做媒的，或是现任的媒婆，或是已经退职的媒婆。纯粹物观的真理，不曾替人做过媒，不曾帮人摆过渡，这种真理是从来没有的。

　　这种真理论叫作"历史的真理论"（Genetic Theory of Truth）。为什么叫作"历史的"呢？因为这种真理论的注重点在于真理如何发生，如何得来，如何成为公认的真理。真理并不是天上掉下来的，也不是人胎里带来的。真理原来是人造的，是为了人造的，是人造出来供人用的，是因为他们大有用处所以才给他们"真理"的美名的。我们所谓真理，原不过是人的一种工具，真理和我手里这张纸，这条粉笔，这块黑板，这把茶壶，是一样的东西：都是我们的工具。因为从前这种观念曾经发生功效，故从前的人叫他做"真理"；因为他的用处至今还在，所以我们还叫他做"真理"。万一明天发生他种事实，从前的观念不适用了，他就不是"真理"了，我们就该去找别的真理来代他了。

　　譬如"三纲五伦"的话，古人认为真理，因为这种话在古时宗法的社会很有点用处。但是现在时势变了，国体变了，"三纲"便少了君臣一纲，"五伦"便少了君臣一伦。还有"父为子纲"、"夫为妻纲"两条，也不能成立。古时的"天经地义"现在变成废语了。有许多守旧的人觉得这是很可痛惜的。其实这有什么可惜？衣服破了，该换新的；这支粉笔写完了，该换一支；这个道理不适用了，该换一个。这是平常的道理，有什么可惜？"天圆地方"说不适用了，我们换上一个"地圆说"，有谁替"天圆地方"说开追悼会吗？

　　真理所以成为公认的真理，正因为他替我们摆过渡，做过媒。摆渡的船破了，再造一个。帆船太慢了，换上一只汽船。这个媒婆不行，打他一顿媒拳，赶他出去，另外请一位靠得住的朋友做大媒。

　　这便是实验主义的真理论。

　　但是人各有所蔽，就是哲学家也不能免。詹姆士是一个宗教家的儿子，受了宗教的训练，所以对于宗教的问题，总不免有点偏见，不能老老实实的用实验主义的标准来批评那些宗教的观念是否真的。譬如他说，"依实验主义的道理看来，如果'上帝'那个假设有满意的功用（此所谓"满意"乃广义的），那假设便是真的"（p. 299）。又说，"上帝的观念……在实际上至少有一点胜过旁的观念的地方：这个观念许给我们一种理想的宇宙，永久保存，不致毁灭……世界有个上帝在里面作主，我们便觉得一切悲剧都不过是暂时的，都不过是局部的，一切灾难毁坏都不是绝对没有翻身的"（p. 106）。

最妙的是他的"信仰的心愿"论（The Will to Believe）。这篇议论太长了，不能引在这里，但是那篇议论中最重要又最有趣味的一个意思，他曾在别处常常提起，我且引来给大家看看。

我自己硬不信我们的人世经验就是宇宙里最高的经验了。我宁可相信我们人类对于全宇宙的关系就和我们的猫儿狗儿对于人世生活的关系一般。猫儿狗儿常在我们的客厅上书房里玩，他们也加入我们的生活，但他们全不懂得我们的生活的意义。我们的人世生活好比一个圆圈，他们就住在这个圆圈的正切线（Tangent）上，全不知道这个圆圈起于何处终于何处。我们也是如此。我们也住在这个全宇宙圆圈的正切线上。但是猫儿狗儿每日的生活可以证明他们有许多理想和我们相同，所以我们照宗教经验的证据看来，也很可相信比人类更高的神力是实有的，并且这些神力也朝着人类理想中的方向努力拯救这个世界。（p. 300）

这就是他的宗教的成见。他以为这个上帝的观念——这个有意志，和我们人类的最高理想同一方向进行的上帝观念——能使我们人类安心满意，能使我们发生乐观，这就可以算他是真的了！这种理论，仔细看来，是很有害的。他在这种地方未免把他的实验主义的方法用错了。为什么呢？因为我们上文说过实验主义的方法须分作三层使用。第一，是用来定事物的意义。第二，定观念的意义。第三，定信仰的意义。须是事物和观念的意义已经明白确定了，方才可以用第三步方法。

如今假定一个有意志的上帝，这个假设还只是一个观念，他的意义还不曾明白确定，所以不能用第三步方法，只可先用第二步方法，把这个观念当作一种工具，当作一张支票，看他在这自然大银行里是否有兑现的效力。这个"有意志的神力"的观念是一个宇宙论的假设，这张支票上写的是宇宙论的现款，不是宗教经验上的现款。我们拿了支票，该应先看他是否能解决宇宙论的问题：一切宇宙间的现状，如生存竞争的残忍，如罪恶痛苦的存在，都可以用这个假设来解决吗？如不能解决，这张支票便不能兑现。这个观念的意义便不曾确定。一个观念不曾经过第二步的经验，便不配算作信仰，便不配问他的真假在实际上发生什么区别。

为什么呢？因为一张假支票在本银行里虽然支不出钱来，也许在不相干的小钱店里押一笔钱。那小钱店不曾把支票上的图章表记认明白，只顾贪一点小利，就胡乱押一笔钱出去。这不叫作"兑现"，这叫"外快"，这是骗来的钱。詹姆士不先把上帝这个观念的意义弄明白，却先用到宗教经验上去，回头又把宗教经验上所得的"外快"利益来冒充这个观念本身的价值。这就是他不忠于实验主义的所在了。（参看 Dewey Essays in Experimenta Logic，pp. 312～325）

（3）实在论。我们所谓"实在"（Reality）含有三大部分：（A）感觉，（B）感觉与感觉之间及意象与意象之间的种种关系，（C）旧有的真理。从前的旧派哲学都说实在是永远不变的。詹姆士一派人说实在是常常变的，是常常加添的，常常由我们自己改造的。上文所说实在的三部分之中，我们且先说感觉。感觉之来，就同大水汹涌，是不由我们自主的。但是我们各有特别的兴趣，兴趣不同，所留意的感觉也不同。因为我们所注意的部分不同，所以各人心目中的实在也就不同。一个诗人和一个植物学者同走出门游玩，那诗人眼里只见得日朗风轻，花明鸟媚；那植物学者只见得道旁长的是什么草，篱上开的是什么花，河边栽的是什么树。这两个人的宇宙是大不相同的。

再说感觉的关系和意象的关系。一样的满天星斗，在诗人的眼里和在天文学者的眼里，便有种种不同的关系。一样的两件事，你只见得时间的先后，我却见得因果的关系。一样的一篇演说，你觉得这人声调高低得宜，我觉得这人论理完密。一百个大钱，你可以摆成两座五十的，也可以摆成四座二十五的，也可以摆成十座十个的。

那旧有的真理更不用说了。总而言之，实在是我们自己改造过的实在。这个实在里面含有无数人造的分子。实在是一个很服从的女孩子，他百依百顺的由我们替他涂抹起来，装扮起来。"实在好比一块大理石到了我们手里，由我们雕成什么像。"宇宙是经过我们自己创造的工夫的。"无论知识的生活或行为的生活，我们都是创造的。实在的名的一部分，和实的一部分，都有我们增加的分子。"

这种实在论和理性派的见解大不相同。"理性主义以为实在是现成的，永远完全的；实验主义以为实在还正在制造之中，将来造到什么样子便是什么样子。"（p. 257）实验主义（人本主义）的宇宙是一篇未完的草稿，正在修改之中，将来改成怎样便怎样，但是永远没有完篇的时期。理性主义的宇宙是绝对平安无事的，实验主义的宇宙是还在冒险进行的。

这种实在论和实验主义的人生哲学和宗教观念都有关系。总而言之，这种创造的实在论发生一种创造的人生观。这种人生观詹姆士称为"改良主义"（Meliorism）。这种人生观也不是悲观的厌世主义，也不是乐观的乐天主义，乃是一种创造的"淑世主义"。世界的拯救不是不可能的，也不是我们笼着手，抬起头来就可以望得到的。世界的拯救是可以做得到的，但是须要我们各人尽力做去。我们尽一分的力，世界的拯救就赶早一分。世界是一点一滴一分一毫的长成的，但是这一点一滴一分一毫全靠着你和我和他的努力贡献。

他说，"假如那造化的上帝对你说：'我要造一个世界，保不定可以救拔的。这个世界要想做到完全无缺的地位，须靠各个分子各尽他的能力。我给你一个机会，请你加入这个世界。你知道我不担保这世界平安无事的。这个世界是一种真正冒险事业，危险很多，但是也许有最后的胜利。这是真正的社会互助的工作。你愿意跟来吗？你对你自己，和那些旁的工人，有那么多的信心来冒这个险吗？'假如上帝这样问你，这样邀请你，你当真怕这世界不安稳竟不敢去吗？你当真宁愿躲在睡梦里不肯出头吗？"

这就是淑世主义的挑战书。詹姆士自己是要我们大着胆子接受这个哀的米敦书的。他很嘲笑那些退缩的懦夫，那些静坐派的懦夫。他说，"我晓得有些人是不愿意去的。他们觉得在那个世界里须要用奋斗去换平安，这是很没有道理的事。……他们不敢相信机会。他们想寻一个世界，要可以歇肩，可以抱住爸爸的头颈，就此被吸到那无穷无极的生命里面，好像一滴水滴在大海里。这种平安清福，不过只是免去了人世经验的种种烦恼。佛家的涅槃其实只不过免去了尘世的无穷冒险。那些印度人，那些佛教徒，其实只是一班懦夫，他们怕经验，怕生活。……他们听见了多元的淑世主义，牙齿都打战了，胸口的心也骇得冰冷了。"（pp. 291～293）詹姆士自己说，"我吗？我是愿意承认这个世界是真正危险的，是须要冒险的；我决不退缩，我决不说'我不干了！'"（p. 296）

这便是他的宗教。这便是他的实在论所发生的效果。

五、杜威哲学的根本观念

杜威（生于 1859）是现在实验主义的领袖。他的著作很多，最重要的是 The School and Society，1899；Studies in Logical Theory，1903；Influnce of Darwin on Philosophy，and other Essays，1910；How We Think，1910；Ethics（With Tufts），1909；Essays in Experimental Logic，1916；Democracy and Education，1916；Creative Intelligence（With others）1917。

他做的书都不很容易读，不像詹姆士的书有通俗的能力。但是在思想界里面，杜威的影响实在比詹姆士还大。有许多反对詹姆士的实验主义的哲学家，对于杜威都不能不表敬意。他的教育学说影响更大，所以有人称他做"教师的教师"（The teacher of teachers）。

杜威在哲学史上是一个大革命家。为什么呢？因为他把欧洲近世哲学从休谟（Hume）和康德（Kant）以来的哲学根本问题一齐抹煞，一齐认为没有讨论的价值。一切理性派与经验派的争论，一切唯心论和唯物论的争论，一切从康德来的知识论，在杜威的眼里，都是不成问题的争论，都可"以不了了之"。杜威说，"智识上的进步有两条道路。有的时候，旧的观念范围扩大了，研究得更精密了，更细腻了，智识因此就增加了"。

有的时候，人心觉得有些老问题实在不值得讨论了，从前火一般热的意思现在变冷了，从前很关切的现在觉得不关紧要了。在这种时候，智识的进步不在于增添，在于减少；不在分量的增加，在于性质的变换。那些老问题未必就解决了，但是他们可以不用解决了。"（Creative Intelligence，p. 3）这就是我们中国人所讲的"以不了了之"。

杜威说近代哲学的根本大错误就是不曾懂得"经验"（Experience）究竟是个什么东西。一切理性派和经验派的争论，唯心唯物的争论，都只是由于不曾懂得什么叫作经验。他说旧派哲学对于"经验"的见解有五种错误：

（1）旧派人说经验完全是知识。其实依现在的眼光看来，经验确是一个活人对于自然的环境和社会的环境所起的一切交涉。

（2）旧说以为经验是心境的，里面全是"主观性"。其实经验只是一个物观的世界，走进人类的行为遭遇里面，受了人类的反动发生种种变迁。

（3）旧说于现状之外只是承认一个过去，以为经验的元素只是记着经过了的事。其实活的经验是试验的，是要变换现有的物事；他的特性在于一种"投影"的作用，伸向那不知道的前途；他的主要性质在于连络未来。

（4）旧式的经验是专向个体的分子的。一切连络的关系都当作从经验外面侵入的，究竟可靠不可靠还不可知。但是我们若把经验当作应付环境和约束环境的事，那么经验里面便含有无数连络，无数贯串的关系。

（5）旧派的人把经验和思想看作绝相反的东西。他们以为一切推理的作用都是跳出经验以外的事。但是我们所谓经验里面含有无数推论。没有一种有意识的经验没有推论的作用。（pp. 7～8）

这五种区别，很是重要，因为这就是杜威的哲学革命的根本理由。既不承认经验就是知识，那么三百多年以来把哲学几乎完全变成认识论，便是大错了；那么哲学的性质，范围，方法，都要改变过了。既不承认经验是主观的，反过来既承认经验是人应付环境的事业，那么一切唯心唯物的争论都不成问题了。既不承认经验完全是细碎不连络的分子（如印象，意象，感情之类），反过来既承认连络贯串是经验本分内的事。那么一切经验派和理性派的纷争，连带休谟的怀疑哲学和康德那些支离繁碎的心法范畴，都可以丢在脑背后了。

最要紧的是第三第五两种区别。杜威把经验看作对付未来，预料未来，连络未来的事，又把经验和思想看作一件事。这是极重要的观念。照这种说法，经验是向前的，不是回想的；是推理的，不是完全堆积的；是主动的，不是静止的，也不是被动的；是创造的思想活动，不是细碎的记忆账簿。

杜威受了近世生物进化论的影响最大，所以他的哲学完全带着生物进化学说的意义。他说，"经验就是生活；生活不是在虚空里面的，乃是在一个环境里面的。乃是由于这个环境的"（p. 8）。"我们人手里的大问题：是怎样对付外面的变迁才可使这些变迁朝着能于我们将来的活动有益的一个方向走。外境的势力虽然也有帮助我们的地方，但是人的生活决不是笼着手太太平平的坐享环境的供养。人不能不奋斗；不能不利用环境直接供给我们的助力，来间接造成别种变迁。生活的进行全在能管理环境。生活的活动必须把周围的变迁一一变换过；必须使有害的势力变成无害的势力；必须使无害的势力变成帮助我们的势力。"（p. 9）

这就是杜威所说的"经验"。经验不是一本老账簿；经验乃是一个有孕的妇人；经验乃是现在的里面怀着将来的活动。简单一句话，"经验不光是知识，经验乃我对付物，物对付我的法子"（p. 37）。

知识自然是重要的，因为知识乃是应付将来的工具。因为知识是重要的，所以古人竟把经验完全看作知识的事，还有更荒谬的人竟把知识当作看戏一样，把知识的心当作一个看戏的人对着戏台上穿红的进去穿绿的出来，毫没有关系，完全处于旁观的地位。这就错了。要知道知识所以重要，正因为他是一种应用的工具，是用来推测将来的经验的。人类的经验全是一种"应付的行为"（Responsive behavior）。凡是有意识的应付的行为都有一种特别性质与旁的应付不同；这种特性就是先见和推测的作用。这种先见之明引起选择去取的动作，这便是知识的意义。这种动作的成绩便可拿来评定那种先见的高下。

如此看来，可见思想的重要。杜威常引弥儿的话道，"推论乃是人生一大事。……只有这件事是人的心思无时无刻不做的"。他常说思想能使经验脱离无意识的性欲行为；能使人用已知的事物推测未知的事物；能使人利用现在预料将来；能使人悬想新鲜的目的，繁复丰富的效果；能使经验永远增加意义，扩张范围，开辟新天地。所以杜威一系的人把思想尊为"创造的智慧"（Creative Intelligence）。思想是人类应付环境的唯一工具，是人类创造未来新天地的工具，所以当得起"创造的智慧"这个尊号。

杜威说，"知识乃是一件人的事业，人人都该做的，并不是几个上流人或几个专门哲学家科学家所能独享的美术赏鉴力"（p. 64）。从前哲学的大病就是把知识思想当作了一种上等人的美术赏鉴力，与人生行为毫无关系；所以从前的哲学钻来钻去总跳不出"本体"、"现象"、"主观"、"外物"等等不成问题的争论。

现在我们受了生物学的教训，就该老实承认经验就是生活，生活就是人与环境的交互行为，就是思想的作用指挥一切能力，利用环境，征服他，约束他，支配他，使生活的内容外域永远增加，使生活的能力格外自由，使生活的意味格外浓厚。因此，我们就该承认哲学的范围，方法，性质，都该有一场根本的大改革。这种改革，杜威不叫作哲学革命，他说这是"哲学的光复"（A Recovery of Philosophy）。他说，"哲学如果不弄那些'哲学家的问题'了，如果变成对付'人的问题'的哲学方法了，那时候便是哲学光复的日子到了"（p. 65）。

以上所说是杜威的哲学的根本观念。这些根本观念，总括起来是：

（1）经验就是生活，生活就是对付人类周围的环境；

（2）在这种应付环境的行为之中，思想的作用最为重要；一切有意识的行为都含有思想的作用；思想乃是应付环境的工具；

（3）真正的哲学必须抛弃从前种种玩意儿的"哲学家的问题"，必须变成解决"人的问题"的方法。

这个"解决人的问题的哲学方法"又是什么呢？这个不消说得，自然是怎样使人能有那种"创造的智慧"，自然是怎样使人能根据现有的需要，悬想一个新鲜的将来，还要能创造方法工具，好使那个悬想的将来真能实现。

六、杜威的思想

杜威先生的哲学的基本观念是："经验即是生活，生活即是应付环境"；但是应付环境有高下的程度不同。许多蛆在粪窖里滚去滚来，滚上滚下，滚到墙壁，也会转弯子，这也是对付环境。一个蜜蜂飞进屋里打几个回旋，嗤的一声直飞向玻璃窗上，头碰玻璃，跌倒在地；他挣扎起来，还向玻璃窗上飞，这一回小心了，不致碰破头；他飞到玻璃上，爬来爬去，想寻一条出路：他的"指南针"只是光线，他不懂这光明的玻璃何以不同那光明的空气一样，何以飞不出去！这也是应付环境。

一个人出去探险，走进一个无边无际的大树林里，迷了路，走不出来了。他爬上树顶，用千里镜四面观望，也看不出一条出路。他坐下来仔细一想，忽听得远远的有流水的声音；他忽然想起水流必定出山，人跟着水走，必定可以走出去。主意已定，他先寻到水边，跟着水走，果然走出了危险。这也是应付环境。以上三种应付环境，所以高下不同，正为智识的程度不同。蛆的应付环境，完全是无意识的作用；蜜蜂能用光线的指导去寻出路，已可算是有意识的作用了，但他不懂得光线有时未必就是出路的记号，所以他碰着玻璃就受窘了；人是有智识能思想的动物，所以他迷路时，不慌不忙的爬上树顶，取出千里镜。或是寻着溪流，跟着水路出去。人的生活所以尊贵，正为人有这种高等的应付环境的思想能力。故杜威的哲学基本观念是："知识思想是人生应付环境的工具。"知识思想是一种人生日用必不可少的工具，并不是哲学家的玩意儿和奢侈品。

总括一句话，杜威哲学的最大目的，只是怎样能使人类养成那种"创造的智慧"（Creative Intelligence），使人应付种种环境充分满意。换句话说，杜威的哲学的最大目的是怎样能使人有创造的思想力。

因为思想在杜威的哲学系统里占如此重要的地位，所以我现在介绍杜威的思想论。思想究竟是什么呢？

第一，戏台上说的"思想起来，好不伤惨人也"，那个"思想"是回想，是追想，不是杜威所说的"思想"。

第二，平常人说的"你不要胡思乱想"，那种"思想"是"妄想"，也不是杜威所说的"思想"。杜威说的思想是用已知的事物作根据，由此推测出别种事物或真理的作用。这种作用，在论理学书上叫作"推论的作用"（Inference）。推论的作用只是从已知的物事推到未知的物事，有前者作根据，使人对于后者发生作用。这种作用，是有根据有条理的思想作用。这才是杜威所指的"思想"。这种思想有两大特性。

（一）须先有一种疑惑困难的情境做起点。

（二）须有寻思搜索的作用，要寻出新事物或新知识来解决这种疑惑困难。

譬如上文所举那个在树林中迷了路的人，他在树林里东行西走，迷了方向寻不出路子：这便是一种疑惑困难的情境。这是第一个条件。那迷路的人爬上树顶远望，或取出千里镜四望，或寻到流水，跟水出山：这都是寻思搜索的作用。这是第二个条件。这两个条件都很重要。人都知"寻思搜索"是很重要的，但是很少人知道疑难的境地也是一个不可少的条件。因为我们平常的动作，如吃饭呼吸之类，多是不用思想的动作；有时偶有思想，也不过是东鳞西爪的胡思乱想。直到疑难发生时，方才发生思想推考的作用。有了疑难的问题，便定了思想的目的；这目的便是如何解决这个困难。有了这个目的，此时的寻思搜索便都向着这个目的上去，便不是无目的的胡思乱想了。所以杜威说："疑难的问题，定思想的目的；思想的目的，定思想的进行。"

杜威论思想，分作五步说：（一）疑难的境地；（二）指定疑难之点究竟在什么地方；（三）假定种种解决疑难的方法；（四）把每种假定所涵的结果——想出来，看那一个假定能够解决这个困难；（五）证实这种解决使人信用；或证明这种解决的谬误，使人不信。

（一）思想的起点是一种疑难的境地——上文说过，杜威一派的学者认定思想为人类应付环境的工具。人类的生活若是处处没有障碍，时时方便如意，那就用不着思想了。但是人生的环境，常有更换，常有不测的变迁。到了新奇的局面，遇着不曾经惯的物事，从前那种习惯的生活方法都不中用了。譬如看中国白话小说的人，看到正高兴的时候，忽然碰着一段极难懂的话，自然发生一种疑难。又譬如上文那个迷了路的人，走来走去，走不出去，平时的走路本事，都不中用了。到了这种境地，我们便寻思："这句书怎么解呢？""这个大树林的出路怎么寻得出呢？""这件事怎么办呢？""这便如何是好呢？"这些疑问，便是思想的起点。一切有用的思想，都起于一个疑问符号。一切科学的发明，都起于实际上或思想界里的疑惑困难。宋朝的程颐说，"学原于思。"这话固然不错，但是悬空讲"思"，是没有用的。他应该说"学原于思，思起于疑。"疑难是思想的第一步。

（二）指定疑难之点究竟在何处——有些疑难是很容易指定的，例如上文那个人迷了路，他的问题是怎么寻一条出险的路子，这是很容易指定的。但是有许多疑难，我们虽然觉得是疑难，但一时不容易指定究竟那一点是疑难的真问题。我且举一个例。《墨子·小取》篇有一句话："辟（譬）也者，举也物而以明之也。"初读的时候，我们觉得"举也物"三个字不可解，是一种疑难。毕沅注《墨子》径说这个"也"字是衍文，删了便是了。王念孙读到这里，觉得毕沅看错疑难的所在了。因为这句话里的真疑难不在一个"也"字的多少，乃在研究这个地方既然跑出一个"也"字来，究竟这个字可以有解说没有解说。如果先断定这个"也"字是衍文，那就近于武断，不是科学的思想了。

这一步的工夫，平常人往往忽略过去，以为可以不必特别提出。（看《新潮》杂志第一卷第四号汪敬熙君的《什么是思想》）杜威以为这一步是很重要的。这一步就同医生的"脉案"，西医的"诊断"，一般重要。你请一个医生来看病，你先告诉他，说你有点头痛，发热，肚痛……你昨天吃了两只螃蟹，又吃了一杯冰激凌，大概是伤了食。这是你胡乱猜想的话，不大靠得住。那位医生如果是一位好医生，他一定不睬你说的什么。他先看你的舌苔，把你的脉，看你的气色，问你肚子那一块作痛，大便如何，看你的热度如何……然后下一个"诊断"，断定你的病究竟在什么地方。若不如此，他便是犯了武断不细心的大毛病了。

（三）提出种种假定的解决方法。——既经认定疑难在什么地方了，稍有经验的人，自然会从所有的经验，知识，学问里面，提出种种的解决方法。例如上文那个迷路的人要有一条出路，他的经验告诉他爬上树顶去望望看，这是第一个解决法。这个法子不行，他又取出千里镜来，四面远望，这是第二个解决法。这个法子又不行，他的经验告诉他远远的花郎花郎的声音是流水的声音；他的学问又告诉他说，水流必有出路，人跟着水行必定可以寻一条出路。这是第三个解决法。这都是假定的解决。

又如上文所说《墨子》"辟也者，举也物而以明之也"一句。毕沅说"也物"的也字是衍文，这是第一个解决。王念孙说，"也"字当作"他"字解，"举也物"即是"举他物"，这是第二个解决。这些假定的解决，是思想的最要紧的一部分，可以算是思想的骨干。我们说某人能思想，其实只是说某人能随时提出种种假定的意思来解决所遇着的困难。但是我们不可忘记，这些假设的解决，都是从经验学问上生出来的。没有经验学问，决没有这些假设的解决。有了学问，若不能随时发生解决疑难的假设，那便成了吃饭的书橱，有学问等于无学问。经验学问所以可贵，正为他们可以供给这些假设的解决的材料。

（四）决定那一种假设是适用的解决。有时候，一个疑难的问题能引起好几个假设的解决法。即如上文迷路的例，有三种假设；一句《墨子》有两种解法。思想的人，遇着几种解决法发生时，应该把每种假设所涵的意义，一一的演出来：如果用这一种假设，应该有什么结果？这种结果是否能解决所遇的疑难？如果某种假设，比较起来最能解决困难，我们便可采用这种解决。

例如《墨子》的"举也物"一句，毕沅的假设是删去"也"字，如果用这个假设，有两层结果：第一，删去这个字，成了"举物而以明之也"，虽可以勉强讲得通，但是牵强得很；第二，校勘学的方法，最忌"无故衍字，"凡衍一字必须问当初写书的人，何以多写了一个字；我们虽可以说抄《墨子》的人因上下文都有"也"字，所以无心中多写了一个"也"字，但是这个"也"字是一个煞尾的字，何以在句中多出这个字来？如此看来，毕沅的假设虽可勉强解说，但是总不能充分满意。再看王念孙的解说，把"也"字当作"他"字，这也有两层结果：第一，"举他物而以明之也"，举他物来说明此物，正是"譬"字的意义；第二，他字本作它，古写像也字，故容易互混，既可互混，古书中当不止这一处；再看《墨子》书中，如《备城门》篇，如《小取》篇的"无也故焉"，"也者同也"，都是他字写作也字。如此看来，这个假定解决的涵义果然能解决本文的疑难，所以应该采用这个假设。

（五）证明。——第四步所采用的解决法，还只是假定的，究竟是否真实可靠，还不能十分确定，必须有实地的证明，方才可以使人信仰；若不能证实，便不能使人信用，至多不过是一个假定罢了。已证实的假设，能使人信用，便成了"真理"。例如上文所举《墨子》书中"举也物"一句，王念孙能寻出"无也故焉"和许多同类的例，来证明《墨子》书中"他"字常写作"也"字，这个假设的解决便成了可信的真理了。又如那个迷路的人，跟着水流，果然出了险，他那个假设便成了真正适用的解决法了。这种证明比较是很容易的。有时候，一种假设的意思，不容易证明，因为这种假设的证明所需要的情形平常不容易遇着，必须特地造出这种情形，方才可以试验那种假设的是非。

凡科学上的证明，大概都是这一种，我们叫作"实验"。譬如科学家葛理赖

(Galileo) 观察抽气筒能使水升高至三十四尺，但是不能再上去了。他心想这个大概是因为空气有重量，有压力，所以水不能上去了。这是一个假设，不曾证实。他的弟子佗里杰利（Torricelli）心想如果水的升至三十四英尺是空气压力所致，那么，水银比水重十三又十分之六倍，只能升高到三十英寸。他试验起来，果然不错。那时葛理赖已死了。后来又有一位哲学家柏斯嘉 Pascal 心想如果佗里杰利的气压说不错，那么，山顶上的空气比山脚下的空气稀得多。拿了水银管子上山，水银应该下降。所以他叫他的亲戚拿了一管水银走上劈得东山，水银果然逐渐低下，到山顶时水银比平地要低三寸。于是从前的假设，真成了科学的真理了。思想的结果，到了这个地步，不但可以解决面前的疑难，简直是发明真理，供以后的人大家受用，功用更大了。

以上说杜威分析思想的五步。这种说法，有几点很可特别注意。（一）思想的起点是实际上的困难，因为要解决这种困难，所以要思想；思想的结果，疑难解决了，实际上的活动照常进行；有了这一番思想作用，经验更丰富一些，以后应付疑难境地的本领就更增长一些。思想起于应用，终于应用；思想是运用从前的经验，来帮助现在的生活，更预备将来的生活。（二）思想的作用，不单是演绎法，也不单是归纳法；不单是从普通的定理里面演出个体的断案，也不单是从个体的事物里面抽出一个普遍的通则。

看这五步，从第一步到第三步，是偏向归纳法的，是先考察眼前的特别事实和情形，然后发生一些假定的通则；但是从第三步到第五步，是偏向演绎法的。是先有了通则，再把这些通则所涵的意义一一演出来，有了某种前提，必然要有某种结果：更用直接或间接的方法，证明某种前提是否真能发生某种效果。懂得这个道理，便知道两千年来西洋的"法式的论理学"（Formal Logic）单教人牢记AEIO 等等法式和求同求异等细则，都不是训练思想力的正当方法。思想的真正训练，是要使人有真切的经验来作假设的来源；使人有批评判断种种假设的能力；使人能造出方法来证明假设的是非真假。

杜威一系的哲学家论思想的作用，最注意"假设"。试看上文所说的五步之中，最重要的就是第三步。第一步和第二步的工夫只是要引起这第三步的种种假设；以下第四第五两步只是把第三步的假设演绎出来，加上评判，加上证验，以定那种假设是适用的解决法。这第三步的假设是承上启下的关键，是归纳法和演绎法的关头。

我们研究这第三步，应该知道这一步在临时思想的时候是不可强求的，是自然涌上来，如潮水一样，压制不住的；他若不来时，随你怎样搔头抓耳，挖尽心血，都不中用。假使你在大树林里迷了路，你脑子里熟读的一部《穆勒名学》或《陈文名学讲义》，都无济于事，都不能供给你"寻着流水，跟着水走出去"的一个假设的解决。所以思想训练的着手工夫在于使人有许多活的学问知识，活的学问知识的最大来源在于人生有意识的活动。从活动事业得来的经验，是真实可靠的学问知识。

这种有意识的活动，不但能增加我们假设意思的来源，还可训练我们时时刻刻拿当前的问题来限制假设的范围，不至于上天下地的胡思乱想。还有一层，人生实际的事业，处处是实用的，处处用效果来证实理论，可以养成我们用效果来评判假设的能力，可以养成我们的实验的态度。养成了实验的习惯，每起一个假设，自然会推想到他所涵的效果，自然会来用这种推想出来的效果来评判原有的假设的价值。这才是思想训练的效果，这才是思想能力的养成。

七、杜威的教育哲学

杜威先生常说，"哲学就是广义的教育学说。"这就是说哲学便是教育哲学。

这句话初听了很可怪。其实我们如果仔细一想，便知道这句话是不错的。我们试问古往今来的哲学家那一个不是教育家？那一个没有一种教育学说？那一种教育学说不是根据于哲学的？

我且举几个例。我们小时读《三字经》开端就是"人之初，性本善，性相近，习相远；苟不教，性乃迁。"这几句说的是孔子的教育哲学。《三字经》是宋朝人做的，所代表的又是程子朱子一派的教育哲学。再翻开朱注的《论语》，第一章"学而时习之"的底下注语道："学之为言效也。人性皆善而觉有先后。后觉者必效先觉之所为，乃可以明善而复其初也。"请看他们把学字解作仿效，把教育的目的看作"明善而复其初"：这不是极重要的教育学说吗？我们如研究哲学史，便知道这几句注语里面，不但是解释孔子的话，并且含有禅家明心见性的影响。这不是很明白的例吗？

再翻开各家的哲学书，从老子直到蔡元培，从老子的"常使民无知无欲"，直到蔡元培的"以美育代宗教"，那一家的哲学不是教育学说呢？

懂得这个道理，然后可以知道杜威先生的哲学和他的教育学说的关系。

杜威的教育学说，大旨都在郑宗海先生所译的《杜威教育主义》（《新教育》第二期）里面。现在且先把那篇文章的精华提出来写在下面（译笔略与郑先生不同）：

（一）什么是教育？

教育的进行在于个人参与人类之社会的观念。……真教育只有一种：只有儿童被种种社会环境的需要所挑起的才能的活动：这才是真教育。

（二）什么是学校？

学校本来是一种社会的组织。教育既是由社会生活上进行。学校不过是一种团体生活，凡是能使儿童将来得享受人类的遗产和运用他自己的能力为群众谋福利的种种势力，都集合在里面。简单说来，教育即是生活，并不是将来生活的预备。

（三）什么是教材？

学校科目交互关系的中心点不在理科，不在文学，不在历史，不在地理，乃在儿童自己的社会生活。总而言之，我深信我们应该把教育看作经验的继续再造；教育的目的与教育的进行是一件事，不是两件事。

（四）方法的性质。

方法的问题即是儿童的能力和兴趣发展的次序的问题。

（1）儿童天性的发展，主动的方面先于被动的方面……动作先于有意识的感觉。意识（智识的和推理的作用）乃是动作的结果，并且是因为要主持动作才发生的。平常所谓"理性"，不过是有条理有效果的动作之一种法子，并不是在动作行为之外可以发达得出来的。

（2）影像（Images）乃是教授的大利器。儿童对于学科所得到的不过是他自己对于这一科所构成的影像。……现在我们用在预备工课和教授工课上的许多时间和精力，正可用来训练儿童构成影像的能力，要使儿童对于所接触的种种物事都能随时发生清楚明了又时时长进的影像。

（3）儿童的兴趣即是才力发生的记号。……某种兴趣的发生，即是表示这个儿童将要进到某步程度。……凡兴趣都是能力的记号，最要紧的是寻出这种能力是什么。

（4）感情乃是动作的自然反应。若偏向激动感情，不问有无相当的动作，必致于养成不健全和乖僻的心境。

（五）社会进化与学校。

教育乃是社会进化和改良的根本方法。……教育根据于社会观念，支配个人的活动，这便是社会革新的唯一可靠的方法。

这种教育见解，对于个人主义和社会主义的理想都有适当的容纳。一方面是个人的，因为这种主张承认一种品行的养成是正当生活的真基础。一方面是社会的，因为这种学说承认这种良好的品行不是单有个人的训诫教导便能造成的；乃是倚靠一种社会生活的影响才能养成的。

以上所记，可说是杜威教育学说的要旨。再总括起来，便只有两句话：

(1)"教育即是生活。"

(2)"教育即是继续不断的重新组织经验，要使经验的意义格外增加，要使个人主持指挥后来经验的能力格外增加。"(Democracy and Education，pp. 89～90)

我所要说的杜威教育哲学，不过是说明这两句话的哲学根据。我且先解释这两句话的意义。

这两句话其实即是一句话。(1)即是(2)，所以我且解说第二句话。"教育即是继续不断的重新组织经验。"怎么讲呢？经验即是生活。生活即是应付人生四围的境地；即是改变所接触的事物，使有害的变为无害的，使无害的变为有益的。这种活动是人生不能免的。从婴孩到长大，从长成到老死，都免不了这种活动。这种活动各有教育的作用，因为每一种活动即是增添一点经验，即是"学"了一种学问。每次所得的经验，和已有的经验合拢起来，起一种重新组织；这种重新组织过的经验，又留作以后经验的参考资料和应用工具。如此递进，永永不已。所以说，"教育是继续不断的重新组织经验"。怎么说"使经验的意义格外增加"呢？意义的增加就是格外能看出我们所作活动的连贯关系。

杜威常举一个例：有一个小孩子伸手去抓一团火光，把手烫了。从此以后，他就知道眼里所见的某种视觉是和手的某种触觉有关系的；更进一步，他就知道某种光是和某种热有关系的。高等的化学家在试验室里作种种活动，寻出火光的种种性质，其实同那小孩子的经验是一样的道理。总而言之，只是寻出事物的关系。懂得种种关系，便能预先安排某种原因发生某种效果。这便是增加经验意义。怎么说"使个人主持后来经验的能力格外增加"呢？懂得经验的意义，能安排某种原因发生某种结果，这便是说我们可以推知未来，可以预先筹备怎样得到良好的结果，怎样免去不良好的结果。这就是加添我们主持后来经验的能力了。

杜威这种教育学说和别人根本不同之处就在于把"目的"和"进行"看作一件事。这句话表面上似乎不通，其实不错。杜威说："活动的经验是占时间的，他的后一步补足他的前一步；前面不曾觉得的关系，也可明白了。后面的结果，表出前面的意义。这种经验的全体又养成趋向有这种意义的事物的习惯。每一种这样继续不断的经验是有教育作用的。一切教育只在于有这种经验。"（同上书页九一～一九二）

这种教育学说的哲学根据，就是杜威的实验主义。实验主义的大旨，我已在前面说过了。如今单提出杜威哲学中和教育学说最有密切关系的知识论和道德论，略说一点。

（一）知识论（Democracy and Education，Chap. 25）。

杜威说古代以来的知识论的最大病根，在于经验派和理性派的区别太严了。古代的社会阶级很严，有劳心的和劳力的，治人的和被治的，出令的和受令的，贵族和小百姓种种区别。所以论知识也有经验和理性，个体与共相，心与物，心与身，智力与感情种种区别。这许多区别，在现在的民主社会里都不能成立，都不应该存在。从学理一方面看来，更不能成立。杜威提出三条理由如下：

（1）现代生理学和心理学互相印证，证明一切心的作用都和神经系统有密切关系。神经系统使一切身体的作用同力合作。外面环境来的激刺和里面发出的应付作用，都受脑部的节制支配。神经作用，又不但主持应付环境的作用，并且有一种特性，使第一次应付能限定下一次的官能激刺作何样子。试看一个雕匠雕刻木头，或是画师画他的油画，便可见神经作用时时刻刻重新组织已有的活动，作为后来活动的预备，使前后的活动成为一贯的连续。处处是"行"，处处是"知"；知即从行来，即在行里；行即从知来，又即是知。懂得此理，方才可以懂得杜威所说"教育即是生活"的道理。

（2）生物学发达以来，生物进化的观念使人知道从极简单的生物进到人类，都有一贯的程序。最低等的有机体，但有应付环境的活动，却没有心官可说。后来活动更复杂了，智力的作用渐渐不可少，渐渐更重要。有了智力作用，方才可以预料将来，可以安排布置。这种生物进化论出世以后，方才有人觉悟从前的人把智力看作一个物外事外的"旁观者"，把知识看作无求于外，完全独立存在的，这都是错了。生物进化论的教训是说：每个生物是世界的一分子，和世界同受苦，同享福；他所以能居然存在，全靠他能把自己作为环境的一部分，预料未来的结果，使自己的活动适宜于这种变迁的环境。如此看来，人既是世界活动里面的一个参战者，可见知识乃是一种参战活动，知识的价值全靠知识的效能。知识决不是一种冷眼旁观的废物。懂得这个道理，方才可以懂得杜威说的"真教育只是儿童被种种社会环境的需要所挑起的才能的活动"。

（3）近代科学家的方法进步，实验的方法一面教人怎样求知识，一面教人怎样证明所得的知识是否真知识。这种实验的方法和新起的知识论也极有关系。这种方法有两种意义。

实验的方法说：除非我们的动作真能发生所期望的变化，决不能说是有了知识，但可说是有了某种假设，某种猜想罢了。真知识是可以试验出效果来的。

实验的方法又说：思想是有用的；但思想所以有用，正为思想能正确的观察现在状况，用来作根据，推知未来的效果，以为应付未来的工具。

实验方法的这两层意义都很重要。第一，凡试验不出什么效果来的观念，不能算是真知识。因此，教育的方法和教材都该受这个标准的批评，经得住这种批评的，方才可以存在。第二，思想的作用不是死的，是活的；是要能根据过去的经验对付现在，根据过去与现在对付未来。因此，学校的生活须要能养成这种活动的思想力，养成杜威所常说的"创造的智慧"。

（二）道德论（Democracy and Education, Chap. 26）。

杜威论人生的行为道德，也极力反对从前哲学家所固执的种种无谓的区别。

（1）主内和主外的区别。主内的偏重行为的动机，偏重人的品性。主外的偏重行为的效果，偏重人的动作。其实这都是一偏之见。动机也不是完全在内的，因为动机都是针对一种外面的境地起来的。品性也不是完全在内的，因为品性往往都是行为的结果：行为成了习惯，便是品行。主外的也不对。行为的结果也不是完全在外的，因为有意识的行为都有一种目的，目的就是先已见到的效果。若没有存心，行为的善恶都不成道德的问题。譬如我无心中掉了十块钱，有人拾去，救了他一命。结果虽好，算不得是道德。至于行为动作有外有内，更显而易见了。

杜威论道德，不认古人所定的这些区别。他说，平常的行为，本没有道德和不道德的区别。遇着疑难的境地，可以这样做，也可以那样做；但是这样做便有这等效果，那样做又有那种结果：究竟还是这样做呢？还该那样做呢？到了这个选择去取的时候，方才有一个道德的境地，方才有道德和不道德的问题。这种行为，自始至终，只是一件贯串的活动。没有什么内外的区别。最初估量抉择的时候，虽是有些迟疑。究竟疑虑也是活动，决定之后，去彼取此，决心做去，那更是很明显的活动了。

这种行为，和平常的行为并无根本的区别。这里面主持的思想，即是平常猜谜演算术的思想，并没有一个特别的良知。这里面所用的参考资料和应用工具，也即是经验和观念之类，并无特别神秘的性质。总而言之，杜威论道德根本上不承认主内和主外的分别，知也是外，行也是内；动机也是活动，疑虑也是活动，做出来的结果也是活动。若把行为的一部分认作"内"，一部分认作"外"，那就是把一件整个的活动分作两截，那就是养成知行不一致的习惯，必致于向活动之外另寻道德的教育。活动之外的道德教育，如我们中国的读经修身之类，决不能有良好的效果的。

(2) 责任心和兴趣的分别。西洋论道德的，还有一个很严的区别，就是责任心和兴趣的区别。偏重责任心的人说，你"该"如此做。不管你是否愿意，你总得如此做。中国的董仲舒和德国的康德都是这一类。还有一班人偏重兴趣一方面，说，我高兴这样做，我爱这样做。孔子说的"知之者不如好之者，好之者不如乐之者"，便是这个意思。有许多哲学家把"兴趣"看错了，以为兴趣即是自私自利的表示，若跟着"兴趣"做去，必致于偏向自私自利的行为。这派哲学家因此便把兴趣和责任心看作两件绝对相反的东西。所以学校中的道德教育只是要学生脑子里记得许多"应该"做的事，或是用种种外面的奖赏刑罚之类，去监督学生的行为。这种方法，杜威极不赞成。杜威以为责任和兴趣并不是反对的。兴趣并不是自私自利，不过是把我自己和所做的事看作一件事；换句话说，兴趣即是把所做的事认做我自己的活动的一部分。譬如一个医生，当鼠疫盛行的时候，他不顾传染的危险，亲自天天到疫区去医病救人。我们一定说他很有责任心。其实他只不过觉得这种事业是他自己的活动的一部分，所以冒险做去。他若没有这种兴趣，若不能在这种冒险救人的事业里面寻出兴趣，那就随书上怎样把责任心说得天花乱坠，他决不肯去做。如此看来，真正责任心只是一种兴趣。

杜威说，"责任"（Duty）古义本是"职务"（Office），只是"执事者各司其事"。兴趣即是把所要做的事认作自己的事。仔细看来，兴趣不但和责任心没有冲突，并且可以补助责任心。没有兴趣的责任，如囚犯作苦工，决不能真有责任心。况且责任是死的，兴趣是活的，兴趣的发生，即是新能力发生的表示，即是新活动的起点。即如上文所说的医生，他初行医的时候，他的责任只在替人医病，并不曾想到鼠疫的事。后来鼠疫发生了，他若是觉得他的兴趣只在平常的医病，他决不会去冒险做疫区救济的事。他所以肯冒传染的危险，正为他此时发生一种新兴趣，把疫区的治疗认作他的事业的一部分，故疫区的危险都不怕了。

学校中的德育也是如此。学生对于所做的工课毫无兴趣，怪不得要出去打牌吃酒去了。若是学校的生活能使学生天天发生新兴趣，他自然不想做不道德的事了。这才是真正的道德教育。社会上的道德教育，也是如此。商店的伙计，工厂的工人，一天做十五六点钟的苦工，做的头昏脑闷，毫无兴趣，他们自然要想出去干点不正当的娱乐。圣人的教训，宗教的戒律，到此全归无用。所以现在西洋的新实业家，一方面减少工作的时间，增加工作的报酬，一方面在工厂里或公司里设立种种正当的游戏，使做工的人都觉得所做的事是有趣味的事。有了这种兴趣，不但做事更肯尽职，并且不要去寻那不正当的娱乐了。所以真正的道德教育在于使人对于正当的生活发生兴趣，在于养成对于所做的事发生兴趣的习惯。

结论

杜威的教育哲学，全在他的《平民主义与教育》（Democracy and Education）一部书里。看他这部书的名字，便可知道他的教育学说是平民主义的教育。古代的社会有贵贱，上下，劳心与劳力，治人与被治种种阶级。古代的知识论和道德论都受有这种阶级制度的影响，所以论知识便有心与身，灵魂与肉体，心与物，经验与理性等等分别；论道德便有内与外，动机与结果，义与利，责任与兴趣等等分别。教育学说也受了这种影响，把知与行，道德与智慧，学校内的工课与学校外的生活等等，都看作两截不相联贯的事。现代的世界是平民政治的世界，阶级制度根本不能成立。平民政治的两大条件是：

（一）一个社会的利益须由这个社会的分子共同享受；

（二）个人与个人，团体与团体之间，须有圆满的自由的交互影响。

根据这两大条件，杜威主张平民主义的教育须有两大条件：

（甲）须养成智能的个性（Intellectual individuality），（乙）须养成共同活动的观念和习惯（Co－operation in activity）。"智能的个性"就是独立思想，独立观察，独立判断的能力。平民主义的教育的第一个条件，就是要使少年人能自己用他的思想力，把经验得来的意思和观念一个个的实地证验，对于一切制度习俗都能存一个疑问的态度，不要把耳朵当眼睛，不要把人家的思想糊里糊涂认作自己的思想。"共同活动"就是对于社会事业和群众关系的兴趣。平民主义的社会是一种股份公司，所以平民主义的教育的第二个条件就是要使人人都有一种同力合作的天性，对于社会的生活和社会的主持都有浓挚的兴趣。

要做到这两大条件，向来的"文字教育"，"记诵教育"，"书房教育"，决不够用。几十年来的教育改良，只注意数量的增加（教育普及），却不曾注意根本上的方法改革。杜威的教育哲学的大贡献，只是要把阶级社会遗传下来的教育理论和教育制度一齐改革，要使教育出的人才真能应平民主义的社会之用。我这一篇所说杜威的新教育理论，千言万语，只是要打破从前的阶级教育，归到平民主义的教育的两大条件。对于实行的教育制度上，杜威的两大主张是：

（1）学校自身须是一种社会的生活，须有社会生活所应有的种种条件。

（2）学校里的学业须要和学校外的生活连贯一气。总而言之，平民主义的教育的根本观念是：教育即是生活；教育即是继续不断的重新组织经验，要使经验的意义格外增加，要使个人主宰后来经验的能力格外增加。

自由主义

孙中山先生曾引一句外国成语："社会主义有五十七种，不知那一种是真的。"其实"自由主义"也可以有种种说法，人人都可以说他的说法是真的。今天我说的"自由主义"，当然只是我的看法，请大家指教。

自由主义最浅显的意思是强调尊重自由。现在有些人否认自由的价值，同时又自称是自由主义者。自由主义里没有自由，那就好像长坂坡里没有赵子龙，空城计里没有诸葛亮，总有点叫不顺口罢！据我的拙见，自由主义就是人类历史上那个提倡自由，崇拜自由，争取自由，充实并推广自由的大运动。"自由"在中国古文里的意思是"由于自己"，就是不由于外力。从外力裁制之下解放出来，才能"自己作主"。

在中国古代思想里，"自由"就等于"自然"，"自然"是"自己如此"，"自由"是"由于自己"，都有不由于外力拘束的意思，陶渊明的诗"久在樊笼里，复得返自然"，这里"自然"二字可以说是完全同"自由"一样。王安石的诗："风吹瓦堕屋，正打破我头……我终不嗔渠，此瓦不自由。"这就是说，这片瓦的行动是被风吹动的，不是由于自己的力量。中国古人太看重"自由"、"自然"的

"自"字，所以往往看轻外面的拘束力量，故意回向自己内心去求安慰，求自由。这种回向自己求内心的自由，有几种方式，一种是隐遁的生活——逃避外力的压迫。一种是梦想神仙的生活——行动自由，变化自由——正如庄子说，列子御风而行，还是"有待"，"有待"还不是真自由，最高的生活是事人无待于外。道教的神仙，佛教的西天净土，都含有由自己内心去寻求最高的自由的意义。我们现在讲的"自由"，不是那种内心境界，我们现在说的"自由"，是不受外力拘束压迫的权利，是在某一方面的生活不受外力限制束缚的权利。

在宗教信仰方面不受外力限制，就是宗教信仰自由；在思想方面就是思想自由；在著作出版方面，就是言论自由，出版自由。这些自由都不是天生的，不是上帝赐给我们的，是一些先进民族用长期的奋斗努力争出来的。

人类历史上那个自由主义大运动实在是一大串解放的努力。宗教信仰自由只是解除某个宗教威权的束缚，思想自由只是解除正统某派思想威权的束缚。在这些方面——在信仰与思想的方面，东方历史上也有很大胆的批评者与反抗者。从墨翟、杨朱，到桓谭、王充，从范缜、傅奕、韩愈，到李贽、颜元、李塨，都可以说是为信仰思想自由奋斗的东方豪杰之士，很可以同他们的西方同志齐名媲美。我们中国历史上虽然没有抬出"争自由"的大旗子来做宗教运动、思想运动或政治运动，但中国思想史与社会政治史的每一个时代都可以说含有争取某种解放的意义。

我们的思想史的第一个开山时代，就是春秋战国时代就有争取思想自由的意义。

古代思想的第一位大师老子，就是一位大胆批评政府的人。他说："天下多忌讳，而民弥贫。""法令滋彰，盗贼多有。""民之饥，以其上食税之多，是以饥。""民之难治，以其上之有为，是以难治。""民之轻死，以其求生之厚，是以轻死。""天之道，损有余，而补不足。""人之道则不然，损不足以奉有余。"老子同时的邓析是批评政府而被杀的。另一位更伟大的人就是孔子，他也是一位偏向左的"中间派"，他对于当时的宗教与政治，都有大胆的批评，他的最大胆的思想是在教育方面：有教无类。"类"是门类，是阶级民族，"有教无类"，是说："有了教育，就没有阶级民族了。"

从老子、孔子打开了自由思想的风气，两千多年的中国思想史、宗教史，时时有争自由的急先锋，有时还有牺牲生命的殉道者。孟子可以说是全世界的自由主义的最早的一个倡导者。孟子提出的"大丈夫"是"贫贱不能移，富贵不能淫，威武不能屈"。这是中国经典里自由主义的理想人物。在二千多年历史上，每到了宗教与思想走进了太黑暗的时代，总有大思想家起来奋斗、批评、改革。

汉朝的儒教太黑暗了，就有桓谭、王充、张衡起来，作大胆的批评。后来佛教势力太大了，就有齐梁之间的范缜、唐朝初年的傅奕、唐朝后期的韩愈出来，大胆地批评佛教，攻击那在当时气焰熏天的佛教。大家都还记得韩愈攻击佛教的结果是："一封朝奏九重天，夕贬潮阳路八千。"佛教衰落之后，在理学极盛时代，也曾有多少次批评正统思想或反抗正统思想的运动。王阳明的运动就是反抗朱子的正统思想的。李卓吾是为了反抗一切正宗而被拘捕下狱，他在监狱里自杀的，他死在北京，葬在通州，这个七十六岁的殉道者的坟墓，至今存在，他的书经过多少次禁止，但至今还是很流行的。北方的颜李学派，也是反对正统的程朱思想的。当时，这个了不得的学派很受正统思想的压迫，甚至于不能公开地传授。

这三百年的汉学运动，也是一种争取宗教自由、思想自由的运动。汉学是抬出汉朝的书作招牌，来掩护一个批评宋学的大运动。这就等于欧洲人抬出《圣经》来反对教会的权威。但是东方自由主义运动始终没有抓住政治自由的特殊重要性，所以始终没有走上建设民主政治的路子。西方的自由主义绝大贡献正在这一点，他们觉悟到只有民主的政治方才能够保障人民的基本自由，所有自由主义的政治意义是强调拥护民主。一个国家的统治权必须放在多数人民手里，近代民主政治制度是盎格鲁—撒克逊民族的贡献居多，代议制度是英国人的贡献，成文而可以修改的宪法是英美人的创制，无记名投票是澳洲人的发明，这就是政治的自由主义应该包含的意义。

我们古代也曾有"天视自我民视，天听自我民听"、"民为邦本"、"民为贵，社稷次之，君为轻"的民主思想。我们曾在二千年前就废除了封建制度，做到了大一统的国家，在这个大一统的国家里，我们曾建立了一种全世界最久的文官考试制度，使全国才智之士有参加政府的平等制度。但，我们始终没有办法可以解决君主专制的问题，始终没有建立一个制度来限制君主的专制大权，世界只有盎格鲁—撒克逊民族在七百年中逐渐发展出好几种民主政治的方式与制度，这些制度可以用在小国，也可以用在大国。（1）代议制度，起源很早，但史家指一二九五年为正式起始。（2）成文宪，最早的一二一五年的大宪章，近代的是美国宪法

（公元 1789 年）。（3）无记名投票（政府预备选举票，票上印各党候选人的姓名，选民秘密填记）是一八五六年 South Australia 最早采用的。

自由主义在这两百年的演进史上，还有一个特殊的、空前的政治意义，就是容忍反对党，保障少数人的自由权利。向来政治斗争不是东风压了西风，就是西风压了东风，被压的人是没有好日子过的，但近代西方的民主政治却渐渐养成了一种容忍异己的度量与风气。因为政权是多数人民授予的，在朝执政权的党一旦失去了多数人民的支持，就成了在野党了，所以执政权的人都得准备下台时坐冷板凳的生活，而个个少数党有逐渐变成多数党的可能。甚至于极少数人的信仰与主张，"好像一粒芥子，在各种种子里是顶小的，等到他生长起来，却比各种菜蔬都大，竟成了小树，空中的飞鸟可以来停在他的枝上。"（《新约·马太福音》十四章，圣地的芥菜可以高到十英尺。）

人们能这样想，就不能不存容忍别人的态度了，就不能不尊重少数人的基本自由了。在近代民主国家里，容忍反对党，保障少数人的权利，久已成了当然的政治作风，这是近代自由主义里最可爱慕而又最基本的一个方面。我做驻美大使的时期，有一天我到费城去看我的一个史学老师白尔教授，他平生最注意人类争取自由的历史，这时候他已八十岁了。他对我说："我年纪越大，越觉得容忍比自由还要重要。"这句话我至今不忘记。为什么容忍比自由还要要紧呢？因为容忍就是自由的根源，没有容忍，就没有自由可说了。至少在现代，自由的保障全靠一种互相容忍的精神，无论是东风压了西风，还是西风压了东风，都是不容忍，都是摧残自由。多数人若不能容忍少数人的思想信仰，少数人当然不会有思想信仰的自由。反过来说，少数人也得容忍多数人的思想信仰，因为少数人要时常怀着"有朝一日权在手，杀尽异教方罢休"的心理，多数人也就不能不行"斩草除根"的算计了。最后我要指出，现代的自由主义，还含有"和平改革"的意思。

和平改革有两个意义，第一就是和平的转移政权，第二就是用立法的方法，一步步的做具体改革，一点一滴的求进步。容忍反对党，尊重少数人权利，正是和平的社会政治改革的唯一基础。反对党的对立，第一是为政府树立最严格的批评监督机关，第二是使人民可以有选择的机会，使国家可以用法定的和平方式来转移政权，严格的批评监督，和平的改换政权，都是现代民主国家做到和平革新的大路。

近代最重大的政治变迁，莫过于英国工党的执掌政权。英国工党在五十多年前，只能选择出十几个议员，三十年后，工党两次执政，但还站不长久，到了战争胜利之年（公元 1945 年），工党得到了绝对多数的选举票，故这次工党的政权，是巩固的，在五年之内，谁都不能推翻他们，他们可以放手改革英国的工商业，可以放手改革英国的经济制度，这样重大的变化，从资本主义的英国变到社会主义的英国，不用流一滴血，不用武装革命，只靠一张无记名的选举票，这种和平的革命基础，只是那容忍反对党的雅量，只是那保障少数人自由权利的政治制度，顶顶小的芥子不曾受摧残，在五十年后居然变成大树了。

自由主义在历史上有解除束缚的作用，故有时不能避免流血的革命，但自由主义的运动，在最近百年中最大成绩，例如英国自从一八三二年以来的政治革新，直到今日的工党政府，都是不流血的和平革新，所以在许多人的心目中，自由主义竟成了"和平改革主义"的别名，有些人反对自由主义，说它是"不革命主义"，也正是如此。

我们承认现代的自由主义正应该有"和平改革"的含义，因为在民主政治已上了轨道的国家里，自由与容忍铺下了和平改革的大路，自由主义者也就不觉得有暴力革命的必要了。

总结起来，自由主义的第一个意义是自由，第二个意义是民主，第三个意义是容忍反对党，第四个意义是和平的渐进的改革。

五十年来之世界哲学

一、引论

现在倒数上去五十年，正是 1872 年。我们且看那时候的哲学界是个什么样子。

（1）欧洲大陆上，浪漫主义的哲学（The Philosophy of Romantieism）已到了衰败分崩的时期了。海格尔（Hegel，1770～1831）已死了四十一年了。叔本华（Schopenhauer，1788～1860）已死了十二年了。组织伟大的哲学系统的狂热——培根说的"蜘蛛式"的哲学系统，因为他们都是从哲学家的脑子里抽想出来的伟大系统——忽然冷落了。最有势力的海格尔学派早已分裂了："右"派的早已变成卫道忠君的守旧党了；"左"派的，在宗教的方面，有佛尔巴赫（Feuerbach，1804～1866）与斯道拉斯（Strauss）的大胆的批评；在社会和政治方面，有马克思（Marx，1818～1883）与拉萨尔（Lassalle，1825～1864）的社会主义。

（2）实证主义（Positivism）的盛时也过去了。孔德（Comtel，798～1857）已死了十五年了。英国方面的弥儿（穆勒，John Stuart Mill，1806～1873），再隔一年（1873）也死了。英国还有一个斯宾塞（Herbert Spencer，1820～1903）此时还正当盛时，但他久已完全成为一个演化论的哲学家，久已不是十九世纪上半叶的实证主义者了。

（3）大陆上浪漫主义的余波此时变成了一种新的意象主义，又叫作"物观的意象主义"（Objective Idealism）。这一派的远祖是康德（Kant，1724～1804），但开宗的大师是洛茨（Lotze，1817～1881）。当1872年，他的重要著作已出了不少。1874年，他的Logik出版；1879年，他的Metaphysik出版；1884年，这两部书都译成英文了。在英国方面，德国系的哲学向来没有势力；但到了这个时候，新意象主义也渐渐的有代表起来了。格林（T. H. Green，1836～1882）的名作，（Introduction to Hume）是1875年出来的。开耳得（Caird）的philosophy of Kant 是 1877 年出来的。这一派的英国大师勃勒得来（F. H. Bradley，1846～?）的两部不可解的名著，（Principles of Logic 与 Appearance and Reality）这时候都还不曾出来。但这个时代的英国哲学界——至少可以说，英国的大学教授所代表的哲学界，染上的德国色彩，已是很浓了。

（4）大陆上的思想界里，这一年（1872）忽然出了一个怪杰，叫作尼采（Nietzsche，1844～1900）。他的少年作品，《悲剧的产生》（Die Geburt der Tragodie）就出在这一年。这部书提出一种新的人生观。他用希腊的酒神刁匿修司（Dionysius）代表他的理想的人生观；他说刁匿修司胜于阿婆罗（Apollo，希腊的乐神），而阿婆罗远胜于苏格拉底（Socrates）——这就是说，生命重于美术，而美术重于智识。这就是尼采"重新估定一切价值"的第一步。

（5）1872年1月10日，达尔文校完了他的《物类由来》第六版的稿子。这部思想大革命的杰作，已出版了十三年了。他的《人类由来》（The Descent of Man）也出版了一年了。《物类由来》出版以后，欧、美的学术界都受了一个大震动。十二年的激烈争论，渐渐的把上帝创造的物种由来论打倒了，故赫胥黎（Huxley，1825～1895）在1871年曾说，"在十二年中，《物类由来》在生物学上做到了一种完全的革命，就同牛敦的Prinoipia在天文学上做到的革命一样"。但当时的生物学者及一般学者虽然承认了物种的演化，还有许多人不肯承认人类也是由别的物类演化出来的。《人类由来》的主旨只是老实指出人类也是从猴类演化出来的。这部书居然销售很广，而且很快：第一年就销了二千五百部。这时候，德国的赫克尔（Haeckel）也在他的 Naturliche Schopfungs Geschite 里极力主张同样的学说。当日关于这个问题——物类的演化——的争论，乃是学术史上第一场大战争。十年之后（1882 年），达尔文死时，英国人把他葬在卫司敏德大寺里，与牛顿并列，这可见演化论当日的胜利了。达尔文同时的斯宾塞，承认演化论最早（在《物类由来》出版之先）；他把进化的观念应用到社会科学和心理学上去。他的重要的著作早已出了好几种，这时候（1872 年）他正在完结他的《心理学》；他的《群学肄言》（The Study of Sociology）也是这一年出版的。

（6）1872 年九里，达尔文的家里来了一个美国客人，叫作莱特（Chauncy Wright，1830～1875）。莱特在美国曾替达尔文的学说做过很有力的辩护（《达尔文传》第二册，页三二三以下）。他自己说，"我的目的是要把你（达尔文）的学说和一般的哲学研究，连贯起来"。这个莱特那时在美国康桥（Cambridge）同几个朋友组织了一个"玄学会"。会员之中，有皮耳士（C. S. Peirce，1839～1914）和詹姆士（William James，1842～1916）。这两个人便是实验主义（Pragmatism）的开山大师。

1873 年，皮耳士动手做了一篇文章，这篇文章后来（1877）略有修改，在《科学通俗月刊》上发表。这篇的总题是《科学逻辑的举例》（Illustrations of the Logic of Science），是实验主义的第一次发表。但是那时候大家还不注意这种学说，直到二十年后，詹姆士方才重新把这种学说传扬出去。

（7）1872 年是普法战争结局后的第二年。前一年，法兰西帝国改成了第三共和国，普鲁士王变成了新德意志帝国的皇帝；法国同普鲁士议和，割了两州的地；巴黎的市民暴动，组织"公立政府"（The Commune）；公立政府的结局——暴乱与惨酷——使法国的社会主义运动受了十年的挫折。但德国胜利之后，德国的社会主义却添了许多和平发展的机会。这时候（1872），拉萨尔（Lassalle）已死了八年了，马克思成了社会党的大宗师。马克思的《资本论》（Das Kapital）的第一册（1867）已出版了五年了。社会民主党已成了一种政治势力了（1873，社会民主党得票 4374380）。

马克思在前八年（1864）组织了一个国际劳动者协会（International Working Men's Association)。但巴枯宁（Bakunin）的无政府主义的鼓吹，普法战争的影响，巴黎公立政府的失败，——这些事件使这"第一国际"四分五裂。这一年（1872）国际劳动者协会的总机关遂从伦敦移到纽约；不上五年，遂解散了。第一国际解散之后，马克思仍旧继续做他的资本论。

以上是这半世纪开幕时的哲学界的大势。我们对于第一项的旧浪漫主义，和第二项的旧实证主义，都可以不谈了。我们在这一篇里，只叙述：

(1) 新意象主义，

(2) 尼采的哲学，

(3) 演化论的哲学，

(4) 实验主义，

(5) 晚近的两个支流，

(6) 社会政治学说。

二、新的意象主义

洛茨（Lotze）精通医学与生理学，他受了科学的影响，却不满意于机械论的人生观。他总想调和科学的机械论与浪漫派的意象论（Idealism 或译为观念论，今译为意象论）。他从机械论入手，指出近世科学承认一切现象由于元子的交互作用。这些元子只是无数"力的中心"。但是究竟物的本体是物质的呢？还是精神的呢？洛茨要我们用"类推"法（比例）来解决这个问题。物的本体若是完全独立的，就不可知了。我们只能由已知"推知"未知。

我们所以能直接了解我们自己的精神的现象，全靠心灵的综合力。宇宙的实际，也须译成精神的现象，方才可知。洛茨以为元子也是有生命的，并不是死的（这里面很有来本尼兹［Leibnitz］的影响）。实际（Reality）有种种的等级；人的心灵代表最高的一级，其余的以次递降下去，就是最低等的物质也有心灵的生活。

洛茨以后，德国有哈德门（Hartmann，1842～1906），费希纳（Fechner，1801～1871），心理学家温德（Wundt），都属于这一派。现存的老将倭铿（Eucken），反对理智主义与自然主义，鼓吹精神的生活，颇能替近代的宗教运动添一个理论的基础。

在英国方面，格林（Green）的《休谟哲学绪论》（Introduction to Hume）和他的《人生哲学导言》（Prolegomena to Ethics）是这一派开山的著作。格林是一个热心改良社会的人，做了许多社会服务的事业。当达尔文的进化论引起许多激烈讨论的时候，格林正当壮年。（1860 年 6 月 30 日牛津大学辩论进化论的大会——生物学史上最有名的一场舌战——格林也在座，他那时还是大学学生。）

他对于这种自然主义的人生观，总觉得不能满意。人不单是物质的，他是精神的；他有自觉力。人是那普遍的心灵的一个影子。他有欲望与情感，但人的欲望与禽兽的冲动不同：人能把他的冲动化成他自己的，变成自觉的，使欲望变成意志。人的特点就在他能想象一个胜于现在的境界，并且努力求达到那个境界。

格林不幸早死了。英国后起的新意象论派的哲学家，要算勃勒得来（Bradley）最重要了。他的哲学最不好懂，有人叫他做"近世哲学的柔诺（Zeno）"。他的名著叫作《现象与本体》（Appearance and Reality）。本体是绝对的（Absolute）。人类平常的经验知识，都只是片面的，不完全的知识。那绝对的本体是贯通的，谐和的，无所不包的。我们的经验知识，只是那大本体的一个具体而微的部分；虽不完全，却非虚幻，也可以算是一个小本体。我们单靠思想知识，是不能知道那绝对的本体的。只有直觉，只有直截的感觉，可以使我们领略本体的大意。

自从勃勒得来以来，这一派又叫作"绝对的意象论"（Absolute Idealism）。何以又叫作"物观的意象论"（Objective Idealism）呢？因为他们一方面承受休谟与康德的经验主义与意象主义，一方面又想拿海格尔的历史哲学来代替那新兴的进化论。绝对的本体是可知的，却又是不完全可知的。人心的作用，能把散漫的感觉与经验，组织一个宇宙；这个宇宙虽是不完全，却不是纯粹主观的，因为人人都有一个大同小异的宇宙；既然人人都有，互相印证，故可说是物观的。这个宇宙，这个宇宙观，是进化的。靠着知识科学的进步，由孩童的宇宙进到大人的宇宙，由常人的宇宙进到科学家哲学家的宇宙，由不完全的宇宙进到比较上略完全的宇宙，这就是进化。

这个学派，在五十年中，可算是大陆上"正宗"哲学的传人。他的势力在英国美国都很大。英国的大师是鲍生葵（Bosanquet），美国的大师是罗以斯（Royce，1855～1916）。狄雷教授（Thilly）在他的《哲学史》（页五六二）里略举美国哲学家属于这一派的，竟有二十人之多。但马文教授（W. T. Marvin）在他的《欧洲哲学史》里说（页三五五）：

在这里，哲学史家不得不指出，科学同这一派寂寞的，书生的学说，又宣告离婚了。也许将来科学还可以回来和他同居；但在今日，这一个运动虽然是大而重要，却只可算是欧洲哲学思潮的一个回波，不能算是正流了。

三、尼采

尼采也是浪漫主义的产儿。他接受了叔本华的意志论，而抛弃了他的悲观主义。叔本华说的意志，是求生的意志；尼采说的意志，是求权力的意志。生命乃是一出争权力的大戏；在这戏里，意志唱的是正角，知识等等都是配角。真理所以有用，只是因为他能帮助生命，提高生命的权力。生命的大法是：各争权力，优胜劣败。生命的最高目的是造成一种更高等的人，造成"超人"。战争是自然的，是不可免的；和平是无生气的表示。为求超人社会的实现，我们应该打破一切慈悲爱人的教训。叔本华最推崇慈悲，尼采说慈悲可以容纵弱者而压抑强者，是社会进步的最大仇敌。

尼采反对当时最时髦的一切民治主义的学说。生命是竞争的，竞争的结果自然是强者的胜利。强者贤者的统治是自然的；一切平民政治的主张：民权，社会主义，共产主义，无政府主义，都是反自然的。不平等是大法，争平等是时人妄想。

尼采大声疾呼的反对古代遗传下来的道德与宗教。传统的道德是奴隶的道德，基督教是奴隶的宗教。传统的道德要人爱人，保障弱者劣者，束缚强者优者，岂不是奴隶的道德吗？基督教及一切宗教也是如此。基督教提倡谦卑，提倡无抵抗，提倡悲观的人生观，更是尼采所痛恨的。

尼采本是一个古学家，他在巴司尔（Basle）大学做古言语学的教授。他一身多病，他也是"弱者"之一！他的超人哲学虽然带着一点"过屠门而大嚼"的酸味，但他对于传统的道德宗教，下了很无忌惮的批评，"重新估定一切价值"，确有很大的破坏功劳。

四、演化论的哲学

1872年的六版的《物类由来》，乃是最后修正本。达尔文在这一版的页四二四里，加了几句话：

前面的几段，以及别处，有几句话，隐隐的说自然学者相信物类是分别创造的。很有人说我这几句话不该说。但我不曾删去他们，因为他们的保存可以记载一个过去时代的事实。当此书初版时，普通的信仰确是如此的。现在情形变了，

差不多个个自然学者承认演化的大原则了。（《达尔文传》二，三三二）

当1859年《物种由来》初出时，赫胥黎在《泰晤士报》上作了一篇有力的书评，最末的一节说：

达尔文先生最忌空想，就同自然最怕虚空一样（"自然最怕虚空"Nature abhors a vacuum，乃是谚语）。他搜求事例的殷勤，就同一个宪法学者搜求例案一样。他提出的原则，都可以用观察与实验来证明的。他要我们跟着走的路，不是一条用理想的蜘蛛网丝织成的云路，乃是一条用事实砌成的大桥。那么，这条桥可以使我渡过许多知识界的陷坑；可以引我们到一个所在，那个所在没有那些虽妖艳动人而不生育的魔女——叫作最后之因的——设下的陷入坑。古代寓言里说一个老人最后吩咐他的儿子的话是："我的儿子，你们在这葡萄园里掘罢。"他们依着老人的话，把园子都掘遍了；他们虽不曾寻着窖藏的金，却把园地锄遍了，所以那年的葡萄大熟，他们也发财了。（《赫胥黎论文》，二，页一一○）

这一段话最会形容达尔文的真精神。他在思想史的最大贡献就是一种新的实证主义的精神。他打破了那求"最后之因"的方法，使我们从实证的方面去解决生物界的根本问题。

达尔文在科学方面的贡献，他的学说在这五十年中的逐渐证实与修正，——这都是五十年的科学史上的材料，我不必在这里详说了。我现在单说他在哲学思想上的影响。

达尔文的主要观念是："物类起于自然的选择，起于生存竞争里最适宜的种族的保存。"他的几部书都只是用无数的证据与事例来证明这一个大原则。在哲学史上，这个观念是一个革命的观念；单只那书名——《物类由来》——把"类"和"由来"连在一块，便是革命的表示。因为自古代以来，哲学家总以为"类"是不变的，一成不变就没有"由来"了。例如一粒橡子，渐渐生芽发根，不久满一尺了，不久成小橡树了，不久成大橡树了。这虽是很大的变化，但变来变去还只是一株橡树。橡子不会变成鸭脚树，也不会变成枇杷树。千年前如此，千年后也还如此。

这个变而不变之中，好像有一条规定的路线，好像有一个前定的范围，好像有一个固定的法式。这个法式的范围，亚里士多德叫他做"哀多斯"（Eidos），平常译作"法"。中古的经院学者译作"斯比西斯"（Species），正译为"类"（关于

"法"与"类"的关系，读者可参看胡适《中国哲学史大纲》上卷，页二〇六）。这个变而不变的"类"的观念，成为欧洲思想史的唯一基本观念。学者不去研究变的现象，却去寻现象背后的那个不变的性。那变的，特殊的，个体的，都受人的轻视；哲学家很骄傲的说："那不过是经验，算不得知识。"真知识须求那不变的法，求那统举的类，求那最后的因（亚里士多德的"法"即是最后之因）。

十六七世纪以来，物理的科学进步了，欧洲学术界渐渐的知道注重个体的事实与变迁的现象。三百年的科学进步，居然给我们一个动的变的宇宙观了。但关于生物，心理，政治的方面，仍旧是"类不变"的观念独占优胜。偶然有一两个特别见识的人，如拉马克（Lamarck）之流，又都不能彻底。

达尔文同时的地质学者，动物学者，植物学者，都不曾打破"类不变"的观念。最大的地质学家如来尔（Lyell），达尔文的至好朋友，何尝不知道大地的历史上一个时代有一个时代的生物？但他们总以为每一个地质的时代的末期必有一个大毁坏，把一切生物都扫去；到第二个时代里，另有许多新物类创造出来。他们始终打不破那传统的观念。

达尔文不但证明"类"是变的，而且指出"类"所以变的道理。这个思想上的大革命在哲学上有几种重要的影响。最明显的是打破了有意志的天帝观念。如果一切生物全靠着时时变异和淘汰不适于生存竞争的变异，方才能适应环境，那就用不着一个有意志的主宰来计划规定了。况且生存的竞争是很惨酷的；若有一个有意志的主宰，何以生物界还有这种惨剧呢？当日植物学大家葛雷（Asa Gray）始终坚执主宰的观念。达尔文曾答他道：

我看见了一只鸟，心想吃他，就开枪把他打杀了：这是我有意做的事。一个无罪的人站在树下，触电而死，难道你相信那是上帝有意杀了他吗？有许多人竟能相信；我不能信，故不信。如果你相信这个，我再问你：当一只燕子吞了一个小虫，难道那也是上帝命定那只燕子应该在那时候吞下那个小虫吗？我相信那触电的人和那被吞的小虫是同类的案子。如果那人和那虫的死不是有意注定的，为什么我们偏要相信他们的"类"的初生是有意的呢？（《达尔文传》第一册，页二八四）

我们读惯了老子"天地不仁"的话，《列子》鱼鸟之喻，王充的自然论——两千年来，把这种议论只当耳边风，故不觉得达尔文的议论的重要。但在那两千年的基督教威权底下，这种议论确是革命的议论；何况他还指出无数科学的事实做证据呢？

但是达尔文与赫胥黎在哲学方法上最重要的贡献，在于他们的"存疑主义"（Agnosticism）。存疑主义这个名词，是赫胥黎造出来的，直译为"不知主义"。孔丘说，"知之为知之，不知为不知，是知也。"这话确是"存疑主义"的一个好解说。但近代的科学家还要进一步，他们要问，"怎样的知，才可以算是无疑的知？"赫胥黎说，只有那证据充分的知识，方才可以信仰，凡没有充分证据的，只可存疑，不当信仰。这是存疑主义的主脑。

1860 年 9 月，赫胥黎最钟爱的儿子死了，他的朋友金司莱（Charles Kinsley）写信来安慰他，信上提到人生的归宿与灵魂的不朽两个大问题。金司莱是英国文学家，很注意社会的改良，他的人格是极可敬的，所以赫胥黎也很诚恳的答了他一封几千字的信（《赫胥黎传》，一，页二三三～二三九）。这信是存疑主义的正式宣言，我们摘译几段如下：

……灵魂不朽之说，我并不否认，也不承认。我拿不出什么理由来信仰他，但是我也没有法子可以否证他。……我相信别的东西时，总要有证据；你若能给我同等的证据，我也可以相信灵魂不朽的话了。我又何必不相信呢？比起物理学上"质力不灭"的原则来，灵魂的不灭也算不得什么希奇的事。我们既知道一块石头的落地含有多少奇妙的道理，决不会因为一个学说有点奇异就不相信他。但是我年纪越大，越分明认得人生最神圣的举动是口里说出和心里觉得"我相信某事某物是真的"。

人生最大的报酬和最重的惩罚都是跟着这一种举动走的。这个宇宙，是到处一样的；如果我遇着解剖学上或生理学上的一个小小困难，必须要严格的不信任一切没有充分证据的东西，方才可望有成绩；那么，我对于人生的奇秘的解决，难道就可以不用这样严格的条件吗？用比喻或猜想来同我谈，是没有用的，我若说，"我相信某条数学原理"，我自己知道我说的是什么：够不上这样信仰的，不配做我的生命和希望的根据。……

科学好像教训我"坐在事实面前像个小孩子一样；要愿意抛弃一切先入的成见；谦卑的跟着'自然'走，无论他带你往什么危险地方去：若不如此，你决不会学到什么"。自从我决心冒险实行他的教训以来，我方才觉得心里知足与安静了……我也很知道，一百人之中就有九十九人要叫我做"无神主义者"（Atheist），或他种不好听的名字。照现在的法律，如果一个最下等的毛贼偷了我的衣服，我在法庭上宣誓起诉是无效的（1869 年以前，无神主义者的宣誓是无法律上的效用的）。但是我不得不如此。人家可以叫我种种名字，但总不能叫我做"说谎的人"。

这种科学的精神——严格的不信任一切没有充分证据的东西——就是赫胥黎叫作"存疑主义"的。对于宗教上的种种问题持这种态度的，就叫作"存疑论者"（Agnostic）。达尔文晚年也自称为"存疑论者"。他说：

科学与基督无关，不过科学研究的习惯使人对于承认证据一层格外慎重罢了。我自己是不信有什么"默示"（Revelation）的。至于死后灵魂是否存在，只好各人自己从那些矛盾而且空泛的种种猜想里去下一个判断了。（《达尔文传》，一，页二七七）

他又说：

我不能在这些深奥的问题上面贡献一点光明。万物缘起的奇秘是我们不能解决的。我个人只好自居于存疑论者了。（同书，一，页二八二）

这种存疑的态度，五十年来，影响于无数的人。当我们这五十年开幕时，"存疑主义"还是一个新名词；到了 1888 年至 1889 年，还有许多卫道的宗教家作论攻击这种破坏宗教的邪说，所以赫胥黎不能不正式答辩他们。他那年作了四篇关于存疑主义的大文章：

（1）论存疑主义，

（2）再论存疑主义，

（3）存疑主义与基督教，

（4）关于灵异事迹的证据的价值。

此外，他还有许多批评基督教的文字，后来编成两厚册，一册名为"科学与希伯来传说"，一册名为"科学与基督教传说"（《赫胥黎论文》，卷四，卷五）。这些文章在当日思想界很有廓清摧陷的大功劳。基督教当十六七世纪时，势焰还大，故能用威力压迫当日的科学家。葛里赖（Galileo）受了刑罚之后，笛卡尔（Descartes）就赶紧把他自己的"天论"毁了。从此以后，科学家往往避开宗教，不敢同他直接冲突。他们说，科学的对象是物质，宗教的对象是精神，这两个世界是不相侵犯的。

三百年的科学家忍气吞声的"敬宗教而远之"，所以宗教也不十分侵犯科学的发展。但是到了达尔文出来，演进的宇宙观首先和上帝创造的宇宙观起了一个大冲突，于是三百年来不相侵犯的两国就不能不宣战了。达尔文的武器只是他三十年中搜集来的证据。三十年搜集的科学证据，打倒了二千年尊崇的宗教传说！这一场大战的结果——证据战胜了传说——遂使科学方法的精神大白于世界。

赫胥黎是达尔文的作战先锋（因为达尔文身体多病，不喜欢纷争），从战场上的经验里认清了科学的唯一武器是证据，所以大声疾呼的把这个无敌的武器提出来，叫人们认为思想解放和思想革命的唯一工具。自从这个"拿证据来"的喊声传出以后，世界的哲学思想就不能不起一个根本的革命——哲学方法上的大革命。于是十九世纪前半的哲学的实证主义（Positivism）就一变而为十九世纪末年的实验主义（Pragmatism）了。

斯宾塞也是提倡演化论的人，达尔文称他做前辈。然而他对于演化论的本身，不曾有多大的贡献；他的大功劳在于把进化的原则应用到心理学，社会学，人生哲学上去。

他在 1860 年出版了他的《原理论》（First Principles），书的前面附有一篇广告，说他要陆续发表一部《哲学全书》，全书的顺序如下：

（1）《原理论》

部甲，不可知的。

部乙，可知的原理。（如《力的永存》、《进化的大法》等等）

（2）《生物学原理》：分二册，六部。（目从略）

（3）《心理学原理》：分二册，八部。

（4）《社会学原理》：分三册，十一部。

（5）《道德学原理》：分二册，六部。

最初买预约券的人名也附在后面，中有弥儿（穆勒），达尔文，赫胥黎的名字。他这部大书出了三十六年（1860～1896）方才出完；中间经过许多经济上的困难，幸而他的年寿高，居然能完了他这个宏愿。他的哲学是我们不能在这篇短文里讨论的。我们现在只能指出他的进化论（Evolution 一个字，我向来译为"进化"，近来我想改为"演化"。本篇多用"演化"，但遇可以通用时，亦偶用"进化"。）应用时的几个特别贡献。

斯宾塞说万物的演化，分三个时期。第一个时期是积聚，例如太阳系宇宙最初的星气，又如地球初期在星气内成的球形，又如生物初期的营养。第二个时期是划分——所谓由"由浑而画"——例如由星气分为各天体，又如每一天体分为各部分，又如生物分为各种构造与官能。这个划分的时期呈现一个分离的趋势，如果有一方面太偏重了，必致陷入瓦解的危险。所以须有第三个时期的安定，安定就是调和分与合之间，保存一种和均。但这种和均的安定是不能永久的，将来仍旧要重新经过这三时期的演进。

我们先看他在生物学上的应用。他说，生命是内部（生理的）关系和外面关系的适应。一个生物不但承受外来的感觉，并且因此发生一种变化，使他将来对于外境的适应更胜于未变化之前。种类上，生理上的变异是外来势力的影响，那种适宜的变异就得自然的选择，就生存了。达尔文说这是"自然的选择"，斯宾塞说不如叫他做"最适者的生存"；因为种种生理上的变化，虽是环境的影响，却也是生物对付环境的"作用"（Function）的积渐结果。

这个观念，应用到心理学上去，就把心的现象也看作"适应"的作用。他说，心理的生活和生理的生活有同样的性质，两种生活都是要使内部关系和外部关系互相适应。从前的人把"意识"（Consciousness）说的太微妙了，其实意识也是一种适应的作用。人受的印象太多了，不能不把他们排列成一种次序；凡是神经的作用，排成顺序，以便适应外面的境地的，便是意识。斯宾塞把意识看作一种适应，这个观念后来颇影响了现代的新派心理学。

在人心行为的方面，斯宾塞也很有重大的贡献。他用适应和不适应来说明行为的善恶。刀子割得快，是"好"刀子；手枪发的远，放的准，是"好"手枪；房子给我们适当的蔽护和安逸，是"好"房子。雨伞不能遮雨，是"坏"雨伞；皮靴透进水来，是"坏"皮靴。人的行为的好坏，也是如此的。有些行为是没有目的的，没有目的便没有好坏可说，便不发生道德问题。凡有目的的行为，都是要适应那个目的的。"我们分别行为的好坏，总是看他能否适应他的目的。"斯宾塞又拿这个观念来说行为的进化；他说，幼稚的行为是适应不完全的行为；行为越进化，目的与动作的互相适应越完密。他这种行为论，在最近三十年的道德观念和教育学说上都有不小的影响。

五、实验主义

我们在第一章里说美国人莱特（Wright）要想把达尔文的学说和一般的哲学研究，连贯起来。这个莱特在美国康桥办了一个"玄学会"，这个会便是实验主义的发源之地。会员皮耳士（Peirce）在 1873 年做了一篇《科学逻辑的举例》，这篇文章共分六章，第二章是论《如何能使我们的意思明白》。这两个标题都是很可以注意的，因为我们在这里可以看出实验主义最初的宗旨是要用科学方法来把我们所有的意思的意义弄的明白。

皮耳士是一个大科学家，所以他的方法只是一个"科学试验室的态度"（"The laboratory attitude"）。他说，"你对一个科学实验家无论讲什么，他总以为你的意思是说某种实验法若实行时定有某种效果。若不如此，你说的话他就不懂得了"。他平生只遵守着这个态度，所以说，"一个观念的意义完全在那观念在人生行为上所发生的效果。凡试验不出什么效果来的东西，必定不能影响人生行为。所以我们如果能完全求出承认某种观念时有那么些效果，不承认他时又有那么些效果，如此我们就是这个观念的完全意义了。除掉这些效果之外，更无别种意义。这就是我所主张的实验主义。"（Journal of Philos.，Psy.，and Sc. Meth. XIII. No. 26，P. 710. 引）

他这一段话的意思是说，一切有意义的思想都会发生实际上的效果。这种效果便是那思想的意义。若问那思想有无意义或有什么意义，只消求出那思想能发生何种实际的效果；只消问若承认他时有什么效果，若不承认他时又有什么效果。若不论认他或不认他，都不发生什么影响，都没有实际上的分别，那就可说这个思想全无意义，不过胡说的废话。

皮耳士又说，"凡一个命辞的意义在于将来。（命辞或称命题 Propesition）何以故呢？因为一个命辞的意义还只是一个命辞，还只是把原有的命辞翻译成一种法式使他可以在人生行为上应用"。他又说，"一个命辞的意义即是那命辞所指出一切实验的现象的通则"（同上书 p. 711 引）。这话怎样讲呢？我且举两条例。譬如说"砒霜是有毒的"。这个命辞的意义还只是一个命辞。

例如"砒霜是吃不得的"，或是"吃了砒霜是要死的"，或是"你千万不要吃砒霜"。这三个命辞都只是"砒霜有毒"一个命辞所涵的实验的现象。后三个命辞即是前一个命辞翻译出来的应用公式，即是这个命辞的真正意义。又如说，"闷空气是害卫生的"，和"这屋里都是闷空气"。这两个命辞的意义就是叫你"赶快打开窗子换换新鲜空气"！

皮耳士的学说不但是说一切观念的意义在于那观念所能发生的效果；他还要进一步说，一切观念的意义，即是那观念所指示我们应该养成的习惯。"闷空气有害卫生"一个观念的意义在于他能使我们养成常常开窗换新鲜空气的习惯。"运动有益身体"一个观念的意义在于他能使我们养成时常作健身运动的习惯。科学的目的只是要给我们许多有道理的行为方法，使我们从信仰这种方法生出有道理的习惯。这是科学家的知行合一说。这是皮耳士的实验主义。（参看 Journal of Philos．，Psy. and Sc. Meth．XIII 21，p．709～720）

皮耳士的实验主义只是一种方法论。我们在上章曾指出赫胥黎的存疑主义是一种思想方法，他的要点在于注重证据。对于一切迷信，一切传说，他只有一个作战的武器，是"拿出证据来"。这个态度，虽然确是科学的态度，但只是科学方法的一方面，只是消极的破坏的方面。赫胥黎还不曾明白科学方法在思想上的完全涵义。何以见得呢？赫胥黎的《论文》的第一卷，大多是论科学成绩的文章，他自己还题一个总目，叫作"方法与结果"。

他还做一篇小序，说本卷第四篇说的是笛卡尔指出的科学判断必不可少的条件；其余八篇说的都是笛卡尔的方法应用到各方面将来的结果。但笛卡尔的方法只是一个"疑"字；赫胥黎明明指出笛卡尔的方法只是不肯信仰一切不清楚分明的命辞，只是把一个"疑"字从罪过的地位升作一种责任了。赫胥黎认清了这个"疑"字是科学精神的中心，他们当时又正在四面受敌不能不作战的地位，所以他的方法只是消极的部分居多，还不能算是科学方法的完全自觉。皮耳士的实验主义，方才把科学方法的积极消极两方面的含义发挥出来，成为一种哲学方法论。

在积极的方面，皮耳士指出"试验"作标准："一个观念的意义完全在于那观念在人生行为上发生的效果。承认他时，有什么效果？不承认他时，有什么效果？如此，我们就有这个观念的完全意义。"在消极的方面，他指出凡试验不出什么效果的都没有意义。这个标准，比笛卡尔的"明白""清楚"两个标准更厉害了。

皮耳士的文章是 1877 年出版的；当时的人都不很注意他。直到二十年后，詹姆士用他的文学的天才把这个主义渐渐的传播出来，那时候机会也比较成熟了，所以这个主义不久便风行一世了。

但詹姆士是富于宗教心的人。他虽是实验主义的宣传者，他的性情根本上和实验主义有点合不拢来。他在 1896 年发表一篇《信仰的心愿》（The Will to Believe），反对赫胥黎一班人的存疑主义。赫胥黎最重证据，和他同时的有一位少

322

年科学家克里福（W. K. Clifford，1845~1879）也极力拥护科学的怀疑态度来攻击宗教。克利福虽然死的很早（死时只有三十多岁），但他的《论文与讲演集》（Lectures and Essays）却至今还有人爱读，他有一段话说：

如果一个人为了自己的安慰和愉快，就信仰一些不曾证实不曾疑问的命题，那就是侮辱信仰了。……没有充分证据的信仰，即使他能发生愉快，那种愉快是偷来的。……我们对于人类的责任是要防御这样的信仰，就同防御瘟疫一样，不要使自己染了瘟疫还传染全城的人。……无论何时，无论何地，无论何人，凡没有充分证据的信仰，总是错的。

这种宣言，詹姆士大不满意；他就引来做他的《信仰的心愿》的出发点。他很诙谐的指出这班人说的事事求"物观的证据"（Objective evidence）是不可能的。他说：

物观的证据，物观的确实，确是很好的理想。但是在这个月光照着，梦幻常来寻着的星球上，那里去寻他们呢？……互相矛盾的意见曾经自夸有了物观的证据的，也不知有过多少种了！"有一个上帝"——"上帝是没有的"；"心外的物界是可以直接知得的"——"心只能知他自己的意象"；"有一种无条件的道德命令"——"道德成为义务是欲望的结果"；"人人有一个长在的心灵"——"只有起灭无常的心境"；"因果是无穷的"——"有一个最后之因"；"一切都是不得已（Necessity）"——"自由"……我们回想古来适用这个物观证据的主义到人生上去的，最惊人的莫如当日教会的异端审问局（The Holy Office of Inquisition）。我们想到这一层，就不十分高兴去恭听那物观证据的话了。……

我是不能依克里福的话的。我们须记得，我们对于真理与谬误的责任心其实都是我们的情感生活的表现。……那说"宁可永没有信仰，不可信仰诳话"的人，不过表示他太怕上当罢了。也许他能防制他的许多欲望和畏惧；但这个怕上当的畏惧，他却奴隶也似的服从他。至于我呢，我也怕上当；但我相信人在这个世界比上当更坏的事多着呢！所以克里福的教训在我耳朵里很有一种风狂的声音，很像一个大将训令他的兵士们"宁可完全不打仗，不可冒受微伤的危险"。战胜敌人与战胜天然，都不是这样得来的。我们的错误断乎不是那样十分了不得的大事。在这个世界里，无论怎样小心，错误总是不能免的，倒不如把心放宽点，胆放大点罢。

他的主张是：

有时候，有些信仰的去取是不能全靠智识方面来决断的；当这样时候，我们情感方面的天性不但正可以，并且正必须出来决断。因为，当这样时候，若说"不要决断，还是存疑罢"，那还是一种情感上的决断，结果也许有同样的危险——放过真理。

他拿宗教的问题做例：

存疑的态度仍旧免不了这个难关；因为那样做去，若宗教是假的，你固可以免得上当；若宗教竟是真的，你岂不吃亏了么？存疑的危险，岂不同信仰一样吗？（信仰时，若宗教是真的，固占便宜；若是假的，便上当了。）譬如你爱上了一个女子，但不能断定现在的安琪儿将来不会变作母夜叉，你难道因此就永远迟疑不敢向他求婚了吗？

詹姆士明明白白的宣言：

假如宗教是真的，只是证据还不充分，我不愿意把你的冷水浇在我的热天性上，因而抛弃我一生可以赌赢的唯一机会——这个机会只靠我愿意冒险做去，只当我情感上对世界的宗教态度毕竟会不错的。

这就是"信仰的心愿"。这个态度是一种赌博的态度：宗教若是假的，信仰的上当，存疑的可以幸免；但宗教若是真的，信仰的便占便宜，存疑的便吃亏了。信仰与存疑，两边都要冒点险。但是人类的意志（Will）大都偏向占便宜的方面，就同赌博的人明知可输可赢，然而他总想赢不想输。赫胥黎一派的科学说，"输赢没有把握，还是不赌为妙"。詹姆士笑他们胆小，他说："不赌那会赢？我愿意赌，我就赌，我就大胆的赌去，只当我不会输的！"

他这种态度，也有他的独到的精神。他说：

假如那造化的上帝对你说：

我要造一个世界，保不定可以救援的。这个世界要做到完全无缺的地位，须靠各个子各尽他的能力。我给你一个机会，请你加入这个世界。你知道我不担保这世界平安无事的。这个世界是一种真正冒险事业，危险很多，但是也许有最后的胜利。这是真正的社会互助的工作。你愿意跟来吗？你对你自己，和那些旁的工人，有那么多的信心来冒这个险吗？

假如上帝这样问你，这样邀请你，你当真怕这个世界不安稳竟不敢去吗？你当真宁愿躲在睡梦里不肯出头吗？

这是詹姆士的"淑世主义"（Meliorism）的挑战书。詹姆士自己是要我们大着胆子接受这个哀的米敦书（ultimatum，即"最后通牒"，编者注）的。他很嘲笑那些退缩的懦夫，那些静坐派的懦夫。他说，"我晓得有些人有不愿去的。他们觉得那个世界里须要用奋斗去换平安，这是很没有道理的事。……他们不敢相信机会。他们想寻一个世界，要可以歇肩，可以抱住爹爹的头颈，就此被吹到那无穷无极的生命里面，好像一滴水滴在大海里。这种平安清福，不过只是免去了人世经验的种种烦恼。佛家的涅槃，其实只不过免去了尘世的无穷冒险。那些印度人，那些佛教徒，其实只是一班懦夫。他们怕经验，怕生活。……他们听见了多元的淑世主义，牙齿都打战了，胸口的心也骇得冰冷了。"詹姆士自己说，"我吗？我愿意承认这个世界是真正危险的，是须要冒险的；我决不退缩，我决不说'我不干了'！"

詹姆士的哲学确有他的精彩之处，但终不免太偏向意志的方面，带的意志主义（Voluntarism）的色彩太浓重了，不免容易被一般宗教家利用去做宗教的辩护。实验主义本来是一种方法，一种评判观念与信仰的方法；到了詹姆士手里，方法变松了，有时不免成了一种辩护信仰的方法了。即如他说，

依实验主义的道理看来，如果"上帝"那个假设有满意的功用，——此所谓满意，乃广义的，——那假设便是真的。

皮耳士的方法，这样活用了，就很有危险了。所以皮耳士很不以为然，觉得Pragmatism这个名字被詹姆士用糟了，他想把那个名词完全让给詹姆士一派带有意志主义色彩的"实际主义"，而他自己另造一个字 Pragmaticism 来表明他的"实验态度"。杜威也不赞成詹姆士的意志主义，所以他不用 Pragmatism 的名称，自称为"工具主义"（Instrumentalism），又称为"试验主义"（Experimental-ism）。只有英国的失勒（F. C. S. Schiller）一派的"人本主义"（Humanism），名称上虽有不同，精神上却和詹姆士最接近。

现在单说杜威的工具主义。杜威始终只认实验主义是一种方法论，故他最初只专力发挥实验主义的逻辑一方面，这种逻辑他叫作"工具的逻辑"，后来也叫作"试验的逻辑"。1907 年，詹姆士出了一部书，叫作"实验主义"，他想把皮耳

士、杜威、失勒，以及欧洲学者倭斯袜（Ostwald）、马赫（Mach）的学说都贯串在一块，看作一个哲学大运动。这书也谈玄学，也谈知识论，也谈常识，也论真理，也论宇宙，也论宗教。

杜威觉得他这种大规模的综合是有危险的，所以他做了一篇最恳切的批评，叫作"实验主义所谓'实际的'是什么"，后来成为他的《试验的逻辑杂论》（Essays in Experimental Logic）的一篇。杜威把詹姆士论实验主义的话，总括起来，作为实验主义的三个意义：第一，实验主义是一种方法；第二，是一种真理论；第三，是一种实在论。杜威引詹姆士的话来说明这三项如下：

（1）方法论　詹姆士总论实验主义的方法是"要把注意之点从最先的物事移到最后的物事；从通则移到事实，从范畴移到效果"。（看《胡适文存》卷二，页九五）

（2）真理论　"凡真理都是我们能消化受用的；能考验的，能用旁证证明的，能稽核查实的。凡假的都是不能如此的。""如果一个观念能把我们一部分的经验引渡到别一部分的经验，连贯的满意，办理的妥帖，把复杂的变简单了，把烦难的变容易了——如果这个观念能做到这步田地，他便'真'到这步田地，便含有那么多的真理。"（看《胡适文存》卷二，页九八～一〇二）

（3）实在论　"理性主义以为实在（Reality）是现成的，永远完全的；实验主义以为实在还在制造之中，将来造到什么样子便是什么样子。""实在好比一块大理石到了我们手里，由我们雕成什么像。"（看同书卷二，页一〇五～一〇七）

但杜威指出实验主义虽有这三种意义，其实还只是一种方法论。他把方法论再分析出来，指出他的三种应用。（甲）用来规定事物（Objects）的意义，（乙）用来规定观念（Ideas）的意义，（丙）用来规定一切信仰的意义。

（甲）事物的意义。詹姆士引德国化学大家倭斯袜（Ostwald）的话，"一切实物能影响人生行为；那种影响便是那些事物的意义。"他自己也说，"若要使我们心中所起事物的感想明白清楚，只须问这个物事能生何种实际的影响——只须问他发生什么感觉，我们对于他起何种反动"。譬如说"闷空气"，他的意义在于他对于呼吸的关系和我们开窗换空气的反动。

（乙）观念的意义。我们如要规定一个观念的意义，只须使这观念在我们经验以内发生作用。把这个观念当作一种工具用，看他在自然界能发生什么变化，什么影响。一个观念（意思）就像一张支票，上面写明可支若干效果；如果这个自然银行见了这张支票即刻如数现兑，那支票便是真的——那观念便是真的。

（丙）信仰的意义。信仰包括事物与观念两种，不过信仰所包事物观念的意义是平常公认为已确定了的。若要决定这种观念或学说的意义，只须问，"如果这种学说是真的，那种学说是假的，于人生实际上可有什么分别吗？如果无论那一种是真是假都没有实验上的区别，那就可证明这种表面不同的学说其实是一样的，一切争执都是废话"。

以上是杜威就詹姆士书里搜括出来的方法论。杜威自己著的书，如《我们如何思想》，如《试验的逻辑杂论》，都特别注重思想的工具的作用。怎样是"工具的作用"呢？杜威说：我们人，手里的大问题是：怎样对付外面的变迁才可以使这些变迁朝着那于我们将来的活动有益的方向走。……生活的进行全在能管理环境。生活的活动必须把周围的变迁——变换过；必须使有害的势力变成无害的势力；必须使无害的势力变成帮助我们的势力。

这种生活就是经验。经验全是一种"应付的行为"；思想知识就是应付未来的重要工具。向来的哲学家不明白经验的真性质，所以有些人特别注重感觉，只认那细碎散漫的感觉为经验的要义；有些人特别注重理性，以为细碎的感觉之上还应该有一个综合组织的理性。前者属于经验主义，后者属于理性主义。

近代生物学和心理学发达的结果，使我们明白这种纷争是不必有的。杜威指出感觉和推理都是经验（生活）的一部分。平常的习惯式的动作，例如散步，读小说，睡觉，本没有什么段落可分；假如散步到一个三岔路口，不知道那一条是归路，那就不能不用思想了；又如读书读到一处忽然上下不相接了，读不下去了，那就又不能不用思考的工夫了。这种疑难的境地便是思想的境地，困难的感觉便是思想的动机，"便是思想的挑战书"。感觉了困难之后，我们便去搜求解决困难之法，这便是思想。

思想是解决困难的工具。当搜求解决的方法之时，我们的经验知识便都成了供给资料的库藏。从这库藏里涌出来了几个暗示的主意，我们一一选择过，斥退那些不适用的，单留下那最适用的一个主意。这个主意在此时还只是一种假设的解决法；必须他确能解决那当前的困难，必须实验过，方才成为证实的解决。解决之后，动作继续进行；散步的继续散步，读书的继续读书，又回到顺适的境地了。

我们可以把思想的层次画一个略图：

仔细分析起来，凡是有条理的思想，大概都可以分作五步：

（1）感觉困难；（2）寻出疑难所在；（3）暗示的涌现；（4）评判各种暗示的解决，假定一个最适用的解决；（5）证实（就是困难的解决）。

在这五步里，究竟何尝单是细碎的感觉？又何尝有什么超于经验的理性？从第一步感觉困难起，到最后一步解决困难止，步步都是一段经验的一个小部分，都是一个"适应作用"的一个小段落。

杜威在他的新著《哲学的改造》（1920）里说：

……我们现在且看从古代生活到近代生活，"经验"本身遭遇的变化。在柏拉图眼里，经验只是服从过去，服从习惯。经验差不多等于习俗——不是理性造的，也不是用心造成的，只是从很无意识的惯例相习成风的。所以在柏拉图眼里，只有"理性"可以解放我们，使我们不做盲从习俗的奴隶。

到了培根和他那一派的哲学家，我们就可以看出一个奇怪的翻案。理性和他手下的许多抽象观念倒变成守旧拘迂的分子了。经验却变成解放的动力了。在培根一派的眼里，经验指那新的分子，使我们不要拘守旧习惯，替我们发现新的事实与真理。对于经验的信仰，并不产生顽固，却产生了谋进步的努力。

这个古今的不同，正因为大家都不知不觉的承认了，所以是格外可注意的。这一定是因为人生实在的经验上起了一种具体的重大的变化了。因为人们对于"经验"的见解究竟是跟着实际经验来的，而且是仿照那实际的经验的。

当希腊的数学和其他理性的科学（Rational Science）发达的时候，科学的学理不曾影响到平常的经验。科学只是孤立的，离开人事的，从外面加入的。医术总算是含有最多量的实证知识了，但医术还只是一种技术，不曾成为科学。况且当日各种实用的技术里也没有有意的发明与有目的的改良。匠人只知道摹仿遗传下来的模型；不依老样式做去，往往退步了。技术的进步，或者是慢慢的无意的逐渐衍变出来的，或者是一时兴到，偶然创出的一种新式。既然没有自觉的方法，只好归功于神助了。在社会政术的方面，像柏拉图那样的彻底改革家，只觉现有的弊病都是因为缺乏可以仿效的型范。匠人制器，尚有型范可以依据，而社会国家里反没有这种型范。哲学家应该供给这种法象；法象成立之后，应该得宗教的尊崇，艺术的装点，教育的灌输，行政官的执行，总要使他们一成不变。

试验的科学的发达，使人们能制裁他们的环境；这本是不用再详说的了。但这种制裁是和那旧日的经验观不相容的，然而人们常常忽略了这一层，所以我们不能不指出：经验从"经验的"（Empirical）变为"试验的"（Experimental）的时候，有一件根本重要的事就发生了。从前人们用过去经验的结果，只不过造成一些习惯，供后人来盲目的服从或盲目的废弃。现在人们从旧经验里寻出目的和方法来发展那新而且更好的经验。所以经验竟积极的自己制裁自己了。诗人莎士比亚曾说"没有法子可以改善'自然'，但'自然'自己供给那种法子"。我们也可拿他说"自然"的话来说经验。我们不用专抄老文章，也不须坐待事变来逼迫我们变化。我们用过去经验来创造新而更好的将来经验。经验的本身就含有用来改善自己的手续了。

所以智识——所谓"理性"——并不是外加在经验上的东西。他固是经验所暗示的，固须靠经验来证实的；但他又可以从种种发明里用来扩充经验，使经验格外丰富。……康德哲学里的"理性"，是用来介绍普遍性与秩序条理到经验里去的：那种"理性"，在我们现在看起来，很可以用不着了；那不过是一班中了古代形式主义和烦琐术语的毒的人捏造出来的。我们只要那过去经验里出来的一些具体的意思——依据现在的需要，渐渐发展成熟；用来做具体改造的目的与方法；并且用适应的事业的成败来试验过——就尽够了。这些从经验出来，积极的用在新的目的上的种种意思，我们就叫作"智慧"（Intelligence）。（页九二～九六）

杜威在这几段里指出古今人对于"经验"的态度所以不同，正因为古今人实际的经验确已大不相同了。古人的经验是被动的，守旧的，盲目的，所以古哲学崇拜理性而轻视经验。今人的经验，因为受了试验科学的影响，是主动的支配自然，是进取的求革新。是有意识的计划与试验，所以培根以来有许多哲学家推崇经验而攻击理性和他的附属物。但人们究竟不肯轻易打碎他们磕头膜拜过的偶像，所以总想保存一个超于经验之上而主持经验的"理性"。这是两千年欧洲哲学史的一个总纲领。

杜威指出，我们正用不着康德们捏造出来的那个理性。经验的活用，就是理性，就是智慧，此外更没有什么别的理性。人遇困难时，他自然要寻求应付的方法；当此时候，他的过去的经验知识里，应需要的征召，涌出一些暗示的意思来。经验好像一个检察官，用当前的需要做标准，一项一项的把这些暗示都审查过，把那些不相干的都发放回去，单留下一个最中用的；再用当前的需要做试金石，叫那个留下的假设去实地试验，用试验的成败定他的价值。这一长串连贯的作用——从感觉困难到解决困难——都只是经验的活用。若说"既有作用，必还有一个作用者"，于是去建立一个主持经验的理性：那就是为宇宙建立一个主宰宇宙的上帝的故智了！

杜威的这一个中心观念，把哲学史上种种麻烦的问题——经验与理性，感觉与理智，个体与名相，事与理——都解决了。他在《创造的智慧》（Creative Intelligence）里，曾说：

> 智识上的进步有两条道路。有时候，旧观念不必十分改变，更不必完全抛弃，只须扩大范围，精密研究，知识也就因此增加了。有时候，知识的增加只要性质的变换，不要数量的增加。人心觉得有些老问题实在不值得讨论了；从前火热的意思，现在退凉了；从前很迫切的兴趣，现在冷淡了。人们的道路改了一个方向了；从前的困难，现在都不成问题了，从前不注意的问题，现在倒变大了。那些老问题未必就解决了，但他们用不着解决了。（页三）

杜威觉得哲学史上有许多问题都是哲学家作茧自缚的问题，本来就不成问题，现在更用不着解决了。我们只好"以不了了之"。他说：

> 如果哲学不弄那些"哲学家的问题"了，如果哲学变成解决"人的问题"的哲学方法了，那时候便是哲学光复的日子到了。（同书，页六五）

六、晚近的两个支流

这一章名为"晚近的两个支流"。我也知道"支流"两个字一定要引起许多人的不平。但我个人观察十九世纪中叶以来的世界思潮，自不能不认达尔文、赫胥黎一派的思想为哲学界的一个新纪元。自从他们提出他们的新实证主义来，第一个时期是破坏的，打倒宗教的威权，解放人类的思想。所以我们把赫胥黎的存疑主义特别提出来，代表这第一时期的思想革命。（许多哲学史家都不提起赫胥黎，这是大错的。他们只认得那些奥妙的"哲学家的问题"，不认得那惊天动地的"人的问题"！如果他们稍有一点历史眼光，他们应该知道二千五百年的思想史上，没有一次的思想革命比 1860 到 1890 年的思想革命更激烈的。

一部哲学史里，康德占四十页。而达尔文只有一个名字，而赫胥黎连名字都没有，那是决不能使我心服的。）第二个时期是新实证主义的建设时期：演化论的思想侵入了哲学的全部，实证的精神变成了自觉的思想方法，于是有实验主义的哲学。这两个时期是这五六十年哲学思潮的两个大浪。但在这汹涌的新潮流之中，我们还可以看出一些回波，一些支派，内中那旧浪漫主义的回波，我们已说过了（第二章）。现在单叙最近三十年中的两个支流，一个是法国柏格森的新浪漫主义，一个是英美两国的新唯实主义。

（A）柏格森（Henri Bergson，1859～1941）。

实证主义——无论旧的新的——都是信仰科学的。科学家的基本信条是承认人的智慧的能力。科学家的流弊往往在于信仰理智太过了，容易偏向极端的理智主义（Intellectualism），而忽略那同样重要的意志和情感的部分。所以在思想史上，往往理智的颂赞正在高唱的时候，便有反理智主义的（Ant－intellectualistic）喊声起来了。在旧实证主义的老本营里，我们早就看见孔德的哲学终局成了孔德的宗教。在新实证主义的大本营里，那实验主义的大师詹姆士也早已提出意志的尊严来向赫胥黎们抗议了。同时法国的哲学家柏格森也提出一种很高的反理智主义的抗议。

柏格森不承认科学与论理可以使我们知道"实在"的真相。科学的对象只是那些僵死的糟粕，只是那静止的，不变的，可以推测预料的。在那静止的世界里，既没有个性，又没有生活，科学与论理是很有用的。但是一到了那动的世界里，事事物物都是变化的，生长的，活的——那古板的科学与论理就不中用了。然而人的理智（Intellect）偏不安本分，偏要用死的法子去看那活的实在；于是他硬把那活的实在看作死的世界；硬说那静的是本体，而动的是幻象；静止是真的，而变动是假的。科学家的理想的宇宙是一个静止的宇宙。科学的方法是把那流动不息的时间都翻译成空间的关系，都化成数量的和机械的关系。这样的方法是不能了解"实在"的真相的。

柏格森说，只有"直觉"（Intuition）可以真正了解"实在"。直觉就是生活的自觉。这个宇宙本来是活的，他有一种创造向前的力——柏格森叫他做"生活的冲动"（Elan Vital）——不断的生活，不息的创造。这种不息的生活向前，这种不断的变迁，不能用空间的关系来记载分析，只是一种"真时间"（Duree）。这种真时间，这种"实在"，是理智不能了解的。只有那不可言说的直觉可以知道这真实在。

柏格森也有一种进化论，叫作"创造的进化"（Creative Evolution）。这种学说假定一个二元的起原：一方面是那死的，被动的物质；一方面是那"生活的冲动"。生命只是这个原始冲动在物质上起作用的趋势。这个原始冲动是生物演化的总原因。他在种子里，一代传给一代，积下过去的经验，不断的向前创造，就同滚雪球一样，每一滚就加上了一些新的部分。这个冲动的趋势，是多方面的，是无定的，是不可捉摸的。他的多方面的冲动，时时发生构造上，形体上的变异；变异到了很显著时，就成了新的种类了。他造成的结果，虽是很歧异的，虽是五花十色的，其实只是一个很简单的唯一趋势——就是那生活的冲动。

我们拿动物的眼睛做个例。从一只苍蝇的眼，到人的眼，眼的构造确有繁简的不同；但每一种动物的眼各有他的统一的组织；他的部分虽然极繁复，而各有一个单一的"看"的作用。机械论的生物学者只能用外境的影响来解释这一副灵妙繁复的机器的逐渐造成，但他们总不能说明何以各微细部分的统属呼应。至于目的论者用一个造物主的意志来解释，更不能满意了。柏格森用那原始的生活冲动来解释；因为有那"看"的冲动，那看的冲动在物质上自然起一个单一的作用，那单一的作用自然发生一个统一的互应的构造。那冲动越向前，那构造也越加精密。但每一个构造——自极幼稚的到极高等的——各自成为一个统一完备的组织。

柏格森又用一个很浅近的比喻。假如我们伸一只手进到一桶铁屑里去，伸到一个地位，挤紧了，不能再进去了：那时候，铁屑自然挤成一种有定的形式——就是那伸进去的手和手腕的形式。假如那手是我们看不见的，那么，我们一定要想出种种话头来解释那铁屑的组织了：有些人说，每一粒铁屑的位置只是四周的铁屑的动作的结果，那就是机械论了；有些人说，这里面定有一个目的的计划，那又是目的论了。但是那真正的说明只是一桩不可分析的动作——那手伸进铁屑的动作。这个动作到的所在，物质上起了一种消极的阻力，就成了那样的集合了（《创造的进化》，页八七～九七）。眼睛的演化也是如此。

柏格森批评那机械式的演化论，很有精到的地步。但是他自己的积极的贡献，却还是一种盲目的冲动。五十年来，生物学对于哲学的贡献，只是那适应环境的观念。这个观念在哲学界的最大作用，并不在那机械论的方面，乃在指出那积极的，创造的适应，指出人类努力的方面。

所谓创造的适应，也并不全靠狭义的理智作用，更不全靠那法式的数学方法。近代科学思想早已承认"直觉"在思考上的重要位置了。大之，科学上的大发明，小之，日用的推理，都不是法式的论理或机械的分析能单独办到的。根据于经验的暗示，从活经验里涌出来的直觉，是创造的智慧的主要成分。我们试读近代科学家像法国班嘉赍的《科学与假设》（Poincare，Science and Hypothesis），和近代哲学家像杜威的《创造的智慧》，就可以明白柏格森的反理智主义近于"无的放矢"了。

（B）新唯实主义（New Realism）。

近年的一个最后的学派是新唯实主义。"唯实主义"（Realism）的历史长的很哩。当中古时代，哲学家争论"名相"（Universals）的实性，就发生了三种答案：

（1）名相的实在，是在物之先的：未有物时，先已有名象了。这一派名为柏拉图派唯实论。

（2）名相不能超于物先；名相即在物之中。这一派名为亚里士多德派唯实论。

（3）名相不过是物的名称；不能在物之先，也不在物之中，乃是有物之后方才起的。这一派名为唯名论（Nominalism）。

中古以后，哲学史上的纷争总脱不了这三大系的趋势。唯名论又名"假名论"，因为他不认名相的实在，只认为人造的称谓（《杨朱篇》，"名无实，实无名。名者，伪而已矣"）。所以唯实论其实是承认名相的真实，而唯名论其实乃是"无名论"。大抵英国一系的经验哲学是假名论的代表；而大陆上的理性哲学是唯实论的代表。所以极端的唯心论（意象论）乃出在英国的经验学派里，而大陆上理性派的大师笛卡尔乃成一个唯物论者！这件怪异的事实，我们若不明白中古以来唯实唯名的背景，是不容易懂得的。

最近实验主义的态度虽然早已脱离主观唯心论（Subjective idealism）的范围了，但他认经验为适应，认真理为假设，认知识为工具，认证实为真理的唯一标准，都带有很浓厚的唯名论的色彩。在英国的一派实验主义——失勒的人本主义——染的意象论的色彩更多。在这个时候，英国、美国的新唯实主义的兴起，自然是很可以注意的现象。英国方面，有罗素（Bertrand Russell）等；美国方面，有何尔特（E. B. Holt），马文（W. T. Marvin）等。何尔特和马文等六位教授在 1910 年出了一个联名的宣言，名为"六个唯实论者的第一次宣言"；1912 年又出了一部合作的书，名为"新唯实主义"。

我们先引他们的《第一次宣言》来说明新唯实论的意义。他们说：

唯实论主张：物的有无与认识无关；被知识与否，被经验与否，被感觉与否，都与物的存否无关；物的有无，并不依靠这种事实。

六个唯实论者之中，马文教授于 1917 年出了一部《欧洲哲学史》，那书的末篇第七章是专论新唯实主义的。我们略采他的话来说明这一派在历史上的地位。马文说：关于"知识的直接对象是心的（Mental）呢，还是非心的呢?"一个问题，共有 4 种答案：

（1）笛卡尔以来的二元论者说科学能推知一个物的（非心的）世界。

（2）存疑派的现象论者（Agnostic phenomenalists）说科学只能知道那五官所接触的境界，此外便不能知道了。

（3）意象论者（Idealists），包括那主观的唯心论者和那物观的意象论者，根本推翻二元论，竟不认有什么超于经验的物界。

（4）新唯实论者说我们须跳过笛卡尔，跳过希腊哲学，重新研究什么是"心的"，重新研究知识与对象的关系。

新唯实论者批评前三派，共有两大理由。

第一，笛卡尔的二元论和他引起的主观主义，有了三百年历史的试验，结果只是种种不能成立的理论，仍旧不能解决笛卡尔当日提出"心物关系"的老问题。这一层，我们不细述了。（可看马文原书，页四一一～四一三。）

第二，这种二元论和他对于"心的"的见解，都从希腊思想里出来的。希腊思想假定两个重要观念：一个是"本体"（Substance）的观念，一个是"因果"的观念。这两个观念，在近代科学里都不能存在了，所以我们现在应该用现代科学作根据，重新研究什么是"心的"。这第二层，确是很重要的，故我们引马文的话来说明：

自从葛理赖以来，科学渐渐脱离"因"的观念，渐渐用数学上的"函数"（Function）的观念来代他。……例如圆周之长，就是半径的函数，因为圆半径加减时，圆周同时有相当的加减。又如杠杆上应加的压力，就是杠杆的定点的函数。……函数只是数学上用来表示相当互变的两个级系之间的一种关系。……科学进步以来，所谓"因"的，都化成了这种函数的关系：我们研究天然事物越精，这些函数的关系越明显，那野蛮幼稚的思想里的"因"和"力"越容易不见了。"自然"成了一个无穷复杂的蛛网，他的蛛丝就是数学上所谓"函数"。

"心与物怎样交相作用呢"？关于这个问题，我们不会把他们看作相为因果的两种本体了，我们只须去寻出两个级系之间的函数的关系。这些关系都可以用试验研究去寻出来，都不是供悬想的理论去辩驳的东西。这些关系都是可以观察的，并不关什么不可知的本体。这样一来，那心物关系的老问题就全没有了。……

对于"本体"（Substance）的观念，也可用同样的驳难。普通的思想总以为世间有许多原质，如木石金水等等；物体就是这些原质组成的。不但如此，普通人还以为一物的原质可以说明那物的行为或"性质"。因为这是钢，所以是坚硬的；因为他是木，所以可烧……但是在严格的科学思想里，这些观念和仙鬼魔术同属于幼稚时代的悬想。依科学看来，物所以成物，所以有他的特别作用，所以有他的特性，全因为他的构造（Structure）。假若我们还要问什么是构造，科学说，构造就是组织，就是各部分间的关系。这个太阳系的宇宙所以如此运行，所以有他的特性，全是因为他的组织。吹烟成圈，吹笛成音……都只指出物的本性不过是他的构造的假面。近代科学渐渐的抛弃"本体"的观念和搜求本体的志愿了。（化学家也渐渐知道，他的所谓"元子"并不是向来所谓原质，只是组织不同的物质。）

近世思想上的这两个变迁，就是新唯实论的基础：新唯实论解决心和知识的问题的方法，只是要人抛弃那古代思想传下来的"因"与"本体"的老观念，而用近代科学里"构造"与"函数"两个观念来用到心的生活的事实上去。

马文又说新唯实主义论"心"的主张是：

人心并不是一个最后不可分析的东西，也决不是一个本体。心有一个构造，现在渐渐研究出来了。心有各部分．因为疾病可以损害一些部分，而不能损害另一些部分；教育可以改变一些部分，而不能改变另一些部分。……至少有一部分已经有了说明了。这种说明大要都是生物学的说明。我们的肢体是配着我们的环境的，我们的心也是如此。我们的肢体是遗传的，心的特性也是遗传的。我们的筋力配做种种相当的筋力伸缩，我们也有冲动，愉快，欲望等等来引起相当的筋力伸缩。心的某种特性多用了，那种特性就会格外发展；不用他，他就萎弱了。……总而言之，神经系统的生理学渐渐的使我们明白心的作用，心的发展，心的训练。科学研究心越进步了，心和物的关系越见得密切了，那向来的心物二元论也就越见得没有道理了。

关于"知识"的作用，新唯实论者也认为一种"关系"。他们也受了生物学的影响，所以把这种关系看作"生物的一种反应"。马文说：

知识这件事（Knowing）并不是什么不可思议的作用，他不过是这个世界里的一件平常事实，正和风吹石落一样；他也很容易研究，正和天然界里的一切复杂事实一样。……知识不过是一种复杂的行为，复杂的反应。……我们的神经系统是不适宜于应付那全个的世界的，我们所有的那些生成的或学来的反应，自然是很不完全的。错误就是这种不完全的反应。（页四一三～四四二）

以上述新唯实论者的基本主张。他们对于历史上因袭下来的"哲学家的问题"虽不像实验主义者"以不了了之"的爽快，但他们的解决法确也有很精到的地方。但我们看新唯实论者的著作，总不免有一种失望的感想：他们究竟跳不出那些"哲学家的问题"的圈子。他们自命深得科学的方法，他们自以为他们的哲学是建筑在科学方法之上的；然而他们所谓"哲学里的科学方法"究竟是什么？关于这个问题，英国的唯实论者罗素说的最多，我们请他来答复，罗素在他的"哲学里的科学方法"（《神秘主义与逻辑》页九七～一二四）里，曾说：

第一，一个哲学的命辞必须是普通的。他必不可特别论到地球上的事物，也不可论到这太阳系的宇宙，也不可论到空间和时间的任何部分。……我主张的是：有一些普通的命辞可以适用到一切个体事物，例如论理学上的命辞。……我要提倡的哲学可以叫作"逻辑的元子论"，或叫作"绝对的多元论"，因为他一方面承认多物的存在，一方面又否认这许多物组成的全体。……

第二，哲学的命辞必须是先天的（Apriori）。一个哲学命辞必须是不能用经验上的证据来证实的，也不能用经验上的证据来否证的。……无论这个实在世界

是怎样组成的，哲学说的话始终是真的。（页一一〇一）

假如我们用这两个标准来评哲学，我们可以说几千年来还不曾有哲学。况且他们的"科学方法"，也实在是奇怪的很！罗素说哲学同"逻辑"无别，而逻辑只管两部分的事：

第一，逻辑只管一些普通的原理，这些原理可以施于事事物物，而不须举出某一物，某种表词，或某种关系。例如："假如 X 是 A 类的一员，而凡 A 类的各员都是 B 类的一员，则 X 是 B 类的一员，无论 XAB 是什么。"

第二，他只管"逻辑的法式"（Logical forms）的分析与列举。这种法式就是那些可能的命辞的种类，事实的各种，事实的组合，分子的分类。这样做去，逻辑供给我们一本清单，列举着种种"可能"（Possibilities），列举着种种抽象的可能的假设。（页一一二）

现在姑且不说这样缩小哲学范围的是否正当。我们要问，如果科学不问"经验的证据"，他们更从何处得来那些"普通的原理"？他们说，须用分析。然而分析是很高等的一个知识程度，是经验知识已进步很高的时代的一种产物，并不是先天的。人类从无量数的"经验的证据"里得来今日的分析本事，得来今日的许多"逻辑的法式"，现在我们反过脸来说"哲学的命辞须是不能用经验上的证据来证实或否证的"，这似乎有点说不过去罢？

我们观察我们这个时代的要求，不能不承认人类今日的最大责任与最需要是把科学方法应用到人生问题上去。然而罗素的《哲学里的科学方法》却说哲学命辞"必不可论到地球上的事物，也不可论到空间或时间的任何部分"。依这个教训，那么，哲学只许有一些空廓的法式，"可以适用到一切个体事物"。假如人生社会的问题果然能有数学问题那样简单画一，假如几个普遍适用的法式——例如"X＝A，A＝B，∴X＝B"——真能解决人生的问题，那么，我们也可以跟着罗素走。但这种纯粹"法式的哲学方法"，斯平挪莎（Spinoza）在他的"笛卡尔哲学"和"人生哲学"里早已用过而失败了。罗素是现代提倡这种"科学方法的哲学"的人，然而他近几年来谈到社会问题，谈到政治问题，也就不能单靠那"不论到地球上的事物而可以适用到一切个体事物"的先天原则了。

罗素在牛津大学演讲《哲学里的科学方法》时，正是 1914 年；那年欧战就开始了，罗素的社会政治哲学也就开始了。我们读了罗素的政论，读了他反对国家主义与共产主义的议论，处处可以看出罗素哲学方法的背影。那个背影是什么呢？就是他的个人主义的天性。他反对强权，反对国家干涉个人的自由，反对婚姻的制度，反对共产主义，反对国家社会主义，处处都只是他这种个人主义的天性的表现。他的哲学——"逻辑的元子论"或"绝对的多元论"——"一方面承认多物的存在，一方面又否认这许多物组成的全体"，其实只是他的个人主义的哲学方式。

我们与其说罗素的哲学方法产生了他的个人主义的政治哲学，不如说他的个人主义的天性影响了他的哲学方法。同一个数学方法，那一位哲学家只看见数学上"只认全称而不问个体"的方面，康德是也；这一位哲学家虽然也看见了数学上"只认法式而不问内容"的方面，却始终只认个体而不认个体组成的全体，罗素是也。这种表面上的矛盾，其实骨子里还只是个人天性的区别。

我们对于新唯实主义，可以总结起来说：他们想用近代科学的结果来帮助解决哲学史上相传下来的哲学问题，那是很可以佩服的野心；但他们的极端，重分析而轻综合，重"哲学家的问题"而轻"人的问题"，甚至于像罗素的说法，不许哲学论到地球上的事物，不许经验的证据来证实或否证哲学的命辞——那就是个人资性的偏向，不能认为代表时代的哲学了。

七、五十年的政治哲学的趋势

这五十年中的政治哲学很有几个重大的变迁：

（一）从放任主义变到干涉主义；

（二）从个人的国家观变到联群的国家观；

（三）从一元的主权论变到多元的主权论。（以下是高一涵先生代作的）

照白尔克（E. Barker）说：自 1848 年到 1880 年是放任主义盛行的时代。放任主义有两层意思：对内，把政府活动的范围缩到最小的限度；对外，实行自由贸易的政策。这时斯宾塞（Herbert Spencer）有两部代表个人主义的最重的著作出现：一是《社会的静止观》（Social Statics）（1850 年出版的），一是《个人与国家》（The Man Versus The State）（1885 年出版的）。但是放任主义的命运似乎已经走到末路来了。一方面又有文学家如加莱尔（Carlyle）罗斯金（Ruskin）等，都想把社会的生活放在伟人的引导和军政的组织之下，这种理想便是放任主义的对头。

自 1870 年福斯特（Forster）已经制成国家干涉教育的条例；1880 年格林

（Green）在牛津（Oxford）讲演《政治义务的原理》（The Principle of Political Obligation），主张国家得排除侵犯个人自由的障碍。自 1880 年以后，社会主义已经盛行。激烈的社会主义如马克思（Karl Marx）一派，极力的主张阶级战争；稳健的社会主义如英国 Fabians，又极力的主张改革。这两派的主张虽然不同，但是有一个共同之点：就是都想把经济生活完全放在国家或社会的支配之下。白尔克说得好，他说：

当 1864 年，凡不信任国家的都是正统派，凡是信任政府干涉的都是异端；到 1914 年（因为他的《政治思想小史》是在这一年中做的），凡信任国家的都是正统派，凡是趋向无政府主义的都是异端。（见《政治思想小史》第一章绪论）

这是从放任主义变到干涉主义的明证。

个人主义大概都以为国家只是孤立的个人的总集体，在个人之外再不能不注重群的结合。边沁（Bentham）一派虽然赞成职工组合（Trade Union），但是他们只承认职工组合是达到个人自由竞争的一种方法。近五十年来，学者对于群的观念很和从前不同。近来的学者如白尔克柯尔（G. D. H. Cole）福莱（M. P. Follett）等都认定国家的基础不是建筑在孤立的个人之上，只建筑在群的上边。

这些群，正如丝丝相接的网子一样，这条线连到那条线，没有一条线不与别条线发生关系。福莱在他的《新国家》（The New State）中说：十九世纪的法理学（如个人权利、个人契约、个人自由之类）都是建筑在孤立的个人一个旧观念上。他的著作，就想打破这种个人观念的谬说，极力说明群的意志和群的感情。他的平民政治就是在互相关系的个人的基础上建设起来的。白尔克也是抱这种见解，且看他说：

如果我们要是现在的个人主义者，我们便是联群的个人主义者。我们的个人正在结合成群。我们不要再做《个人与国家》的书，只做《群与国》（The Group Versus the State）的书。现在联合主义（Federalism）盛行，普通人都以为单一国享有唯一的主权，是一种错误的见解，同生活的实际不相符。我们以为每个国家多少总是联合的社会，包括许多不同的人群，不同的教会，不同的经济组织在内，每个团体都可以行使对于团员的支配权。联合主义的感情异常的普及。新社会主义已经丢开独受中央支配的集产主义的方法，在行会（Guild）名义之下造群。他承认国家为生产的工具的主人。要求把这种工具的动用权付托于各种同业行会管理之下；想教国家来鼓奖文化，要求由行会管理经济的生活。（见《政治思想小史》第六章）

柯尔也是这样主张。他想打破以个人为单位的代表制，代以职业团体为单位的代表制（见《社会学理》Social Theory 第六章）；想打破集产于国家的学说，代以集产于行会的学说（见《工业自治》）。所以现在的国家是联群而成的国家，现在的文明是群产生的文明；从前个人主义家心目中赤条条的个人，早已不在现在政治哲学家的心目之中了（以上是高一涵先生作的，以下是张慰慈先生作的）。

现今政治哲学方面最重要的争点就是主权论。主权论的学说共有两种：一元说的和多元说的主权论。一元说的主权论就是普通一般政治学者所早已承认的学说，是把主权看作国家至尊无上的统治权。照这一元说的学说，国家是社会中的政治组织，有强制执行其意志的权力。那强制执行的权力就叫作主权，就是政治组织的根本基础。这一种政治组织的特质有四种：

（一）有一定的土地，在那范围之内，国家对于各种人民或人群均有绝对的权力。

（二）统一——在一国之内，只有一个主权。

（三）主权是绝对的，无限制的，不可让弃的，不能分的。

（四）个人自由是发源于国家，由国家保障的。

主张一元说的学者，总是极力注重国家对于人民或人群那一种直接的和绝对的权力。他们说：

无论在什么地方，一元总是发现于多元之先的。所有的多元是发生于一元，是归纳于一元的。所以要有秩序必须把那多元抑制在一元之下。如非一元有管理多元之权，引导多元达到其目的，多元的公共事业万不能做起来。统一是万物之基础，所以也是各种社会生存之基础。

这一元说的主权论倡始于布丹。欧洲当封建时代之末期，时局非常扰乱，贵族与贵族争，贵族与国王争，国王又与教皇争，社会上纷乱的现象达到极点，人民的生命财产毫无保障，国家是差不多陷于无政府的危境。所以非有一个强有力的君主出来，不能救人民于水火，拯社会于沉溺。国王权力的扩张，实在是当时社会上的需要。专制君主政体最先实现于法国，所以说明这新制度所根据的新学说也发现于法国。

民治主义发展以后，人民对于主权的态度，虽经一次的改变，但是那一元说主权论的根本观念仍旧继续存在。十八世纪以后的主权论只不过把"人民"这名词来代替"君主"这名词罢了。不过那时所谓"人民"也决不能包括全体的人民，只不过是中等社会以上的人民罢了；所谓民权民意也只不过是中等社会人的权利意志罢了。中等社会人因工业革命而得到财产，又因财产所有权而得到政权。他们有了金钱，无论什么事都容易做得到。

在各国政府里边，这一阶级的人占了极优胜的地位，所以他们的目的只要维持社会秩序，保持他们自己的地位。他们的方法就是把国家抬高起来，把法律看作人民公共的意志，把主权当作国家的政治基础。但是近年来，社会上的情形又不同了，劳工阶级无产阶级均要求社会给他们一种公平待遇；但是国家法律，差不多全是为中级社会而设的法律，政府机关也在中级社会人民手中，劳工阶级和无产阶级实在不能靠社会上固有的学说，固有的制度，来达到他们所要求的"公平"，所以那一元说的主权论就受了一部分人民的攻击。

主张多元说的主权论的健将要推法国的狄格（Duguit）和英国拉斯基（Laski）两个人。他们绝对不承认国家为社会中至尊无上的组织，高出于其余的各种组织之上。他们说：

人民在社会之中，组织各种各样的团体，有宗教的团体，有文化的团体，有社交的团体，有经济的团体。他们有教会，有银行清算联合会，有医学会，有工业联合会，凡人民间有利害关系发生之处，他们总是群聚起来，组织一个团体。

人民对于这种种团体，也和他们对于国家同样的尽心尽力，同样的服从。照拉斯基说，这多元的社会观：

否认那一元的社会，一元的国家。……凡与人民相接触的无数团体均能影响于人民的举动，不过我们万不能说人民的本身就因之而被那种团体并吞了。社会的作用只有一种，不过那一种作用可以用种种方法解说，并可用种种方法达到其目的。这样分析起来，国有只不过是人类社会中的一种团体。国家的目的不必一定就和社会的目的相适合；犹如教会的，或工团联合的目的，不一定就是社会的目的。那种团体自然有种种关系，由国家管理的，不过那种团体并不因之而就在国家权力之下。国家权力的至尊无上完全是一种错误的想象。……在道德的作用方面，教会是不在国家之下的。在法律的作用方面，国家的尊高是……误认"国家就是社会"的结果。我们如果注重于国家的内容一方面，那一元说的错误就显而易见了。国家既是治者和被治者所组织的社会，国家的尊高当然有种种的限制：（一）国家只能在其职权的范围以内，不受外界的限制；（二）只有在那种未经人民抗议的职权范围以内，国家才有最高的执行权力。

除出那种学理方面的攻击之外，还有许多运动从事实方面攻击那种根据于一元说学理所发生的政治制度。这种种运动的目的，或者是极力提倡社会中各种团体的权利，使之不受国家的侵犯；或者是想把那政治管理权分配于各种职业，使各种职业在一定的范围以内，有自治权力；或者再用别种方法，设立一种分权的政治制度。

在英国，在法国，现今有种种势力极大的运动，其作用均想从根本上改造现今的政治制度；改造的方法或从组织方面入手，使国内各种职业，各种利益均有派出政治代表的权，分掌政治方面的权力，或从职权方面入手，把国家权力范围以内，分出一部分职权，由各地方机关执行。至于那种种运动的性质不是在这一篇文章的范围以内，故不叙述。我们单把这些运动的名称列举于下：

（一）职业代表制度；

（二）行政方面的分权；

（三）地方分权的趋势（Begionlism and Distributivism）；

（四）基尔特社会主义（Guild Socialism）；

（五）工团主义（Syndicalism）。

这都是从一元的主权论到多元的主权论的明证。（以上是张慰慈先生作的。）

统观这几十年的政治思想的变迁，有几点不可不加说明。

第一，从放任主义到干涉主义，自然是从不信任国家到信任国家了；然而近年的趋势，要求国家把政治管理权分给地方，分给各种职业，根本上却不是和"信任国家"的趋势相反的。十八世纪和十九世纪前半的放任主义，只是智识阶级对于当时政府不满意的表示。政府不配干涉，偏爱干涉，所以弄得稀糟，引起人民"别干涉我们罢"的呼声。

十九世纪中叶以后，欧洲政治稍稍革新。人民干政的范围大扩张，大陆上国家社会主义的干涉政策的成效也大显了，故人民对于国家的信任也渐渐增加起来。但十九世纪的政治究竟还只是中等阶级的政治。到了近年，小资产阶级与无产阶级渐渐起来，团体也坚固了，势力也成形了。他们不能信任那建立于资产阶级之上的集中政府，而要求一个分权于地方和分权于职业的政府。他们的运动，并不是根本上不信任国家，只是要求一个更可以代表人民意志和利益的国家；并不是无政府的运动，只是一种改善政府组织的运动。

第二，多元主义的政治学说，并不是个人主义的复活，乃是个人主义的修正。凡是个人主义者，无论古今中外，都有一个共同的特点：他们一方面只认个人，一方面却也认那空荡荡的"大我"、"人类"；他们只否认那介于"人类"与"我"之间的种种关系，如家庭、国家之类。他们因为不愿意受那些关系的束缚，所以想象出种种"天然的权利"（旧译"天赋人权"）来做反抗的武器。一元主义的政治学说早已指出他们的谬误了。

一元主义说，"权利"（Right）是法律的产儿；没有社会的承认和法律的保障，那有权利可说？一元主义的话虽然也有理，但总不能使个人主义者心服。多元主义的政治哲学虽然不否认个人，但也不认个人是孤立的；多元主义不但不否认家庭国家的真实，并且指出个人与人类之间还有无数"重皮叠板"的关系……你在每一个团体里，有权利，也有义务；受影响，也影响别人；受管理，也管理别人。国家不过是这种种人类社会的一种；公民的权利义务不过是种种人类关系的一种。所以白尔克说：

> 如果我们要是现在的个人主义者，我们便是联群的个人主义者。

所以现在的政治问题不是斯宾塞说的"个人对国家"的问题，乃是白尔克们说的"群对国家"的问题了。

第三，现在的政治思想何以不反抗"干涉主义"呢？十八世纪的几块大招牌——"自由"、"平等"——到了十九世纪的下半，反变成资产阶级的挡箭牌了。工人要求政府干涉资本家，要求取缔工厂和改善劳工待遇的立法，资本家便说这是剥夺他们营业的"自由"；便说这种劳动立法是特殊阶级的立法（Class Legislation），是违背"平等"的原则的。放任主义的政治的结果早已成了有力阶级压制无力阶级的政治！所以赫胥黎批评斯宾塞的放任主义，叫他做"行政的虚无主义"。

现代的思想所以不反抗干涉主义，正因为大家渐渐明白了政治的机关是为人民谋福利的一种重要工具。这个工具用的得当时，可以保障社会的弱者，可以限制社会的强暴，可以维持多数人民的自由，可以维持社会的比较的平等。所以现代的政府强迫儿童入学而父母不反抗，强制执行八时工作而工厂主人不敢反抗，禁止儿童作工而不为剥夺作工的自由，抽富人所得税至百之五十以上而不为不平等。所以现代的政治问题不是如何限制政府的权限的问题，乃是如何运用这个重要工具来谋最大多数的福利的问题了。所以我们与其沿用那容易惹起误会的"干涉主义"，不如叫他做"政治的工具主义"罢。

下 篇

胡适讲人生

第一章

我们必须选择我们的方向 ～

▌人生有何意义

一、答某君书

……我细读来书，终觉得你不免作茧自缚。你自己去寻出一个本不成问题的问题，"人生有何意义？"其实这个问题是容易解答的。人生的意义全是各人自己寻出来、造出来的：高尚、卑劣、清贵、污浊、有用、无用……全靠自己的作为。生命本身不过是一件生物学的事实，有什么意义可说？生一个人与一只猪、一只狗，有什么分别？

人生的意义不在于何以有生，而在于自己怎样生活。你若情愿把这六尺之躯葬送在白昼做梦之上，那就是你这一生的意义。你若发愤振作起来，决心去寻求生命的意义，去创造自己的生命的意义，那么，你活一日便有一日的意义，作一事便添一事的意义，生命无穷，生命的意义也无穷了。

总之，生命本没有意义，你要能给他什么意义，他就有什么意义。与其终日冥想人生有何意义，不如试用此生作点有意义的事。……

二、为人写扇子的话

知世如梦无所求，无所求心普空寂。

还似梦中随梦境，成就河沙梦功德。

王荆公小诗一首，真是有得于佛法的话。认得人生如梦，故无所求。但无所求不是无为。人生固然不过一梦，但一生只有这一场做梦的机会，岂可不努力做一个轰轰烈烈像个样子的梦？岂可糊糊涂涂懵懵懂懂混过这几十年吗？

▌新生活

哪样的生活可以叫作新生活呢？

我想来想去，只有一句话。新生活就是有意思的生活。

你听了，必定要问我，有意思的生活又是什么样子的生活呢？

我且先说一两件实在的事情做个样子，你就明白我的意思了。

前天你没有事做，闲的不耐烦了，你跑到街上一个小酒店里，打了四两白干，喝完了，又要四两，再添上四两。喝的大醉了，同张大哥吵了一回嘴，几乎打起架来。后来李四哥来把你拉开，你气忿忿的又要了四两白干，喝的人事不知，幸亏李四哥把你扶回去睡了。昨儿早上，你酒醒了，大嫂子把前天的事告诉你，你懊悔的很，自己埋怨自己："昨儿为什么要喝那么多酒呢？可不是糊涂吗？"

你赶上张大哥家去，作了许多揖，赔了许多不是，自己怪自己糊涂，请张大哥大量包涵。正说时，李四哥也来了，王三哥也来了。他们三缺一，要你陪他们打牌。你坐下来，打了十二圈牌，输了一百多吊钱。你回得家来，大嫂子怪你不该赌博，你又懊悔的很，自己怪自己道："是呵，我为什么要陪他们打牌呢？可不是糊涂吗？"

诸位，像这样子的生活，叫作糊涂生活，糊涂生活便是没有意思的生活。你做完了这种生活，回头一想，"我为什么要这样干呢？"你自己也回答不出究竟为什么。

诸位，凡是自己说不出"为什么这样做"的事，都是没有意思的生活。

反过来说，凡是自己说得出"为什么这样做"的事，都可以说是有意思的生活。

生活的"为什么"，就是生活的意思。

人同畜生的分别，就在这个"为什么"上。你到万牲园里去看那白熊一天到晚摆来摆去不肯歇，那就是没有意思的生活。我们做了人，应该不要学那些畜生的生活。畜生的生活只是糊涂，只是胡混，只是不晓得自己为什么如此做。一个人做的事应该件件回得出一个"为什么"。

我为什么要干这个？为什么不干那个？回答得出，方才可算是一个人的生活。

我们希望中国人都能做这种有意思的新生活。其实这种新生活并不十分难，只消时时刻刻问自己为什么这样做，为什么不那样做，就可以渐渐的做到我们所说的新生活了。

诸位，千万不要说"为什么"这三个字是很容易的小事。你打今天起，每做一件事，便问一个为什么——为什么不把辫子剪了？为什么不把大姑娘的小脚放了？为什么大嫂子脸上搽那么多的脂粉？为什么出棺材要用那么多叫化子？为什么娶媳妇也要用那么多叫化子？为什么骂人要骂他的爹娘？为什么这个？为什么那个？——你试办一两天，你就会觉得这三个字的趣味真是无穷无尽，这三个字的功用也无穷无尽。

诸位，我们恭恭敬敬的请你们来试试这种新生活。

▌人生问题

1903 年，我只有十二岁，那年 12 月 17 日，有美国的莱特弟兄作第一次飞机试验，用很简单的机器试验成功，因此美国定 12 月 17 日为飞行节。12 月 17 日正是我的生日，我觉得我同飞行有前世因缘。我在前十多年，曾在广西飞行过十二天，那时我作了一首《飞行小赞》，这算是关于飞行的很早的一首辞。诸位飞过大西洋、太平洋，我在民国三十年，在美国也飞过四万英里，这表示我同诸位不算很隔阂。

今天大家要我讲人生问题，这是诸位出的题目，我来交卷。这是很大的问题，让我先下定义，但是定义不是我的，而是思想界老前辈吴稚晖的。他说：人为万物之灵，怎么讲呢？第一，人能够用两只手做东西。第二，人的脑部比一切动物的都大，不但比哺乳动物大，并且比人的老祖宗猿猴的还要大。有这能做东西的两手和比一切动物都大的脑部，所以说人为万物之灵。

人生是什么？即是人在戏台上演戏，在唱戏。看戏有各种看法，即对人生的看法叫作人生观。但人生有什么意义呢？怎样算好戏？怎样算坏戏？我常想：人生意义就在我们怎样看人生。意义的大小浅深，全在我们怎样去用两手和脑部。人生很短，上寿不过百年，完全可用手脑做事的时候，不过几十年。有人说，人生是梦，是很短的梦。有人说，人生不过是肥皂泡。其实，就是最悲观的说法，也证实我上面所说人生的有没有意义全看我们对人生的看法。就算他是做梦吧，也要做一个热闹的，轰轰烈烈的好梦，不要做悲观的梦。既然辛辛苦苦的上台，就要好好的唱个好戏，唱个像样子的戏，不要跑龙套。

人生不是单独的，人是社会的动物，他能看见和想象他所看不到的东西，他有能看到上至数百万年下至子孙百代的能力。无论是过去、现在，或将来，人都逃不了人与人的关系。比如这一杯茶（讲演桌上放着一杯玻璃杯盛的茶）就包括多少人的贡献，这些人虽然看不见，但从种茶，挑选，用自来水，自来水又包括电力等等，这有多少人的贡献，这就可以看出社会的意义。我们的一举一动，也都有社会的意义，譬如我随便往地上吐口痰，经太阳晒干，风一吹起，如果我有瘰病，风可以把病菌带给几个人至无数人。我今天讲的话，诸位也许有人不注意，也许有人认为没道理，也许说胡适之胡说，是瞎说八道，也许有人因我的话而去看看书，也许竟一生受此影响。一句话，一句格言，都能影响人。

我举一个极端的例子：两千五百年前，离尼泊尔不远地方，路上有一个乞丐死了，尸首正在腐烂。这时走来一位年轻的少爷叫 Gotama，后来就是释迦牟尼佛，这位少爷是生长于深宫中不知穷苦的，他一看到尸首，问这是什么？人说这是死。他说：噢！原来死是这样子，我们都不能不死么？这位贵族少爷就回去想这问题，后来跑到森林中去想，想了几年，出来宣传他的学说，就是所谓佛学。

这尸身腐烂一件事，就有这么大的影响。飞机在莱特兄弟做试验时，是极简单的东西，经四十年的工夫，多少人聪明才智，才发展到今天。我们一举一动，一言一行，一点行为都可以有永远不能磨灭的影响。几年来的战争，都是由希特勒的一本《我的奋斗》闯的祸，这一本书害了多少人？反过来说，一句好话，也可以影响无数人，我讲一个故事：民国元年，有一个英国人到我们学堂讲话，讲的内容很荒谬，但他的 O 字的发音，同普通人不一样，是尖声的，这也影响到我的 O 字发音，许多我的学生又受到我的影响。

在四十年前，有一天我到一外国人家去，出来时鞋带掉了，那外国人提醒了我，并告诉我系鞋带时，把结头底下转一弯就不会掉了，我记住了这句话，并又告诉许多人，如今这外国人是死了，但他这句话已发生不可磨灭的影响。

总而言之，从顶小的事情到顶大的像政治、经济、宗教等等，我们的一举一动都有不可磨灭的影响，尽管看不见，影响还是有。在孔夫子小时，有一位鲁国人说：人生有三不朽，即立德，立功，立言。立德就是最伟大的人格，像耶稣、孔子等。立功就是对社会有贡献。立言包括思想和文学，最伟大的思想和文学都是不朽的。但我们不要把这句话看得贵族化，要看得平民化，比如皮鞋打结不散、吐痰、O 的发音，都是不朽的。就是说：不但好的东西不朽，坏的东西也不朽，善不朽，恶亦不朽。一句好话可以影响无数人，一句坏话可以害死无数人。这就给我们一个人生标准，消极的我们不要害人，要懂得自己行为。积极的要使这社会增加一点好处，总要叫人家得我一点好处。再回来说，人生就算是做梦，也要做一个像样子的梦。宋朝的政治家王安石有一首诗，题目是《梦》，说："知世如梦无所求，无所求心普定寂，还似梦中随梦境，成就河沙梦功德。"不要丢掉这梦，要好好去做！即算是唱戏，也要好好去唱。

少年中国之精神

上回太炎先生谈话里面说现在青年的四种弱点，都是很可使我们反省的。他的意思是要我们少年人：（一）不要把事情看得太容易了；（二）不要妄想凭藉已成的势力；（三）不要虚慕文明；（四）不要好高骛远。这四条都是消极的忠告。我现在且从积极一方面提出几个观念，和各位同志商酌商酌。

一、少年中国的逻辑

逻辑即是思想、辩论、办事的方法。一般中国人现在最缺乏的就是一种正当的方法。因为方法缺乏，所以有下列的几种现象：

（一）灵异鬼怪的迷信，如上海的盛德坛及各地的各种迷信；（二）谩骂无理的议论；（三）用"诗云子曰"作根据的议论。（四）把西洋古人当作无上真理的议论；还有一种平常人不很注意的怪状，我且称他为"目的热"，就是迷信一些空虚的大话，认为高尚的目的，全不问这种观念的意义究竟如何。今天有人说"我主张统一和平"，大家齐声喝彩，就请他做内阁总理；明天又有人说"我主张和平统一"，大家又齐声叫好，就举他做大总统；此外还有什么"爱国"哪，"护法"哪，"孔教"哪，"卫道"哪……许多空虚的名词；意义不曾确定，也都有许多人随声附和，认为天经地义，这便是我所说的"目的热"。

以上所说各种现象都是缺乏方法的表示。我们既然自认为"少年中国"，不可不有一种新方法，这种新方法，应该是科学的方法。科学方法，不是我在这短促时间里所能详细讨论的，我且略说科学方法的要点：

第一，注重事实。科学方法是用事实作起点的，不要问孔子怎么说，柏拉图怎么说，康德怎么说；我们须要先从研究事实下手，凡游历、调查、统计等事都属于此项。

第二，注重假设。单研究事实，算不得科学方法。王阳明对着庭前的竹子做了七天的"格物"工夫，格不出什么道理来，反病倒了，这是笨伯的"格物"方法。科学家最重"假设（hypothesis）。观察事物之后，自然有几个假定的意思，我们应该把每一个假设所涵的意义彻底想出，看那意义是否可以解释所观察的事实？是否可以解决所遇的疑难？所以要博学。正是因为博学方才可以有许多假设，学问只是供给我们种种假设的来源。

第三，注重证实。许多假设之中，我们挑出一个，认为最合用的假设，但是这个假设是否真正合用？必须实地证明。有时候，证实是很容易的；有时候，必须用"试验"方才可以证实。证实了的假设，方可说是"真"的，方才可用。一切古人今人的主张、东哲西哲的学说，若不曾经过这一层证实的工夫，只可作为待证的假设，不配认作真理。

少年的中国，中国的少年，不可不时时刻刻保存这种科学的方法，实验的态度。

二、少年中国的人生观

现在中国有几种人生观是"少年中国"的仇敌：第一种是醉生梦死的无意识生活，固然不消说了；第二种是退缩的人生观，如静坐会的人，如坐禅学佛的人，都只是消极的缩头主义，这些人没有生活的胆子，不敢冒险，只求平安，所以变成一班退缩懦夫；第三种是野心的投机主义，这种人虽不退缩，但为完全自己的私利起见，所以他们不惜利用他人，作他们自己的器具，不惜牺牲别人的人格和自己的人格，来满足自己的野心，到了紧要关头，不惜作伪，不惜作恶，不顾社会的公共幸福，以求达他们自己的目的。这三种人生观都是我们该反对的。少年中国的人生观，依我个人看来，该有下列的几种要素：

第一，须有批评的精神。一切习惯、风俗、制度的改良，都起于一点批评的眼光。个人的行为和社会的习俗，都最容易陷入机械的习惯，到了"机械的习惯"的时代，样样事都不知不觉的做去，全不理会何以要这样做，只晓得人家都这样做故我也这样做，这样的个人便成了无意识的两脚机器，这样的社会便成了无生气的守旧社会。我们如果发愿要造成少年的中国，第一步便须有一种批评的精神；批评的精神不是别的，就是随时随地都要问我为什么要这样做？为什么不那样做？

第二，须有冒险进取的精神。我们须要认定这个世界是很多危险的，是不太平的，是需要冒险的。世界的缺点很多，是要我们来补救的；世界的痛苦很多，是要我们来减少的；世界的危险很多，是要我们来冒险进取的。俗话说得好："成人不自在，自在不成人。"我们要做一个人，岂可贪图自在；我们要想造一个"少年的中国"，岂可不冒险。这个世界是给我们活动的大舞台，我们既上了台，便应该老着面皮，拼着头皮，大着胆子，干将起来；那些缩进后台去静坐的人都是懦夫，那些袖着双手只会看戏的人，也都是懦夫。这个世界岂是给我们静坐旁观的吗？那些厌恶这个世界，梦想超生别的世界的人，更是懦夫，不用说了。

第三，须要有社会协进的观念。上条所说的冒险进取，并不是野心的，自私自利的。我们既认定这个世界是给我们活动的，又须认定人类的生活全是社会的生活，社会是有机的组织，全体影响个人，个人影响全体。社会的活动全是互助的，你靠他帮忙，他靠你帮忙，我又靠你同他帮忙，你同他又靠我帮忙；你少说了一句话，我或者不是我现在的样子，我多尽了一分力，你或者也不是你现在的这个样子，我和你多尽了一分力，或少做了一点事，社会的全体也许不是现在这个样子，这便是社会协进的观念。有这个观念，我们自然把人人都看作同力合作的伴侣，自然会尊重人人的人格了；有这个观念，我们自然觉得我们的一举一动都和社会有关，自然不肯为社会造恶因，自然要努力为社会种善果，自然不致变成自私自利的野心投机家了。

少年的中国，中国的少年，不可不时时刻刻保存这种批评的、冒险进取的、社会的人生观。

三、少年中国的精神

少年中国的精神并不是别的，就是上文所说的逻辑和人生观。我且说一件故事做我这番谈话的结论：诸君读过英国史的，一定知道英国前世纪有一种宗教革新的运动，历史上称为"牛津运动"（The Oxford Movement），这种运动的几个领袖如客白尔（Keble）、纽曼（Newman）、福鲁德（Froude）诸人，痛恨英国国教的腐败，想大大的改革一番。这个运动未起事之先，这几位领袖做了一些宗教性的诗歌，写在一个册子上，纽曼摘了一句荷马的诗题在册子上，那句诗是："You shall see the difference now that we are back again！"翻译出来即是："如今我们回来了，你们看便不同了！"

少年的中国，中国的少年，我们也该时时刻刻记着这句话："如今我们回来了，你们看便不同了！"

这便是少年中国的精神。

第二章

未经考察过的生活，是不值得活的 ～

▎非个人主义的新生活

这个题目是我在山东道上想着的，后来曾在天津学生联合会的学术讲演会讲过一次，又在唐山的学术讲演会讲过一次。唐山的演稿由一位刘赞清君记出，登在一月十五日《时事新报》上。我这一篇的大意是对于新村的运动贡献一点批评。这种批评是否合理，我也不敢说。但是我自信这一篇文字是研究考虑的结果，并不是根据于先有的成见的。

本篇有两层意思。一是表示我不赞成现在一般有志青年所提倡，我所认为"个人主义的"新生活。一是提出我所主张的"非个人主义的"新生活。就是"社会的"新生活。

先说什么叫作"个人主义"（individualism）。一月二日夜（就是我在天津讲演前一晚），杜威博士在天津青年会讲演"真的与假的个人主义"，他说，个人主义有两种：

（一）假的个人主义——就是为我主义（egoism），他的性质是自私自利：只顾自己的利益，不管群众的利益。

（二）真的个人主义——就是个性主义（individuality），他的特性有两种：一是独立思想，不肯把别人的耳朵当耳朵，不肯把别人的眼睛当眼睛，不肯把别人的脑力当自己的脑力；二是个人对于自己思想信仰的结果要负完全责任，不怕权威，不怕监禁杀身，只认得真理，不认得个人的利害。

杜威先生极力反对前一种假的个人主义，主张后一种真的个人主义。这是我们都赞成的。但是他反对的那种自私自利的个人主义的害处，是大家都明白的。因为人多明白这种主义的害处，故他的危险究竟不很大。例如东方现在实行这种极端为我主义的"财主督军"，无论他们眼前怎样横行，究竟逃不了公论的怨恨，究竟不会受多数有志青年的崇拜。所以我们可以说这种主义的危险是很有限的。但是我觉得"个人主义"还有第三派，是很受人崇敬的，是格外危险的。这一派是：独善的个人主义，他的共同性质是：不满意于现社会，却又无可如何，只想跳出这个社会去寻一种超出现社会的理想生活。

这个定义含有两部分：（1）承认这个现社会是没有法子挽救的了；（2）要想在现社会之外另寻一种独善的理想生活。自有人类以来，这种个人主义的表现也不知有多少次了。

简括说来，共有4种：

（1）宗教家的极乐国。如佛家的净土，犹太人的伊丁园，别种宗教的天堂、天国，都属于这一派。这种理想的缘起，都由于对现社会不满意。因为厌恶现社会，故悬想那些无量寿、无量光的净土；不识不知，完全天趣的伊丁园；只有快乐，毫无痛苦的天国。这种极乐国里所没有的，都是他们所厌恨的；所有的，都是他们所梦想而不能得到的。

（2）神仙生活。神仙的生活也是一种悬想的超出现社会的生活。人世有疾病痛苦，神仙无病长生；人世愚昧无知，神仙能知过去未来；人生不自由，神仙乘云遨游，来去自由。

（3）山林隐逸的生活。前两种是完全出世的；他们的理想生活是悬想的渺茫的出世生活。山林隐逸的生活虽然不是完全出世的，也是不满意于现社会的表示。他们不满意于当时的社会政治，却又无能为力，只得隐姓埋名，逃出这个恶浊社会去做他们自己理想中的生活。他们不能"得君行道"，故对于功名利禄，表示藐视的态度；他们痛恨富贵的人骄奢淫逸，故说富贵如同天上的浮云，如同脚下的破草鞋。他们痛恨社会上有许多不耕而食、不劳而得的"吃白阶级"，故自己耕田锄地，自食其力。他们厌恶这污浊的社会，故实行他们理想中梅妻鹤子、渔蓑钓艇的洁净生活。

（4）近代的新村生活。近代的新村运动，如十九世纪法国美国的理想农村，如现在日本日向的新村，照我的见解看起来，实在同山林隐逸的生活是根本相同的。那不同的地方，自然也有。山林隐逸是没有组织的，新村是有组织的；这是一种不同。隐遁的生活是同世事完全隔绝的，故有"不知有汉，遑论魏晋"的理想；现在的新村的人能有赏玩 Rodin 同 Cézanne 的幸福，还能在村外著书出报：这又是一种不同。但是这两种不同都是时代造成的，是偶然的，不是根本的区别。

从根本性质上看来，新村的运动都是对于现社会不满意的表示。即如日向的新村，他们对于现在"少数人在多数人的不幸上，筑起自己的幸福"的社会制度，表示不满意，自然是公认的事实。周作人先生说日向新村里有人把中国看作"最自然，最自在的国"。这是他们对于日本政制极不满意的一种牢骚话，很可玩味的。武者小路实笃先生一般人虽然极不满意于现社会，却又不赞成用"暴力"的改革。他们都是"真心仰慕着平和"的人。他们于无可如何之中，想出这个新村的计划来。周作人先生说："新村的理想，要将历来非暴力不能做到的事，用和平方法得来。"这个和平方法就是离开现社会，去做一种模范的生活。"只要万人真希望这种的世界，这世界便能实现。"这句话不但是独善主义的精义，简直全是净土宗的口气了！所以我把新村来比山林隐逸，不算冤枉他；就是把他来比求净土天国的宗教运动，也不算玷辱他。不过他们的"净土"是在日向，不在西天罢了。

我这篇文章要批评的"个人主义的新生活"，就是指这一种跳出现社会的新村生活。这种生活，我认为是"独善的个人主义"的一种。"独善"两个字是从孟轲"穷则独善其身"一句话上来的。有人说：新村的根本主张是要人人"尽了对于人类的义务，却又完全发展自己个性"；如此看来，他们既承认"对于人类的义务"，如何还是独善的个人主义呢。我说：这正是个人主义的证据。试看古往今来主张个人主义的思想家，从希腊的"狗派"（Cynic）以至十八九世纪的个人主义，那一个不是一方面崇拜个人，一方面崇拜那广漠的"人类"的？主张个人主义的人，只是否认那些切近的伦谊——或是家族，或是"社会"，或是国家——但是因为要推翻这些比较狭小逼人的伦谊，不得不捧出那广漠不逼人的"人类"。所以凡是个人主义的思想家，没有一个不承认这个双重关系的。

新村的人主张"完全发展自己个性"，故是一种个人主义。他们要想跳出现社会去发展自己个性，故是一种独善的个人主义。

这种新村的运动，因为恰合现在青年不满意于现社会的心理，故近来中国也有许多人欢迎、赞叹、崇拜。我也是敬仰武者先生一班人的，故也曾仔细考究这个问题。我考究的结果是不赞成这种运动。我以为中国的有志青年不应该仿行这种个人主义的新生活。

这种新村的运动有什么可以反对的地方呢？

第一，因为这种生活是避世的，是避开现社会的。这就是让步。这便不是奋斗。我们自然不应该提倡"暴力"，但是非暴力的奋斗是不可少的。我并不是说武者先生一班人没有奋斗的精神。他们在日本能提倡反对暴力的论调——如《一个青年的梦》——自然是有奋斗精神的。但是他们的新村计划想避开现社会里"奋斗的生活"，去寻那现社会外"生活的奋斗"，这便是一大让步。武者先生的《一个青年的梦》里的主人翁最后有几句话，很可玩味。他说：

> 请宽恕我的无力。——宽恕我的话的无力。但我心里所有的对于美丽的国的仰慕，却要请诸君体察的。

我们对于日向的新村应该作如此观察。

第二，在古代，这种独善主义还有存在的理由；在现代，我们就不该崇拜他了。古代的人不知道个人有多大的势力，故孟轲说："穷则独善其身，达则兼善天下。"古人总想，改良社会是"达"了以后的事业——是得君行道以后的事业；故承认个人——穷的个人——只能做独善的事业，不配做兼善的事业。古人错了。现在我们承认个人有许多事业可做。人人都是一个无冠的帝王，个人都可以做一些改良社会的事。去年的"五四运动"和"六三运动"，何尝是"得君行道"的人做出来的？知道个人可以做事，知道有组织的个人更可以作事，便可以知道这种个人主义的独善生活是不值得摹仿的了。

第三，他们所信仰的"泛劳动主义"是很不经济的。他们主张："一个人生存上必要的衣食住，论理应该用自己的力去得来，不该要别人代负这责任。"这话从消极一方面看——从反对那"游民贵族"的方面看——自然是有理的。但是从他们的积极实行方面看，他们要"人人尽劳动的义务，制造这生活的资料"——就是衣食住的资料——这便是"矫枉过正"了。

人人要尽制造衣食住的资料的义务，就是人人要加入这生活的奋斗。（周作人先生再三说新村里平和幸福的空气，也许不承认"生活的奋斗"的话；但是我说的，并不是人同人争面包米饭的奋斗，乃是人在自然界谋生存的奋斗；周先生说新村的农作物至今还不够自用，便是一证。）现在文化进步的趋势，是要使人类渐渐减轻生活的奋斗至最低度，使人类能多分一些精力出来，做增加生活意味的事业。新村的生活使人人都要尽"制造衣食住的资料"的义务，根本上否认分功进化的道理，增加生活的奋斗，是很不经济的。

第四，这种独善的个人主义的根本观念就是周先生说的"改造社会，还要从改造个人做起。"我对于这个观念，根本上不能承认。这个观念的根本错误在于把"改造个人"与"改造社会"分作两截；在于把个人看作一个可以提到社会外去改造的东西。要知道个人是社会上种种势力的结果。我们吃的饭，穿的衣服，说的话，呼吸的空气，写的字，有的思想，没有一件不是社会的。

我曾有几句诗，说："此身非吾有：一半属父母，一半属朋友。"当时我以为把一半的我归功社会，总算很慷慨了。后来我才知道这点算学做错了！父母给我的真是极少的一部分。其余各种极重要的部分，如思想、信仰、知识、技术、习惯，等等，大都是社会给我的。我穿线袜的法子是一个徽州同乡教我的；我穿皮鞋打的结能不散开，是一个美国女朋友教我的。这两件极细碎的例，很可以说明这个"我"是社会上无数势力所造成的。

社会上的"良好分子"并不是生成的，也不是个人修炼成的——都是因为造成他们的种种势力里面，良好的势力比不良的势力多些。反过来，不良的势力比良好的势力多，结果便是"恶劣分子"了。古代的社会哲学和政治哲学只为要妄想凭空改造个人，故主张正心、诚意、独善其身的办法，这种办法其实是没有办法，因为没有下手的地方。近代的人生哲学渐渐变了，渐渐打破了这种迷梦，渐渐觉悟：改造社会的下手方法在于改良那些造成社会的种种势力——制度、习惯、思想、教育，等等。那些势力改良了，人也改良了。所以我觉得"改造社会要从改造个人做起"还是脱不了旧思想的影响。我们的根本观念是：

个人是社会上无数势力造成的。

改造社会须从改造这些造成社会，造成个人的种种势力做起。

改造社会即是改造个人。

新村的运动如果真是建筑在"改造社会要从改造个人做起"一个观念上，我觉得那是根本错误了。改造个人也是要一点一滴的改造那些造成个人的种种社会势力。不站在这个社会里来做这种一点一滴的社会改造，却跳出这个社会去"完全发展自己个性"，这便是放弃现社会，认为不能改造；这便是独善的个人主义。

以上说的是本篇的第一层意思。现在我且简单说明我所主张的"非个人主义的"新生活是什么。这种生活是一种"社会的新生活";是站在这个现社会里奋斗的生活;是霸占住这个社会来改造这个社会的新生活。他的根本观念有三条:

(一)社会是种种势力造成的,改造社会须要改造社会的种种势力。这种改造一定是零碎的改造——一点一滴的改造,一尺一步的改造。无论你的志愿如何宏大,理想如何彻底,计划如何伟大,你总不能笼统的改造,你总不能不做这种"得寸进寸,得尺进尺"的工夫。所以我说:社会的改造是这种制度那种制度的改造,是这种思想那种思想的改造,是这个家庭那个家庭的改造,是这个学堂那个学堂的改造。

(附注)有人说:"社会的种种势力是互相牵掣的,互相影响的。这种零碎的改造,是不中用的。因为你才动手改这一种制度,其余和种种势力便围拢来牵掣你了。如此看来,改造还是该做笼统的改造。"我说不然。正因为社会的势力是互相影响牵掣的,故一部分的改造自然会影响到别种势力上去。这种影响是最切实的,最有力的。近年来的文字改革,自然是局部的改革,但是他所影响的别种势力,竟有意想不到的多。这不是一个很明显的例吗?

(二)因为要做一点一滴的改造,故有志做改造事业的人必须要时时刻刻存研究的态度,做切实的调查,下精细的考虑,提出大胆的假设,寻出实验的证明。这种新生活是研究的生活,是随时随地解决具体问题的生活。具体的问题多解决了一个,便是社会的改造进了那么多一步。做这种生活的人要睁开眼睛,公开心胸;要手足灵敏,耳目聪明,心思活泼;要欢迎事实,要不怕事实;要爱问题,要不怕问题的逼人!

(三)这种生活是要奋斗的。那避世的独善主义是与人无忤,与世无争的,故不必奋斗。这种"淑世"的新生活,到处翻出不中听的事实,到处提出不中听的问题,自然是很讨人厌的,是一定要招起反对的。反对就是兴趣的表示,就是注意的表示。我们对于反对的旧势力,应该作正当的奋斗,不可退缩。我们的方针是:奋斗的结果,要使社会的旧势力不能不让我们;切不可先就偃旗息鼓退出现社会去,把这个社会双手让给旧势力。换句话说,应该使旧社会变成新社会,使旧村变为新村,使旧生活变为新生活。

我且举一个实际的例。英美近二三十年来,有一种运动,叫作"贫民区域居留地"的运动。(Social Settlements)这种运动的大意是:一班青年的男女——大都是大学的毕业生——在本城拣定一块极龌龊、极不堪的贫民区域，买一块地，造一所房屋。这班人便终日在这里面做事。这屋里，凡是物质文明所赐的生活需要品——电灯、电话、热气、浴室、游水池、钢琴、话匣，等等——无一不有。

他们把附近的小孩子——垢面的孩子，顽皮的孩子——都招拢来，教他们游水，教他们读书，教他们打球，教他们演说辩论，组成音乐队，组成演剧团，教他们演戏奏艺。还有女医生和看护妇，天天出去访问贫家，替他们医病，帮他们接生和看护产妇。病重的，由"居留地"的人送入公家医院。因为天下贫民都是最安本分的，他们眼见那高楼大屋的大医院心里以为这定是为有钱人家造的，决不是替贫民诊病的；所以必须有人打破他们这种见解，教他们知道医院不是专为富贵人家的。还有许多贫家的妇女每日早晨出门做工，家里小孩子无人看管，所以"居留地"的人教他们把小孩子每天寄在"居留地"里，有人替他洗浴，换洗衣服，喂他们饮食，领他们游戏。到了晚上，他们的母亲回来了，各人把小孩领回去。这种小孩子从小就在洁净慈爱的环境里长大，渐渐养成了良好习惯，回到家中，自然会把从前的种种污秽的环境改了。家中大人也因时时同这种新生活接触，渐渐的改良了。

我在纽约时，曾常常去看亨利街上的一所居留地，是华德女士（Lilian Wald）办的。有一晚我去看那条街上的贫家子弟演戏，演的是贝里（Barry）的名剧。我至今回想起来，他们演戏的程度比我们大学的新戏高得多咧！

这种生活是我所说的"非个人主义的新生活"！是我所说的"变旧社会为新社会，变旧村为新村"的生活！这也不是用"暴力"去得来的！我希望中国的青年要做这一类的新生活，不要去模仿那跳出现社会的独善生活，我们的新村就在我们自己的旧村里！我们所要的新村是要我们自己的旧村变成的新村！

可爱的男女少年！我们的旧村里我们可做的事业多得很咧！村上的鸦片烟灯还有多少？村上的吗啡针害死了多少人？村上缠脚的女子还有多少？村上的学堂成个什么样子？村上的绅士今年卖选票得了多少钱？村上的神庙香火还是怎么兴旺？村上的医生断送了几百条人命？村上的煤矿工人每日只拿到五个铜子，你知道吗？村上多少女工被贫穷逼去卖淫，你知道吗？村上的工厂没有避火的铁梯，昨天火起，烧死了一百多人，你知道吗？村上的童养媳妇被婆婆打断了一条腿，村上的绅士逼他的女儿饿死做烈女，你知道吗？

有志求新生活的男女少年！我们有什么权利，丢开这许多的事业去做那避世的新村生活！我们放着这个恶浊的旧村，有什么面孔，有什么良心，去寻那"和平幸福"的新村生活！

大宇宙中谈博爱

"博爱"就是爱一切人。这题目范围很大。在未讨论以前，让我们先看一个问题："我们的世界有多大？"

我的答复是："很大！"我从前念《千字文》的时候，一开头便已念到这样的辞句："天地玄黄，宇宙洪荒。"

宇宙是中国的字，和英文的意思差不多，都是抽象名词。

宇是空间（Space）即东南西北，宙是时间（Time）即古今旦暮。

《淮南子》说宇是上下四方，宙是古往今来。

宇宙就是天地，宙宇就是 Time－Space。古人能得"Universe"的观念实在不易，相当合于今日的科学。

但古人所见的空间很小，时间很短，现在的观念已扩大了许多。考古学探讨千万年的事，地质学、古生物学、天文学等等不断的发现，更将时间空间的观念扩大。

现在的看法：空间是无穷的大，时间是无穷的长。

古人只见到八大行星，二十年前只见九大行星。现在所谓的银河，是古代所未能想象得到的。以前觉得太阳很远，现在说起来算不得什么，因为比太阳远千万倍的东西多得很。

科学就这样地答复了"宇宙究竟有多大？"这个问题。

现在谈第二点：博爱。

在这个大世界里谈博爱，真是个大问题。

广义的爱，是世界各大宗教的最终目的。墨子可谓中国历史上最了不起的人，可说是宗教创立者（Founder of Reidri），他提出"兼爱"为他的理论中心。兼爱就是博爱，是爱无等差的爱。墨子理论和基督教教义有很多相合的地方，如"爱人如己""爱我们的仇敌"等。

佛教哲学本谓一切无常，我亦无常，"我"是"四大"（土、水、火、风）偶然结合而成的，是十分简单的东西，因此无所谓爱与恨——根本不值得爱，也不值得恨。但早期佛教亦有爱的意念在：我既无常，可牺牲以为人。

和尚爱众生，但是佛教不准自食其力，所以有人称之为"叫化"（乞丐）宗教。自己的饭亦须取之于人，何能博爱？

古时很多人为了"爱"，每次蹲坑（大便）的时候便想，想，大想一番，想到爱人。有些人则以身喂蚊，或以刀割肉，以自身所受的痛苦来显示他们对人的爱。这种爱的方法，只能做到牺牲自己，在现代的眼光看来，是可笑的。这种博爱给人的帮助十分有限，与现代的科学——工程、医学等所能给我们的"博爱"比起来，力量实在小得可怜。今日的科学增进了人类互助博爱的能力。就说最近意大利邮船遇难的事吧，短短的数小时内就救起千多人。近代交通、医学等的发达，减少了人类无数的痛苦。

我们要谈博爱，一定要换一观念。古时那种喂蚊割肉的博爱，等于开空头支票，毫无价值。现在的科学才能放大我们的眼光，促进我们的同情心，增加我们助人的能力。我们需要一种以科学为基础的博爱——一种实际的博爱。

孔子说："修己以敬，修己以安人，修己以安百姓。"修己就是把自己弄好。我们应当先把自己弄好，然后帮助别人；独善其身然后能兼善天下。同学们，现在我们读书的时候，不要空谈高唱博爱；但应先努力学习，充实自己，到我们有充分能力的时候才谈博爱，仍不算迟。

易卜生主义

一

易卜生最后所作的《我们死人再生时》（When We Dead Awaken）一本戏里面有一段话，很可表出易卜生所作文学的根本方法。这本戏的主人翁，是一个美术家，费了全副精神，雕成一副像，名为"复活日"。

这位美术家自己说他这副雕像的历史道：

我那时年纪还轻，不懂的世事。我以为这"复活日"应该是一个极精致、极美的少女像，不带着一毫人世的经验，乎空地醒来，自然光明庄严，没有什么过恶可除。……但是我后来那几年，懂得些世事了，才知道这"复活日"不是这样简单的，原来是狠复杂的。……我眼里所见的人情世故，都到我理想中来，我不能不把这些现状包括进去。我只好把这像的座子放大了，放宽了。

我在那座子上雕了一片曲折爆裂的地面。从那地的裂缝里，钻出来无数模糊不分明、人身兽面的男男女女。这都是我在世间亲自见过的男男女女（二幕）。

这是"易卜生主义"的根本方法。那不带一毫人世罪恶的少女像，是指理想派的文学。那无数模糊不分明、人身兽面的男男女女，是指写实派的文学。易卜生的文学，易卜生的人生观，只是一个写实主义，一八八二年，他有一封信给一个朋友，信中说道：

我做书的目的，要使读者人人心中都觉得他所读的全是实事（尺牍一五九号）。

人生的大病根，在于不肯睁开眼睛来看世间的真实现状。明明是男盗女娼的社会，我们偏说是圣贤礼义之邦；明明是脏官、污官的政治，我们偏要歌功颂德；明明是不可救药的大病，我们偏说一点病都没有！却不知道：若要病好，须先认有病；若要政治好，须先认现今的政治实在不好；若要改良社会，须先知道现今的社会实在是男盗女娼的社会！易卜生的长处，只在他肯说老实话，只在他能把社会种种腐败龌龊的实在情形写出来叫大家仔细看。他并不是爱说社会的坏处，他只是不得不说。一八八〇年，他对一个朋友说：

我无论作什么诗，编什么戏，我的目的只要我自己精神上的舒服清净。因为我们对于社会的罪恶，都脱不了干系的（尺牍第一四八号）。因为我们对于社会的罪恶都脱不了干系，故不得不说老实话。

二

我们且看易卜生写近世的社会，说的是一些什么样的老实话。

第一，先说家庭。

易卜生所写的家庭，是极不堪的。家庭里面，有四种大恶德：一是自私自利；二是倚赖性、奴隶性；三是假道德，装腔做戏；四是懦怯没有胆子。做丈夫的便是自私自利的代表。他要快乐，要安逸，还要体面。所以他要娶一个妻子。正如《娜拉》戏中的赦尔茂，他觉得同他妻子有爱情是狠好玩的。他叫他的妻子做"小宝贝"、"小鸟儿"、"小松鼠儿"、"我的最亲爱的"等等肉麻名字。

他给他妻子一点钱去买糖吃，买粉搽，买好衣服穿。他要他妻子穿得好看，打扮的标致，做妻子的完全是一个奴隶。他丈夫喜欢什么，他也该喜欢什么，他自己是不许有什么选择的。他的责任在于使丈夫欢喜，他自己不用有思想，他丈夫会替他思想。他自己不过是他丈夫的玩意儿，狠像叫化子的猴子，专替他变把戏，引人开心的（所以《娜拉》又名《玩物之家》）。丈夫要妻子守节，妻子却不能要丈夫守节。正如《群鬼》（Ghosts）戏里的阿尔文夫人受不过丈夫的气，跑到一个朋友家去；那位朋友是个牧师，狠教训了他一顿，说他不守妇道。但是阿尔文夫人的丈夫专在外面偷妇人，甚至淫乱他妻子的婢女；人家都毫不介意，那位牧师朋友也觉得这是男人常有的事，不足为奇！

妻子对丈夫，什么都可以牺牲；丈夫对妻子，是不犯着牺牲什么的。《娜拉》戏内的娜拉，因为要救他丈夫的生命，所以冒他父亲的名字，签了借据去借钱。后来事体闹穿了，他丈夫不但不肯替娜拉分担冒名的干系，还要痛骂他带累他自己的名誉。后来和平了结了，没有危险了，他丈夫又装出大度的样子，说不追究他的错处了。他得意扬扬的说道：

一个男人赦了他妻子的过犯是狠畅快的事！（《娜拉》三幕）

这种极不堪的情形，何以居然忍耐得住呢？

第一，因为人都要顾面子，不得不装腔做戏，做假道德遮着面孔。

第二，因为大多数的人都是没有胆子的懦夫。因为要顾面子，故不肯闹翻。因为没有胆子，故不敢闹翻。那《娜拉》戏里的娜拉，忽然看破家庭是一座做猴子戏的戏台，他自己是台上的猴子。他有胆子，又不肯再装假面子，所以告别了掌班的，跳下了戏台，去干他自己的生活。

那《群鬼》戏里的阿尔文夫人没有娜拉的胆子，又要顾面子，所以被他的牧师朋友一劝，就劝回头了，还是回家，去尽他的"天职"，守他的"妇道"。他丈夫仍旧做那种淫荡的行为，阿尔文夫人只好牺牲自己的人格，尽力把他羁縻在家。后来生下一个儿子，他母亲恐怕他在家，学了他父亲的坏榜样，所以到了七岁便把他送到巴黎去。他一面又要哄他丈夫在家，一面要在外边替他丈夫修名誉，一面要骗他儿子说他父亲是怎样一个正人君子。这种情形，过了十九个足年，他丈夫才死。死后，他妻子还要替他装面子，花了许多钱，造了一所孤儿院，作他亡夫的遗爱。孤儿院造成了，他把儿子唤回来参与孤儿院落成的庆典。谁知他儿子从胎里就得了他父亲的花柳病的遗毒，变成一种脑腐症。到家没几天，那孤儿院也被火烧了，他儿子的遗传病发作，脑子坏了，就成了疯人了。这是没有胆子、又要顾面子的结局，这就是腐败家庭的下场！

三

其次，且看易卜生论社会的三种大势力。那三种大势力一是法律，二是宗教，三是道德。

第一，法律。法律的效能在于除暴去恶，禁民为非。但是法律有好处也有坏处。好处在于法律是无有偏私的，犯了什么法，就该得什么罪。坏处也在于此，法律是死板板的条文，不通人情世故，不知道一样的罪名，却有几等、几样的居心，有几等、几样的境遇情形；同犯一罪的人却有几等、几样的知识程度。法律只说某人犯了某法的某某篇、某某章、某某节，该得某某罪，全不管犯罪的人的知识不同，境遇不同，居心不同。

《娜拉》戏里有两件冒名签字的事：一件是一个律师做的，一件是一个不懂法律的妇人做的。那律师犯这罪全由于自私自利，那妇人犯这罪全因为他要救他丈夫的性命。但是法律全不问这些区别。请看看这两个"罪人"讨论这个问题：

（律师）郝夫人，你好像不知道你犯了什么罪。我老实对你说，我犯的那桩使我一生声名扫地的事，和你所做的事恰恰相同，一毫也不多，一毫也不少。

（娜拉）你！难道你居然也敢冒险去救你妻子的命吗？

（律师）法律不管人的居心如何。

（娜拉）如此说来，这种法律是笨极了。

（律师）不问他笨不笨，你总要受他的裁判。

（娜拉）我不相信。难道法律不许做女儿的想个法子，免得他临死的父亲烦恼吗？难道法律不许做妻子的救他丈夫的命吗？我不大懂得法律，但是我想总该有这种法律承认这些事的。你是一个律师，你难道不知道有这样的法律吗？柯先生，你真是一个不中用的律师了。（一幕）

最可怜的是世上真少这种人情入理的法律！

第二，宗教。易卜生眼里的宗教久已失了那种可以感化人的能力；久已变成毫无生气的仪节、信条，只配口头念得烂熟，却不配使人奋发鼓舞了，《娜拉》戏里说：

（郝尔茂）你难道没有宗教吗？

（娜拉）我不狠懂得究竟宗教是什么东西。我只知道我进教时那位牧师告诉我的一些话。他对我说宗教是这个、是那个，是这样、是那样。（三幕）

如今人的宗教，都是如此。你问他信什么教，他就把他的牧师或是他的先生告诉他的话背给你听。他会背耶稣的《祈祷》文，他会念阿弥陀佛，他会背一部《圣谕广训》。这就是宗教了！

宗教的本意，是为人而作的。正如耶稣说的："礼拜是为人造的，不是人为礼拜造的。"不料后世的宗教，处处与人类的天性相反，处处反乎人情，如《群鬼》戏中的牧师，逼着阿尔文夫人回家去受那淫荡丈夫的待遇，去受那十九年极不堪的惨痛。那牧师说，宗教不许人求快乐，求快乐便是受了恶魔的魔力了。他说宗教不许做妻子的批评他丈夫的行为；他说宗教教人无论如何总要守妇道，总须尽责任，那牧师口口声声所说是"是"的，阿尔文夫人心中总觉得都是"不是"的。后来阿尔文夫人仔细去研究那牧师的宗教，忽然大悟：

原来那些教条都是假的，都是"机器造的"！（《群鬼》二幕）

但是这种机器造的宗教何以居然能这样兴旺呢？原来，现在的宗教虽没有精神上的价值，却极有物质上的用场。宗教是可以利用的，是可以使人发财得意的。

那《群鬼》戏里的木匠，本是一个极下流的酒鬼，卖妻卖女都肯干的。但是他见了那位道学的牧师，立刻就装出宗教家的样子，说宗教家的话，做宗教家的唱歌祈祷，把这位蠢牧师哄得滴溜溜的转（二幕）。

那《罗斯马庄》（Rosmersholm）戏里面的主人翁罗斯马本是一个牧师，他的思想改变了，遂不信教了。他那时想加入本地的自由党，不料党中的领袖却不许罗斯马宣告他脱离教会的事。为什么呢？因为他们党里狠少信教的人，故想借罗斯马的名誉来号召那些信教的人家。可见宗教的兴旺，并不是因为宗教真有兴旺的价值，不过是因为宗教有可以利用的好处罢了。……

第三，道德。法律、宗教既没有裁制社会的本领，我们且看"道德"可有这种本事？据易卜生看来，社会上所谓"道德"不过是许多陈腐的旧习惯。合于社会习惯的，便是道德；不合于社会习惯的，便是不道德。

我且举中国风俗为例：我们中国的老辈人看见少年男女实行自由结婚，便说是"不道德"。为什么呢？因为这事不合于"父母之命，媒妁之言"的社会习惯。但是这班老辈人自己讨许多小老婆，却以为是很平常的事，没有什么不道德。为什么呢？因为习惯如此。又如中国人死了父母，发出讣书，人人都说"泣血稽颡"、"苦块昏迷"。其实他们何尝泣血？又何尝"寝苫枕块"？这种自欺欺人的事，人人都以为是"道德"，人人都不以为羞耻？为什么呢？因为社会的习惯如此，所以不道德的也觉得道德了。

这种不道德的道德，在社会上造出一种诈伪不自然的伪君子。面子上都是仁义道德，骨子里都是男盗女娼。易卜生最恨这种人。

他有一本戏，叫作《社会的栋梁》（Pillars of Society），戏中的主人名叫褒匿，是一个极坏的伪君子。他犯了一桩奸情，却让他兄弟受这恶名，还要诬赖他兄弟偷了钱跑脱了。不但如此，他还雇了一只烂脱的船送他兄弟出海，指望把他兄弟和一船的人都沉死在海底，可以灭口。这样一个大奸，面子上却做得十分道德，社会上都尊敬他，称他做"全市第一个公民"、"公民的模范"，"社会的栋梁"！他谋害他兄弟的那一天，本城的公民，聚了几千人，排起队来，打着旗，奏着军乐，上他的门来表示社会的敬意，高声喊道："褒匿万岁！社会的栋梁褒匿万岁！"这就是道德！

四

其次，我们且看易卜生写个人与社会的关系。

易卜生的戏剧中，有一条极显而易见的学说，是说社会与个人互相损害。社会最爱专制，往往用强力摧折个人的个性（individuality），压制个人自由独立的精神。等到个人的个性都消灭了，等到自由独立的精神都完了，社会自身也没有生气了，也不会进步了。社会里有许多陈腐的习惯，老朽的思想，极不堪的迷信。个人生在社会中，不能不受这些势力的影响。

有时有一两个独立的少年，不甘心受这种陈腐规矩的束缚，于是东冲西突，想与社会作对。上文所援的褒匿少年时代也曾想和社会反抗。但是社会的权力狠大，网罗狠密；个人的能力有限，如何是社会的敌手？社会对个人道："你们顺我者生，逆我者死；顺我者有赏，逆我者有罚。"那些和社会反对的少年，一个一个的都受家庭的责备，遭朋友的怨恨，受社会的侮辱、驱逐。再看那些奉承社会意旨的人，一个个的都升官发财、安富尊荣了。当此境地，不是顶天立地的好汉，决不能坚持到底。所以像褒匿那般人，做了几时的维新志士，不久也渐渐的受社会同化，仍旧回到旧社会去做"社会的栋梁"了。社会如同一个大火炉，什么金、银、铜、铁、锡，进了炉子，都要熔化。

易卜生有一本戏叫作《雁》（The Wild Duck），写一个人捉到一只雁，把他养在楼上半阁里，每天给他一桶水，让他在水里打滚游戏。那雁本是一个海阔天空、逍遥自得的飞鸟，如今在半阁里关久了，也会生活，也会长得胖胖的，后来竟完全忘记了他从前那种海阔天空、来去自由的乐处了！个人在社会里，就同这雁在人家半阁上一般，起初未必满意，久而久之，也遂惯了，也渐渐的把黑暗世界当作安乐窝了。

社会对于那班服从社会命令、维持陈旧迷信、传播腐败思想的人，一个一个的都有重赏。有的发财了，有的升官了，有的享大名誉了。这些人有了钱，有了势，有了名誉，遂像老虎长了翅膀，更可横行无忌了，更可借着"公益"的名誉去骗人钱财，害人生命，做种种无法无天的行为。易卜生的《社会栋梁》和《博克曼》（John Gabriel Borkman）两本戏的主人翁都是这种人物。他们钱赚得够了，然后掏出几个小钱来，开一个学堂，造一所孤儿院，立一个公共游戏场，"捐二十磅金去买面包给贫人吃"（用《社会的栋梁》二幕中语），于是社会格外恭维他们，打着旗子，奏着军乐，上他们家来，大喊："社会的栋梁万岁！"

那些不懂事又不安本分的理想家，处处和社会的风俗习惯反对，是该受重罚的。执行这种重罚的机关，便是"舆论"，便是大多数的"公论"。世间有一种最通行的迷信，叫作"服从多数的迷信"。人都以为多数人的公论总是不错的。易卜生绝对的不承认这种迷信。

多数党说他总在错的一边，少数党总在不错的一边。（《国民公敌》五幕）

一切维新革命，都是少数人发起的，都是大多数人所极力反对的。大多数人总是守旧、麻木不仁的，只有极少数人——有时只有一个人——不满意于社会的现状，要想维新，要想革命。这种理想家是社会所最忌的。大多数人都骂他是"捣乱分子"，都恨他"扰乱治安"，都说他"大逆不道"。所以他们用大多数的专制威权去压制那"捣乱"的思想志士，不许他开口，不许他行动自由；把他关在监牢里；把他赶出境去，把他杀了，把他钉在十字架上活活的钉死，把他捆在柴草上活活的烧死。过了几十年、几百年，那少数人的主张渐渐的变成多数人的主张，于是社会的多数人又把他们从前杀死、钉死、烧死的那些"捣乱分子"，一个一个的重新推崇起来，替他们修墓，替他们作传，替他们立庙，替他们铸铜像。却不知道从前那种"新"思想，到了这时候，又早已成了"陈腐的"迷信！当他们替从前那些特立独行的人修墓、铸铜像的时候，社会里早已发生了几个新派少数人，又要受他们杀死、钉死、烧死的刑罚了！所以说"多数党总是错的，少数党总是不错的"。

易卜生有一本戏叫作《国民的公敌》，里面写的就是这个道理。这本戏的主人翁斯铎曼医生，从前发现本地的水可以造成几处卫生浴池。本地的人听了他的话，觉得有利可图，便集了资本，造了几处卫生浴池。后来四方的人闻了浴池之名，纷纷来这里避暑养病。来的人多了，本地的商业市面便渐渐发达兴旺，斯铎曼医生便做了浴池的官医。后来洗浴的人之中忽然发生一种流行病症，经这位医生仔细考察，知道这病症是从浴池的水里来的，他便装了一瓶水寄与大学的化学师请他化验。化验出来，才知道浴池的水管安的太低了，上流的污秽，停积在浴池里，发生一种传染病的微生物，极有害于公众卫生。斯铎曼医生得了这种科学证据，便做了一篇切切实实的报告书，请浴池的董事会把浴池的水管重行改造，以免妨碍卫生。不料改造浴池须要花费许多钱，又要把浴池闭歇一两年。浴池一闭歇，本地的商务便要受许多损失。

所以，本地的人全体用死力反对斯铎曼医生的提议，他们宁可听那些来避暑养病的人受毒病死，不情愿受这种金钱的损失。所以他们用大多数的专制威权，压制这位说老实话的医生，不许他开口。他作了报告，本地的报馆都不肯登载；他要自己印刷，印刷局也不肯替他印；他要开会演说，全城的人都不把空屋借他做会场。后来好容易找到了一所会场，开了一个公民会议，会场上的人不但不听他的老实话，还把他赶下台去，由全体一致表决，宣告斯铎曼医生从此是国民的公敌。他逃出会场，把裤子都撕破了，还被众人赶到他家，用石头掷他，把窗户都打碎了。到了明天，本地政府革了他的官医；本地商民发了传单不许人请他看病；他的房东请他赶快搬出屋去；他的女儿在学堂教书，也被校长辞退了。这就是"特立独行"的好结果！这就是大多数惩罚少数"捣乱分子"的辣手段！

五

其次，我们且说易卜生的政治主义。易卜生的戏剧不大讨论政治问题，所以我们须要用他的《尺牍》（Letters, ed. Byhisson Sigurd Ibsen, English Trans, 1905）做参考的材料。

易卜生起初完全是一个主张无政府主义的人。当普法之战（公元1870～1871年）时，他的无政府主义最为激烈。一八七一年，他有信与一个朋友道：

……个人绝无做国民的需要。不但如此，国家检直是个人的大害。请看普鲁士的国力，不是牺牲了个人的个性去买来的吗？国民都成了酒馆里跑堂的了，自然个个都是好兵了。再看犹太民族，岂不是最高贵的人类吗？无论受了何种野蛮的待遇，那犹太民族还能保存本来的面目。这都因为他们没有国家的原故，国家总得毁去，这种毁除国家的革命，我也情愿加入。毁去国家观念，单靠个人的情愿和精神上的团结做人类社会的基本——若能做到这步田地，这可算得有价值的自由起点。那些国体的变迁，换来换去，都不过是弄把戏，都不过是全无道理的胡闹。（《尺牍》第七十九）

易卜生的纯粹无政府主义，后来渐渐的改变了。他亲自看见巴黎"市民政府"（Commune）的完全失败（公元1871年），便把他主张无政府主义的热心减了许多（《尺牍》第八十一）。到了一八八四年，他写信给他的朋友说，他在本国若有机会，定要把国中无权的人民联合成一个大政党，主张极力推广选举权，提高妇女的地位，改良国家教育，要使脱除一切中古陋习（《尺牍》第七十八）。这就不是无政府的口气了，但是他终究不曾加入政党。他以为加入政党是狠下流的事（《尺牍》第一五八）。他最恨那班政客，他以为"那班政客所力争的，全是表面上的权利，全是胡闹。最要紧的是人心的大革命"。（《尺牍》第七十七）

易卜生从来不主张狭义的国家主义，从来不是狭义的爱国者。一八八八年，他写信给一个朋友说道：

知识思想略为发达的人，对于旧式的国家观念，总不满意。我们不能以为有了我们所属的政治团体便足够了。据我看来，国家观念不久就要消灭了，将来定有一种观念起来代他。即以我个人而论，我已经过这种变化。我起初觉得我是那威国人，后来变成斯堪丁纳维亚人（那威与瑞典总名斯堪丁纳维亚），我现在已成了条顿人了（《尺牍》第一○六）。

这是一八八八年的话。我想易卜生晚年临死的时候（公元1906年）一定已进到世界主义的地步了。

六

我开篇便说过，易卜生的人生观只是一个写实主义。易卜生把家庭、社会的实在情形都写出来，叫人看了动心，叫人看了觉得我们的家庭、社会原来是如此黑暗腐败，叫人看了觉得家庭、社会真正不得不维新革命——这就是易卜生主义。表面上看去，像是破坏的，其实完全是建设的。譬如医生诊了病，开了一个脉案，把病状详细写出，这难道是消极的、破坏的手续吗？但是易卜生虽开了许多脉案，却不肯轻易开药方。他知道人类社会是极复杂的组织，有种种绝不相同的境地，有种种绝不相同的情形。社会的病，种类纷繁，决不是什么"包医百病"的药方所能治得好的。因此他只好开了脉案，说出病情，让病人各人自己去寻医病的药方。

虽然如此，但是易卜生生平却也有一种完全积极的主张。他主张个人须要充分发达自己的才性，须要充分发展自己的个性。

他有一封信给他的朋友 George Brandes 说道：

我所最期望于你的，是一种真正纯粹的为我主义，要使你有时觉得天下只有关于我的事最要紧，其余的都算不得什么……你要想有益于社会，最好的法子莫如把你自己这块材料铸造成器……有的时候我真觉得全世界都像海上撞沉了船，最要紧的还是救出自己。（《尺牍》第八十四）

最可笑的是有些人明知世界"陆沉"，却要跟着"陆沉"，跟着堕落，不肯"救出自己"！却不知道社会是个人组成的，多救出一个人便是多备下一个再造新社会的分子。所以孟轲说"穷则独善其身"，这便是易卜生所说"救出自己"的意思。这种"为我主义"，其实是最有价值的利人主义。所以易卜生说："你要想有益于社会，最妙的法子莫如把你自己这块材料铸造成器。"《娜拉》戏里，写娜拉抛了丈夫儿女飘然而去，也只为要"救出自己"。那戏中说：

（郝尔茂）……你就是这样抛弃你的最神圣的责任

（娜拉）你以为我的最神圣的责任是什么？

（郝）还等我说吗？可不是你对于你的丈夫和你的儿女的责任吗？

（娜）我还有别的责任同这些一样的神圣。

（郝）没有的。你且说，那些责任是什么？

（娜）是我对于我自己的责任。

（郝）最要紧的，你是一个妻子，又是一个母亲。

（娜）这种话我现在不相信了。我相信，第一，我是一个人，正同你一样。——无论如何，我务必努力做一个人。（三幕）

一八八二年，易卜生有信给朋友道：

这样生活，须使各人自己充分发展——这是人类功业顶高的一层，这是我们大家都应该的事。(《尺牍》第一六一四)

社会最大的罪恶莫过于摧折个人的个性，不使他自由发展。那本《雁》戏所写的，只是一件摧残个人才性的惨剧。那戏写一个人少年时本极有高尚的志气，后来被一个恶人害得破家荡产，不能度日。那恶人又把他自己通奸有孕的下等女子配给他做妻子，从此家累日重一日，他的志气便日低一日。到了后来，他堕落深了，竟变成一个懒人懦夫，天天受那下贱妇人和两个无赖的恭维，他扬扬得意的觉得这种生活很可以终身了。所以那本戏借一个雁作比喻：那雁在半阁上关得久了，他从前那种高飞远举的志气全都消灭了，居然把人家的半阁做他的极乐国了!

发展个人的个性，须要有两个条件。第一，须使个人有自由意志。第二，须使个人担干系、负责任。《娜拉》戏中写郝尔茂的最大错处只在他把娜拉当作"玩意儿"看待，既不许他有自由意志，又不许他担负家庭的责任，所以娜拉竟没有发展他自己个性的机会。所以娜拉一旦觉悟时，恨极他的丈夫，决意弃家远去，也正为这个原故。易卜生又有一本戏，叫作《海上夫人》(The Lady From the Sea)，里面写一个女子哀梨妲少年时嫁给人家做后母，他丈夫和前妻的两个女儿看他年纪轻，不让他管家务，只叫他过安闲日子。哀梨妲在家觉得做这种不自由的妻子、不负责任的后母，是极没趣的事。因此他天天想跟人到海外去过那海阔天空的生活。他丈夫越不许他自由，他偏越想自由。后来他丈夫知道留他不住，只得许他自由出去。他丈夫说道：

(丈夫)……我现在立刻和你毁约。现在可以有完全自由拣定你自己的路子。……现在你可以自己决定，你有完全的自由，你自己担干系。

(哀梨妲)完全自由! 还要自己担干系! 还担干系咧! 有这么一来，样样事都不同了。

哀梨妲有了自己，又自己负责任了，忽然大变了，也不想那海上的生活了，决意不跟人走了(《海上夫人》第五幕)。这是为什么呢? 因为世间只有奴隶的生活是不能自由选择的，是不用担干系的。个人若没有自由权，又不负责任，便和做奴隶一样。所以无论怎样好玩，无论怎样高兴，到底没有真正乐趣，到底不能发展个人的人格。所以哀梨妲说："有了完全自由，还要自己担干系，有这么一来，样样事都不同了。"

家庭是如此，社会、国家也是如此。自治的社会，共和的国家，只是要个人有自由选择之权，还要个人对于自己所行所为都负责任。若不如此，决不能造出自己独立的人格。社会、国家没有自由独立的人格，如同酒里少了酒曲，面包里少了酵，人身上少了脑筋，那种社会、国家决没有改良进步的希望。所以易卜生的一生目的只是要社会极力容忍，极力鼓励斯铎曼医生一流的人物，社会上生出无数永不知足、永不满意、敢说老实话攻击社会腐败情形的"国民公敌"；要想社会上有许多人都能像斯铎曼医生那样宣言道："世上最强有力的人就是那个最孤立的人！"

社会、国家是时刻变迁的，所以不能指定那一种方法是救世的良药。十年前用补药，十年后或者须用泄药了；十年前用凉药，十年后或者须用热药了。况且各地的社会、国家都不相同，适用于日本的药，未必完全适用于中国；适用于德国的药，未必适用于美国。只有康有为那种"圣人"，还想用他们的"戊戌政策"来救戊午的中国；只有辜鸿铭那班怪物，还想用二千年前的"尊王大义"来施行于20世纪的中国。易卜生是聪明人，他知道世上没有"包医百病"的仙方，也没有"施诸四海而皆准，推之百世而不悖"的真理。

因此他对于社会的种种罪恶污秽，只开脉案，只说病状，却不肯下药。但他虽不肯下药，却到处告诉我们一个保卫社会健康的卫生良法。他仿佛说道："人的身体全靠血里面，有无量数的白血轮时时刻刻与人身的病菌开战。把一切病菌扑灭干净，方才可使身体健全、精神充足，社会、国家的健康也全靠社会中有许多永不知足、永不满意、时刻与罪恶分子、龌龊分子宣战的白血轮，方才有改良进步的希望。我们若要保卫社会的健康，须要使社会里时时刻刻有斯铎曼医生一般的白血轮分子。但使社会常有这种白血轮精神，社会决没有不改良进步的道理。"

一八八三年，易卜生写信给朋友道：

十年之后，社会的多数人大概也会到了斯铎曼医生开公民大会时的见地了。但是这十年之中，斯铎曼自己也刻刻向前进。所以到了十年之后，他的见地仍旧比社会的多数人还高十年。即以我个人而论，我觉得时时刻刻总有进境。我从前每作一本戏时的主张，如今都已渐渐变成了很多数人的主张。但是等到他们赶到那里时，我久已不在那里了。我又到别处去了。我希望我总是向前去了。（《尺

牍》第一七二）

拜金主义

吴稚晖先生在今年五月底曾对我说："适之先生，你千万再不要提倡那害人误国的国故整理了。现在最要紧的是提倡一种纯粹的拜金主义。"

我因为个人兴趣上的关系，大概还不能完全抛弃国故的整理。但对于他说的拜金主义的提倡，我却表示二十四分的赞成。

拜金主义并没有什么深奥的教旨，吴稚晖先生在他的《一个新信仰的宇宙观与人生观》里，曾发挥过这种教义，简单说来，拜金主义只有三信条：

第一，要自己能挣饭吃。

第二，不可抢别人的饭吃。

第三，要能想出法子来，开出生路来，叫别人有挣饭吃的机会。

《珠砂痣》里有一句说白："原来银子是一件好宝贝。"这就是拜金主义的浅说。银子为什么是一件好宝贝呢？因为没有银子便是贫穷，贫穷便是一切罪恶的来源。《诛砂痣》里那个男子因为贫穷，便肯卖妻子，卖妻子便是一桩罪恶。你仔细想想，哪一件罪恶不是由于贫穷的？小偷，大盗，扒儿手，绑票，卖娼，贪赃，卖国，哪一件不是由于贫穷？

所以古人说：

衣食足而后知荣辱，仓廪实而后知礼节。

这便是拜金主义的人生观。

一班瞎了眼睛，迷了心头孔的人，不知道人情是什么，偏要大骂西洋人，尤其是美国人，骂他们"崇拜大拉"（Worship the dollar）！你要知道，美国人因为崇拜大拉，所以已经做到了真正"夜不闭户，路不拾遗"的理想境界了。（几个大城市里自然还有罪恶，但乡间真能夜不闭户、路不拾遗是西洋的普遍现状。）

我们不配骂人崇拜大拉，请回头看看我们自己崇拜的是什么！

一个老太婆，背着一只竹箩，拿着一根铁杆，天天到巷堂里扒垃圾堆，去寻找那垃圾堆里一个半个没有烧完的煤球，一寸两寸稀烂奇脏的破布。——这些人崇拜的是什么！

要知道，这种人连半个没有烧完的煤球也不肯放过，还能有什么"道德"、"牺牲"、"廉洁"、"路不拾遗"？

所以现今的要务是要充分提高拜金主义，提倡人人要能挣饭吃。

上海青年会里的朋友们现在办了一种职业学校，要造成一些能自己挣饭吃的人才，这真是大做好事，功德无量。我想社会上一定有些假充道学的人，嫌这个学校的拜金气味太重，所以写这篇短文，预先替他们做点辩护。

青年人的苦闷

今年六月二日早晨，一个北京大学一年级学生，在悲观与烦闷之中，写了一封很沉痛的信给我。这封信使我很感动，所以我在那个六月二日的半夜后写了一封一千多字的信回答他。

我觉得这个青年学生诉说他的苦闷不仅是他一个人感受的苦闷，他要解答的问题也不仅是他一个人要问的问题。今日无数青年都感觉大同小异的苦痛与烦闷，我们必须充分了解这件绝不容讳饰的事实，我们必须帮助青年人解答他们渴望解答的问题。

这个北大一年级学生来信里有这一段话：

生自小学毕业到中学，过了八年沦陷生活，苦闷万分。夜中偷听后方消息，日夜企盼祖国胜利，在深夜时暗自流泪，自恨不能为祖国做事。对蒋主席之崇拜，无法形容。但胜利后，我们接收大员及政府所表现的，实在太不像话。……生从沦陷起对政府所怀各种希望完全变成失望，且曾一度悲观到萌自杀的念头。……自四月下旬物价暴涨，同时内战更打得起劲。生亲眼见到同胞受饥饿而自杀，以及内战的惨酷，联想到祖国的今后前途，不禁悲从中来。原因是生受过敌人压迫，实再怕做第二次亡国奴！……我伤心，我悲哀，同时绝望——在绝望的最后几分钟，问您几个问题。

他问了我七个问题，我现在挑出这三个：

一、国家是否有救？救的方法为何？

二、国家前途是否绝望？若有，希望在哪里？请具体示知。

三、青年人将苦闷死了，如何发泄？

以上我摘抄这个青年朋友的话，以下是我答复他的话的大致，加上后来我自己修改引申的话。这都是我心里要对一切苦闷青年说的老实话。

我们今日所受的苦痛，都是我们这个民族努力不够的当然结果。我们事事不如人：科学不如人，工业生产不如人，教育不如人，知识水准不如人，社会政治组织不如人。所以我们经过了八年的苦战，大破坏之后，恢复很不容易。人家送兵船给我们，我们没有技术人才去驾驶；人家送工厂给我们——如胜利之后敌人留下了多少大工厂——而我们没有技术人才去接收使用，继续生产。所以许多烟囱不冒烟了，机器上了锈，无数老百姓失业了！

青年人的苦闷失望——其实岂但青年人苦闷失望吗？——最大原因都是因为我们前几年太乐观了，大家都梦想"天亮"，都梦想一旦天亮之后就会"天朗气清，惠风和畅"，有好日子过了！

这种过度的乐观是今日一切苦闷悲观的主要心理因素。大家在那"夜中偷听后方消息，日夜企盼祖国胜利"的心境里，当然不会想到战争是比较容易的事，而和平善后是最困难的事。在胜利的初期，国家的地位忽然抬高了，从一个垂亡的国家一跳就成了世界上第四强国了！大家在那狂喜的心境里，更不肯去想想坐稳那世界第四把交椅是多大困难的事业。天下哪有科学落后，工业生产落后，政治、经济、社会、组织事事落后的国家可以坐享世界第四强国的福分？

试看世界的几个先进国家，战胜之后，至今都还不能享受和平的清福，都还免不了饥饿的恐慌。美国是唯一的例外。前年十一月我到英国，住在伦敦第一等旅馆里，整整三个星期，没有看见一个鸡蛋！我到英国公教人员家去，很少人家有一盒火柴，却只用小木片向炉上点火供客。大多数人的衣服都是旧的补绽的。试想英国在三十年前多么威风！在第二次大战之中，英国人一面咬牙苦战，一面都明白战胜之后英国的殖民地必须丢去一大半，英国必须降为二等大国，英国人民必须吃大苦痛。但英国人的知识水准高，大家绝不悲观，都能明白战后恢复工作的巨大与艰难，必须靠大家束紧裤带，挺起脊梁，埋头苦干。

我们中国今日无数人的苦闷悲观，都由于当年期望太奢而努力不够。我们在今日必须深刻地了解：和平善后要比八年抗战困难得多。大战时须要吃苦努力，胜利之后更要吃苦努力，才可以希望在十年二十年之中做到一点复兴的成绩。

国家当然有救，国家的前途当然不绝望。这一次日本的全面侵略，中国确有亡国的危险。我们居然得救了。现存的几个强国，除了一个国家还不能使我们完全放心之外，都绝对没有侵略我们的企图。我们的将来全靠我们自己今后如何努力。

正因为我们今日的种种苦痛都是从前努力不够的结果，所以我们将来的恢复与兴盛绝没有捷径，只有努力工作一条窄路，一点一滴地努力，一寸一尺地改善。悲观是不能救国的，呐喊是不能救国的，口号标语是不能救国的，责人而自己不努力是不能救国的。

我在二十多年前最爱引易卜生对他的青年朋友说的一句话："你要想有益于社会，最好的法子莫如把自己这块材料铸造成器。"我现在还要把这句话赠送给一切悲观苦闷的青年朋友。社会国家需要你们做最大的努力，所以你们必须先把自己这块材料铸造成有用的东西，方才有资格为社会国家努力。

今年四月十六，美国南加罗林那州的州议会举行了一个很隆重的典礼，悬挂本州最有名的公民巴鲁克（Bernard M. Baruch）的画像在州议会的壁上，请巴鲁克先生自己来演说。巴鲁克先生今年七十七岁了，是个犹太种的美国大名人。当第一次世界大战时，他是威尔逊总统的国防顾问，是原料委员会的主任，后来专管战时工业原料。巴黎和会时，他是威尔逊的经济顾问。当第二次世界大战时，他是战时动员总署的专家顾问，是罗斯福总统特派的人造橡皮研究委员会的主任。战争结束后，他是总统特任的原子能管理委员会的主席。他是两次世界大战都曾出大力有大功的一个公民。

这一天，这位七十七岁的巴鲁克先生起来答谢他的故乡同胞对他的好意，他的演说词是广播全国对全国人民说的。他的演说，从头至尾，只有一句话：美国人民必须努力工作，必须为和平努力工作，必须比战时更努力工作。

巴鲁克先生说：

现在许多人说借款给人可以拯救世界，这是一个最大的错觉。只有大家努力做工可以使世界复兴，如果我们美国愿意担负起保存文化的使命，我们必须作更大的努力，比我们四年苦战还更大的努力。我们必须准备出大汗，努力撙节，努力制造世界人类需要的东西，使人们有面包吃，有衣服穿，有房子住，有教育，有精神上的享受，有娱乐。

他说：

工作是把苦闷变成快乐的炼丹仙人。

他又说，

美国工人现在的工作时间太短了，不够应付世界的需要。

他主张：

如果不能回到每周六天，每天八小时的工作时间，至少要大家同心做到每周做四十四小时的工作；不罢工，不停顿，才可以做出震惊全世界的工作成绩来。

巴鲁克先生最后说：

我们必须认清，今天我们正在四面包围的通货膨胀的危崖上，只有一条生路，那就是工作。我们生产越多，生活费用就越减低；我们能购买的货物也就越加多，我们的剩余力量（物质的、经济的、精神的）也就越容易积聚。

我引巴鲁克先生的演说，要我们知道，美国在这极强盛极光荣的时候，他们远见的领袖还这样力劝全国人民努力工作。"工作是把苦闷变成快乐的炼丹仙人"。我们中国青年不应该想想这句话吗？

第三章
有所反省的人生必得容忍～

▍容忍与自由

十七八年前，我最后一次会见我的母校康耐儿大学的史学大师布尔先生（George Lincoln Burr）。我们谈到英国文学大师阿克顿（Lord Acton）一生准备要著作一部《自由之史》，没有完成他就死了。布尔先生那天谈话很多，有一句话我至今没有忘记。他说，"我年纪越大，越感觉到容忍（tolerance）比自由更重要"。

布尔先生死了十多年了，他这句话我越想越觉得是一句不可磨灭的格言。我自己也有"年纪越大，越觉得容忍比自由还更重要"的感想。有时我竟觉得容忍是一切自由的根本；没有容忍，就没有自由。

我十七岁的时候（公元 1908 年）曾在《竞业旬报》上发表几条"无鬼丛话"，其中有一条是痛骂小说《西游记》和《封神榜》的，我说：

《王制》有之："假于鬼神时日卜筮以疑众，杀。"吾独怪夫数千年来之排治权者，之以济世明道自期者，乃懵然不之注意，惑世诬民之学说得以大行，遂举我神州民族投诸极黑暗之世界！……

这是一个小孩子很不容忍的"卫道"态度。我在那时候已是一个无鬼论者、无神论者，所以发出那种摧除迷信的狂论，要实行《王制》（《礼让》的一篇）的"假于鬼神时日卜筮以疑众，杀"的一条经典！

我在那时候当然没有梦想到说这话的小孩子在十五年后（公元 1923 年）会很热心的给《西游记》作两万字的考证！我在那时候当然更没有想到那个小孩子

在二三十年后还时时留心搜求可以考证《封神榜》的作者的材料！我在那时候也完全没有想想《王制》那句话的历史意义。那一段《王制》的全文是这样的：

析言破律，乱名改作，执左道以乱政，杀。作淫声异服奇技奇器以疑众，杀。行伪而坚，言伪而辩，学非而博，顺非而泽以疑众，杀。假于鬼神时日卜筮以疑众，杀。此四诛者，不以听。

我在五十年前，完全没有懂得这一段话说的"四诛"正是中国专制政体之下禁止新思想、新学术、新信仰、新艺术的经典的根据。我在那时候抱着"破除迷信"的热心，所以拥护那"四诛"之中的第四诛："假于鬼神时日卜筮以疑众，杀。"我当时完全没有梦到第四诛的"假于鬼神……以疑众"和第一诛的"执左道以乱政"的两条罪名都可以用来摧残宗教信仰的自由。我当时也完全没有注意到郑玄注里用了公输般作"奇技异器"的例子；更没有注意到孔颖达《正义》里举了"孔子为鲁司寇七日而诛少正卯"的例子来解释"行伪而坚，言伪而辩，学非而博，顺非而泽以疑众，杀"。故第二诛可以用来禁绝艺术创作的自由，也可以用来"杀"许多发明"奇技异器"的科学家。故第三诛可以用来摧残思想的自由，言论的自由，著作出版的自由。

我在五十年前引用《王制》第四诛，要"杀"《西游记》《封神榜》的作者。那时候我当然没有想到十年之后我在北京大学教书时就有一些同样"卫道"的正人君子也想引用《王制》的第三诛，要"杀"我和我的朋友们。当年我要"杀"人，后来人要"杀"我，动机是一样的：都只因为动了一点正义的火气，就都失掉容忍的度量了。

我自己叙述五十年前主张"假于鬼神时日卜筮以疑众，杀"的故事，为的是要说明我年纪越大，越觉得"容忍"比"自由"还更重要。

我到今天还是一个无神论者，我不信有一个有意志的神，我也不信灵魂不朽的说法。

我自己总觉得，这个国家、这个社会、这个世界，绝大多数人是信神的，居然能有这雅量，能容忍我的无神论，能容忍我这个不信神也不信灵魂不灭的人，能容忍我在国内和国外自由发表我的无神论的思想，从没有人因此用石头掷我，把我关在监狱里，或把我捆在柴堆上用火烧死。我在这个世界里居然享受了四十多年的容忍与自由。我觉得这个国家、这个社会、这个世界对我的容忍度量是可爱的，是可以感激的。

所以我自己总觉得我应该用容忍的态度来报答社会对我的容忍。所以我自己不信神，但我能诚心的谅解一切信神的人，也能诚心的容忍并且敬重一切信仰有神的宗教。

我要用容忍的态度来报答社会对我的容忍，因为我年纪越大，我越觉得容忍的重要意义。若社会没有这点容忍的气度，我决不能享受四十多年大胆怀疑的自由，公开主张无神论的自由。

在宗教自由史上，在思想自由史上，在政治自由史上，我们都可以看见容忍的态度是最难得、最稀有的态度。人类的习惯总是喜同而恶异的，总不喜欢和自己不同的信仰、思想、行为。这就是不容忍的根源。不容忍只是不能容忍和我自己不同的新思想和新信仰。一个宗教团体总相信自己的宗教信仰是对的，是不会错的，所以它总相信那些和自己不同的宗教信仰必定是错的，必定是异端、邪教。一个政治团体总相信自己的政治主张是对的，是不会错的，所以它总相信那些和自己不同的政治见解必定是错的，必定是敌人。

一切对异端的迫害，一切对"异己"的摧残，一切宗教自由的禁止，一切思想言论的被压迫，都由于这一点深信自己是不会错的心理。因为深信自己是不会错的，所以不能容忍任何和自己不同的思想信仰了。

试看欧洲的宗教革新运动的历史。马丁·路德（Martin Luther）和约翰·高尔文（John Calvin）等人起来革新宗教，本来是因为他们不满意于罗马旧教的种种不容忍，种种不自由。但是新教在中欧、北欧胜利之后，新教的领袖们又都渐渐走上了不容忍的路上去，也不容许别人起来批评他们的新教条了。高尔文在日内瓦掌握了宗教大权，居然会把一个敢独立思想，敢批评高尔文的教条的学者塞维图斯（Servetus）定了"异端邪说"的罪名，把他用铁链锁在木桩上，堆起柴来，慢慢的活烧死。这是一五五三年十月二十三日的事。

这个殉道者塞维图斯的惨史，最值得人们的追念和反省。宗教革新运动原来的目标是要争取"基督教的人的自由"和"良心的自由"。何以高尔文和他的信徒们居然会把一位独立思想的新教徒用慢慢的火烧死呢？何以高尔文的门徒（后来继任高尔文为日内瓦的宗教独裁者）柏时（de Bèze）竟会宣言"良心的自由是魔鬼的教条"呢？

基本的原因还是那一点深信我自己是"不会错的"的心理。像高尔文那样虔诚的宗教改革家，他自己深信他的良心确是代表上帝的命令，他的口和他的笔确是代表上帝的意志，那末他的意见还会错吗？他还有错误的可能吗？在塞维图斯被烧死之后，高尔文曾受到不少人的批评。一五五四年，高尔文发表一篇文字为他自己辩护，他毫不迟疑的说："严厉惩治邪说者的权威是无可疑的，因为这就是上帝自己说话。……这工作是为上帝的光荣战斗"。

上帝自己说话，还会错吗？为上帝的光荣作战，还会错吗？这一点"我不会错"的心理，就是一切不容忍的根苗。深信我自己的信念没有错误的可能（infallible），我的意见就是"正义"，反对我的人当然都是"邪说"了。我的意见代表上帝的意旨，反对我的人的意见当然都是"魔鬼的教条"了。

这是宗教自由史给我们的教训：容忍是一切自由的根本；没有容忍"异己"的雅量，就不会承认"异己"的宗教信仰可以享受自由。但因为不容忍的态度是基于"我的信念不会错"的心理习惯，所以容忍"异己"是最难得、最不容易养成的雅量。

在政治思想上，在社会问题的讨论上，我们同样的感觉到不容忍是常见的，而容忍总是很稀有的。我试举一个死了的老朋友的故事作例子。四十多年前，我们在《新青年》杂志上开始提倡白话文学的运动，我曾从美国寄信给陈独秀，我说：

此事之是非，非一朝一夕所能定，亦非一二人所能定。甚愿国中人士能平心静气与吾辈同力研究此问题。讨论既熟，是非自明。各辈已张革命之旗，虽不容退缩，然亦决不敢以吾辈所主张为必是而不容他人之匡正也。

独秀在《新青年》上答我道：

鄙意容纳异议，自由讨论，固为学术发达之原则，独于改良中国文学当以白话为正宗之说，其是非甚明，必不容反对者有讨论之余地；必以吾辈所主张者为绝对之是，而不容他人之匡正也。

我当时看了就觉得这是很武断的态度。现在在四十多年之后，我还忘不了独秀这一句话，我还觉得这种"必以吾辈所主张者为绝对之是"的态度是很不容忍的态度，是最容易引起别人的恶感，是最容易引起反对的。

我曾说过，我应该用容忍的态度来报答社会对我的容忍。我现在常常想，我们还得戒律自己：我们着想别人容忍谅解我们的见解，我们必须先养成能够容忍谅解别人的见解的度量。至少我们应该戒约自己决不可"以吾辈所主张者为绝对之是"。我们受过实验主义的训练的人，本来就不承认有"绝对之是"，更不可以"以吾辈所主张者为绝对之是"。

信心与反省

这一期（《独立》一○三期）里有寿生先生的一篇文章，题为《我们要有信心》。在这文里，他提出一个大问题：中华民族真不行吗？他自己的答案是：我们是还有生存权的。

我很高兴我们的青年在这种恶劣空气里还能保持他们对于国家民族前途的绝大信心。这种信心是一个民族生存的基础，我们当然是完全同情的。

可是我们要补充一点：这种信心本身要建筑在稳固的基础之上，不可站在散沙之上，如果信仰的根据不稳固，一朝根基动摇了，信仰也就完了。

寿生先生不赞成那些旧人"拿什么五千年的古国哟，精神文明哟，地大物博哟，来遮丑"。这是不错的。然而他自己提出的民族信心的根据，依我看来，文字上虽然和他们不同，实质上还是和他们同样的站在散沙之上，同样的挡不住风吹雨打。

例如他说：

我们今日之改进不如日本之速者，就是因为我们的固有文化太丰富了。

富于创造性的人，个性必强，接受性就较缓。

这种思想在实质上和那五千年古国精神文明的迷梦是同样的无稽的夸大。第一，他的原则"富于创造性的人，个性必强，接受性就较缓"，这个大前提就是完全无稽之谈，就是懒惰的中国士大夫捏造出来替自己遮丑的胡说。事实上恰是相反的：凡富于创造性的人必敏于模仿，凡不善模仿的人决不能创造。创造是一个最误人的名词，其实创造只是模仿到十足时的一点点新花样。古人说的最好："太阳之下，没有新的东西。"一切所谓创造都从模仿出来。我们不要被新名词骗了。新名词的模仿就是旧名词的"学"字："学之为言效也"是一句不磨的老话。例如学琴，必须先模仿琴师弹琴；学画必须先模仿画师作画；就是画自然界的景物，也是模仿。模仿熟了，就是学会了，工具用的熟了，方法练的细密了，有天才的人自然会"熟能生巧"，这一点功夫到时的奇巧新花样就叫作创造。凡不肯模仿，就是不肯学人的长处。不肯学如何能创造？伽利略（Galileo）听说荷兰有个磨镜匠人做成了一座望远镜，他就依他听说的造法，自己制造了一座望远镜。这就是模仿，也就是创造。从十七世纪初年到如今，望远镜和显微镜都年年有进步，可是这三百年的进步，步步是模仿，也步步是创造。一切进步都是如此：没有一件创造不是先从模仿下手的。孔子说的好：

> 三人行，必有我师焉：择其善者而从之，其不善者而改之。

这就是一个圣人的模仿。懒人不肯模仿，所以决不会创造。一个民族也和个人一样，最肯学人的时代就是那个民族最伟大的时代；等到他不肯学人的时候，他的盛世已过去了，他已走上衰老僵化的时期了，我们中国民族最伟大的时代，正是我们最肯模仿四邻的时代：从汉到唐宋，一切建筑、绘画、雕刻、音乐、宗教、思想、算学、天文、工艺，那一件里没有模仿外国的重要成分？佛教和他带来的美术建筑，不用说了。从汉朝到今日，我们的历法改革，无一次不是采用外国的新法；最近三百年的历法是完全学西洋的，更不用说了。到了我们不肯学人家的好处的时候，我们的文化也就不进步了。我们到了民族中衰的时代，只有懒劲学印度人的吸食鸦片，却没有精力学满洲人的不缠脚，那就是我们自杀的法门了。

第二，我们不可轻视日本人的模仿。寿生先生也犯了一般人轻视日本的恶习惯，抹杀日本人善于模仿的绝大长处。日本的成功，正可以证明我在上文说的"一切创造都从模仿出来"的原则。寿生说：

> 从唐以至日本明治维新，千数百年间，日本有一件事足为中国取镜者吗？中国的学术思想在她手里去发展改进过吗？我们实无法说有。

这又是无稽的诬告了。三百年前，朱舜水到日本，他居留久了，能了解那个岛国民族的优点，所以他写信给中国的朋友说，日本的政治虽不能上比唐虞，可以说比得上三代盛世。这是一个中国大学者在长期寄居之后下的考语。是值得我们的注意的。日本民族的长处全在他们肯一心一意的学别人的好处。他们学了中国的无数好处，但始终不曾学我们的小脚、八股文、鸦片烟。这不够"为中国取镜"吗？他们学别国的文化，无论在哪一方面，凡是学到家的，都能有创造的贡献。这是必然的道理。浅见的人都说日本的山水人物画是模仿中国的；其实日本画自有他的特点，在人物方面的成绩远胜过中国画，在山水方面也没有走上四王的笨路。在文学方面，他们也有很大的创造。近年已有人赏识日本的小诗了。

我且举一个大家不甚留意的例子。文学史家往往说日本的《源氏物语》等作品是模仿中国唐人的小说《游仙窟》等画的。现今《游仙窟》已从日本翻印回中国来了，《源氏物语》也有了英国人卫来先生（Athur Waley）的五巨册的译本。我们若比较这两部画，就不能不惊叹日本人创造力的伟大。如果"源氏"真是从模仿《游仙窟》出来的，那真是徒弟胜过师傅千万倍了！寿生先生原文里批评日本的工商业，也是中了成见的毒。日本今日工商业的长脚发展，虽然也受了生活程度比人低和货币低落的恩惠，但他的根基实在是全靠科学与工商业的进步。今日大阪与兰肯歇的竞争，骨子里还是新式工业与旧式工业的竞争。日本今日自造的纺织器是世界各国公认为最新最良的。今日英国纺织业也不能不购买日本的新机器了。这是从模仿到创造的最好的例子。不然，我们工人的工资比日本更低，货币平常也比日本钱更贱，为什么我们不能"与他国资本家抢商场"呢？我们到了今日，若还要抹煞事实，笑人模仿，而自居于"富于创造性者"的不屑模仿，那真是盲目的夸大狂了。

第三，再看看"我们的固有文化"是不是真的"太丰富了"。寿生和其他夸大本国固有文化的人们，如果真肯平心想想，必然也会明白这句话也是无根的乱谈。这个问题太大，不是这篇短文里所能详细讨论的，我只能指出几个比较重要之点。使人明白我们的固有文化实在是很贫乏的，谈不到"太丰富"的梦话。近代的科学文化、工业文化，我们可以撇开不谈，因为在那些方面，我们的贫乏未免太丢人了。我们且谈谈老远的过去时代罢。我们的周秦时代当然可以和希腊罗马相提并论，然而我们如果平心研究希腊罗马的文学、雕刻、科学、政治，单是这四项就不能不使我们感觉我们的文化的贫乏了。尤其是造形美术与算学的两方面，我们真不能不低头愧汗。

我们试想想，《几何原本》的作者欧几里得正和孟子先后同时；在那么早的时代，在二千多年前，我们在科学上早已大落后了！（少年爱国的人何不试拿《墨子》"经上篇"里的三五条几何学界说来比较《几何原本》？）从此以后，我们所有的，欧洲也都有；我们所没有的，人家所独有的，人家都比我们强。试举一个例子：欧洲有三个一千年的大学，有许多个五百年以上的大学，至今继续存在，继续发展，我们有没有？至于我们所独有的宝贝：骈文、律诗、八股、小脚、太监、姨太太、五世同居的大家庭、贞节牌坊、地狱活现的监狱、廷杖、板子夹棍的法庭……虽然"丰富",虽然"在这世界无不足以单独成一系统",究竟都是使我们抬不起头来的文物制度。即如寿生先生指出的"那更光辉万丈"的宋明理学,说起来也真正可怜!讲了七八百年的理学,没有一个理学圣贤指出裹小脚是不人道的野蛮行为,只见大家崇信"饿死事极小,失节事极大"的吃人礼教:请问那万丈光辉究竟照耀到那里去了?

以上说的,都只是略略指出寿生先生代表的民族信心是建筑在散沙上面,经不起风吹草动,就会倒塌下来的。信心是我们需要的,但无根据的信心是没有力量的。

可靠的民族信心,必须建筑在一个坚固的基础之上,祖宗的光荣自是祖宗之光荣,不能救我们的痛苦羞辱。何况祖宗所建的基业不全是光荣呢?我们要指出:我们的民族信心必须站在"反省"的惟一基础之上。反省就是要闭门思过,要诚心诚意的想,我们祖宗的罪孽深重,我们自己的罪孽深重;要认清了罪孽所在,然后我们可以用全副精力去消灾灭罪。

寿生先生引了一句"中国不亡是无天理"的悲叹词句,他也许不知道这句伤心的话是我十三四年前在中央公园后面柏树下对孙伏园先生说的,第二天被他记在《晨报》上,就流传至今。我说出那句话的目的,不是要人消极,是要人反省;不是要人灰心,是要人起信心,发下大弘誓来忏悔;来替祖宗忏悔,替我们自己忏悔;要发愿造新因来替代旧日种下的恶因。

今日的大患在于全国人不知耻。所以不知耻者,只是因为不曾反省。一个国家兵力不如人,被人打败了,被人抢夺了一大块土地去,这不算是最大的耻辱。一个国家在今日还容许整个的省分遍种鸦片烟,一个政府在今日还要依靠鸦片烟的税收——公卖税、吸户税、烟苗税、过境税——来做政府的收入的一部分,这是最大的耻辱。一个国家有五千年的历史,而没有一个四十年的大学,甚至于没有一个真正完备的大学,这是最大的耻辱。一个国家能养三百万不能捍卫国家的兵,而至今不肯计划任何区域的国民义务教育,这是最大的耻辱。

真诚的反省自然发生真诚的愧耻。孟子说的好:"不耻不若人,何若人有?"真诚的愧耻自然引起向上的努力,要发弘愿努力学人家的好处,铲除自家的罪恶。经过这种反省与忏悔之后,然后可以起新的信心:要信仰我们自己正是拨乱反正的人,这个担子必须我们自己来挑起。三四十年的天足运动已经差不多完全铲除了小脚的风气;从前大脚的女人要装小脚,现在小脚的女人要装大脚了。风气转移的这样快，这不够坚定我们的自信心吗？

历史的反省自然使我们明了今日的失败都因为过去的不努力，同时也可以使我们格外明了"种瓜得瓜，种豆得豆"的因果铁律。铲除过去的罪孽只是割断已往种下的果。我们要收新果，必须努力造新因。祖宗生在过去的时代，他们没有我们今日的新工具，也居然能给我们留下了不少的遗产。我们今日有了祖宗不曾梦见的种种新工具，当然应该有比祖宗高明千百倍的成绩，才对得起这个新鲜的世界。日本一个小岛国，那么贫瘠的土地，那么少的人民，只因为伊藤博文、大久保利通、西乡隆盛等几十个人的努力，只因为他们肯拼命的学人家，肯拼命的用这个世界的新工具，居然在半个世纪之内一跃而为世界三五大强国之一。这不够鼓舞我们的信心吗？

反省的结果应该使我们明白那五千年的精神文明。那"光辉万丈"的宋明理学，那并不太丰富的固有文化，都是无济于事的银样镴枪头。我们的前途在我们自己的手里。我们的信心应该望在我们的将来。我们的将来全靠我们下什么种，出多少力。"播了种一定会有收获，用了力决不至于白费"：这是翁文灏先生要我们有的信心。

再论信心与反省

在《独立》第一〇三期，我写了一篇《信心与反省》，指出我们对国家民族的信心不能建筑在歌颂过去上，只可以建筑在"反省"的惟一基础之上。在那篇讨论里，我曾指出我们的固有文化是很贫乏的，决不能说是"太丰富了"的；我们的文化，比起欧洲一系的文化来，"我们所有的，人家也都有；我们所没有的，人家所独有的，人家都比我们强。至于我们所独有的宝贝：骈文、律诗、八股、小脚……又都是使我们抬不起头来的文物制度。"所以我们应该反省：认清了我们的祖宗和我们自己的罪孽深重，然后肯用全力去消灾灭罪；认清了自己百事不如人，然后肯死心塌地的去学人家的长处。

我知道这种论调在今日是很不合时宜的，是触犯忌讳的，是至少要引起严厉的抗议的。可是我心里要说的话，不能因为人不爱听就不说了。正因为人不爱听，所以我更觉得有不能不说的责任。

果然，那篇文章引起了一位读者子固先生的悲愤，害他终夜不能睡眠，害他半夜起来写他的抗议，直写到天明。他的文章，《怎样才能建立起民族的信心》是一篇很诚恳的，很沉痛的反省。我很尊敬他的悲愤，所以我很愿意讨论他提出的论点，很诚恳的指出他那"一半不同"正是全部不同。

子固先生的主要论点是：

我们民族这七八十年以来，与欧美文化接触，许多新奇的现象炫盲了我们的眼睛，在这炫盲当中，我们一方面没出息地丢了我们固有的维系并且引导我们向上的文化，另一方面我们又没有能够抓住外来文化之中那种能够帮助我们民族更为强盛的一部分。结果我们走入迷途，堕落下去！

忠孝仁爱信义和平是维系并且引导我们民族向上的固有文化，科学是外来文化中能够帮助我们民族更为强盛的一部分。

子固先生的论调，其实还是三四十年前的老辈的论调。他们认得了富强的需要，所以不反对西方的科学工业；但他们心里很坚决的相信一切伦纪道德是我们所固有而不须外求的。老辈之中，一位最伟大的孙中山先生，在他的通俗讲演里，也不免要敷衍一般夸大狂的中国人，说"中国先前的忠孝仁爱信义种种的旧道德"都是驾乎外国人之上。中山先生这种议论在今日往往被一般人利用来做复古运动的典故，所以有些人就说"中国本来是一个由美德筑成的黄金世界"了（这是民国十八年叶楚伧先生的名言）！

子固先生也特别提出孙中山先生的伟大，特别颂扬他能"在当时一班知识阶级盲目崇拜欧美文化的狂流中，巍然不动地指示我们救国必须恢复我们固有文化，同时学习欧美科学"。但他如果留心细读中山先生的讲演，就可以看出他当时说那话时是很费力的，很不容易自圆其说的。例如讲"修身"，中山先生很明白的说：

但是从修身一方面来看，我们中国人对于这些功夫是很缺乏的。中国人一举一动都欠捡点，只要和中国人来往过一次，便看得很清楚。（《三民主义》六）

他还对我们说：

所以今天讲到修身，诸位新青年，便应该学外国人的新文化。（《三民主义》六）

可是他一会儿又回过去颂扬固有的旧道德了。本来有保守性的读者只记得中山先生颂扬旧道德的话，却不曾细想他所颂扬的旧道德都只是几个人类共有的理想，并不是我们这个民族实行最力的道德。例如他说的"忠孝仁爱信义和平"，哪一件不是东西哲人共同提倡的理想？除了割股治病、卧冰求鲤一类不近人情的行动之外，哪一件不是世界文明人类公有的理想？孙中山先生也曾说过：

> 照这样实行一方面讲起来，仁爱的好道德，中国人现在似乎远不如外国。……但是仁爱还是中国的旧道德。我们要学外国，只要学他们那样实行，把仁爱恢复起来，再去发扬光大，便是中国固有的精神。（同上书）

在这短短一段话里，我们可以看出中山先生未尝不明白在仁爱的"实行"上，我们实在远不如人。所谓"仁爱还是中国的旧道德"者，只是那个道德的名称罢了。中山先生很明白的教人：修身应该学外国人的新文化，仁爱也"要学外国"。但这些话中的话都是一般人不注意的。

在这些方面，吴稚晖先生比孙中山先生彻底多了。吴先生在他的《一个新信仰的宇宙观及人生观》里，很大胆的说中国民族的"总和道德是低浅的"；同时他又指出西洋民族：

> 什么仁义道德，孝悌忠信，吃饭睡觉，无一不较上三族的人较有作法，较有热心。……讲他们的总和道德叫作高明。

这是很公允的评判。忠孝信义仁爱和平，都是有文化的民族共有的理想；在文字理论上，犹太人、印度人、希腊人，以至近世各文明民族，都讲的头头是道。所不同者，全在吴先生说的"有作法，有热心"两点。若没有切实的办法，没有真挚的热心，虽然有整千万册的理学书，终无救于道德的低浅。宋明的理学圣贤，谈性谈心，谈居敬，谈致良知，终因为没有作法，只能走上"终日端坐，如泥塑人"的死路上去。

我所以要特别提出子固先生的论点，只因为他的悲愤是可敬的，而他的解决方案还是无补于他的悲愤。他的方案，一面学科学，一面恢复我们固有的文化，还只是张之洞一辈人说的"中学为体，西学为用"的方案。老实说，这条路是走不通的。如果过去的文化是值得恢复的，我们今天不至糟到这步田地了。况且没有那科学工业的现代文化基础，是无法发扬什么文化的"伟大精神"的。忠孝仁爱信义和平是永远存在书本子里的；但是因为我们的祖宗只会把这些好听的名词都写作八股文章，画作太极图，编作理学语录，所以那些好听的名词都不能变成有作法有热心的事实。西洋人跳出了经院时代之后，努力做征服自然的事业，征服了海洋，征服了大地，征服了空气电气，征服了不少的原质，征服了不少的微生物——这都不是什么"保存国粹"、"发扬固有文化"的口号所能包括的工作，然而科学与工业发达的自然结果是提高了人民的生活，提高了人类的幸福，提高了各个参加国家的文化。结果就是吴稚晖先生说的"总和道德叫作高明"。

世间讲"仁爱"的书，莫过于《华严经》的"净行品"，那一篇妙文教人时时刻刻不可忘了人类的痛苦与缺陷，甚至于大便小便时都要发愿不忘众生：

> 左右便利，当愿众生，白除污秽，无淫怒痴。
> 已而就水，当愿众生，向无上道，得出世法。
> 以水涤秽，当愿众生，具足净忍，毕竟无垢。
> 以水盥掌，当愿众生，得上妙手，受特佛法。

但是一个和尚的弘愿，究竟能做到多少实际的"仁爱"？回头看看那一心想征服自然的科学救世者，他们发现了一种病菌，制成了一种血清，可以救活无量数的人类，其为"仁爱"，岂不是千万倍的伟大？

以上的讨论，好像全不曾顾到"民族的信心"的一个原来问题。这是因为子固先生的来论，剥除了一些动了感情的话，实在只说了一个"中学为体，西学为用"的老方案，所以我要指出这个方案的"一半"是行不通的：忠孝仁爱信义和平等等并不是"维系并且引导我们民族向上的固有文化"，他们不过是人类共有的几个理想，如果没有作法，没有热力，只是一些空名词而已。

这些好名词的存在并不曾挽救或阻止"八股、小脚、太监、姨太太、贞节牌坊、地狱的监牢、夹棍板子的法庭"的存在。这些八股、小脚等等"固有文化"的崩溃，也全不是程颢、朱熹、顾亭林、戴东原等等圣贤的功绩，乃是"与欧美文化接触"之后，那科学工业造成的新文化叫我们相形之下太难堪了，这些东方文明的罪孽方才逐渐崩溃的。

我要指出：我们民族这七八十年来与欧美文化接触的结果，虽然还不曾学到那个整个的科学工业的文明（可怜丁文江、翁文灏、颜任光诸位先生都还是四十多岁的少年，他们的工作刚开始哩！），究竟已替我们的祖宗消除了无数的罪孽，打倒了"小脚、八股、太监、五世同居的大家庭、贞节牌坊、地狱活现的监狱、夹棍板子的法庭"的一大部分或一小部分。这都是我们的"数不清的圣贤天才"

从来不曾指摘讥弹的；这都是"忠孝仁爱信义和平"的固有文化从来不曾"引导向上"的。

这些祖宗罪孽的崩溃，固然大部分是欧美文明的恩赐，同时也可以表示我们在这七八十年中至少也还做到了这些消极的进步。子固先生说我们在这七八十年中"走入迷途，堕落下去"，这真是无稽的诬告！中国民族在这七八十年中何尝"堕落"？在几十年之中，废除了三千年的太监、一千年的小脚、六百年的八股、五千年的酷刑，这是"向上"，不是堕落！

不过我们的"向上"还不够，努力还不够。八股废止至今不过三十年，八股的训练还存在大多数老而不死的人的心灵里，还间接直接的传授到我们的无数的青年人的脑筋里。今日还是一个大家做八股的中国，虽然题目换了。小脚逐渐绝迹了，夹棍板子，砍头碎剐废止了，但裹小脚的残酷心理，上夹棍打屁股的野蛮心理，都还存在无数老少人们的心灵里。今日还是一个残忍野蛮的中国，所以始终还不曾走上法治的路，更谈不到仁爱和平了。

所以我十分诚挚的对全国人说：我们今日还要反省，还要闭门思过，还要认清祖宗和我们自己的罪孽深重，决不是这样浅薄的"与欧美文化接触"就可以脱胎换骨的。我们要认清那个容忍拥戴"小脚、八股、太监、姨太太、骈文、律诗、五世同居的大家庭、贞节牌坊、地狱的监牢、夹棍板子的法庭"到几千几百年之久的固有文化，是不足迷恋的，是不能引我们向上的。那里面浮沉着的几个圣贤豪杰，其中当然有值得我们崇敬的人，但那几十颗星儿终究照不亮那满天的黑暗。我们的光荣的文化不在过去，是在将来，是在那扫清了祖宗的罪孽之后重新改造出来的文化。替祖国消除罪孽，替子孙建立文明，这是我们人人的责任。

古代哲人曾参说的最好：

士不可以不弘毅，任重而道远。

先明白了"任重而道远"的艰难，自然不轻易灰心失望了。凡是轻易灰心失望的人，都只是不曾认清他挑的是一个百斤的重担，走的是一条万里的长路。今天挑不动，努力磨炼了总有挑得起的一天。今天走不完，走得一里前途就缩短了一里。"播了种一定会有收获，用了力决不至于白费"，这是我们最可靠的信心。

三论信心与反省

自从《独立》第一〇三号发表了那篇《信心与反省》之后，我收到了不少的讨论，其中有几篇已在《独立》（第一〇五、一〇六及一〇七号）登出了。我们读了这些和还有一些未发表的讨论，忍不住还要提出几个值得反复申明的论点来补充几句话。

第一个论点是：我们对于我们的"固有文化"，究竟应该采取什么态度？吴其玉先生（《独立》一〇六）怪我"把中国文化压得太低了"；寿生先生也怪我把中国文化"抑"的太过火了。他们都怕我把中国看得太低了，会造成"民族自暴自弃的心理，造成他对于其他民族屈服卑鄙的心理"。吴其玉先生说：我们"应该优劣并提。不可只看人家的长，我们的短；更应当知道我们的长，人家的短。这样我们才能有努力的勇气"。

这些责备的话，含有一种共同的心理，就是不愿意揭穿固有文化的短处，更不愿意接受"祖宗罪孽深重"的控诉。一听见有人指出"骈文、律诗、八股、小脚、太监、姨太太、贞节牌坊、地狱活现的监狱、五世同居的大家庭、板子夹棍的法庭"等等，一般自命为爱国的人们总觉得心里怪不舒服，总要想出法子来证明这些"未必特别羞辱我们"，因为这些都是"不可免的现象，无论古今中外是一样的"（吴其玉先生的话）。所以吴其玉先生指出日本的"下女、男女同浴、自杀、暗杀、娼妓的风行、贿赂、强盗式的国际行为"；所以寿生先生也指出欧洲中古武士的"初夜权"、"贞操锁"。所以子固先生也要问："欧洲可有一个文化系统过去没有类似小脚、太监、姨太太、骈文、律诗、八股、地狱活现的监狱、廷杖、板子夹棍的法庭一类的丑处呢？"有周作人先生来信，指出这又是"西洋也有臭虫"的老调。这种心理实在不是健全的心理，只是"遮羞"的一个老法门而已。从前笑话书上说：甲乙两人同坐，甲摸着身上一个虱子，有点难为情，把它抛在地上，说："我道是个虱子，原来不是的。"乙偏不识窍，弯身下去，把虱子拾起来，说："我道不是个虱子，原来是个虱子！"甲的做法，其实不是除虱的好法子。乙的做法，虽然可恼，至少有"实事求是"的长处。虱子终是虱子，臭虫终是臭虫，何必讳呢？何必问别人家有没有呢？

况且我原来举出的"我们所独有的宝贝"：骈文、律诗、八股、小脚、太监、姨太太、五世同居的大家庭、贞节牌坊、地狱的监牢、廷杖、板子夹棍的法庭这十一项，除姨太太外，差不多全是"我们所独有的"，"在这世界无不足以单独成一系统的"。高跟鞋与木屐何足以媲美小脚？"贞操锁"我在巴黎的克吕尼博物院看见过，并且带有照片回来，这不过是几个色情狂的私人的特制，万不配上比那普及全国至一千多年之久，诗人颂为香钩，文人尊为金莲的小脚。我们走遍世界，研究过初民社会，没有看见过一个文明的或野蛮的民族把他们的女人的脚裹小到三四寸，裹到骨节断折残废，而一千年公认为"美"的！也没有看见过一个文明的民族的智识阶级有话不肯老实的说，必须凑成对子，做成骈文律诗律赋八股，历一千几百年之久，公认为"美"的！无论我们如何爱护祖宗，这十项的"国粹"是洋鬼子家里搜不出来的。

况且西洋的"臭虫"是装在玻璃盒里任人研究的，所以我们能在巴黎的克吕尼博物院纵观高跟鞋的古今沿革，纵观"贞操锁"的制法，并且可以在博物院中购买精制的"贞操锁"的照片寄回来让国中人士用作"西洋也有臭虫"的实例。我们呢？我们至今可有一个历史博物馆敢于搜集小脚鞋样、模型、图画，或鸦片烟灯、烟枪、烟膏，或廷仗、板子、闸床、夹棍等等极重要的文化史料，用历史演变的原理排列展览，供全国人的研究与警醒的吗？因为大家都要以为灭迹就可以遮羞，所以青年一辈人全不明白祖宗造的罪孽如何深重，所以他们不能明白国家民族何以堕落到今日的地步，也不能明白这三四十年的解放与改革的绝大成绩。不明白过去的黑暗，所以他们不认得今日的光明。不懂得祖宗罪孽的深重，所以他们不能知道这三四十年革新运动的努力并非全无效果。

我们今日所以还要郑重指出八股、小脚、板子、夹棍等等罪孽，岂是仅仅要宣扬家丑？我们的用意只是要大家明白我们的脊梁上驮着那二三千年的罪孽重担，所以几十年的不十分自觉的努力还不能够叫我们海底翻身。同时我们也可以从这种历史的知识上得着一种坚强的信心：三四十年的一点点努力已可以废除三千年的太监，一千年的小脚，六百年的八股，四五百年的男娼，五千年的酷刑，这不够使我们更决心向前努力吗！西洋人把高跟鞋、细腰模型、贞操锁都装置在博物院里，任人观看，叫人明白那个"美德造成的黄金世界"原来不在过去，而在那辽远的将来。这正是鼓励人们向前努力的好方法，是我们青年人不可不知道的。

固然，博物院里同时也应该陈列先民的优美成绩，谈固有文化的也应该如吴其玉先生说的"优劣并提"。这虽然不是我们现在讨论的本题（本题是"我们的固有文化真是太丰富了吗"），我们也可以在此谈谈。我们的固有文化究竟有什么"优""长"之处呢？我是研究历史的人，也是个有血气的中国人，当然也时常想寻出我们这个民族的固有文化的优长之处。但我寻出来的长处实在不多，说出来一定叫许多青年人失望。

依我的愚见，我们的固有文化有三点是可以在世界上占数一数二的地位的：

第一是我们的语言的"文法"是全世界最容易最合理的。

第二是我们的社会组织，因为脱离封建时代最早，所以比较的是很平等的，很平民化的。

第三是我们的先民，在印度宗教输入以前，他们的宗教比较的是最简单的，最近人情的；就在印度宗教势力盛行之后，还能勉力从中古宗教之下爬出来，勉强建立一个人世的文化；这样的宗教迷信的比较薄弱，也可算是世界稀有的。然而这三项都夹杂着不少的有害成分，都不是纯粹的长处。

文法是最合理的简易的，可是文学的形体太繁难，太不合理了。社会组织是平民化了，同时也因为没有中坚的主力，所以缺乏领袖，又不容易组织，弄成一个一盘散沙的国家；又因为社会没有重心，所以一切风气都起于最下层而不出于最优秀的分子，所以小脚起于舞女，鸦片起于游民，一切赌博皆出于民间，小说戏曲也皆起于街头弹唱的小民。至于宗教，因为古代的宗教太简单了，所以中国全国投降了印度宗教，造成了一个长期的黑暗迷信的时代，至今还留下了不少的非人生活的遗痕。

然而这三项究竟还是我们在这个世界上最特异的三点：最简单合理的文法、平民化的社会构造、薄弱的宗教心。此外，我想了二十年，实在想不出什么别的优长之点了。如有别位学者能够指出其他的长处来，我当然很愿意考虑的。（这个问题当然不是一段短文所能讨论的，我在这里不过提出一个纲要而已。）

所以，我不能不被逼上"固有文化实在太不丰富"之结论了。我以为我们对于固有的文化，应该采取历史学者的态度，就是"实事求是"的态度。一部文化史平铺放着，我们可以平心细看：如果真是丰富，我们又何苦自讳其丰富？如果真是贫乏，我们也不必自讳其贫乏。如果真是罪孽深重，我们也不必自讳其罪孽深重。"实事求是"，才是最可靠的反省。自认贫乏，方才肯死心塌地的学；自认罪孽深重，方才肯下决心去消除罪孽。如果因为发现了自家不如人，就自暴自弃了，那只是不孝的纨绔子弟的行径，不是我们的有志青年应该有的态度。

话说长了，其他的论点不能详细讨论了，姑且讨论第二个论点，那就是模仿与创造的问题。吴其玉先生说文化进步发展的方式有四种：（一）模仿。（二）改进。（三）发明。（四）创作。这样分法，初看似乎有理，细看是不能成立的。

吴先生承认"发明"之中"很多都由模仿来的"，"但也有许多与旧有的东西毫无关系"。其实没有一件发明不是由模仿来的。吴先生举了两个例：一是瓦特的蒸汽机，一是印字术。他若翻开任何可靠的历史书，就可以知道这两件也是从模仿旧东西出来的。印字术是模仿抄写，这是最明显的事：从抄写到刻印章，从刻印章到刻印板画，从刻印板画到刻印符咒短文，逐渐进到刻印大部书，又由刻板进到活字排印，历史具在，哪一个阶段不是模仿前一个阶段而添上的一点新花样？瓦特的蒸汽机，也是从模仿来的。

瓦特生于一七三六年，他用的是牛可门（Newcomen）的蒸汽机，不过加上第二个凝冷器及其他修改而已。牛可门生于一六六三年，他用了同时人萨维里（Savery）的蒸汽机。牛、萨两人又都是根据法国人巴平（Denis Papin）的蒸汽唧筒。巴平又是模仿他的老师荷兰人胡根斯（Huygens）的空气唧筒的。吴先生举的两个"发明"的例子，其实都是我所说的"模仿到十足时的一点新花样"。吴先生又说：

创作也须靠模仿为入手，但只模仿是不够的。

这和我的说法有何区别？他把"创作"归到"精神文明"方面，如美术、音乐、哲学等。这几项都是"模仿以外，还须有极高的开辟天才和独立的精神"。我的说法并不曾否认天才的重要。我说的是：

模仿熟了，就是学会了，工具用的熟了，方法练的细密了，有天才的人自然会"熟能生巧"，这一点功夫到时的奇巧新花样就叫作创造。（《信心与反省》页四八）

吴先生说："创造须由模仿入手。"我说："一切所谓创造都从模仿出来。"我看不出有一丝一毫的分别。

如此看来，吴先生列举的四个方式，其实只有一个方式：一切发明创作都从模仿出来。没有天才的人只能死板的模仿；天才高的人，功夫到时，自然会改善一点；改变的稍多一点，新花样添的多了，就好像是一件发明或创作了，其实还只是模仿功夫深时添上的一点新花样。

这样的说法，比较现时一切时髦的创造论似乎要减少一点弊窦。今日青年人的大毛病是误信"天才"、"灵感"等等最荒谬的观念，而不知天才没有功力只能磋跎自误，一无所成。

世界大发明家爱迪生说的最好："天才（Genius）是一分神来，九十九分汗下。"他所谓"神来"（Inspiration）即是玄学鬼所谓"灵感"。用血汗苦功到了九十九分时，也许有一分的灵巧新花样出来，那就是创作了。颓废懒惰的人，痴待"灵感"之来，是终无所成的。

寿生先生引孔子的话："吾尝终日不食，终夜不寝，以思，无益，不如学也。"这一位最富于常识的圣人的话是值得我们大家想想的。

第四章

你是自己的材料，只有一生用来铸造

▌谈谈大学

今天承各位青年朋友如此热烈欢迎，深感荣幸。本人于四年前曾来台中，当时所听到的有关东大者，仅仅是一个董事会，甚至连校名也未曾确定；四年后的今天，东大不仅是开学了，而且有这么好的建筑，这么幽静的环境，最高班也已至三年级了。这种迅速的进度，实在令人敬佩，我愿意借今天的机会向各位道喜！

我在美国时，曾看过贝聿铭先生的建筑设计，今天在此地又看到东大的校舍，诸位能在这么一个美丽的建筑、安静的环境中，安居乐业，专心研究，实在是够幸运了！昨天我在北沟看到许多名贵的古籍和历代的艺术作品，就联想到贵校的地理优势，假如诸位每周都能有机会看看故宫文物和中央图书馆的藏书，真是太理想了，因为这两个宝库中所收藏的，全是我国的精华，不仅是国宝，即在全世界，也占着最崇高的价值。

我现在已决定回美后，于本年秋间，和内子带一些破烂的书籍一同回来，那时希望有更多的时间，一方面研究，一方面可以多来东大看看，多作几次有关学术的讲演。

东大是一所私立的大学，到底私人设立的大学，对于一个国家的历史和地位又有什么关系，什么影响呢？记得二十余年前，中日战争没有发生时，从北平到广东，从上海到成都，差不多有一百多所的公、私立大学，当时每一个大学的师生都在埋头研究，假如没有日本的侵略，敢说我国在今日世界的学术境域中，一定占着一席重要的地位，可惜过去的一点基础现在全毁了。所以诸位今天又得在这一个自由的宝岛上，有如平地起楼台，这是何等艰巨的一份工作啊！

说到这里，我们应该想想今天我们的国家在世界上，又占着一个怎样的地位！这当然有很多的原因，但其中一点我们不能否认，也必须了解的，就是有关于公私立大学校的延续问题，我国可考的历史固然已有四千年，但一直到今天还没有一个有过六十年以上历史的大学。我国第一个大学，就是汉武帝时，由公孙弘为相，发起组织，招收学生所设立的太学。这所太学，就是今日国立大学的起源，不过在设立之初只有五个教授，五十个学生，也就是所谓五经博士。至纪元后一百多年，王莽篡汉时，这个太学不仅建筑过大了，而且学生人数也达到一万人，光武中兴时的许多政坛人物，多是出身自这所太学。到第二世纪，这所太学的学生已发展到三万多人，比今时之哈佛、哥伦比亚等，毫无逊色。

最可惜的，是当时政治腐败达于极点，因此许多的太学生，就开始批评政治，进而干预，结果演成党锢之祸，使太学蒙受影响。其后各代虽也有太学，但没有多大作用，到最后太学生可以用钱捐买，因此就不成为太学了。此外汉代也有私人讲学，其学生多少不等，有的三五百，有的二三千，这可以说是私立大学的起源，如郑玄所创者，即是一个很好的例子。

自纪元二百年郑玄逝世，至一千二百年朱熹逝世，在这一千年中，中国的学术多靠私人讲学传授阐扬，不过因政治问题，常受到压迫，虽然环境如此，但私人讲学并没有因此而中辍，而且仍旧成为传播学术的重要基础，如历代的书院，与学派的盛行，都是实例。

中国的高等教育虽然发达的很早，但是不能延续，没有一个历史悠久的学校，比起欧美来，就显然落后了。即使新兴的国家如菲律宾，也有三百多年历史的圣多玛大学。美国的历史只有一百六十余年，而美国的大学如哈佛、哥伦比亚等，都有二三百年的历史。至于欧洲，尤其古老，如意大利就有一千年和九百多年历史的大学，英国的牛津和剑桥历史也达到八九百年，若几百年历史的大学，在德、法等国也为数不少。为什么历史不及我们的国家，会有那么长远历史的大学，而我国反而没有呢？因为人家的大学有独立的财团，独立的学风，有坚强的组织，有优良的图书保管，再加上教授可以独立自由继续的研究，和坚强的校友会组织，所以就能历代相传，悠久勿替；而我们的国家多少年来都没有一个学校能长期继续，实在是很吃亏的。

这几十年来，教会在中国设立了很多优良的大学和中学，他们对于近代的学术实在有很多贡献和影响，可惜现在又都没有了，因此这些光荣的传统，就不得不再落于诸位的身上。中国的私立学校是否在将来世界的学术上占一席地，其在世界的高等教育中又若何，可以说都是诸位的责任。我以为私立学校有其优点，它比较自由，更少限制。所以我希望东海能有一个好榜样，把握着自由独立的传统，以为其他各校的模范，因为只有在自由独立的原则下，才能有高价值的创造，这也就是我今天所希望于诸位的。

大学的生活——学生选择科系的标准

目前很多学生选择科系时，从师长的眼光看，都不免带有短见，倾向于功利主义方面。才比较高的都跑到医工科去，而且只走入实用方面，而又不选择基本学科，譬如学医的，内科、外科、产科、妇科，有很多人选，而基本学科譬如生物化学、病理学，很少青年人去选读，这使我感到今日的青年不免短视，带着近视眼镜去看自己的前途与将来。我今天头一项要讲的，就是根据我们老一辈的对选科系的经验，贡献给各位。我讲一段故事。

记得四十八年前，我考取了官费出洋，我的哥哥特地从东三省赶到上海为我送行，临行时对我说：我们的家早已破坏中落了，你出国要学些有用之学，帮助复兴家业，重振门楣。他要我学开矿或造铁路，因为这是比较容易找到工作的，千万不要学些没用的文学、哲学之类没饭吃的东西。我说好的，船就要开了，那时和我一起去美国的留学生共有七十人，分别进入各大学。

在船上我就想，开矿没兴趣，造铁路也不感兴趣，于是只好采取调和折中的办法，要学有用之学，当时康奈尔大学有全美国最好的农学院，于是就决定进去学科学的农学，也许对国家社会有点贡献吧！那时进康大的原因有二：一是康大有当时最好的农学院，且不收学费，而每个月又可获得八十元的津贴；我刚才说过，我家破了产，母亲待养，那时我还没结婚，一切从俭，所以可将部分的钱拿回养家。另一是我国有百分之八十的人是农民，将来学会了科学的农业，也许可以有益于国家。

入校后头一星期就突然接到农场实习部的信，叫我去报到。那时教授便问我："你有什么农场经验？"我答："没有。""难道一点都没有吗？""要有嘛，我的外公和外婆，都是道地的农夫。"教授说："这与你不相干。"我又说："就是因为没有，才要来学呀！"后来他又问："你洗过马没有？"我说："没有。"我就告诉他中国人种田是不用马的。于是老师就先教我洗马，他洗一面，我洗另一面。他又问我会套车吗，我说也不会。于是他又教我套车，老师套一边，我套一边，套好跳上去，兜一圈子。接着就到农场做选种的实习工作，手起了泡，但仍继续的忍耐下去。农复会的沈宗翰先生写一本《克难苦学记》，要我为他作一篇序，我也就替他作一篇很长的序。

我们那时学农的人很多，但只有沈宗翰先生赤过脚下过田，是惟一确实有农场经验的人。学了一年，成绩还不错，功课都在八十五分以上。第二年我就可以多选两个学分，于是我选种果学，即种苹果学。分上午讲课与下午实习。上课倒没有什么，还甚感兴趣，下午实验，走入实习室，桌上有各色各样的苹果三十个，颜色有红的、有黄的、有青的……形状有圆的、有长的、有椭圆的、有四方的……

要照着一本手册上的标准，去定每一苹果的学名，蒂有多长？花是什么颜色？肉是甜是酸？是软是硬？弄了两个小时。弄了半个小时一个都弄不了，满头大汗，真是冬天出大汗。抬头一看，呀！不对头，那些美国同学都做完跑光了，把苹果拿回去吃了。他们不需剖开，因为他们比较熟悉，查查册子后面的普通名词就可以定学名，在他们是很简单。我只弄了一半，一半又是错的。回去就自己问自己学这个有什么用？要是靠当时的活力与记性，用上一晚上来强记，四百多个名字都可记下来应付考试。但试想有什么用呢？那些苹果在我国烟台也没有，青岛也没有，安徽也没有……我认为科学的农学无用了，于是决定改行，那时正是民国元年，国内正在革命的时候，也许学别的东西更有好处。

那么，转系要以什么为标准呢？依自己的兴趣呢？还是看社会的需要？我年轻时候《留学日记》，有一首诗，现在我也背不出来了。我选课用什么做标准？听哥哥的话？看国家的需要？还是凭自己？只有两个标准：一个是"我"；一个是"社会"，看看社会需要什么？国家需要什么？中国现代需要什么？但这个标准——社会上三百六十行，行行都需要，现在可以说三千六百行，从诺贝尔得奖人到修理马桶的，社会都需要，所以社会的标准并不重要。因此，在定主意的时候，便要依着自我的兴趣了——即性之所近，力之所能。我的兴趣在什么地方？与我性质相近的是什么？问我能做什么？对什么感兴趣？我便照着这个标准转到文学院了。但又有一个困难，文科要缴费，而从康大中途退出，要赔出以前二年的学费，我也顾不得这些。

经过四位朋友的帮忙，由八十元减到三十五元，终于达成愿望。在文学院以哲学为主，英国文学、经济、政治学三门为副。后又以哲学为主，经济理论、英国文学为副科。到哥伦比亚大学后，仍以哲学为主，以政治理论、英国文学为副。我现在六十八岁了，人家问我学什么？我自己也不知道学些什么？我对文学也感兴趣，白话文方面也曾经有过一点小贡献。在北大，我曾做过哲学系主任、外国文学系主任、英国文学系主任、中国文学系也做过四年的系主任，在北大文学院六个学系中，五系全做过主任。现在我自己也不知道学些什么，我刚才讲过现在的青年太倾向于现实了，不凭性之所近，力之所能去选课。譬如一位有作诗天才的人，不进中文系学作诗，而偏要去医学院学外科，那么文学院便失去了一个一流的诗人，而国内却添了一个三四流甚至五流的饭桶外科医生，这是国家的损失，也是你们自己的损失。

在一个头等、第一流的大学，当初日本筹划帝大的时候，真的计划远大，规模宏伟，单就医学院就比当初日本总督府还要大。科学的书籍都是从第一号编起。基础良好，我们接收已有十余年了，总算没有辜负当初的计划。今日"台大"可说是台湾惟一最完善的大学，各位不要有成见，带着近视眼镜来看自己的前途，看自己的将来。听说入学考试时有七十二个志愿可填，这样七十二变，变到最后不知变成了什么，当初所填的志愿，不要当作最后的决定，只当作暂时的方向。要在大学一、二年的时候，东摸摸西摸摸的瞎摸。不要有短见，十八九岁的青年仍没有能力决定自己的前途、职业。

进大学后第一年到处去摸、去看，探险去，不知道的我偏要去学。如在中学时候的数学不好，现在我偏要去学，中学时不感兴趣，也许是老师不好。现在去听听最好的教授的讲课，也许会提起你的兴趣。好的先生会指导你走上一个好的方向，第一、二年甚至于第三年还来得及，只要依着自己"性之所近，力之所能"的做去，这是清代大儒章学诚的话。

现在我再说一个故事，不是我自己的，而是近代科学的开山大师——伽利略（Galileo）。他是意大利人，父亲是一个有名的数学家，他的父亲叫他不要学他这一行，学这一行是没饭吃的，要他学医。他奉命而去。当时意大利正是文艺复兴的时候，他到大学以后曾被教授和同学捧誉为"天才的画家"，他也很得意。父亲要他学医，他却发现了美术的天才。他读书的佛劳伦斯地方是一工业区，当地的工业界首领希望在这大学多造就些科学的人才，鼓励学生研究几何，于是在这大学里特为官儿们开设了几何学一科，聘请一位叫 Ricci 氏当教授。有一天，他打从那个地方过，偶然的定脚在听讲，有的官儿们在打瞌睡，而这位年轻的伽利略却非常感兴趣。于是不断地一直继续下去，趣味横生，便改学数学。由于浓厚的兴趣与天才，

就决心去东摸摸西摸摸，摸出一条兴趣之路，创造了新的天文学、新的物理学，终于成为一位近代科学的开山大师。

大学生选择学科就是选择职业。我现在六十八岁了，我也不知道所学的是什么？希望各位不要学我这样老不成器的人。勿以七十二志愿中所填的一愿就定了终身，还没有的，就是大学二、三年也还没定。各位在此完备的大学里，目前更有这么多好的教授人才来指导，趁此机会加以利用。社会上需要什么，不要管它，家里的爸爸、妈妈、哥哥、朋友等，要你做律师、做医生，你也不要管他们，不要听他们的话，只要跟着自己的兴趣走。想起当初我哥哥要我学开矿、造铁路，我也没听他的话，自己变来变去变成一个老不成器的人。后来我哥哥也没说什么。只管我自己，别人不要管他。依着"性之所近，力之所能"学下去，其未来对国家的贡献也许比现在盲目所选的或被动选择的学科会大得多，将来前途也是无可限量的。

我们对于学生的希望

今天是五月四日。我们回想去年今日，我们两人都在上海欢迎杜威博士，直到五月六日方才知道，北京五月四日的事。日子过的真快，匆匆又是一年了！

当去年的今日，我们心里只想留住杜威先生在中国讲演教育哲学，在思想一方面提倡实验的态度和科学的精神；在教育一方面而输入新鲜的教育学说，引起国人的觉悟，大家来做根本的教育改革。这是我们去年今日的希望。不料时势的变化大出我们的意料之外，这一年以来，教育界的风潮几乎没有一个月平静的；整整的一年光阴就在风潮扰攘里过去了。

这一年的学生运动，从远大的观点看起来，自然是几十年来的一件大事。从这里面发出来的好效果，自然也不少；引起学生的自动的精神，是一件；引起学

生对于社会国家的兴趣,是二件;引出学生的作文演说的能力、组织的能力、办事的能力,是三件;使学生增加团体生活的经验,是四件;引起许多学生求知识的欲望,是五件;这都是旧日的课堂生活所不能产生的,我们不能不认为学生运动的重要的贡献。

社会若能保持一种水平线以上的清明,一切政治上鼓吹和设施,制度上的评判和革新,都应该有成年的人去料理;未成年的一代人(学生时代之男女),应该有安心求学的权利,社会也用不着他们做学校生活之外的活动。但是我们现在不幸生在这个变态的社会里,没有这种常态社会中人应该有的福气;社会上许多事被一班成年的或老年的人弄坏了,别的阶级又都不肯出来干涉纠正,于是这种干涉纠正的责任遂落在一班未成年的男女学生的肩膀上。这是变态的社会里一种不可免的现象。

现在有许多人说学生不应该干预政治,其实并不是学生自己要这样干,这都是社会和政府硬逼出来。如果社会国家的行为没有受学生干涉纠正的必要,如果学生能享受安心求学的幸福而不受外界的强烈的刺激和良心上的督责,他们又何必甘心抛了宝贵的光阴,冒着生命的危险,来做这种学生运动呢?

简单一句话:在变态的社会国家里面,政府太卑劣腐败了,国民又没有正式的纠正机关(如代表民意的国会之类)。那时候,干预政治的运动,一定要从青年的学生界发生的。汉末的太学生、宋代的太学生、明末的结社、戊戌政变以前的公车上书、辛亥以前的留学生革命党、俄国从前的革命党、德国革命前的学生运动、印度和朝鲜现在的运动、中国去年的五四运动与六三运动,都是同一个道理,都是有发生的理由的。

但是我们不要忘记:这种运动是非常的事,是变态的社会里不得已的事,但是他又是很不经济的不幸事。因为是不得已,故他的发生是可以原谅的。因为是很不经济的不幸事,故这种运动是暂时不得已的救急的办法,却不可长期存在的。

荒唐的中年老年人闹下了乱子,却要未成年的学子抛弃学业,荒废光阴,来干涉纠正:这是天下最不经济的事。况且中国眼前的学生运动更是不经济。何以放呢?试看自汉末以来学生运动,试看俄国、德国、印度、朝鲜的学生运动,哪有一种用罢课作武器的?即如去年的五四与六三,这两次的成绩可是单靠罢课作武器的吗?单靠用罢课作武器,是最不经济的方法,是下下策,屡用不已,是学生运动破产的表现！罢课于旁人无损，于自己却有大损失，这是人人共知的。但我们看来，用罢课作武器，还有精神上的很大损失：

（一）养成依赖群众的恶心理。现在的学生很像忘了个人自己有许多事可做，他们很像以为不全体罢课便无事可做。个人自己不肯牺牲，不敢做事，却要全体罢了课来呐喊助威，自己却躲在大众群里跟着呐喊，这种依赖群众的心理是懦夫的心理！

（二）养成逃学的恶习惯。现在罢课的学生，究竟有几个人出来认真做事？其余无数的学生，既不办事，又不自修，究竟为了什么事罢课？从前还可说是"激于义愤"的表示，大家都认作一种最重大的武器，不得已而用之。久而久之，学生竟把罢课的事看作平常的事。我们要知道，多数学生把罢课看作很平常的事，这便是逃学习惯已养成的证据。

（三）养成无意识的行为的恶习惯。无意识的行为，就是自己说不出为什么要做的行为。现在不但学生把罢课看作很平常的事，社会也把学生罢课看作很平常的事，一件很重大的事，变成了很平常的事，还有什么功效灵验呢？既然明知没有灵验功效，却偏要去做；一处无意识的做了，别处也无意识的盲从，这种心理的养成，实在是眼前和将来最可悲观的现象。

以上说的是我们对于现在学生运动的观察。

我们对于学生的希望，简单说来，只有一句话："我们希望学生从今以后要注意课堂里、自修室里、操场上、课余时间里的学生生活：只有这种学生活动是能持久又最有功效的学生运动。"这种学生活动有三个重要部分：（1）学问的生活；（2）团体的生活；（3）社会服务的生活。

第一，学问的生活。

这一年以来，最可使人乐观的一种好现象，就是许多学生于知识学问的兴趣渐渐增加了。新出的出版物的销数增加，可以估量学生求知识的兴趣增加。我们希望现在的学生充分发展这点新发生的兴趣，注重学问的生活。要知道社会国家的大问题，决不是没有学问的人能解决的。我们说的"学问的生活"并不限于从前的背书抄讲义的生活。我们希望学生——无论中学、大学——都能注重下列的几项细目：

（1）注重外国文。现在中文的出版物实在不够满足我们求知的欲望。求新知识的门径在于外国文。每个学生至少须要能用一种外国语看书。学外国语须要经过查生字、记生字的第一难关。千万不要怕难。若是学堂里的外国文教员确是不好，千万不要让他敷衍你们，不妨赶他跑。

（2）注重观察事实与调查事实。这是科学训练的第一步。要求学校里用实验来教授科学，自己去采集标本，自去观察调查。观察调查须要有个目的——例如本地的人口、风俗、出产、植物、鸦片烟馆等项的调查——还要注重团体的互助，分工合作，做成有系统的报告。现在的学生天天谈"二十一条"，究竟《二十一条》是什么东西，有几个人说得出吗？天天谈"高徐济顺"，究竟有几个人指得出这条路在什么地方吗？这种不注重事实的习惯，是不可不打破的。打破这种习惯的惟一法子，就是养成观察调查的习惯。

（3）建设的促进学校的改良。现在的学校课程和教员一定有许多不能满足学生求学的欲望的。我们希望学生不要专做破坏的攻击，须要用建设的精神，促进学校的改良。与其提倡考试的废止，不如提倡考试的改良；如其攻击校长不多买博物标本，不如提倡学生自己采集标本。这种建设的促进，比教育部和教育厅的命令功效大得多咧。

（4）注重自修。灌进去的知识学问是没有多大用处的。真正可靠的学问都是从自修得来的。自修的能力是求学问的惟一条件。不养成自修的能力，决不能求学问。

自修应注重的事是：

①看书的能力；

②要求学校购备参考书报，如大字典、词典、重要的大部书之类；

③结合同学多买书报，交换阅看；

④要求教员指导自修的门径和自修的方法。

第二，团体的生活。

五四运动以来，总算增加了许多学生的团体生活的经验。但是现在的学生团体有两大缺点：一是内容太偏枯了；二是组织大不完备了。内容偏枯的补救，应注意各方面的"俱分并进"。

（1）学术的团体生活。如学术研究会或讲演会之类。应该注重自动的调查、报告、试验、讲演。

（2）体育的团体生活。如足球、运动会、童子军、野外幕居、假期旅行，等等。

（3）游艺的团体生活。如音乐、图书、戏剧，等等。

（4）社交的团体生活。如同学茶话会、家人恳亲会、师生恳亲会、同乡会，等等。

（5）组织的团体生活。如本校学生会、自治会、各校联合会、学生联合总会之类。

要补救组织不完备，应注重世界通行的议会法规（Parliamentary Law）的重要条件。简单的说来，至少须有下列的几个条件：

（1）法定开会人数。这是防弊的要件。

（2）动议的手续与修正议案的手续。这是议会里最繁难又最重要的一项。

（3）发言的顺序。这是维持秩序的要件。

（4）表决的方法。①规定某种议案必须全体几分之几的可决，某种必须到会人数几分之几的可决，某种仅须过半数的可决。②规定某种重要议案必须用无记名投票，某种必须用有记名投票，某种可用举手的表决。

（5）凡是代表制的联合会——无论校内校外——皆须有复决制（refendum）。遇重大的案件，代表会议议决案必须再经过会员的总投票，总会的议决案，必须再经过各分会的复决。

（6）议案提出后，应有规定的讨论时间，并须限制每人发言的时间与次数。现在许多学生会的章程只注重职员的分配，却不注重这些最紧要的条件，这是学生团体失败的一个大原因。

此外还须注意团体生活最不可少的两种精神：

（1）容纳反对党的意见。现在学生会议的会场上，对于不肯迎合群众心理的言论，往往有许多威压的表示，这是暴民专制，不是民治精神。民治主义的第一个条件就是要使各方面的意见都可以自由发表。

（2）人人要负责任。天下有许多事都是不肯负责任的"好人"弄坏的。好人坐在家里叹气，坏人在议场做戏，天下事所以败坏了。不肯出头负责任的人，便是团体的罪人，便不配做民治国家的国民。民治主义的第二个条件是人人要负责任，要尊重自己的主张，要用正当的方法来传播自己的主张。

第三，社会服务的生活。

学生运动是学生对于社会国家的利害发生兴趣的表示，所以各处都有平民夜学，平民讲演的发起。我们希望今后的学生继续推广这种社会服务的事业。这种事业，一来是救国的根本办法，二来是学生的能力做得到的，三来可以发展学生自己的学问与才干，四来可以训练学生待人接物的经验。我们希望学生注意以下几点：

（1）平民夜校。注重本地的需要，介绍卫生的常识、职业的常识和公民的常识。

（2）通俗讲演。现在那些"同胞快醒，国要亡了"、"杀卖国贼"、"爱国是人生的义务"等等空话的讲演，是不能持久的，说了两三遍就没有用了。我们希望学生注重科学常识的讲演、改良风俗的讲演、破除迷信的讲演。譬如你今天演说"下雨"，你不能不先研究雨是怎样来的，何以从天上下来；听的人也可以因此知道雨不是龙王菩萨洒下来的，也可以知道雨不是道士和尚求得下来的。又如你明天演说"种田何以须用石灰作肥料"，你就不能不研究石灰的化学性，听的人也可以因此知道肥料的道理。这种讲演，不但于人有益，于自己也极有益。

（3）破除迷信的事业。我们希望学生不但用科学的道理来解释本地的种种迷信，并且还要实行破除迷信的事业。如求神合婚、求仙言、放焰口、风水等等迷信，都该破除。学生不来破除迷信，迷信是永远不会破除的。

（4）改良风俗的事业。我们希望学生用力去做改良风俗的事业。譬如女子缠足的，现在各处多有。学生应该组织天足会，相戒不娶小脚的女子。不能解放你的姊妹的小脚，他就不配谈"女子解放"。又如鸦片烟与吗啡，现在各处仍旧很销行，学生应该组织调查队、侦探队，或报告官府，或自动的捣毁烟间与吗啡店。你不能干涉你村上的鸦片吗啡，你也不配干预国家的大事。

以上说的是我们对于学生的希望。

学生运动已发生了，是青年一种活动力的表现，是一种好现象，决不能压下去的，也决不可把它压下去的。我们对于办教育的人的忠告是："不要梦想压制学生运动；学潮的救济只有一个法子，就是引导学生向有益有用的路上去活动。"学生运动现在四面都受攻击，"五四"的后援也没有了，"六三"的后援也没有了。我们对于学生的忠告是："单靠用罢课作武装是下下策，可一而再再而三的么？学生运动如果要想保存'五四'和'六三'的荣誉，只有一个法子，就是改变活动的方向，把'五四'和'六三'的精神用到学校内外有益有用的学生活动上去。"

我们讲的话，是很直率，但这都是我们的老实话。

智识的准备

一

在这个值得纪念的仪式完毕之后，你们就被列入少数特权分子之列——大学毕业生。今天并不是标示着人生一段时期的结束或完毕，而是一个新生活的开始，一个真正生活和真正充满责任的开端。大家对你们作为大学毕业生的，总期望会与平常人有所不同，和大多数没有念过大学的人有所不同。他们预料你们言行会有怪异之处。

你们有些人或许不喜欢人家把你们视为与众不同、言行怪异的人。你们或许想要和群众混在一起，不分彼此。

让我们向你们保证，要回到群众中间，使人不分彼此，是一件容易做到的事。假如你们有这个愿望，你们随时都可以做到，你们随时都可以成为一个"好同伴"，一个"易于相处的人"——而人们，包括你们自己，马上就会忘记你们曾经念过大学这回事。

虽然大学教育当然不该把我们造成为"势力之徒"和"古怪的人"，可是我们大学毕业生一直保留一点儿与众不同的标志，却也不是一件坏事。这一点儿与众不同的标志，我相信，是任何学术机构的教育家所最希望造成的。

大学男女学生与众不同的这个标志是什么呢？多数教育家都很可能会同意的说，那是一个多少受过训练的脑筋——一个多少有规律的思想方式——这会使得，也应当使得，受大学教育的人显出有些与众不同的地方。

一个头脑受过训练的人在看一件事时用批判和客观的态度，而且也用适当的智识学问为凭依。他不容许偏见和个人的利益来影响他的判断，和左右他的观点。他一直都是好奇的，但是他绝对不会轻易相信人。他并不仓卒的下结论，也不轻易的附和他人的意见，他宁愿耽搁一段时间，一直等到他有充分的时间来查考事实和证据后，才下结论。

总而言之，一个受过训练的头脑，就是对于易陷入于偏见、武断和盲目接受传统与权威的陷阱，存有戒心和疑惧。同时，一个受过训练的脑筋不是消极或是毁灭性的。他怀疑人并不是喜欢怀疑的缘故；也并不是认为"所有的话都有可疑之处，所有的判断都有虚假之处"。他之所以怀疑是为了确切相信一件事。为了要根据更坚固的证据和更健全的推理为基础，来建立或重新建立信仰。

你们四年的研究和实验工作一定教过你们独立思考、客观判断、有系统的推理，和根据证据来相信某一件事的习惯。这些就是，也应当是，标示一个人是大学生的标志。就是这些特征才使你们显得"与众不同"和"怪异"，而这些特征可能会使你们不孚众望或不受欢迎，甚至为你们社会里大多数人所畏避和摒弃。

可是，这些有点令人烦恼的特点却是你们母校于你们居留在此时间中，所教导你们而为此最感觉自豪的事。这些求知习惯的训练，如果我没有判断错误的话，也就是你们在大学里有责任予以培养起来的，回家时从这个校园里所带走的，并且在你们整个一生和在你们一切各种活动中，所继续不断的实行和发展的。

伟大的英国科学家，同时也是哲学家的赫胥黎（Thomas H. Huxley）曾说过："一个人一生中最神圣的行为就是口里讲，内心深感觉到这句话：'我相信某件事是实在的。'紧附在那个行为上的是人生存在世上一切最大的报酬和一切最严重的责罚。"要成功的完成这一个"最神圣的行为"，那应用在判断、思考，和信仰上的思想训练和规律是必要的。

所以在这一个值得纪念的日子，你们必须问自己的第一个问题就是：我是否获得所期望于为一个受大学教育的我所该有的充分智识训练吗？我的头脑是否有充分的装备和准备来做赫胥黎所说的"一个人一生中最神圣的行为"？

二

我们必须要体会到"一个人一生中最神圣的行为"也同时是我们日常所需做的行为。另一个英国哲学家弥尔（John Stuart Mill）曾说过："各个人每天每时每刻都需要确切证实他所没有直接观察过的事情……法官、军事指挥官、航海人员、医师、农场经营者（我们还可以加上一般的公民和选民）的事，也不过是将证据加以判断，并按照判断采取行动……就根据他们做法（思考和推论）的优劣，就可以决定他们是否尽其分内的职责。这是头脑所不停从事的职责。"

由于人人每日每时都需要思考，所以人在思考时，极容易流于疏忽，漠不关心，和习惯性的态度。大学教育毕竟难以教给我们一整套精通与永久适用的求知习惯，原因是其所需的时间远超过大学的四年。大学毕业生离开了他的实验室和图书馆，往往感觉到他已经工作得太劳累，思考得太辛苦，毕业后应当享受到一种可以不必求知识的假期。他可能太忙或者太懒，而无法把他在大学里刚学到而还没有精通的知识训练继续下去。他可能不喜欢标榜自己为受过大学教育"好炫耀博学的人"。他可能发现讲幼稚的话与随和大众的反应是一种调剂，甚至是一种愉快的事。无论如何，大学毕业生离开大学之后，最普遍的危险就是溜回到怠惰和懒散方式的思考和信仰。

所以大学生离开学校后，最困难的问题就是如何继续培养精稔实验室研究的思考态度和技术，以便将这种思考的态度和技术扩展到他日常思想、生活和各种活动上去。天下没有一个普遍适用以提防这种懒病复发的公式。但是我们仍然想献给列位一个简单的妙计，这个妙计对我自己和对我的学生和朋友都很实用。

我所想要建议的是各个大学毕业生都应当有一个或两个或更多足以引起兴趣和好奇心的疑难问题，借以激起他的注意、研究、探讨，或实验的心思。你们大家都知道的，一切科学的成就都是由于一个疑难的问题碰巧激起某一个观察者的好奇心和想象力所促成的。有人说没有装备良好的图书馆和实验室是无法延续求知的兴趣。这句话是不确实的。请问阿基米德、伽利略、牛顿、法拉第，或者甚至达尔文或巴斯德究竟有什么实验室或图书馆的装备呢？一个大学毕业生所需要的仅是一些会激起他的好奇心，引起他的求知欲和挑激他的想法求解决的有趣的难题。那种挑激引发的性质就足够引致他搜集资料、触类旁通、设计工具，和建立简单而适用的试验和实验室。一个人对于一些引人好奇的难题不发生兴趣的话，就是处在设备良好的实验室和博物馆中，智识上也不会有任何发展。

四年的大学教育所给予我们的，毕业只不过是已经研究出来和尚未研究出来的学问浩瀚范围的一瞥而已。不管我们主修的是那一个科目，我们都不应当有自满的感觉，以为在我们专门科目范围内，已经没有不解决的问题存在。凡是离开母校大门而没有带一两个智识上的难题回家去，和一两个在他清醒时一直缠绕着他的问题，这个人的智识生活可以说是已经寿终正寝了。

这是我给你们的劝告：在这一个值得纪念的日子里，你们该花费几分钟，为你们自己列一个智识的清单，假如没有一两个值得你们下决心解决的智识难题，就不轻易步入这个大世界。你们不能带走你们的教授，也不能带走学校的图书馆和实验室。可是你们带走几个难题。这些难题时刻都会使你们智识上的自满和怠惰下来的心受到困扰。除非你们向这些难题进攻，并加以解决，否则你们就一直不得安宁。那时候，你们看吧，在处理和解决这些小难题的时候，你们不但使你们思考和研究的技术逐渐纯熟和精稔，而且同时开拓出智识的新地平线并达到科学的新高峰。

三

这种一直有一些激起好奇心和兴趣疑难问题来刺激你们的小妙计有许多功用。这个妙计可使你们一生中对研究学问的兴趣永存不灭,可开展你们新嗜好的兴趣,把你们日常生活提高到超过惯性和苦闷的水准之上。常常在沉静的夜里,你们突然成功的解决了一个讨厌的难题而很希望叫醒你们的家人,对他们叫喊着说:"我找到了,我找到了!"那时候给你们的是智识上的狂喜和很大的乐趣。

但是这种自找问题和解决问题方式最重要的用处,是在于用来训练我们的能力,磨炼我们的智慧,而因此使我们能精稔实验与研究的方法和技术。对思考技术的精稔可能引使你们达到创造性的智识高峰;但是也同时会渐渐的普遍应用在你们整个生活上,并且使你们在处理日常活动时,成为比较懂得判断的人,会使你们成为更好的公民,更聪明的选民,更有智识的报纸读者,成为对于目前国家大事或国际大事一个更为胜任的评论者。

这个训练对于为一个民主国家里公民和选民的你们是特别重要的。你们所生活的时代是一片充满了惊心动魄事件的时代,一个势要毁灭你们政府和文化根基的战争时代。而从各方面拥集到你们身上的是强有力不让人批驳的思想形态,巧妙的宣传,以及随意歪曲的历史。希望你们在这个要把人弄得团团转的旋风世界中,要建立起你们判断力,要下自己的决心,投你们的票,和尽你们的本分。

有人会警告你们要特别提高警惕,以提防邪恶宣传的侵袭。可是你们要怎样做才能防御宣传的侵入呢?因为那些警告你们的人本身往往就是职业的宣传员,只不过他们罐头上所用的是不同的商标;但这些罐头里照样是陈旧的和不准批驳的东西。

例如,有人告诉你们,上次世界大战所有一切唯心论的标语,像"为世界民主政治的安全而战"和"以战争来消弭战争"这些话,都是想讨人欢喜的空谈和烟幕而已。但是揭露这件事的人也就是宣传者,他要我们全体都相信美国之参加上次世界大战是那些"担心美元英镑贬值"的放高利贷者和发战争财者所促成的。

再看另一个例子。你们是在一个信仰所培养之下长大起来的。这些信仰就是相信你们的政府形式,属于人民的政府,尊敬个人的自由,特别是相信那保护思想、信仰、表达,和出版等自由的政府形式是人类最伟大的成就之一;但是我们这一代的新先知们却告诉你们说，民主的代议政府仅是资本主义制度下的一个必然的副产品，这个制度并没有实质的优点，也没有永恒的价值；他们又说个人的自由并不一定是人们所希求的；为了集体的福利和权力的利益起见，个人的自由应当视为次要的，甚至应当加以抑压下去的。

这些和许多其他相反的论调到处都可以看到听到，都想要迷惑你们的思想，麻木你们的行动。你们需要怎么样准备自己来对付一切所有这些相反的论调呢？当然不会是紧闭着眼睛不看，掩盖着耳朵不听吧。当然也不会躲在良好的古老传统信仰的后面求庇护吧，因为受攻击和挑衅的就是古老的传统本身。当然也不会是诚心诚意的接受这种陈腔烂调和不准批驳的思想和信仰的体系，因为这样一个教条式的思想体系可能使你们丢失了很多的独立思想，会束缚和奴役你们的思想，以致从此之后，你们在智识上说，仅是机械一个而已。

你们可能希望能保持精神上的平衡和宁静，能够运用你们自己的判断，惟一的方法就是训练你们的思想，精稔自由沉静思考的技术。使我们更充分了解智识训练的价值和功效的就是在这智识困惑和混乱的时代。这个训练会使我们能够找到真理——使我们获得自由的真理。

关于这种训练与技术，并没有什么神秘的地方。那就是你们在实验室所学到的，也就是你们最优秀的教师终生所从事的，而在你们研究论文上所教你们的方法，那就是研究和实验的科学方法。也就是你们要学习应用于解决我所劝你们时刻要找一两个疑难问题所用的同样方法。这个方法，如果训练得纯熟精通，会使我们能在思考我们每天必须面对有关社会、经济，和政治各项问题时，会更清楚，会更胜任的。

以其要素言，这个科学技术包括非常专心注意于各种建议、思想和理论，以及后果的控制和试验。一切思考是以考虑一个困惑的问题或情况开始的。所有一切能够解决这个困惑问题的假设都是受欢迎的。但是各个假设的论点却必须以在采用后可能产生的后果来作为适用与否的试验，凡是其后果最能满意克服原先困惑所在的假设，就可接受为最好和最真实的解决方法。这是一切自然、历史，和社会科学的思考要素。

人类最大的谬误，就是以为社会和政治问题简单得很，所以根本不需要科学方法的严格训练，而只要根据实际经验就可以判断，就可以解决。

但是事实却是刚刚相反的。社会与政治问题是关连着千千万万人命和福利的问题。就是由于这些极具复杂性和重要性的问题是十分困难的，所以使得这些问题到今日还没有办法以准确的定量衡量方法和试验与实验的精确方法来计量。甚至以最审慎的态度和用严格的方法无法保证绝无错误。但是这些困难却省免不了我们用尽一切审慎和批判的洞察力来处理这些庞大的社会和政治问题的必要。

两千五百年前某诸侯问孔子说："一言而可以兴邦……一言而丧邦有诸？……"

想到社会与政治的问题，总会提醒我们关于向孔子请教的这两个问题，因为对社会与政治的思考必然会连带想起和计划整个国家、整个社会，或者整个世界的事。所以一切社会与政治理论在用以处理一个情况时，如果粗心大意或固守教条，严重的说来，可能有时候会促成预料不到的混乱、退步、战争，和毁灭，有时就真的是一言兴邦，一言丧邦。

刚就在前天，希特勒对他的军队发出一个命令，其中说到一句话：他要决定他的国家和人民未来一千年的命运！

但希特勒先生一个人是无法以个人的思想来决定千千万万人的生死问题。你们在这里所有的人需要考虑你们即将来临的本地与全国选举中有所选择，所有的人需要对和战问题表达意见，并下决定。是的，你们也会考虑到一个情况，你们在这个情况中的思考是正确，是错误，就会影响千千万万人的福利，也可能直接或间接的决定未来一千年世界与其文化的命运！

所以为少数特权阶级的我们大学男女，严肃的和胜任的把自己准备好，以便像在今日的这个时代，这个世界，每日从事思考和判断，把我们自己训练好，以便作有责任心的思考，乃是我们神圣的任务。

有责任心的思考至少含着三个主要的要求：

第一，把我们的事实加以证明，把证据加以考查；

第二，如有差错，谦虚的承认错误，慎防偏见和武断；

第三，愿意尽量彻底获致一切会随着我们观点和理论而来的可能后果，并且道德上对这些后果负责任。

怠惰的思考，容许个人和党团的因素不知不觉的影响我们的思考，接受陈腐和不加分析的思想为思考之前提，或者未能努力以获致可能后果，来试验一个人的思想是否正确等等就是智识上不负责任的表现。

你们是否充分准备来做这件在你们一生中最神圣的行动——有责任心的思考？

第五章

没有理想，我们的心将安放何处～

┃梦想与理想

梦想作大事业，人或笑之，以为无益。其实不然。天下多少事，皆起于一二人之梦想。今日大患，在于无梦想之人耳。

尝谓欧人长处在敢于理想。其理想所凝集，往往托诸"乌托邦"（Utopia）。柏拉图之 Republic（《理想国》），培根之 New Atlantis（《新亚特兰蒂斯》），穆尔（Thomas More）之 Utopia（《乌托邦》），圣阿格斯丁（St. Augustine）之 City of God（《上帝城》），康德之 Kingdom of Ends（《论万物之终结》）及其 Eternal Peace（《太平论》），皆乌托邦也。乌托邦者，理想中之至治之国，虽不能至，心向往焉。今日科学之昌明，有远过培根梦想中之《郅治国》者，三百年间事耳。今日之民主政体虽不能如康德所期，然有非柏拉图二千四百年前所能梦及者矣。七十年前（公元 1842 年），诗人邓耐生有诗云：

Far I dipt into the future, far as human eye could see,

Saw the vision of the world, and all the wonder that would be;

Saw the heavens with commerce, argosies of magic sails,

Pilot of the purple twilight, dropping down with costly bales;

Heard the heavens fill with shouting, and there rained a ghastly dew

From the nations, airy navies grappling in the central blue;

Far along the world—wide whisper of the south wind rushing warm

With the standards of the peoples plunging through the thunderstorm;

Till the war—drum throbbed no longer，and the battle—flags were furled.

In the Parliament of man，the Federation of the world.

Locksley Hall

［译文］

吾曾探究未来，凭眼极力远眺，

望见世界之远景，望见将会出现之种种奇迹；

看到空中贸易不断，玄妙之航队穿梭往来，

驾紫色暮霭之飞行者纷纷降落，携带昂贵之货品；

听到天上充满呐喊声，交战各国之舰队在蓝天中央厮杀，

降下一阵可怖之露水；

同时，在遍及全世界之和煦南风奏响之飒飒声中，

在雷电之轰鸣声中，各民族之军旗勇往直前；

直到鸣金收兵，直到战旗息偃，

息偃在全人类之议会里，在全世界之联邦里。

《洛克斯利田庄》

在当时句句皆梦想也。而七十年来，前数句皆成真境，独末二语未验耳。然吾人又安知其果不能见诸实际乎？

天下无不可为之事，无不可见诸实际之理想。电信也，电车也，汽机也，无线电也，空中飞行也，海底战斗也，皆数十年梦想所不及者也，今都成实事矣。理想家念此可以兴矣。

吾国先秦诸子皆有乌托邦：老子、庄子、列子皆悬想一郅治之国；孔子之小康大同，尤为卓绝古今。汉儒以还，思想滞塞，无敢作乌托邦之想者，而一国之思想遂以不进。吾之以乌托邦之多寡，卜思想之盛衰，有以也夫！

我梦想一个理想的牢狱

问：先生个人的生活中有什么梦想？（这梦想当然不一定是能实现的。）

答：我梦想一个理想的牢狱，我在那里面受十年或十五年的监禁。在那里面，我不许见客，不许见亲属，只有星期日可以会见他们。可是我可以读书，可以向外面各图书馆借书进来看，可以把我自己的藏书搬一部分进来用。我可以有

纸墨笔砚，每天可以做八小时的读书著述工作。每天有人监督我做一点钟的体操，或一两点钟的室外手工，如锄地、扫园子、种花、挑水一类的工作。

我想，如果我有这样十年或十五年的梦想生活，我可以把我能做的工作全部都做出，岂不快哉！

为什么读书

青年会叫我在未离南方赴北方之前在这里谈谈，我很高兴，题目是《为什么要读书》。现在读书运动大会开始，青年会拣定了三个演讲题目。我看第二个题目《怎样读书》很有兴味，第三个题目《读什么书》更有兴味，第一个题目无法讲，"为什么要读书"，连小孩子都知道，讲起来很难为情，而且也讲不好。所以我今天讲这个题目，不免要侵犯其余两个题目的范围，不过我仍旧要为其余两位演讲的人留一些余地。

现在我就把这个题目来试一下看。我从前也有过一次关于读书的演讲，后来我把那篇演讲录略事修改，编入三集文存里面，那篇文章题目叫作《读书》，其内容性质较近于第二个题目，诸位可以拿来参考。今天我就来试试"为什么要读书"这个题目。

从前有一位大哲学家做了一篇《读书乐》，说到读书的好处，他说："书中自有千钟粟，书中自有黄金屋，书中自有颜如玉。"这意思就是说，读了书可以做大官，获厚禄，可以不至于住茅草房子，可以娶得年轻的漂亮太太（台下哄笑）。诸位听了笑起来，足见诸位对于这位哲学家所说的话不十分满意，现在我就讲所以要读书的别的原因。

为什么要读书？有三点可以讲：

第一，因为书是过去已经知道的知识学问和经验的一种记录，我们读书便是要接受这人类的遗产；

第二，为要读书而读书，读了书便可以多读书；

第三，读书可以帮助我们解决困难，应付环境，并可获得思想材料的来源。我一踏进青年会的大门，就看见许多关于读书的标语。为什么读书大概诸位看了这些标语就都已知道了，现在我就把以上三点更详细地说一说。

第一，因为书是代表人类老祖宗传给我们的知识的遗产，我们接受了这遗产，以此为基础，可以继续发扬光大，更在这基础之上，建立更高深更伟大的知识。人类之所以与别的动物不同，就是因为人有语言文字，可以把知识传给别人，又传至后人，再加以印刷术的发明，许多书报便印了出来。人的脑很大，与猴不同，人能造出语言，后来更进一步而有文字，又能刻木刻字，所以人最大的贡献就是能累积过去的知识和经验，使后人可以节省很多脑力。

非洲野蛮人在山野中遇见鹿，他们就画了一个人和一只鹿以代信，给后面的人叫他们勿追。但是把知识和经验遗给儿孙有什么用处呢？这是有用处的，因为这是前人很好的教训。现在学校里各种教科书，如物理、化学、历史等等，都是根据几千年来进步的知识编纂成书的，一年、两年，或者三年教完一科。自小学、中学，而至大学毕业，这十六年所受的教育，都是代表我们老祖宗几千年来得来的知识学问和经验，所谓进化，就是叫人节省劳力。

蜜蜂虽能筑巢，能发明，但传下来就只有这一点知识，没有继续去改革改良，以应付环境，没有做格外进一步的工作。人呢，达不到目的，就再去求进步，而以前人的知识学问和经验作参考。如果每样东西，要个个人从头学起，而不去利用过去的知识，那不是太麻烦了吗？所以人有了这知识的遗产，就可以自己去成家立业，就可以缩短工作，使有余力做别的事。

第二点稍复杂，就是为读书而读书，为求过去的知识而读书。不错，知识可以从书本中得来，但读书不是那么容易的一件事情，不读书不能读书，要能读书才能多读书。好比戴了眼镜，小的可以放大，模糊的可以看得清楚，远的可以变近，所以读书要戴眼镜。不读书，学问不能进去，读书没有门径，学问也不能进去。王安石对曾子固说过，"经而已不足以致经"，所以他对于《本草纲目》、内经、小说，无所不读，这样对于经才可以明白一些，所谓"致已知而后读"，读书无非扩充知识而已。

我十二岁时，各种小说都看得懂，到了三十年以后，再回头看，很多不懂。讲到诗经，从前以为讲的是男女爱情、文王后妃一类的事，从前是戴了一副黑眼镜去看，现在换了一副眼镜，觉得完全不同。现在才知道诗经和民间歌谣很有关系。对于民间歌谣的研究，近来很有进步，北平有歌谣周刊，歌谣丛书，关于各地歌谣收罗很广。我们如果能把歌谣的文章，社会学、人类学，研究一下，就可以知道幼稚时代的环境和生活很有趣味，例如诗经里有一段说："白茅包之，有女怀春，吉士诱之。"在从前眼光看来，觉得完全讲不通，现在才知道当时野蛮人社会有一种风俗，就是男子向女子求婚，要打野兽送到女家，若不收，便是不答应。还有诗经里"窈窕淑女"一节，从比较民族学眼光看来，我们可以知道当时社会的人，吃饭时可以打鼓弹琴，丝毫没有受礼教的束缚。再从文法方面来观察，像诗经里"之子于归"、"黄鸟于飞"、"凤凰于飞"的"于"字，此外，诗经里又有几百个"维"字，这些都是有作用无意义的虚字，但以前的人却从未注意及此。所以书是越看越有意义，书越多读越能读书。

再说在《墨子》一书里，差不多各种学问都有，像光学、力学、逻辑、算学、几何学上的圆和平行线，以及经济学上的购买力和货币，几乎什么都讲到了，但你要懂得光学，才能懂得墨子所说的光，你要懂得各种知识，才能懂得墨子。总之，读书是为了要读书，多读书更可以读书。最大的毛病就在怕读书，怕书难读。越难读的书我们越要征服它们，把它们作为我们的奴隶或向导。我们要打倒难读，这才是我们的"读书乐"，若是我们有了基础的科学知识，那么，我们在读书时便能左右逢源。我再说一遍，读书的目的在于读书，要读书越多才可以读书越多。

第三点，读书可以帮助解决困难，应付环境，供给思想材料，知识是思想材料的来源。思想可分作五步，思想的起源是大的疑问。吃饭拉屎不用想，但逢着三岔路口，十字街头那样的环境，就发生困难了。走东或是走西，这样做或是那样做，困难很多。病有各样的病，发烧，头痛，多得很。第二步要把问题弄清，困难弄清。第三步才想到如何解决。读书就是出主意，暗示，但主意很多，于是又逢着困难。主意多少要看学问多少，都采用也不行。第四步就是要选择一个假定的解决方法。要想到这一个方法能不能解决，若不能，那么，就换了一个，若能就行了。这好比开锁，这一个钥匙开不出就换了一个，假定是可以开的，那么，问题就解决了。第五步就是试验。凡是有条理的思想都要经过这五步，或是逃不了这五个阶段。科学家要解决问题，侦探要侦探案件，多经过这五步。

第三步主意或暗示很多，若无主意，便无办法，没有主意，便不知道怎样办，这是因为知识不够，学力不足，经验不丰富，从来没有想到，所以到要解决问题时便没有材料。读书是过去知识学问经验的记录，而知识学问经验就是要用在这时候，所谓养军千日，用兵一朝。否则，学问一些都没有，遇到困难就要糊涂起来。例如达尔文把生物变迁现象研究了几十年，却想不出什么原则去解决，后来无意中看到马尔萨斯的《人口论》，说人口是按照几何学级数一倍一倍地增加，粮食是按照数学级数增加，达尔文研究了这原则，忽然触机，就把这原则应用到生物学上去，创了物竞天择的学说。

譬如一条鱼可以产生二百万鱼子，这样，太平洋应该占满了，然而大鱼要吃小鱼，更大的鱼要吃大鱼，所以生物要适应环境才能生存。但按照经济学原则，达尔文主义是很没有条理的，而我们读书就是要解决这个困难。又譬如从前的人以为地球是世界的中心，后来天文学家哥白尼却主张太阳是世界的中心，绕着地球而行。据罗素说，哥白尼所以这样的解说，是因为希腊人已经讲过这句话，哥白尼想到了这句话可以解决这问题，便采用了。假使希腊没有这句话，在六十几年之后恐怕没有人敢说这句话吧。

这就是读书的好处。像这样当初逢着困难后来得到解决的事很多，单说我个人就有许多。在我的书房里有一部小说叫作《醒世姻缘》，是西周生所著，自然用的是假名字，这是十七、十八世纪间的出品，印好在家藏了六年。这部小说讲到婚姻问题，其内容是这样：有个好老婆，不知何故，后来忽然变坏，作者没有提及解决方法，也没有想到可以离婚，只说是前世作孽，因为在前世男虐待女，女就投生换样子，压迫者变为被压迫者。这种前世作孽，起先相爱，后来忽变的故事，我仿佛什么地方看见过，后来在《聊斋》一书中见到一篇和这相类似的笔记，也是说到一个女子，起先怎样爱着她的丈夫，后来怎样变为凶太太，便想到这部小说大约是蒲留仙或是蒲留仙的朋友做的。

去年我看到一本杂志，也说是蒲留仙做的，不过没有证据。今年我在北平，才找到了证据。这一件事可以解释刚才我所说的第二点，就是读书是为了要读书而读书，同时也可以解释第三点，就是读书可以供给出主意的来源。当初若是没有主意，到了逢着困难时便要手足无措，所以读书可以解决问题，就是军事、政治、财政、思想等问题，也都可以解决，这就是读书的用处。我有一位朋友，有一次傍着洋灯看小说，洋灯装有油，但是不亮，因为灯芯短了。于是他想到《伊索寓言》里有一篇故事，说是一只老鸦要喝瓶中的水，因为瓶太小，得不到水，它就衔石投瓶中，水乃上来。这位朋友是懂得化学的，加水于灯中恐怕不亮，于是投以铜元，油乃碰到灯芯。这是看《伊索寓言》看小说给他的帮助。读书好像用兵，养兵求其能用，否则即使有十万、二十万的大兵也没有用处，有的时候还要兵变呢。

至于"读什么书"，下次陈中凡先生要讲演，今天我也附带地讲一讲。

我从五岁起到了四十岁，读了三十五年的书。究竟有几部书应该读，我也曾经想过。其中有条理有系统的书可以说是还没有两三部，至于精心结构之作，二千五百年以来恐怕只有半打。譬如老子这部书，今天说一句"道可道"，明天又说一句"非常道"，没有一些系统。集是杂货店，史和子还是杂货店。至于诗经礼记易经也只有一点形式，讲到内容，可以说没有一些东西可以给我们改进道德增进知识的帮助的。中国书不够读乐趣，我们要另开生路，辟殖民地。读书要读到有乐而无苦。能做到这地步，书中便有无穷。希望大家不要怕读书，起初的确要查阅字典，但假使能下一年苦功，能把所读的书的内容句句分析清楚，这样的继续不断做去，那么，在一二年中定可开辟一个乐园，还只怕求知的欲望太大，来不及读呢。我总算是老大哥，今天我就根据我过去三十五年读书的经验，给你们这一个临别的忠告。

"胡适先生到底怎样？"

这是上海《民国日报》邵力子先生一条"随感录"的标题。关于这个问题，北京颇有几位医生研究过；但是他们还不曾有简单的答案。最近我因发现糖尿，从十二月二十九日起，住在亚洲第一个设备最完全的医院里，受了三十次的便尿分验，三次的血的分验，七日的严格的食料限制；内科专家也看过，神经科专家白发的 Woods 博士也看过。然而他们到今天还不肯给我一个简单的答案。这并不是怪他们本事不行；这正是恭维他们的科学精神；因为科学精神的第一个条件是不肯轻下判断。但是我的病，我的告假，似乎颇引起了一些人的误会。上个月我在国语讲习所告假，那边就有人疑心我的告假是和国务会议"取缔新思想"的议案有关系了。现在邵力子先生这一段"随感录"，很带有同样的疑心。他引《向导》周报国焘的话：

目前怎么样办呢？还是三十六计，跑为上计呢？还是坚持原来的主张呢？还是从此更有新的觉悟呢？

他接着就提到我因病向大学请假一年的启事；他虽不明说，然而他的疑心是很明显的。我借这个机会敬告邵力子先生和有同样疑心的人：

"三十六计，跑为上计"：这种心理从不曾到过我脑子里。中国的事所以糟到这步田地，这种卑劣的心理未尝不是一个大原因。我们看看租界上的许多说风凉话高谈主义的人，许多从这里那里"跑"来的伟人小政客，就可以晓得这种卑劣心理造的福和种的孽了！

我是不跑的。生平不知趋附时髦；生平也不知躲避危险。封报馆，坐监狱，在负责任的舆论家的眼里，算不得危险。然而"跑"尤其是"跑"到租界里去唱高调：那是耻辱！那是我绝不干的！

喝酒不过是为了忘记喝酒的耻辱

中国新公学有一个德国教员，名叫何德梅（Ottomeir），他的父亲是德国人，母亲是中国人，他能说广东话、上海话、官话。什么中国人的玩意儿，他全会。我从新公学出来，就搬在他隔壁的一所房子里住，这两所房子是通的，他住东屋，我和几个四川朋友住西屋。和我同住的人，有林君墨（恕），但怒刚（懋辛）诸位先生；离我们不远，住着唐桂梁（蟒）先生，是唐才常的儿子。

这些人都是日本留学生，有革命党的关系；在那个时候各地的革命都失败了，党人死的不少，这些人都很不高兴，都很牢骚。何德梅常邀这班人打马将，我不久也学会了。我们打牌不赌钱，谁赢谁请吃雅叙园。我们这一班人都能喝酒，每人面前摆一大壶，自斟自饮。从打牌到喝酒，从喝酒又到叫局，从叫局到吃花酒，不到两个月，我都学会了。

幸而我们都没有钱，所以都只能玩一点穷开心的玩意儿：赌博到吃馆子为止，逛窑子到吃"镶边"的花酒或打一场合股份的牌为止。有时候，我们也同去看戏。林君墨和唐桂梁发起学唱戏，请了一位小喜禄来教我们唱戏，同学之中有欧阳予倩，后来成了中国戏剧界的名人。我最不行，一句也学不会，不上两天我就不学了。此外，我还有一班小朋友，同乡有许怡荪、程乐亭、章希吕诸人，旧同学有郑仲诚、张蜀川、郑铁如诸人。怡荪见我随着一班朋友发牢骚、学堕落，他常常规劝我。但他在吴淞复旦公学上课，是不常来的，而这一班玩的朋友是天天见面的，所以我那几个月之中真是在昏天黑地里胡混。有时候，整天的打牌；有时候，连日的大醉。

有一个晚上，闹出乱子来了。那一晚我们在一家"堂子"里吃酒，喝的不少了，出来又到一家去"打茶围"。那晚上雨下的很大，下了几点钟还不止。君墨，桂梁留我打牌，我因为明天要教书（那时我在华童公学教小学生的国文），所以独自雇人力车走了。他们看我能谈话，能在一叠"局票"上写诗词，都以为我没有喝醉，也就让我一个人走了。

其实我那时已大醉了，谈话写字都只是我的"下意识"的作用，我全不记忆。出门上车以后，我就睡着了。

直到第二天天明时，我才醒来，眼睛还没有睁开，就觉自己不是睡在床上，是睡在硬的地板上！我疑心昨夜喝醉了，睡在家中的楼板上，就喊了一声"老彭"！——老彭是我雇的一个湖南仆人。喊了两声，没有人答应，我已坐起来了，眼也睁开了。

奇怪的很！我睡在一间黑暗的小房里，只有前面有亮光，望出去好像没有门。我仔细一看，口外不远还好像有一排铁栅栏。我定神一听，听见栅杆外有皮鞋走路的声响。一会儿，狄托狄托的走过来了，原来是一个中国巡捕走过去。

我有点明白了，这大概是巡捕房，只不知道我怎样到了这儿来的。我想起来问一声，这时候才觉得我一只脚上没有鞋子，又觉得我身上的衣服都是湿透了的。我摸来摸去，摸不着那一只皮鞋；只好光着一只袜子站起来，扶着墙壁走出去，隔着栅栏招呼那巡捕，问他这是什么地方。

他说："这是巡捕房。"

"我怎么会进来的?"

他说："你昨夜喝醉了酒，打伤了巡捕，半夜后进来的。"

"什么时候我可以出去?"

"天刚亮一会，早呢！八点钟有人来，你就知道了。"

我在亮光之下，才看见我的旧皮袍不但是全湿透了，衣服上还有许多污泥。我觉得脸上有点疼，用手一摸，才知道脸上也有污泥，并且有破皮的疤痕。

这是一个春天的早晨，一会儿就是八点钟了。果然有人来叫我出去。

在一张写字桌边，一个巡捕头坐着，一个浑身泥污的巡捕立着回话，那巡捕头问：

"就是这个人?"

"就是他。"

"你说下去。"

那浑身泥污的巡捕说：

"昨夜快十二点钟时候，我在海宁路上班，雨下的正大，忽然（他指着我）他走来了，手里拿着一只皮鞋敲着墙头，狄托狄托的响。我拿巡捕灯一照，他开口就骂。"

"骂什么?"

"他骂'外国奴才'!我看他喝醉了,怕他闯祸,要带他到巡捕房里来。他就用皮鞋打我,我手里有灯,抓不住他,被他打了好几下。后来我抱住他,抢了他的鞋子,他就和我打起来了。两个人抱住不放,滚在地上。下了一夜的大雨,马路上都是水,两个人在泥水里打滚。我的灯也打碎了,身上脸上都被他打了。他脸上的伤是在石头上擦破了皮。我吹叫子,唤来了一部空马车,两个马夫帮我捉住他,关在马车里,才能把他送进来。我的衣服是烘干了,但是衣服上的泥都不敢弄掉,这都是在马路当中滚的。"

我看他脸上果然有伤痕,但也像是擦破了皮,不像是皮鞋打的。他解开上身,也看不出什么伤痕。

巡捕头问我,我告诉了我的真姓名和职业,他听说我是在华童公学教书的,自然不愿得罪我。他说,还得上堂问一问,大概要罚几块钱。

他把桌子上放着的一只皮鞋和一条腰带还给我。我穿上了鞋子,才想起我本来穿有一件缎子马褂。我问他要马褂,他问那泥污的巡捕,他回说:"昨夜他就没有马褂。"

我心里明白了。

我住在海宁路的南林里,那一带在大雨的半夜里很冷静的。我上了车就睡着了。车夫到了南林里附近,一定是问我到南林里第几弄。我大概睡的很熟,不能回答了。车夫叫我不醒,也许推我不醒,他就起了坏心思,把我身上的钱摸去了,又把我的马褂剥去了。帽子也许是他拿去了的,也许是丢了的。他大概还要剥我的皮袍,不想这时候我的"下意识"醒过来了。就和他抵抗。那一带是没有巡捕的,车夫大概是拉了车子跑了,我大概追他不上,自己也走了。皮鞋是跳舞鞋式的,没有鞋带,所以容易掉下来;也许是我跳下车来的时候就掉下来了,也许我拾起了一只鞋子来追赶那车夫。车夫走远了,我赤着一只脚在雨地里自然追不上。我慢慢的依着"下意识"走回去,醉人往往爱装面子,所以我丢了东西反唱起歌来了——也许唱歌是那个巡捕的胡说,因为我的意识生活是不会唱歌的。

这是我自己用想象来补充的一段,是没有法子证实的了。但我想到在车上熟睡的一段,不禁有点不寒而栗,身上的水湿和脸上的微伤那能比那时刻的生命的危险呢?

巡捕头许我写一封短信叫人送到我的家中。那时候郑铁如（现在的香港中国银行行长）住在我家中，我信上托他带点钱来准备做罚款。

上午开堂问事的时候，几分钟就完了，我被罚了五元，做那个巡捕的养伤费和赔灯费。我到了家中，解开皮袍，里面的棉袄也湿透了，一解开来，里面热气蒸腾：湿衣裹在身上睡了一夜，全蒸热了！我照镜子，见脸上的伤都只是皮肤上的微伤，不要紧的。可是一夜的湿气倒是可怕。

同住的有一位四川医生，姓徐，医道颇好。我请他用猛药给我解除湿气。他下了很重的泻药，泄了几天；可是后来我手指上和手腕上还发出了四处的肿毒。

那天我在镜子里看见我脸上的伤痕，和浑身的泥湿，我忍不住叹一口气，想起"天生我材必有用"的诗句，心里百分懊悔，觉得对不住我的慈母——我那在家乡时时刻刻悬念着我，期望着我的慈母！我没有掉一滴眼泪，但是我已过了一次精神上的大转机。

我当日在床上就写信去辞了华童公学的职务，因为我觉得我的行为玷辱了那个学校的名誉。况且我已决心不做那教书的事了。

第六章
肩上扛起生活，双脚丈量人生～

▌让我读书是父亲的心愿

一

我生在光绪十七年十一月十七日（公元 1891 年 12 月 17 日），那时候我家寄住在上海大东门外。我生后两个月，我父亲被台湾巡抚邵友濂奏调往台湾；江苏巡抚奏请免调，没有效果。我父亲于十八年二月底到台湾，我母亲和我搬到川沙住了一年。十九年（公元 1893 年）二月二十六日我们一家（我母，四叔介如，二哥嗣秬，三哥嗣秠）也从上海到台湾。我们在台南住了十个月。十九年六月，我父亲做台东直隶州知州，兼统镇海后军各营。台东是新设的州，一切草创，故我父不带家眷去。到十九年十二月十四日，我们才到台东。我们在台东住了整一年。

甲午（公元 1894 年）中日战事开始，台湾也在备战的区域，恰好介如四叔来台湾，我父亲便托他把家眷送回徽州故乡，只留二哥秬冬跟着他在台东。我们于乙未年（公元 1895 年）正月离开台湾，二月初十日从上海起程回绩溪故乡。

那年四月，中日和议成，把台湾割让给日本。台湾绅民反对割台，要求巡抚唐景崧坚守。唐景崧请西洋各国出来干涉，各国不允。台人公请唐为台湾民主国大总统，帮办军务刘永福为主军大总统。我父亲在台东办后山的防务，电报已不通，饷源已断绝。那时他已得脚气病，左脚已不能行动。

他守到闰五月初三日，始离开后山。到安平时，刘永福苦苦留他帮忙，不肯放行。到六月廿五日，他双脚都不能动了，刘永福始放他行。六月廿八日到厦门，手足俱不能动了。七月初三日他死在厦门，成为东亚第一个民主国的第一个牺牲者！

这时候我只有三岁零八个月。我仿佛记得我父死信到家时，我母亲正在家中老屋的前堂，她坐在房门口的椅子上。她听见读信人读到我父亲的死信，身子往后一倒，连椅子倒在房门槛上。东边房门口坐的珍伯母也放声大哭起来，一时满屋都是哭声，我只觉得天地都翻覆了！我只仿佛记得这一点凄惨的情状，其余都不记得了。

二

我父亲死时，我母亲只有二十三岁。我父初娶冯氏，结婚不久便遭太平天国之乱，同治二年（公元1863年）死在兵乱里。次娶曹氏，生了三个儿子，三个女儿，死于光绪四年（公元1878年）。我父亲因家贫，又有志远游，故久不续娶。到光绪十五年（公元1889年），他在江苏候补，生活稍稍安定，他才续娶我的母亲。我母亲结婚后三天，我的大哥嗣稼也娶亲了。那时我的大姊已出嫁生了儿子。大姊比我母亲大七岁，大哥比她大两岁。二姊是从小抱给人家的。三姊比我母亲小三岁，二哥、三哥（李生的）比她小四岁。这样一个家庭里忽然来了一个十七岁的后母，她的地位自然十分困难，她的生活自然免不了苦痛。

结婚后不久，我父亲把她接到了上海同住。她脱离了大家庭的痛苦，我父又很爱她，每日在百忙中教她认字读书，这几年的生活是很快乐的。我小时也很得我父亲钟爱，不满三岁时，他就把教我母亲的红纸方字教我认。父亲作教师，母亲便在旁作助教。我认的是生字，她便借此温她的熟字。他太忙时，她就是代理教师。我们离开台湾时，她认得了近千字，我也认了七百多字。这些方字都是我父亲亲手写的楷字，我母亲终身保存着，因为这些方块红笺上都是我们三个人的最神圣的团居生活的纪念。我母亲二十三岁就做了寡妇，从此以后，又过了二十三年。这二十三年的生活真是十分苦痛的生活，只因为还有我这一点骨血，她含辛茹苦，把全副希望寄托在我的渺茫不可知的将来，这一点希望居然使她挣扎着活了二十三年。

我父亲在临死之前两个多月，写了几张遗嘱，我母亲和四个儿子每人各有一张，每张只有几句话。给我母亲的遗嘱上说糜儿（我的名字叫嗣糜，糜字音门）天资颇聪明，应该令他读书。给我的遗嘱也教我努力读书上进。这寥寥几句话在我的一生很有重大的影响。我十一岁的时候，二哥和三哥都在家，有一天我母亲问他们道："穈今年十一岁了。你老子叫他念书。你们看看他念书念得出吗？"二哥不曾开口，三哥冷笑道，"哼，念书！"二哥始终没有说什么。我母亲忍气坐了一会，回到了房里才敢掉眼泪。她不敢得罪他们，因为一家的财政权全在二哥的手里，我若出门求学是要靠他供给学费的。所以她只能掉眼泪，终不敢哭。

但父亲的遗嘱究竟是父亲的遗嘱，我是应该念书的。况且我小时很聪明，四乡的人都知道三先生的小儿子是能够念书的。所以隔了两年，三哥往上海医肺病，我就跟他出门求学了。

那些年比别人多念了一点儿书

我在台湾时，大病了半年，故身体很弱。回家乡时，我号称五岁了，还不能跨一个七八寸高的门槛。但我母亲望我念书的心很切，故到家的时候，我才满三岁零几个月，就在我四叔父介如先生（名玠）的学堂里读书了。我的身体太小，他们抱我坐在一只高凳子上面。我坐上了就爬不下来，还要别人抱下来。但我在学堂并不算最低级的学生，因为我进学堂之前已认得近一千字了。

因为我的程度不算"破蒙"的学生，故我不须念《三字经》、《千字文》、《百家姓》、《神童诗》一类的书。我念的第一部书是我父亲自己编的一部四言韵文，叫作《学为人诗》，他亲笔钞写了给我的。这部书说的是做人的道理。我把开头几行钞在这里：

为人之道，在率其性。
子臣弟友，循理之正；
谨乎庸言，勉乎庸行；
以学为人，以期作圣。

以下分说五伦。最后三节，因为可以代表我父亲的思想，我也钞在这里：

五常之中，不幸有变，
名分攸关，不容稍紊。
义之所在，身可以殉。
求仁得仁，无所尤怨。

古之学者，察于人伦，

因亲及亲，九族克敦；

因爱推爱，万物同仁。

能尽其性，斯为圣人。

经籍所载，师儒所述，

为人之道，非有他术：

穷理致知，返躬践实，

黾勉于学，守道勿失。

我念的第二部书也是我父亲编的一部四言韵文，名叫《原学》，是一部略述哲理的书。这两部书虽是韵文，先生仍讲不了，我也懂不了。

我念的第三部书叫作《律诗六钞》，我不记是谁选的了。三十多年来，我不曾重见这部书，故没有机会考出此书的编者；依我的猜测，似是姚鼐的选本，但我不敢坚持此说。这一册诗全是律诗，我读了虽不懂得，却背的很熟。至今回忆，却完全不记得了。

我虽不曾读《三字经》等书，却因为听惯了别的小孩子高声诵读，我也能背这些书的一部分，尤其是那五七言的《神童诗》，我差不多能从头背到底。这本书后面的七言句子，如：

人心曲曲湾湾水，世事重重叠叠山。

我当时虽不懂得其中的意义，却常常嘴上爱念着玩，大概也是因为喜欢那些重字双声的缘故。

我念的第四部书以下，除了《诗经》，就都是散文的了。我依诵读的次序，把这些书名写在下面：

(4)《孝经》。

(5) 朱子的《小学》，江永集注本。

(6)《论语》。以下四书皆用朱子注本。

(7)《孟子》。

(8)《大学》与《中庸》。（《四书》皆连注文读。）

(9)《诗经》，朱子《集传》本。（注文读一部分。）

(10)《书经》，蔡沈注本。（以下三书不读注文。）

(11)《易经》，朱子《本义》本。

(12)《礼记》,陈澔注本。

读到了《论语》的下半部,我的四叔父介如先生选了颍州府阜阳县的训导,要上任去了,就把家塾移交给族兄禹臣先生(名观象)。四叔是个绅董,常常被本族或外村请出去议事或和案子;他又喜欢打纸牌(徽州纸牌,每副一百五十五张),常常被明达叔公、映基叔、祝封叔、茂张叔等人邀出去打牌。所以我们的功课很松,四叔往往在出门之前,给我们"上一进书",叫我们自己念;他到天将黑时,回来一趟,把我们的习字纸加了圈,放了学,才又出门去。

四叔的学堂里只有两个学生,一个是我,一个是四叔的儿子嗣秌,比我大几岁。嗣秌承继给瑜婶。(星五伯公的二子,珍伯、瑜叔皆无子,我家三哥承继珍伯,秌哥承继瑜婶。)她很溺爱他,不肯管束他,故四叔一走开,秌哥就溜到灶下或后堂去玩了。(他们和四叔住一屋,学堂在这屋的东边小屋内。)我的母亲管的严厉,我又不大觉得念书是苦事,故我一个人坐在学堂里温书念书,到天黑才回家。

禹臣先生接收家塾后,学生就增多了。先是五个,后来添到十多个,四叔家的小屋不够用了,就移到一所大屋——名叫来新书屋——里去。最初添的三个学生,有两个是守瓒叔的儿子,嗣昭,嗣逮。嗣昭比我大两三岁,天资不算笨,却不爱读书,最爱"逃学",我们土话叫作"赖学"。他逃出去,往往躲在麦田或稻田里,宁可睡在田里挨饿,却不愿念书。先生往往差嗣秌去捉;有时候,嗣昭被捉回来了,总得挨一顿毒打;有时候,连嗣秌也不回来了——乐得不回来了,因为这是"奉命差遣",不算是逃学!

我常觉得奇怪,为什么嗣昭要逃学?为什么一个人情愿挨饿,挨打,挨大家笑骂,而不情愿念书?后来我稍懂得世事,才明白了。瓒叔自小在江西做生意,后来在九江开布店,才娶妻生子;一家人都说江西话,回家乡时,嗣昭弟兄都不容易改口音;说话改了,而嗣昭念书常带江西音,常常因此吃戒方或吃"作瘤栗"。(钩起五指,打在头上,常打起瘤子,故叫作"作瘤栗"。)这是先生不原谅,难怪他不愿念书。

还有一个原因。我们家乡的蒙馆学金太轻,每个学生每年只送两块银元。先生对于这一类学生,自然不肯耐心教书,每天只教他们念死书,背死书,从来不肯为他们"讲书"。小学生初念有韵的书,也还不十分叫苦。后来念《幼学琼林》、《四书》一类的散文,他们自然毫不觉得有趣味,因为全不懂得书中说的是什么。因为这个缘故，许多学生常常赖学；先有嗣昭，后来有个士祥，都是有名的"赖学胚"。他们都属于这每年两元钱的阶级。因为逃学，先生生了气，打的更利害。越打的利害，他们越要逃学。

我一个人不属于这"两元"的阶级。我母亲渴望我读书，故学金特别优厚，第一年就送六块钱，以后每年增加，最后一年加到十二元。这样的学金，在家乡要算"打破纪录"的了。我母亲大概是受了我父亲的叮嘱，她嘱托四叔和禹臣先生为我"讲书"：每读一字，须讲一字的意思；每读一句，须讲一句的意思。我先已认得了近千个"方字"，每个字都经过父母的讲解，故进学堂之后，不觉得很苦。念的几本书虽然有许多是乡里先生讲不明白的，但每天总遇着几句可懂的话。我最喜欢朱子《小学》里的记述古人行事的部分，因为那些部分最容易懂得，所以比较最有趣味。同学之中有念《幼学琼林》的，我常常帮他们的忙，教他们不认得的生字，因此常常借这些书看；他们念大字，我却最爱看《幼学琼林》的小注，因为注文中有许多神话和故事，比《四书》、《五经》有趣味多了。

有一天，一件小事使我忽然明白我母亲增加学金的大恩惠。一个同学的母亲来请禹臣先生代写家信给她的丈夫；信写成了，先生交她的儿子晚上带回家去。一会儿，先生出门去了，这位同学把家信抽出来偷看。他忽然过来问我道："糜，这信上第一句'父亲大人膝下'是什么意思？"他比我只小一岁，也念过《四书》，却不懂"父亲大人膝下"是什么！这时候，我才明白我是一个受特别待遇的人，因为别人每年出两块钱，我去年却送十块钱。我一生最得力的是讲书，父亲母亲为我讲方字，两位先生为我讲书。念古文而不讲解，等于念"揭谛揭谛，波罗揭谛"，全无用处。

小说的迷恋

当我九岁时，有一天我在四叔家东边小屋里玩耍。这小屋前面是我们的学堂，后边有一间卧房，有客来便住在这里。这一天没有课，我偶然走进那卧房里去。偶然看见桌子下一只美孚煤油板箱里的废纸堆中露出一本破书。我偶然捡起了这本书，两头都被老鼠咬坏了，书面也扯破了。但这一本破书忽然为我开辟了一个新天地，忽然在我的儿童生活史上打开了一个新鲜的世界！

这本破书是一本小字木板的《第五才子》，我记得很清楚，开始便是"李逵打死殷天锡"一回。我在戏台上早已认得李逵是谁了，便站在那只美孚破板箱边，把这本《水浒传》残本一口气看完了。不看尚可，看了之后，我的心里很不好过：这一本的前面是些什么？后面是些什么？这两个问题，我都不能回答，却最急要一个回答。

我拿了这本书去寻我的五叔，因为他最会"说笑话"（"说笑话"就是"讲故事"，小说书叫作"笑话书"），应该有这种笑话书。不料五叔竟没有这书，他叫我去寻守焕哥。守焕哥说，"我没有《第五才子》，我替你去借一部；我家中有部《第一才子》，你先拿去看，好吧？"《第一才子》便是《三国演义》，他很郑重的捧出来，我很高兴的捧回去。

后来我居然得着《水浒传》全部。《三国演义》也看完了。从此以后，我到处去借小说看。五叔、守焕哥，都帮了我不少的忙。三姊夫（周绍瑾）在上海乡间周浦开店，他吸鸦片烟，最爱看小说书，带了不少回家乡；他每到我家来，总带些《正德皇帝下江南》，《七剑十三侠》一类的书来送给我。这是我自己收藏小说的起点。

我的大哥（嗣稼）最不长进，也是吃鸦片烟的，但鸦片烟灯是和小说书常作伴的——五叔，守焕哥，三姊夫都是吸鸦片烟的——所以他也有一些小说书。大嫂认得一些字，嫁妆里带来了好几种弹词小说，如《双珠凤》之类。这些书不久都成了我的藏书的一部分。

三哥在家乡时多；他同二哥都进过梅溪书院，都做过南洋公学的师范生，旧学都有根柢，故三哥看小说很有选择。我在他书架上只寻得三部小说：一部《红楼梦》，一部《儒林外史》，一部《聊斋志异》。二哥有一次回家，带了一部新译出的《经国美谈》，讲的是希腊的爱国志士的故事，是日本人做的。这是我读外国小说的第一步。

帮助我借小说最出力的是族叔近仁，就是民国十二年和顾颉刚先生讨论古史的胡堇人。他比我大几岁，已"开笔"做文章了。十几岁就考取了秀才。我同他不同学堂，但常常相见，成了最要好的朋友。他天才很高，也肯用功，读书比我多，家中也颇有藏书。他看过的小说，常借给我看。我借到的小说，也常借给他看。我们两人各有一个小手折，把看过的小说都记在上面，时时交换比较，看谁看的书多。这两个折子后来都不见了，但我记得离开家乡时，我的折子上好像已有了三十多部小说了。

这里所谓"小说",包括弹词,传奇,以及笔记小说在内。《双珠凤》在内,《琵琶记》也在内;《聊斋》、《夜雨秋灯录》、《夜谭随录》、《兰苕馆外史》、《寄园寄所寄》、《虞初新志》等等也在内。从《薛仁贵征东》、《薛丁山征西》、《五虎平西》、《粉妆楼》一类最无意义的小说,到《红楼梦》和《儒林外史》一类的第一流作品,这里面的程度已是天悬地隔了。我到离开家乡时,还不能了解《红楼梦》和《儒林外史》的好处。但这一大类都是白话小说,我在不知不觉之中得了不少的白话散文的训练,在十几年后于我很有用处。

看小说还有一桩绝大的好处,就是帮助我把文字弄通顺了。那时候正是废八股时文的时代,科举制度本身也动摇了。二哥三哥在上海受了时代思潮的影响,所以不要我"开笔"做八股文,也不要我学做策论经义。他们只要先生给我讲书,教我读书。但学堂里念的书,越到后来,越不好懂了。《诗经》起初还好懂,读到《大雅》,就难懂了;读到《周颂》,更不可懂了。《书经》有几篇,如《五子之歌》,我读的很起劲;但《盘庚》三篇,我总读不熟。我在学堂九年,只有《盘庚》害我挨了一次打。后来隔了十多年,我才知道《尚书》有今文和古文两大类,向来学者都说古文诸篇是假的,今文是真的;《盘庚》属于今文一类,应该是真的。但我研究《盘庚》用的代名词最杂乱不成条理,故我总疑心这三篇书是后人假造的。有时候,我自己想,我的怀疑《盘庚》,也许暗中含有报那一个"作瘤栗"的仇恨的意味罢?

《周颂》、《尚书》、《周易》等书都是不能帮助我作通顺文字的。但小说书却给了我绝大的帮助。从《三国演义》读到《聊斋志异》和《虞初新志》,这一跳虽然跳的太远,但因为书中的故事实在有趣味,所以我能细细读下去。石印本的《聊斋志异》有圈点,所以更容易读。到我十二三岁时,已能对本家姊妹们讲说《聊斋》故事了。那时候,四叔的女儿巧菊,禹臣先生的妹子广菊,多菊,祝封叔的女儿杏仙,和本家侄女翠蘋定娇等,都在十五六岁之间;他们常常邀我去,请我讲故事。我们平常请五叔讲故事时,忙着替他点火,装旱烟,替他捶背。现在轮到我受人巴结了。我不用人装烟捶背,她们听我说完故事,总去泡炒米,或做蛋炒饭来请我吃。她们绣花做鞋,我讲《凤仙》、《莲香》、《张鸿渐》、《江城》。这样的讲书,逼我把古文的故事译成绩溪土话,使我更了解古文的文理。所以我到十四岁来上海开始作古文时,就能做很像样的文字了。

我小时身体弱,不能跟着野蛮的孩子们一块儿玩。我母亲也不准我和他们乱跑乱跳。小时不曾养成活泼游戏的习惯，无论在什么地方，我总是文绉绉的。所以家乡老辈都说我"像个先生样子"，遂叫我做"穈先生"。这个绰号叫出去之后，人都知道三先生的小儿子叫作穈先生了。既有"先生"之名，我不能不装出点"先生"样子，更不能跟着顽童们"野"了。有一天，我在我家八字门口和一班孩子"掷铜钱"，一位老辈走过，见了我，笑道："穈先生也掷铜钱吗？"我听了羞愧的面红耳热，觉得大失了"先生"的身份！

大人们鼓励我装先生样子，我也没有嬉戏的能力和习惯，又因为我确是喜欢看书，所以我一生可算是不曾享过儿童游戏的生活。每年秋天，我的庶祖母同我到田里去"监割"（顶好的田，水旱无忧，收成最好，佃户每约田主来监割，打下谷子，两家平分），我总是坐在小树下看小说。十一二岁时，我稍活泼一点，居然和一群同学组织了一个戏剧班，做了一些木刀竹枪，借得了几副假胡须，就在村口田里做戏。我做的往往是诸葛亮、刘备一类的文角儿；只有一次我做史文恭，被花荣一箭从椅子上射倒下去，这算是我最活泼的玩艺儿了。

我在这九年（公元 1895～1904 年）之中，只学得了读书写字两件事。在文字和思想的方面，不能不算是打了一点底子。但别的方面都没有发展的机会。有一次我们村里"当朋"（八都凡五村，称为"五朋"，每年一村轮着做太子会，名为"当朋"）筹备太子会，有人提议要派我加入前村的昆腔队里学习吹笙或吹笛。族里长辈反对，说我年纪太小，不能跟着太子会走遍五朋。于是我失掉了这学习音乐的唯一机会。三十年来，我不曾拿过乐器，也全不懂音乐；究竟我有没有一点学音乐的天资，我至今还不知道。至于学图画，更是不可能的事。我常常用竹纸蒙在小说书的石印绘像上，摹书上的英雄美人。有一天，被先生看见了，挨了一顿大骂，抽屉里的图画都被搜出撕毁了。于是我又失掉了学做画家的机会。

母亲的和气是我一生百摹不厌的图画

但这九年的生活，除了读书看书之外，究竟给了我一点做人的训练。在这一点上，我的恩师就是我的慈母。

每天天刚亮时，我母亲就把我喊醒，叫我披衣坐起。我从不知道她醒来坐了多久了。她看我清醒了，才对我说昨天我做错了什么事，说错了什么话，要我认错，要我用功读书。有时候她对我说父亲的种种好处，她说："你总要踏上你老子的脚步。我一生只晓得这一个完全的人，你要学他，不要跌他的股。"（跌股便是丢脸，出丑。）她说到伤心处，往往掉下泪来。到天大明时，她才把我的衣服穿好，催我去上早学。学堂门上的锁匙放在先生家里；我先到学堂门口一望，便跑到先生家里去敲门。先生家里有人把锁匙从门缝里递出来，我拿了跑回去，开了门，坐下念生书。十天之中，总有八九天我是第一个去开学堂门的。等到先生来了，我背了生书，才回家吃早饭。

我母亲管束我最严，她是慈母兼任严父。但她从来不在别人面前骂我一句，打我一下。我做错了事，她只对我一望，我看见了她的严厉眼光，就吓住了。犯的事小，她等到第二天早晨我睡醒时才教训我。犯的事大，她等到晚上人静时，关了房门，先责备我，然后行罚，或罚跪，或拧我的肉。无论怎样重罚，总不许我哭出声音来。她教训儿子不是借此出气叫别人听的。

有一个初秋的傍晚，我吃了晚饭，在门口玩，身上只穿着一件单背心。这时候我母亲的妹子玉英姨母在我家住，她怕我冷了，拿了一件小衫出来叫我穿上。我不肯穿，她说："穿上吧，凉了。"我随口回答："娘（凉）什么！老子都不老子呀。"我刚说了这句话，一抬头，看见母亲从家里走出，我赶快把小衫穿上。但她已听见这句轻薄的话了。晚上人静后，罚我跪下，重重的责罚了一顿。她说："你没了老子，是多么得意的事！好用来说嘴！"她气的坐着发抖，也不许我上床去睡。我跪着哭，用手擦眼泪，不知擦进了什么微菌，后来足足害了一年多的眼翳病。医来医去，总医不好。我母亲心里又悔又急，听说眼翳可以用舌头舔去，有一夜她把我叫醒，她真用舌头舔我的病眼。这是我的严师，我的慈母。

我母亲二十三岁做了寡妇，又是当家的后母。这种生活的痛苦，我的笨笔写不出一万分之一二。家中财政本不宽裕，全靠二哥在上海经营调度。大哥从小就是败子，吸鸦片烟，赌博，钱到手就光，光了就回家打主意，见了香炉就拿出去卖，捞着锡茶壶就拿出去押。我母亲几次邀了本家长辈来，给他定下每月用费的数目。但他总不够用，到处都欠下烟债赌债。每年除夕我家中总有一大群讨债的，每人一盏灯笼，坐在大厅上不肯去。大哥早已避出去了。大厅的两排椅子上满满的都是灯笼和债主。我母亲走进走出，料理年夜饭，谢灶神，压岁钱等事，只当作不曾看见这一群人。到了近半夜，快要"封门"了，我母亲才走后门出去，央一位邻舍本家到我家来，每一家债户开发一点钱。做好做歹的，这一群讨债的才一个一个提着灯笼走出去。一会儿，大哥敲门回来了。我母亲从不骂他一句。并且因为是新年，她脸上从不露出一点怒色。这样的过年，我过了六七次。

大嫂是个最无能而又最不懂事的人，二嫂是个很能干而气量很窄小的人。她们常常闹意见，只因为我母亲的和气榜样，她们还不曾有公然相骂相打的事。她们闹气时，只是不说话，不答话，把脸放下来，叫人难看；二嫂生气时，脸色变青，更是怕人。她们对我母亲闹气时，也是如此。我起初全不懂得这一套，后来也渐渐懂得看人的脸色了。我渐渐明白，世间最可厌恶的事莫如一张生气的脸；世间最下流的事莫如把生气的脸摆给旁人看。这比打骂还难受。

我母亲的气量大，性子好，又因为做了后母后婆，她更事事留心，事事格外容忍。大哥的女儿比我只小一岁，她的饮食衣料总是和我的一样。我和她有小争执，总是我吃亏，母亲总是责备我，要我事事让她。后来大嫂、二嫂都生了儿子了，她们生气时便打骂孩子来出气，一面打，一面用尖刻有刺的话骂给别人听。我母亲只装做不听见。有时候，她实在忍不住了，便悄悄走出门去，或到左邻立大嫂家去坐一会，或走后门到后邻度嫂家去闲谈。她从不和两个嫂子吵一句嘴。

每个嫂子一生气，往往十天半个月不歇，天天走进走出，板着脸，咬着嘴，打骂小孩子出气。我母亲只忍耐着，忍到实在不可再忍的一天，她也有她的法子。这一天的天明时，她就不起床，轻轻的哭一场。她不骂一个人，只哭她的丈夫，哭她自己苦命，留不住她丈夫来照管她。她先哭时，声音很低，渐渐哭出声来。我醒了起来劝她，她不肯住。这时候，我总听得见前堂（二嫂住前堂东房）或后堂（大嫂住后堂西房）有一扇房门开了，一个嫂子走出房向厨房走去。

不多一会那位嫂子来敲我们的房门了。我开了房门，她走进来，捧着一碗热茶，送到我母亲床前，劝她止哭，请她喝口热茶。我母亲慢慢停住哭声，伸手接了茶碗。那位嫂子站着劝一会，才退出去。没有一句话提到什么人，也没有一个字提到这十天半个月来的气脸，然而各人心里明白，泡茶进来的嫂子总是那十天半个月来闹气的人。奇怪的很，这一哭之后，至少有一两个月的太平清静日子。

我母亲待人最仁慈，最温和，从来没有一句伤人感情的话。但她有时候也很有刚气，不受一点人格上的侮辱。我家五叔是个无正业的浪人，有一天在烟馆里发牢骚，说我母亲家中有事总请某人帮忙，大概总有什么好处给他。这句话传到了我母亲耳朵里，她气的大哭，请了几位本家来，把五叔喊来，她当面质问他她给了某人什么好处。直到五叔当众认错赔罪，她才罢休。

　　我在我母亲的教训之下住了九年，受了她的极大极深的影响。我十四岁（其实只有十二岁零两三个月）就离开她了。在这广漠的人海里独自混了二十多年，没有一个人管束过我。如果我学得了一丝一毫的好脾气，如果我学得了一点点待人接物的和气，如果我能宽恕人，体谅人——我都得感谢我的慈母。